U0689698

國家社科基金重大招標項目「馬王堆漢墓簡帛字詞全編」（10&ZD120）階段性成果

湖南省博物館
復旦大學出土文獻與古文字研究中心

馬王堆漢墓簡帛文字全編

上

劉釗 主編
鄭健飛 李霜潔 程少軒 協編

中華書局

圖書在版編目(CIP)數據

馬王堆漢墓簡帛文字全編/劉釗主編;鄭健飛,李霜潔,程少軒協編. —北京:中華書局,2020.1
ISBN 978-7-101-14280-8

Ⅰ.馬… Ⅱ.①劉…②鄭…③李…④程… Ⅲ.①馬王堆漢墓-簡(考古)-研究②馬王堆帛書-研究
Ⅳ.①K877.54②K877.94

中國版本圖書館 CIP 數據核字(2019)第 269945 號

責任編輯:徐真真

馬王堆漢墓簡帛文字全編

(全三册)

劉 釗 主編

鄭健飛 李霜潔 程少軒 協編

*

中華書局出版發行

(北京市豐臺區太平橋西里 38 號 100073)

http://www.zhbc.com.cn

E-mail:zhbc@zhbc.com.cn

北京市白帆印務有限公司印刷

*

880×1230 毫米 1/16 · 104½印張 · 200 千字

2020 年 1 月北京第 1 版 2020 年 1 月北京第 1 次印刷

印數:1-1500 册 定價:1380.00 元

ISBN 978-7-101-14280-8

目録

前言

二十世紀七十年代長沙馬王堆漢墓的發掘，是中國乃至世界歷史上最重大的考古發現之一。發掘的三座漢墓共出土了數千件的珍貴文物，包括帛書、帛畫、簡牘、絲織品、漆器、樂器、竹器、陶器、兵器等，數量之多、内容之豐富，世所罕見。在出土的衆多文物中，尤以寫有文字的帛書和簡牘引起學界的極大關注。發掘的三座墓葬中，除二號墓只在墓道出土一枚竹簡外，一號墓和三號墓都出土有數量衆多的帛書和簡牘。據發掘報告，一號墓東邊箱出土三百餘枚遣册竹簡，因編繩朽斷，出土時已散亂無序。三號墓西邊箱出土四百餘枚遣册竹簡，出土時已散亂，無編聯痕迹。東邊箱出土有長方形黑色漆盒，該漆盒分上下兩層，内設五個長短大小不等的方格，其中長條形方格中放置了《導引圖》、《老子》甲本及卷後古佚書、《春秋事語》和四種醫簡，其餘帛書則呈長方形疊放在一起放在一個大方格之中〔一〕。這批簡帛資料的内容涉及戰國至西漢初期的思想、歷史、哲學、天文、地理、醫學、軍事、文學、藝術等諸多領域，在中國學術史上産生了極爲深遠的影響。

馬王堆漢墓簡帛出土後，相關的整理研究工作也隨即展開。其後比較大宗的幾次整理公佈是：一九七三年，文物出版社出版的《長沙馬王堆一號漢墓》發掘報告整理公佈了一號墓出土的三百餘枚遣册竹簡的照片與釋文。一九七四年，國家文物局組織成立了馬王堆漢墓帛書整理小組，開始集衆人之力對馬王堆帛書進行整理研究。這項工作的集成性成果主要是八十年代由文物出版社出版的精裝本《馬王堆漢墓帛書》（壹）、（叁）、（肆）。原本按計劃應出齊六册，其中（貳）、（伍）、（陸）因故未能按時整理出版。一九九二年，湖南省博物館編輯出版了《馬王堆漢墓文物》一書，此書首次發表了《周易》《繫辭》《刑德》乙等篇目的釋文和彩色圖版。二〇〇四年，文物出版社出版的《長沙馬王堆二、三號漢墓（第一卷：田野考古發掘報

〔一〕湖南省博物館、湖南省文物考古研究所編《長沙馬王堆二、三號漢墓（第一卷：田野考古發掘報告）》，文物出版社，二〇〇四年七月。

告）》首次公佈了三號墓出土遣册竹簡、木牘的釋文和照片。總之，經過衆多專家學者數十載的不懈努力，馬王堆簡帛整理研究工作取得了豐碩的成果，但也有少部分簡帛文獻或因内容深奧難懂，或因殘損嚴重難以復原，遲遲未能整理公佈。直至二〇一四年，由湖南省博物館、復旦大學出土文獻與古文字研究中心和中華書局合作編纂出版的《長沙馬王堆漢墓簡帛集成》（以下簡稱《集成》），纔首次全面整理並完整公佈了馬王堆漢墓出土的所有簡帛資料，自此馬王堆簡帛的整理研究工作進入了一個新階段。

據《集成》的整理研究，馬王堆漢墓出土簡帛資料共有五十餘種，其主要目次如下：1.《周易》、2.《二三子問》、3.《繫辭》、4.《衷》、5.《要》、6.《繆和》、7.《昭力》、8.《春秋事語》、9.《戰國縱横家書》、10.《老子》甲本、11.《五行》、12.《九主》、13.《九主圖》、14.《明君》、15.《德聖》、16.《經法》、17.《十六經》、18.《稱》、19.《道原》、20.《老子》乙本、21.《物則有形圖》、22.《五星占》、23.《天文氣象雜占》、24.《刑德》甲篇、25.《刑德》乙篇、26.《刑德》丙篇、27.《陰陽五行》甲篇、28.《陰陽五行》乙篇、29.《出行占》、30.《木人占》、31.《相馬經》、32.《宅位宅形吉凶圖》、33.《足臂十一脈灸經》、34.《陰陽十一脈灸經》甲本、35.《脈法》、36.《陰陽脈死候》、37.《五十二病方》、38.《去穀食氣》、39.《陰陽十一脈灸經》乙本、40.《導引圖》、41.《養生方》、42.《房内記》〔一〕、43.《療射工毒方》、44.《胎産書》、45.《太一祝圖》、46.《卦象圖》、47.《地形圖》、48.《箭道封域圖》、49.《府宅圖》、50.《居葬圖》、51.《宅位草圖》、52.《十問》、53.《合陰陽》、54.《天下至道談》、55.一號墓遣册簽牌、56.二號墓竹簡、57.三號墓遣册簽牌。

馬王堆簡帛材料内容衆多，字體風格多樣，字形變化豐富，且各篇書手抄寫的時間跨度較大，因而在秦至漢初時期的文字研究上有突出的價值。字體研究方面，過去有學者將馬王堆簡帛文字簡單地分爲篆隸、古隸和漢隸三種字體〔二〕，其中篆隸和古隸一直是學界研究的重點。抄寫年代最早的帛書《陰陽五行》甲篇尤爲引人注目。此篇帛書保留有大量楚文字的寫法，不少

〔一〕《房内記》與《療射工毒方》合抄在同幅帛上，原整理者將兩者命名爲《雜療方》。《集成》整理時將兩篇分開並各自單獨命名。

〔二〕篆隸的説法其實並不十分準確，但是爲了稱説方便，姑且沿用這一説法。

學者已有詳細的舉例和論述〔一〕。正如《集成》整理者所指出的那樣，此篇字體兼有篆書、隸書的筆意，且保留有大量戰國楚文字的寫法，與同出其它帛書書寫風格有較明顯的不同〔二〕。過去將此篇帛書籠統地稱爲《篆書陰陽五行》，或認爲其是用篆隸字體抄寫的觀點都是有失全面和客觀的。古隸方面，裘錫圭先生詳細考察了馬王堆一號漢墓遣册的字體，認爲它們屬於古隸。這種古隸有很多接近篆文的寫法，但同時也已經出現了不少草書式的寫法，在當時應該是很通行的一種字體〔三〕。文字考釋方面，《集成》釋文已全面吸收過去幾十年的釋字成果，讀者可參看各篇釋文和注釋。值得一提的是，近年來有學者通過全面深入地考察馬王堆簡帛文字中保留的「古文」遺迹，並利用已有的楚文字知識新釋出了不少馬王堆簡帛中的疑難字〔四〕。隨着《集成》的順利出版，學界對馬王堆簡帛文字的研究也逐漸細化與深入。一些學者開始嘗試從文字的角度出發考察馬王堆帛書抄本和底本的國別和時代，並取得了很好的研究成果〔五〕。

任何一批大宗的文字資料出土後，必然會伴隨有一部反映當時釋字水平、彙集當時釋字成果的文字編問世。二〇〇一年文物出版社出版的《馬王堆簡帛文字編》（以下簡稱《馬編》）正是這樣一部專書字編。《馬編》全書體例較爲完善，收録字形豐富，極便學者使用，直至今日仍是有關馬王堆簡帛文字最爲重要的工具書之一。但是也應該看到，由於受到當時各種條件的制約，《馬編》不可避免地存在一些問題。這些問題主要集中在：（一）文字誤釋。《馬編》中文字誤釋的情況隨處可見。例如第143頁「離」字下所收《周易》〇一七字形實爲「离」字；第412頁「窗」字頭下字形實爲「窻」字等。（二）漏收字頭。由於帛書圖版未能悉數公佈、收字不全等原因，《馬編》漏收了不少字頭。例如卷三「廾」部漏收「龏」「弈」和「𢍁」；卷十二「瓦」部漏收「甑」等。（三）字頭編排、分合不當。《馬編》字頭編排以《説文》爲序，但是在實際的編排過程中卻有

〔一〕李學勤《新出簡帛與楚文化》，湖北省社會科學院歷史研究所編《楚文化新探》，湖北人民出版社，一九八一年，第36-37頁。裘錫圭《文字學概要》，商務印書館，一九八八年，第66頁。何琳儀《戰國文字通論（訂補）》，江蘇教育出版社，二〇〇三年，第166-167頁。

〔二〕裘錫圭主編《長沙馬王堆漢墓簡帛集成（伍）》，中華書局，二〇一四年六月，第66頁。

〔三〕裘錫圭《從馬王堆一號漢墓「遣册」談關於古隸的一些問題》，《裘錫圭學術文集》第四卷，復旦大學出版社，二〇一二年，第7-24頁。

〔四〕范常喜《簡帛探微》，中西書局，二〇一六年，第166-227頁。

〔五〕田煒《談談馬王堆漢墓帛書〈天文氣象雜占〉的文本年代》，《古文字研究》第三十一輯，中華書局，二〇一六年，第468-473頁。田煒《馬王堆漢墓帛書〈陰陽五行甲篇〉抄寫者身份和抄寫年代補説》，復旦大學出土文獻與古文字研究中心編《戰國文字研究的回顧與展望》，中西書局，二〇一七年八月，第271-277頁。

不少錯誤。例如卷三「廾」部「丞」「弄」「戒」「兵」「奉」「具」「奐」諸字，應改以「奉」「丞」「奐」「弄」「戒」「兵」「具」爲序。另外不少字頭的分合也明顯有誤。如第24頁「葆」字頭下所收的最後兩例字形，實爲「寶」字異體，應歸在「寶」字下，《馬編》誤歸在「葆」字下；第52頁「岧」字是「左」字異體，《馬編》卻列爲獨立字頭歸在「口」部。類似的問題還有不少，在此不再詳述。

自《馬編》問世至今已有二十年，在此期間，馬王堆簡帛中的不少疑難文字不斷被釋讀，吸收學界最新的釋字成果，對馬王堆簡帛文字進行全面徹底的整理勢在必行。隨着《集成》的順利出版，編纂一部材料更爲完備、釋字更爲準確、編排更爲合理的《馬王堆漢墓簡帛文字全編》（以下簡稱《全編》）的時機已經完全成熟。因此在《集成》出版之際，《全編》項目工作組隨即根據《集成》釋文，對照《集成》圖版逐字切割字形。切得字形（含各種非文字符號）圖片總計十二萬有餘，並對這些圖片進行了編號處理。與此同時以《集成》釋文爲底本製作《全編》釋文工作本，並進行了數輪釋文的編輯和校訂工作。在此工作本基礎上製作出字形表單文件，並篩選出《全編》初定字頭約四千個。然後以《説文》順序，對這些字頭進行編號處理，編排出《全編》的分卷和初定字序。在此基礎上，利用「馬王堆簡帛文字全編數據庫」，製成《全編》初稿，共計十五卷（含重文和附録一卷），凡一千六百餘頁。

需要指出的是，《全編》的所有工作都是在《集成》的基礎上展開的。由於《集成》的圖版和釋文或多或少存在一些問題，因此有必要先就《全編》的圖版來源、收字標準和隸定標準等問題及處理方式，作一些簡要的説明：

一　圖版來源

上文已指出，《全編》所收字形是據《集成》整理時所用的高清彩色圖版切圖，這套照片使用了目前最先進的紅外拍照技術，圖版質量後出轉精，但這並不意味著它可以完全取代所有的舊著録圖版。事實上，由於出土年代久遠、保存狀況不善等多種原因，部分簡帛上的文字在《集成》圖版中早已殘損不清，而在早期著録的圖版中卻更爲清晰、完整。根據我們的核查，圖版質量更高的舊著録主要有以下兩種：《馬王堆漢墓帛書〔肆〕》〔一〕；《長沙馬王堆二、三號漢墓（第一卷：田野考古發掘報告）》〔二〕。舉例來説，《房内記》第25行「庳」字，《集成》圖版上早已漫漶不清，而《馬王堆漢墓帛書〔肆〕》一書中的黑白圖版作「」。又比如三號墓遣册第30號簡「鄭」字，《集成》圖版作「」，而《長沙馬王堆二、三號漢墓（第一卷：田野考古發掘報告）》著録的第46號簡上作「」，相較而言字形更爲完整。類似情況主要集中在《五十二病方》、《養生方》、《房内記》、《十問》、《天下至道談》和三號墓遣册等篇目，我們在《全編》的修訂過程中已據上述兩種舊著録圖版重新切圖並替换了原有字形圖片。

二　收字標準

《全編》初稿在收字原則上是有字必録，不論字形的多或寡、清晰或漫漶、完整或殘缺，一律窮盡性收録。這樣的收字標準本是《全編》的題中應有之義，考慮到有些常見字如「之」「者」「也」等字形繁多，同篇内的字形又大多千篇一律，如果再窮盡地收録那些殘損不清的字形，未免繁瑣多餘且意義不大。因此在《全編》的統稿和修訂過程中，我們主要作了以下調整和改進，即：在兼顧不同篇目和字體的前提下，保留字形清晰完整者，删除字形漫漶不清或殘損嚴重者。針對某些特殊情況，《全編》也會具體問題具體處理。例如《木人占》第44行「頸」字寫作，字形雖已殘損過半，但其「巠」旁的寫法與秦漢文字中的一般寫法不同而頗與楚文字相合，可視爲本篇文字保留有楚文字遺迹的例證。這對馬王堆簡帛文字的研究頗爲重要，因此《全編》仍予以收録。

需要特别指出的是，《集成》釋文中有不少文字是據帛書印文〔三〕（包括反印文、滲印文和倒印文等）釋讀出來的。由於印文字形大多本就不甚清晰，印刷出版的效果更是很難保證，因此《全編》原則上對印文字形不予收録。不過如果某些印文字

〔一〕馬王堆漢墓帛書整理小組編《馬王堆漢墓帛書〔肆〕》，文物出版社，一九八五年三月。

〔二〕湖南省博物館、湖南省文物考古研究所編《長沙馬王堆二、三號漢墓（第一卷：田野考古發掘報告）》，文物出版社，二〇〇四年七月。

〔三〕關於各種印文概念的定義和描述，參見陳劍《馬王堆帛書「印文」、空白頁和襯頁及摺疊情況綜述》，湖南省博物館編《紀念馬王堆漢墓發掘四十周年國際學術研討會論文集》，岳麓書社，二〇一六年十月。

形在其所屬字頭下屬於單例者，其收録與否直接關涉到字頭的增删，十分重要，因此值得特別重視。由於這部分印文字形的總數有限，《全編》的處理辦法是，凡是能夠同時保證釋字準確和印文字形清晰者予以收録，否則不予收録。依此標準，《全編》共收録有「臊」「剄」「桀」「洋」等四例反印文字形，爲明其來源皆旁注「此字據反印文切圖」〔一〕的文字説明，以示與一般的字形相區别。

三　隸定標準

《集成·凡例》對釋文的釋寫、隸定原則有詳細的説明，但是具體到《集成》的編纂過程中卻並未嚴格貫徹執行，因此《集成》全書在釋文隸定方面尚存不少問題。從文字編的學術角度來説，更爲嚴格、細緻的字頭隸定，可以揭示出更多的文字信息。但同時考慮到文字編使用的便捷性，也應盡量避免字頭過於繁複。因此《全編》在統稿的過程中重新確立了以下隸定標準：（一）構字部件不同的異體、省體、訛體等，一般加以嚴格隸定。例如「祭」字所从「又」旁或作「攴」形，「攴」和「又」是見於《説文》的兩個不同的構字部件，因此嚴格隸定爲「[illegible]」。（二）單字隸定從嚴，作爲偏旁時隸定從寬。同樣以「祭」字爲例，「祭」字單獨成字時或從嚴隸定爲「[illegible]」，而在以之爲偏旁的「蔡」「察」等字中，不再嚴格隸定爲「[illegible]」「[illegible]」，而是徑隸作通行字「蔡」「察」。（三）構字部件相同，但其配置方式不同者（例如偏旁配置的左右、上下的不同等），皆嚴格隸定。例如「啜」和「[illegible]」；「眯」和「[illegible]」；「[illegible]」和「[illegible]」等。（四）常見字的隸定盡量從寬處理。依此標準，我們對《全編》初稿中的部分字頭進行了删除合併的工作，例如「[illegible]」「[illegible]」「溥」等字頭直接併入「奚」「辟」「薄」。（五）某些筆畫上僅有細微差别的字形，或者難以隸定的繁形、省形、訛形、飾筆等，一般不另出隸定形。如「[illegible]」「[illegible]」二字，《集成》部分篇目嚴格隸定爲「[illegible]」「[illegible]」，《全編》則統一隸作通行字「既」「者」。對於某些寫法特殊、形體較爲重要者，如《療射工毒方》第12行「蛇」字寫作「[illegible]」，聲符繁化爲「池」，則會增加文字説明。

〔一〕反印文字形皆已據水平翻轉鏡像切圖，《全編》正文中不另出注。

針對某些特殊情況，《全編》也會採取較爲靈活的處理方式。例如《合陰陽》第9號簡「[illegible]」和第26號簡「[illegible]」，《集成》分別隸定爲「莭」「莇」，這樣隸定自然没有問題。不過考慮到漢隸中「艸」「竹」頭本就多混淆不分，而且排比本篇所有从「竹」之字的寫法不難發現，本篇書手在寫「竹」旁時與「艸」旁並無不同，此應係書手的個人書寫特徵。爲免字頭繁複，《全編》將此二字直接隸定爲「節」「筋」。

以上是對《全編》圖版來源、收字標準和隸定標準等問題的簡要説明，下面再就《全編》字頭的設立原則、編排體例作些説明。

《全編》以大徐本《説文》小篆的隸定字頭爲主[一]，並設有後世通行字頭，不另列篆書字頭。由於簡帛字形、《説文》小篆隸定形與後世通行字形三者之間的對應關係錯綜複雜，因此《全編》字頭的設立原則主要是：簡帛字形與《説文》小篆隸定形相同而與後世通行字形不同時，將後世通行字頭放置在《説文》小篆隸定字頭之上，例如「肩」「津」等列在「肩」「𣳚」之上；簡帛字形與後世通行字形相同而與《説文》小篆隸定形不同時，將其作爲二級字頭歸在從屬的《小篆》隸定字頭之下，例如「隆」「孽」等歸在「隆」「孼」之下；簡帛字形與《説文》小篆隸定形、後世通行字形都不相同時，將這三種字頭自上而下分別列出，例如「赾」「[illegible]」「[illegible]」。這樣設立字頭不僅便於查檢，也有益於讀者對隸變時期文字字形的演變有更直觀的了解。

《全編》編排遵循大多數古文字字編的慣例，主要依大徐本《説文》體例編排。見於《説文》的字頭，按照《説文》部首的順序依次排列；不見於《説文》的字頭，按照其所从偏旁列於《説文》相應各部之後。在《全編》字頭的實際編排過程中，存在一些問題需要我們認真考慮如何處理。舉例來説，按照文字編的一般慣例，《説文》重文應歸在與之對應的正篆字頭下，但是如果這樣簡單化地處理，對於那些不熟悉《説文》的讀者來説，查檢使用起來是很不方便的。又比如同形字，如果只是簡單地歸在與之同形的那個字頭下，而不考慮它所表示的音義，顯然也是不合適的。對於以上這些問題，《全編》主要採取「重

[一]《説文》小篆的隸定字頭選自施謝捷先生編著的《説文解字彙校》（未刊稿）。

見加按語説明」的處理方式，在體現學術性的同時，盡量方便讀者使用。下面對《全編》中需要重見的幾種情況及處理方式分別予以説明：

一　《説文》重出字

對於《説文》重出字，《全編》的處理方式是，將其字形全部歸在此字首次出現的部首之下，但同時也在後面的部首下重出字頭。例如「吹」字，《説文》卷二「口」部和卷八「欠」部重出，《全編》將其字形悉數歸在卷二「口」部，又在卷八「欠」部重出字頭並附文字説明。這樣處理既符合依《説文》體例編排的總原則，又可以避免字形繁複。類似的情況還有「右」「敖」「吁」「涶」等字。

二　《説文》重文

《説文》所收重文與正篆的關係較爲複雜，有的是異體關係，有的實際上是兩個字，只是彼此有某種相同的用法，有的甚至可能連這種關係也没有。爲了方便一般的讀者查檢使用，《全編》的做法是，《説文》重文與正篆意符不同者，首先依照《説文》歸在與之相應的正篆字頭下，同時又據其構形在所从偏旁的各部重出字頭，並略作文字説明。例如《説文》「岁」字或體「芬」，按照《説文》歸在「岁」字頭下，同時又依其構形在「艸」部重出。又如《説文》「西」字或體「棲」，二者是完全不同的兩個字，《全編》將其字形歸在卷十二「西」字頭下，同時又在卷六「木」部重出字頭並加按語説明。

三　**構形不同的異體、省體、訛體**

凡是構形不同的異體、省體、訛體等，《全編》同樣也採取重出字頭的處理方式，即依其音義列於與小篆對應的字頭下，同時又依其構形在所从偏旁各部重出，下出按語予以説明。例如帛書中「旂」字是「旌」字異體，首先歸在卷七「㫃」部「旌」字頭下，表明二者間的異體關係，又依其自身結構在卷四「羽」部重出。又如「𠭯」字是「爵」字省體，歸入卷五爵部，又在卷三寸部重出；「債」字是「貨」字訛體，歸入卷六貝部，又在卷八人部重出。這樣處理不僅便於讀者翻檢，也更能揭示其間的字詞關係。

四　同形字

對於同形字，《全編》盡量避免簡單的字形比附，而是更多地注重與之所記録的詞的對應關係。與《説文》字頭同構異字者，依其音義歸在相應字頭下，又在《説文》的同形字頭下重見。例如帛書中的「炅」字實際上是「熱」字異體，應分析爲从「火」「日」聲，與見於《説文·火部》訓爲「見也」讀古迥切的「炅」字形同實異。《全編》將「炅」字歸在「熱」字頭下，同時又在「炅」字頭下重見並附文字予以説明。由於字形訛變等原因造成的同形字，同樣也根據其表示的音義分别歸在與之相應的字頭下。例如帛書中的「湯」字，或用爲「湯」字訛體（漢隸「昜」「易」二旁多形近相混），或用爲从「水」「易」聲之字（用爲{錫}、{惕}、{逖}[一]等），《全編》據其在文例中所記録的詞，分别置於「湯」、「湯」兩個字頭之下，並對其間的字詞關係加以簡略説明。

五　未分化字

未分化字據其所記録的詞分别置於相應的字頭下。例如「柰」字，在帛書中記録了{奈}、{祟}這兩個詞，字形上雖然尚未徹底分化（「柰」、「奈」、「祟」本爲一字分化），但是詞的區别是明確的。《全編》據其在帛書文例中所記録的詞，將「柰」字分别置於卷六木部「柰」和卷一示部「祟」兩個字頭下，並略加文字説明。

按照上述編排體例，《全編》的絶大多數字頭都可以得到較爲合理的編排。不過在實際的操作過程中，也會有少數字頭需要我們靈活處理。舉例來説，《陰陽五行》甲篇有「蜮」字，據帛書辭例可知用爲{熒惑}之{惑}，可知此字應分析爲从「蜀」「或」聲。根據上述編排體例，此字應作爲《説文》未見字歸在其所从意符「蜀」部之後，但是《説文》中「蜀」字並未單獨

[一] 此處參照裘錫圭《文字學概要》的做法，用「{}」標明音義，表示所代表的詞。

列爲部首，而是歸在「虫」部。針對這種特殊情況，《全編》的處理方法是直接將「[illegible]」字歸在「蜀」字之後，並旁注相關文字説明。同屬這類情況的還有「[illegible]」「[illegible]」「[illegible]」等字。除此之外，也有極個别不見於《説文》的常見字，譬如「由」字，其字形結構很難分析，《全編》仿照《康熙字典》的做法將其歸在「田」部，並旁注如此歸部的理由。總之，以上討論的特殊字總數較少，可以具體問題具體分析。

以上是對《全編》編纂過程中遇到的問題及其處理方式所作的一些簡要説明。上文已指出，《全編》的所有工作都是在《集成》的基礎上展開的。《集成》出版已有數載，在此期間學界又有不少新的研究成果陸續發表，例如陳劍先生改釋《房内記》第53行「韓」字爲「絜」、周波先生改釋《陰陽十一脈灸經》甲本第29行「喘」字爲「亂」、鄔可晶先生新釋《經法》第24行「[illegible]」字爲「穎」等〔一〕。又如廣瀨薰雄先生新發現的《太一祝圖》殘片上有一清晰的「爍」字〔二〕，此字在馬王堆簡帛中僅此一見，亦彌足珍貴。此外我們在《全編》的編纂過程中也有一些新的校釋意見，如將《房内記》第26行「遻」字改釋爲「凝」、《木人占》第24行「囦」改釋爲「[illegible]」等。這些研究成果或涉及字頭的分合增删，或提供新見字形，能爲《全編》的修訂工作提供重要參考。凡此，我們在《全編》後續的統稿和修訂過程中都已盡可能全面搜集並加以吸收。限於字編著作的體例，《全編》在吸收這些研究成果時大都不注明出處，請廣大讀者見諒。最後需要指出的是，任何文字編的編纂和修訂都是一個漫長而又艱苦的過程，限於我們的時間和學力，呈現在讀者面前的這部《全編》肯定還存在不少問題，只能留待以後再作增訂了。

〔一〕陳劍《讀馬王堆簡帛零札》，《上古漢語研究》（第一輯），商務印書館，二〇一六年十一月。周波《馬王堆漢墓簡帛醫書及相關文字補説（三題）》，復旦大學出土文獻與古文字研究中心主辦「出土文獻與傳世典籍的詮釋國際學術研討會」會議論文，二〇一七年十月十四至十五日，上海。鄔可晶《讀簡帛古書札記二則》，《出土文獻研究》（第十六輯），第55-61頁，中西書局，二〇一七年九月。

〔二〕廣瀨薰雄《談〈太一將行圖〉的復原問題》，湖南省博物館編《紀念馬王堆漢墓發掘四十周年國際學術研討會論文集》，岳麓書社，二〇一六年十月。

凡例

一　本編收録長沙馬王堆漢墓出土簡帛文字，書寫於其他出土物上的文字（如璽印文字、漆器文字等）以及卦號、章節號、句讀號、重文號等各類非文字符號暫不予收録。

二　本編字形絶大多數據《集成》高清彩色照片切圖，少數字形（主要集中在醫書、醫簡和三號墓遣册等篇目）據更爲清晰的舊著録圖版切圖。

三　本編收録字形以完整、清晰者爲首選，同時兼顧不同篇目和字體。

四　每一字頭下字形大致按照篆隸、古隸、漢隸等字體的時代先後順序依次排列。

五　每一字頭下所收同篇字形依簡帛行號順序排列。

六　每一字形下皆標明出處，字形出處採用「篇章簡稱+行號+行字序」的標號方式，如「周1.1」表示《周易》第1行第1個字；「陰甲·殘8.6」表示《陰陽五行》甲篇第8號殘片第6個字。篇章簡稱基本遵循《馬編》一書舊例，與其不同者參看附表。

七　本編主體由正編、合文和附録三個部分組成，正編部分以大徐本《説文》爲序；合文部分專收合書字例，略依筆畫之多寡排列；附録部分收録未識字及部分殘字，以待進一步研究。

八　正編見於《説文》的字頭，按照《説文》部首的順序依次排列；不見於《説文》的字頭標星號，依其意符附於《説文》相應各部之後，其次第略依筆畫之多寡排列。

九　正編少數音義明確但不見於《説文》的字頭，其所从偏旁《説文》未單列爲部首者，則逕歸在其所从偏旁之後，並旁注文字予以説明。

十　個别按照上述體例仍無法編排的字頭則具體問題具體處理，例如「由」字仿照《康熙字典》歸在田部，並對歸部略加説明。

十一　爲更好地揭示字詞關係和方便讀者翻檢查閲，正編不少字頭的編排或採取異部重出並附按語説明的處理方式。具體需要重出字頭的幾種情況可參看《前言》。

十二　文字考釋盡量吸收學術界最新的研究成果，但不詳注出處。

十三　字下間出按語，對其形、音、義略加説明。

十四　爲便於檢索，編末附有《筆畫檢字表》。

附表

馬王堆簡帛文獻篇名簡稱表

篇名	簡稱	篇名	簡稱
周易	周	明君	明
二三子問	二	德聖	德
繫辭	繫	經法	經
衷	衷	十六經	十
要	要	稱	稱
繆和	繆	道原	道
昭力	昭	老子乙本	老乙
喪服圖	喪	物則有形圖	物
春秋事語	春	五星占	星
戰國縱橫家書	戰	相馬經	相
老子甲本	老甲	宅位宅形吉凶圖	宅
五行	五	足臂十一脈灸經	足
九主	九	陰陽十一脈灸經甲本	陽甲
九主圖	九圖	脈法	脈

篇名	簡稱	篇名	簡稱
陰陽脈死候	候	合陰陽	合
五十二病方	方〔一〕	天文氣象雜占	氣
去穀食氣	去	刑德甲篇	刑甲
陰陽十一脈灸經乙本	陽乙	刑德乙篇	刑乙
導引圖	導	刑德丙篇	刑丙
養生方	養〔二〕	陰陽五行甲篇	陰甲〔三〕
房内記	房	陰陽五行乙篇	陰乙
療射工毒方	射	出行占	出
胎產書	胎	木人占	木
太一祝圖	太	雜禁方	雜
卦象圖	卦	天下至道談	談
地形圖	地	一號墓竹簡遣冊	遣一
箭道封域圖	箭	一號墓竹牌	竹一
府宅圖	府	一號墓簽牌	牌一
居葬圖	居	二號墓竹簡	竹二
宅位草圖	草	三號墓竹簡遣冊	遣三
十問	問	三號墓簽牌	牌三

〔一〕《五十二病方》卷首抄有目錄，簡稱爲「方目」。

〔二〕《養生方》卷首抄有目錄，簡稱爲「養目」，《養生方》卷末圖簡稱爲「養圖」。

〔三〕《陰陽五行》甲篇正文中夾雜有不少表格、式圖等，因此本篇部分字形的編號方式相較其他諸篇頗爲特殊，例如「陰甲祭一A10L.17」表示《陰陽五行》甲篇「祭一」章第一張表格第10欄第17個字，特此說明。

卷一

一

陰甲天一 1.24
陰甲天一 2.2
陰甲天地 4.29
陰甲上朔 1.42
陰甲上朔 5.5
陰甲祭一 A10L.17
陰甲雜三 5.18
陰甲衍 2.17
陰甲衍 4.17
陰甲築二 8.9

陰甲式圖 1.42
陰甲堪法 7.17
陰甲堪表 9.8
陰甲堪表 9.15
陰甲堪表 9.23
陰甲諸日 3.17
陰甲祭二 11L.10
陰甲祭三 1.14
陰甲·殘 72.5
陽甲 24.21

脈 3.20
脈 5.7
方 2.2
方 3.12
方 5.1
方 12.1
方 14.1
方 15.1
方 16.1
方 17.1

方 17.8
方 21.1
方 22.1
方 23.1
方 24.10
方 24.14
方 25.1
方 25.17
方 26.5
方 26.9

方 30.22
方 32.3
方 34.1
方 37.1
方 41.4
方 41.11
方 42.15
方 42.21
方 43.1
方 43.7

方 44.1
方 46.3
方 49.1
方 49.25
方 57.1
方 60.1
方 63.1
方 64.1
方 67.1
方 72.1

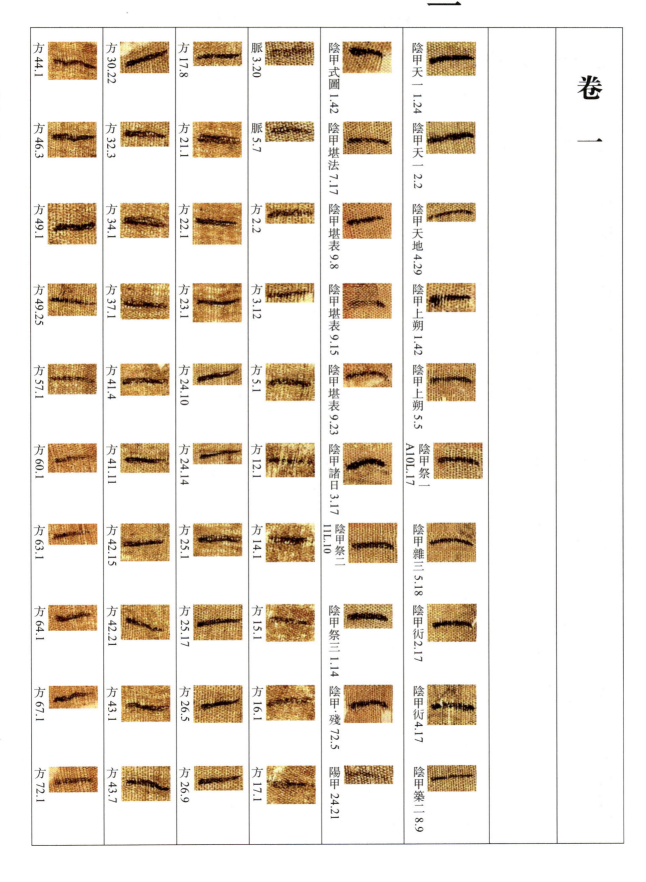

方 75.1	方 76.1	方 77.1	方 77.9	方 77.14	方 80.1	方 81.1	方 82.1	方 84.1	方 86.1
方 89.1	方 90.1	方 90.4	方 91.1	方 92.1	方 92.13	方 94.1	方 96.1	方 97.4	方 99.1
方 100.1	方 103.1	方 104.1	方 105.1	方 106.29	方 106.31	方 108.1	方 109.1	方 111.1	方 111.31
方 114.1	方 115.7	方 115.18	方 115.25	方 130.1	方 133.1	方 141.1	方 142.1	方 143.1	方 145.1
方 148.4	方 150.9	方 166.1	方 167.1	方 167.10	方 168.1	方 169.1	方 174.1	方 175.20	方 181.1
方 181.4	方 181.20	方 181.25	方 182.1	方 185.1	方 185.4	方 186.1	方 186.19	方 186.28	方 187.7
方 189.1	方 189.11	方 191.1	方 192.3	方 192.14	方 193.1	方 194.1	方 194.4	方 194.8	方 194.11
方 195.1	方 195.8	方 196.1	方 197.1	方 198.1	方 199.1	方 200.1	方 201.1	方 201.12	方 202.1

方 203.1	方 203.12	方 208.12	方 209.16	方 211.1	方 212.1	方 214.1	方 215.1	方 216.1	方 217.1
方 219.1	方 221.1	方 223.1	方 228.1	方 228.12	方 229.18	方 230.1	方 232.23	方 234.1	方 238.1
方 240.7	方 241.17	方 249.1	方 249.9	方 249.13	方 250.29	方 254.1	方 255.1	方 257.1	方 259.1
方 266.1	方 267.1	方 270.3	方 271.1	方 272.1	方 272.32	方 272.36	方 274.1	方 274.7	方 274.10
方 275.1	方 277.7	方 279.7	方 285.7	方 285.14	方 286.1	方 287.1	方 288.27	方 289.3	方 297.1
方 297.10	方 298.1	方 300.1	方 300.12	方 301.3	方 301.17	方 303.1	方 306.1	方 309.21	方 314.1
方 315.1	方 317.1	方 318.1	方 319.1	方 320.1	方 321.1	方 322.1	方 323.1	方 324.1	方 325.1
方 326.1	方 327.1	方 328.1	方 328.13	方 335.1	方 337.1	方 338.1	方 339.1	方 342.1	方 345.2

方 350.1	方 351.1	方 352.1	方 355.1	方 356.1	方 357.1	方 357.5	方 358.1	方 359.1	方 360.1
方 360.18	方 361.1	方 362.1	方 363.1	方 363.9	方 363.23	方 364.1	方 365.1	方 366.1	方 368.1
方 370.1	方 371.1	方 372.1	方 374.12	方 375.1	方 375.9	方 376.1	方 382.1	方 386.1	方 387.1
方 388.1	方 388.8	方 388.27	方 391.1	方 392.1	方 393.10	方 408.1	方 409.1	方 411.1	方 412.1
方 420.5	方 421.10	方 422.1	方 422.14	方 423.9	方 423.12	方 423.20	方 427.1	方 428.1	方 441.1
方 442.1	方 443.1	方 444.1	方 446.1	方 448.1	方 448.9	方 448.11	方 449.20	方 451.1	方 457.15
方 464.1	方 464.20	方 467.8	方 475.7	方 484.11	方 486.7	方 487.9	方·殘 2.4	方·殘 7.6	去 1.14
去 3.4	去 3.28	陽乙 18.45	養 6.10	養 15.9	養 19.9	養 33.9	養 33.12	養 33.14	養 34.24

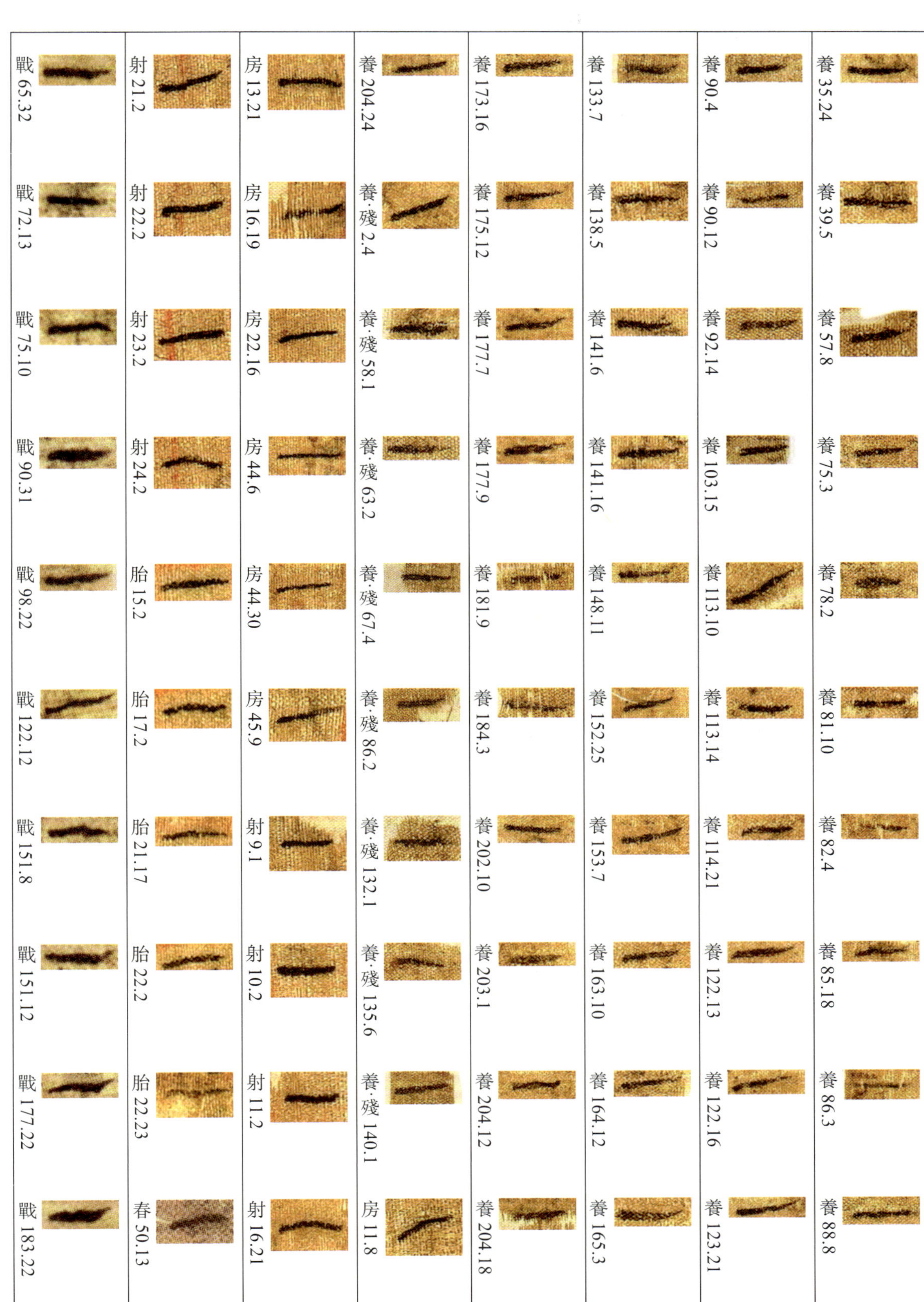

養35.24　養39.5　養57.8　養75.3　養78.2　養81.10　養82.4　養85.18　養86.3　養88.8

養90.4　養90.12　養92.14　養103.15　養113.10　養113.14　養114.21　養122.13　養122.16　養123.21

養133.7　養138.5　養141.6　養141.16　養148.11　養152.25　養153.7　養163.10　養164.12　養165.3

養173.16　養175.12　養177.7　養177.9　養181.9　養184.3　養202.10　養203.1　養204.12　養204.18

養204.24　養·殘2.4　養·殘58.1　養·殘63.2　養·殘67.4　養·殘86.2　養·殘132.1　養·殘135.6　養·殘140.1　房11.8

房13.21　房16.19　房22.16　房44.6　房44.30　房45.9　射9.1　射10.2　射11.2　射16.21

射21.2　射22.2　射23.2　射24.2　胎15.2　胎17.2　胎21.17　胎22.2　胎22.23　春50.13

戰65.32　戰72.13　戰75.10　戰90.31　戰98.22　戰122.12　戰151.8　戰151.12　戰177.22　戰183.22

戰 183.31	戰 211.33	戰 236.3	戰 251.30	戰 257.5	戰 257.15	戰 259.3	戰 290.15	戰 293.29	戰 302.1
老甲 5.9	老甲 68.19	老甲 136.31	老甲 142.16	五 15.17	五 15.21	五 53.12	五 53.17	五 53.26	五 54.4
五 54.13	五 55.3	五 124.13	五 158.6	五 182.8	九 6.5	九 15.12	九 38.14	九 39.25	九 49.13
德 1.28	德 2.14	德 6.2	氣 1.70	氣 2.153	氣 2.304	氣 2.319	氣 2.408	氣 3.56	氣 3.88
氣 4.18	氣 4.51	氣 4.156	氣 6.159	刑甲 6.23	刑甲 6.25	刑甲 13.14	刑甲 42.8	刑甲 61.2	刑甲 85.14
刑甲 96.11	刑甲 113.15	刑甲大游 1.13	刑甲大游 1.23	刑丙傳 19.4	刑丙傳 20.2	刑丙傳 21.2	刑丙天 5.49	刑丙天 11.24	刑丙傳勝圖 1.25
陰乙大游 2.28	陰乙玄戈 6.18	陰乙文武 12.40	陰乙文武 13.34	陰乙上朔 20.3	陰乙天地 1.3	陰乙天地 8.2	陰乙傳勝圖 1.4	陰乙傳勝圖 1.65	陰乙女發 3.3

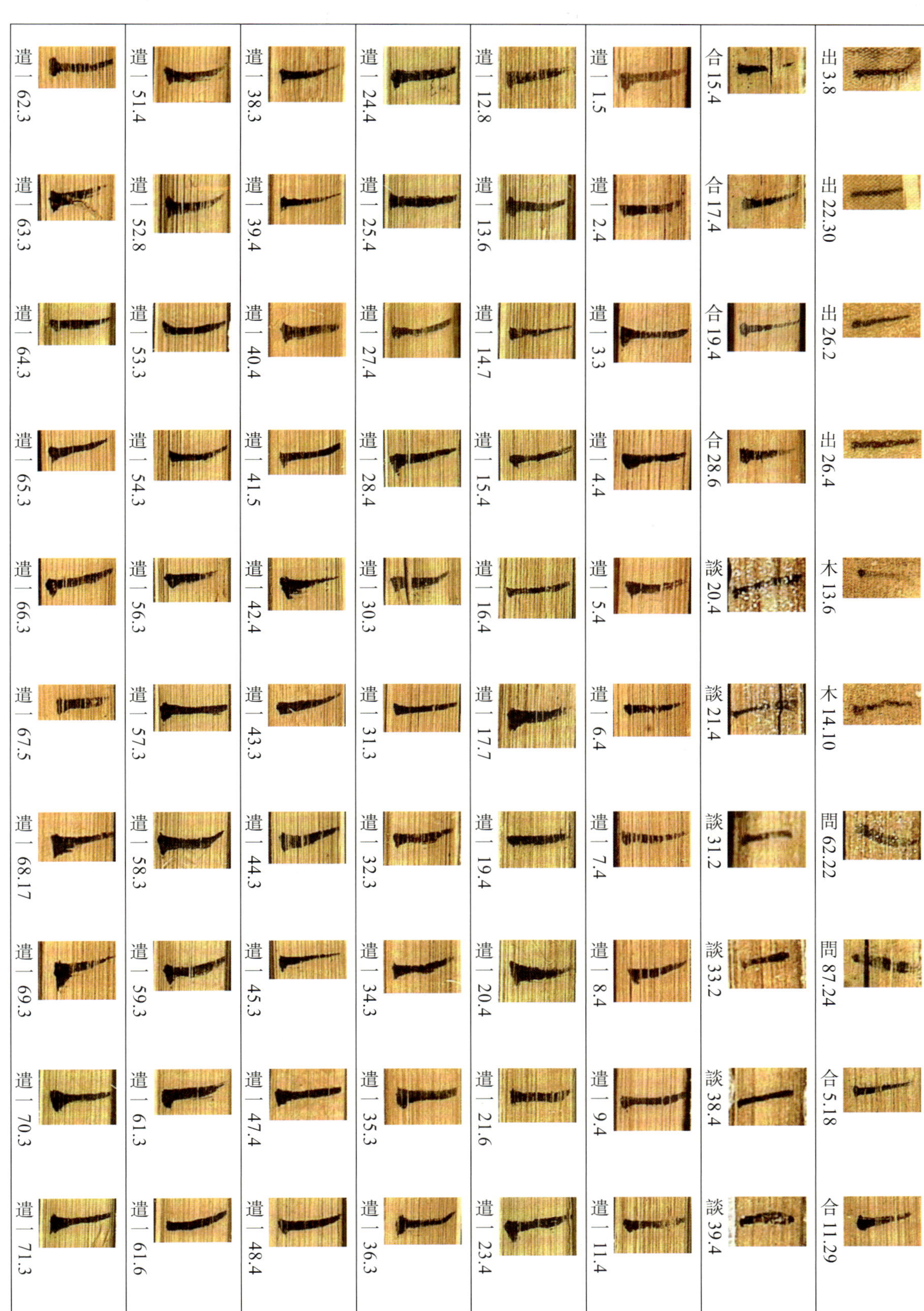

出3.8 出22.30 出26.2 出26.4 木13.6 木14.10 問62.22 問87.24 合5.18 合11.29

合15.4 合17.4 合19.4 合28.6 談20.4 談21.4 談31.2 談33.2 談38.4 談39.4

遺一1.5 遺一2.4 遺一3.3 遺一4.4 遺一5.4 遺一6.4 遺一7.4 遺一8.4 遺一9.4 遺一11.4

遺一12.8 遺一13.6 遺一14.7 遺一15.4 遺一16.4 遺一17.7 遺一19.4 遺一20.4 遺一21.6 遺一23.4

遺一24.4 遺一25.4 遺一27.4 遺一28.4 遺一30.3 遺一31.3 遺一32.3 遺一34.3 遺一35.3 遺一36.3

遺一38.3 遺一39.4 遺一40.4 遺一41.5 遺一42.4 遺一43.3 遺一44.3 遺一45.3 遺一47.4 遺一48.4

遺一51.4 遺一52.8 遺一53.3 遺一54.3 遺一56.3 遺一57.3 遺一58.3 遺一59.3 遺一61.3 遺一61.6

遺一62.3 遺一63.3 遺一64.3 遺一65.3 遺一66.3 遺一67.5 遺一68.17 遺一69.3 遺一70.3 遺一71.3

遣丨72.3 遣丨73.3 遣丨74.3 遣丨75.3 遣丨76.4 遣丨77.5 遣丨78.3 遣丨79.3 遣丨80.6 遣丨81.2

遣丨82.3 遣丨83.3 遣丨85.3 遣丨86.3 遣丨87.3 遣丨89.9 遣丨90.3 遣丨91.3 遣丨92.3 遣丨93.3

遣丨94.3 遣丨95.3 遣丨96.3 遣丨97.3 遣丨98.3 遣丨99.2 遣丨100.2 遣丨101.2 遣丨103.2 遣丨104.2

遣丨105.2 遣丨106.2 遣丨113.3 遣丨115.5 遣丨117.4 遣丨118.3 遣丨119.6 遣丨120.3 遣丨121.2 遣丨122.3

遣丨123.3 遣丨124.20 遣丨125.3 遣丨126.3 遣丨133.2 遣丨133.7 遣丨134.2 遣丨135.2 遣丨136.3 遣丨137.17

遣丨139.6 遣丨141.13 遣丨146.2 遣丨146.6 遣丨148.7 遣丨149.7 遣丨150.7 遣丨151.3 遣丨151.7 遣丨152.7

遣丨154.4 遣丨155.3 遣丨156.3 遣丨158.2 遣丨159.2 遣丨161.3 遣丨161.7 遣丨163.3 遣丨164.3 遣丨168.4

遣丨173.4 遣丨174.4 遣丨176.4 遣丨177.4 遣丨181.5 遣丨188.6 遣丨189.8 遣丨189.10 遣丨191.10 遣丨194.9

遣一198.4
遣一199.4
遣一201.8
遣一204.11
遣一205.9
遣一206.8
遣一207.10
遣一208.5
遣一209.5
遣一212.5

遣一213.5
遣一214.18
遣一216.6
遣一217.7
遣一218.6
遣一226.8
遣一229.4
遣一230.5
遣一231.4
遣一232.6

遣一233.4
遣一234.3
遣一236.3
遣一238.4
遣一240.4
遣一241.3
遣一242.3
遣一243.5
遣一244.3
遣一247.4

遣一248.4
遣一249.3
遣一250.3
遣一251.7
遣一252.10
遣一253.7
遣一254.3
遣一255.7
遣一256.7
遣一257.8

遣一259.3
遣一260.3
遣一261.4
遣一262.3
遣一263.8
遣一264.6
遣一265.5
遣一266.4
遣一267.4
遣一268.6

遣一269.8
遣一270.8
遣一271.7
遣一272.5
遣一273.3
遣一274.2
遣一275.4
遣一276.2
遣一276.7
遣一277.2

遣一278.6
遣一279.3
遣一280.3
遣一281.4
遣一282.4
遣一286.4
遣一287.4
遣一288.4
遣一289.5
遣一289.8

遣一292.7
遣一293.6
遣一294.4
遣一296.9
遣一297.7
竹一8.2
竹一15.5
牌一32.3
牌一32.5
牌一33.3

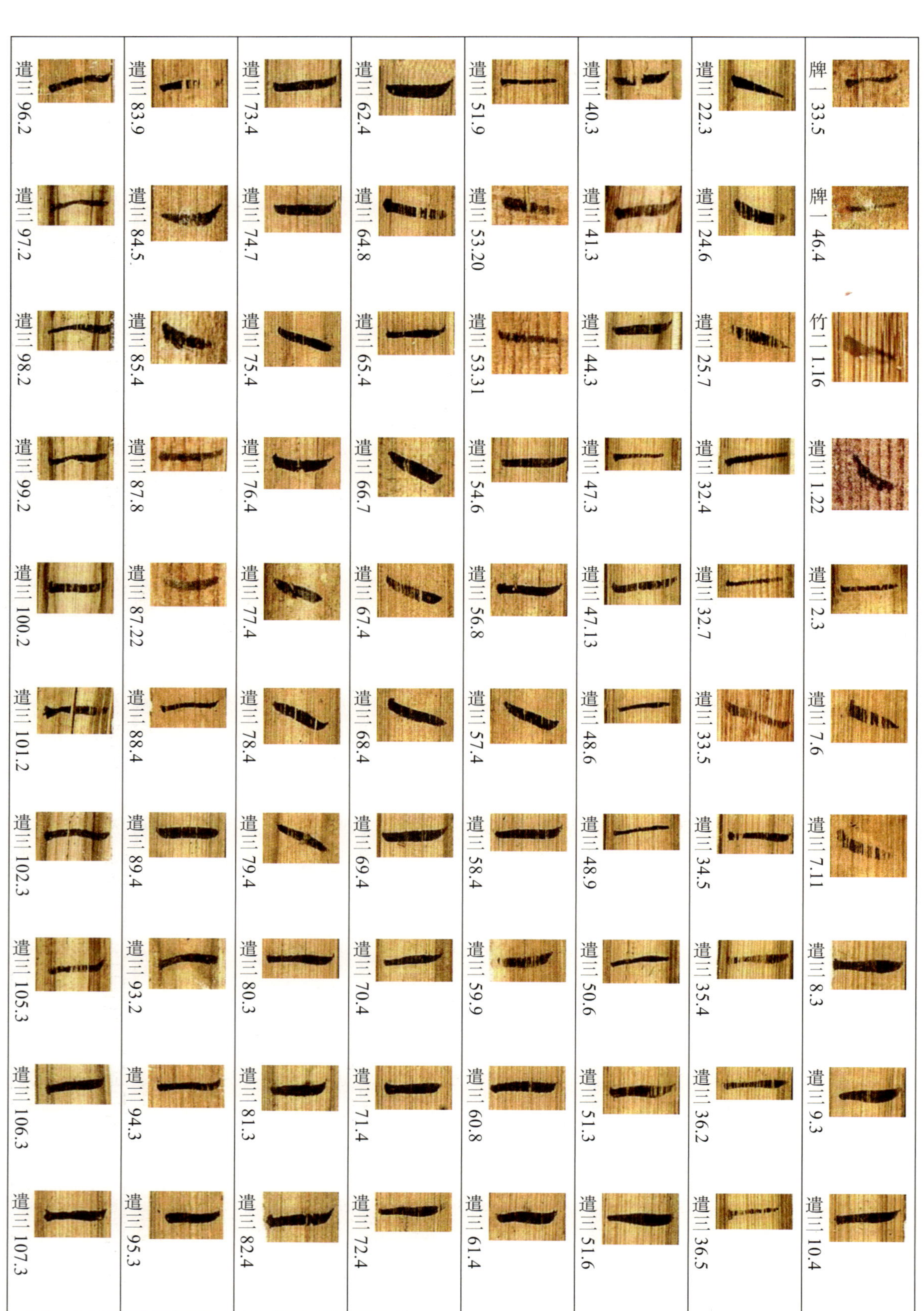

牌一 33.5	牌一 46.4	竹二 1.16	遣三 1.22	遣三 2.3	遣三 7.6	遣三 7.11	遣三 8.3	遣三 9.3	遣三 10.4
遣三 22.3	遣三 24.6	遣三 25.7	遣三 32.4	遣三 32.7	遣三 33.5	遣三 34.5	遣三 35.4	遣三 36.2	遣三 36.5
遣三 40.3	遣三 41.3	遣三 44.3	遣三 47.3	遣三 47.13	遣三 48.6	遣三 48.9	遣三 50.6	遣三 51.3	遣三 51.6
遣三 51.9	遣三 53.20	遣三 53.31	遣三 54.6	遣三 56.8	遣三 57.4	遣三 58.4	遣三 59.9	遣三 60.8	遣三 61.4
遣三 62.4	遣三 64.8	遣三 65.4	遣三 66.7	遣三 67.4	遣三 68.4	遣三 69.4	遣三 70.4	遣三 71.4	遣三 72.4
遣三 73.4	遣三 74.7	遣三 75.4	遣三 76.4	遣三 77.4	遣三 78.4	遣三 79.4	遣三 80.3	遣三 81.3	遣三 82.4
遣三 83.9	遣三 84.5	遣三 85.4	遣三 87.8	遣三 87.22	遣三 88.4	遣三 89.4	遣三 93.2	遣三 94.3	遣三 95.3
遣三 96.2	遣三 97.2	遣三 98.2	遣三 99.2	遣三 100.2	遣三 101.2	遣三 102.3	遣三 105.3	遣三 106.3	遣三 107.3

遺三108.3
遺三109.3
遺三110.3
遺三111.3
遺三112.4
遺三113.3
遺三114.3
遺三115.3
遺三116.3
遺三117.3
遺三118.3
遺三119.3
遺三120.3
遺三121.3
遺三122.4
遺三123.3
遺三124.3
遺三125.3
遺三126.3
遺三127.3
遺三128.3
遺三129.3
遺三130.3
遺三131.3
遺三132.5
遺三133.5
遺三134.5
遺三135.2
遺三136.3
遺三137.3
遺三138.3
遺三139.3
遺三140.3
遺三141.3
遺三142.3
遺三143.5
遺三144.3
遺三145.3
遺三146.3
遺三147.3
遺三148.2
遺三149.2
遺三150.3
遺三151.3
遺三152.3
遺三153.3
遺三154.3
遺三155.3
遺三156.3
遺三157.3
遺三158.3
遺三159.2
遺三160.2
遺三161.2
遺三162.2
遺三163.2
遺三164.3
遺三165.2
遺三165.4
遺三166.2
遺三167.4
遺三168.3
遺三169.3
遺三170.3
遺三171.2
遺三172.3
遺三179.6
遺三180.3
遺三186.4
遺三187.4
遺三188.5
遺三189.4
遺三190.3
遺三191.4
遺三192.3
遺三193.3
遺三194.3
遺三195.4
遺三196.3
遺三197.12

遣三 198.9	遣三 199.3	遣三 200.3	遣三 201.3	遣三 202.3	遣三 203.3	遣三 204.4	遣三 205.3	遣三 206.3	遣三 207.3
遣三 208.3	遣三 209.3	遣三 210.2	遣三 211.3	遣三 212.3	遣三 213.4	遣三 214.1	遣三 215.3	遣三 216.54	遣三 217.5
遣三 218.5	遣三 220.5	遣三 221.4	遣三 223.4	遣三 224.5	遣三 225.4	遣三 226.5	遣三 227.3	遣三 228.4	遣三 229.5
遣三 230.3	遣三 231.3	遣三 232.3	遣三 233.2	遣三 233.7	遣三 234.6	遣三 235.3	遣三 235.7	遣三 237.3	遣三 237.7
遣三 239.3	遣三 240.3	遣三 241.2	遣三 242.4	遣三 243.2	遣三 244.2	遣三 245.2	遣三 262.5	遣三 263.8	遣三 263.10
遣三 267.4	遣三 271.8	遣三 273.4	遣三 273.7	遣三 275.5	遣三 276.4	遣三 277.4	遣三 279.4	遣三 280.13	遣三 282.6
遣三 283.6	遣三 298.2	遣三 299.3	遣三 303.4	遣三 304.3	遣三 306.2	遣三 307.2	遣三 308.2	遣三 309.2	遣三 310.2
遣三 311.2	遣三 312.3	遣三 314.3	遣三 315.4	遣三 317.4	遣三 318.7	遣三 322.4	遣三 323.4	遣三 324.2	遣三 325.5

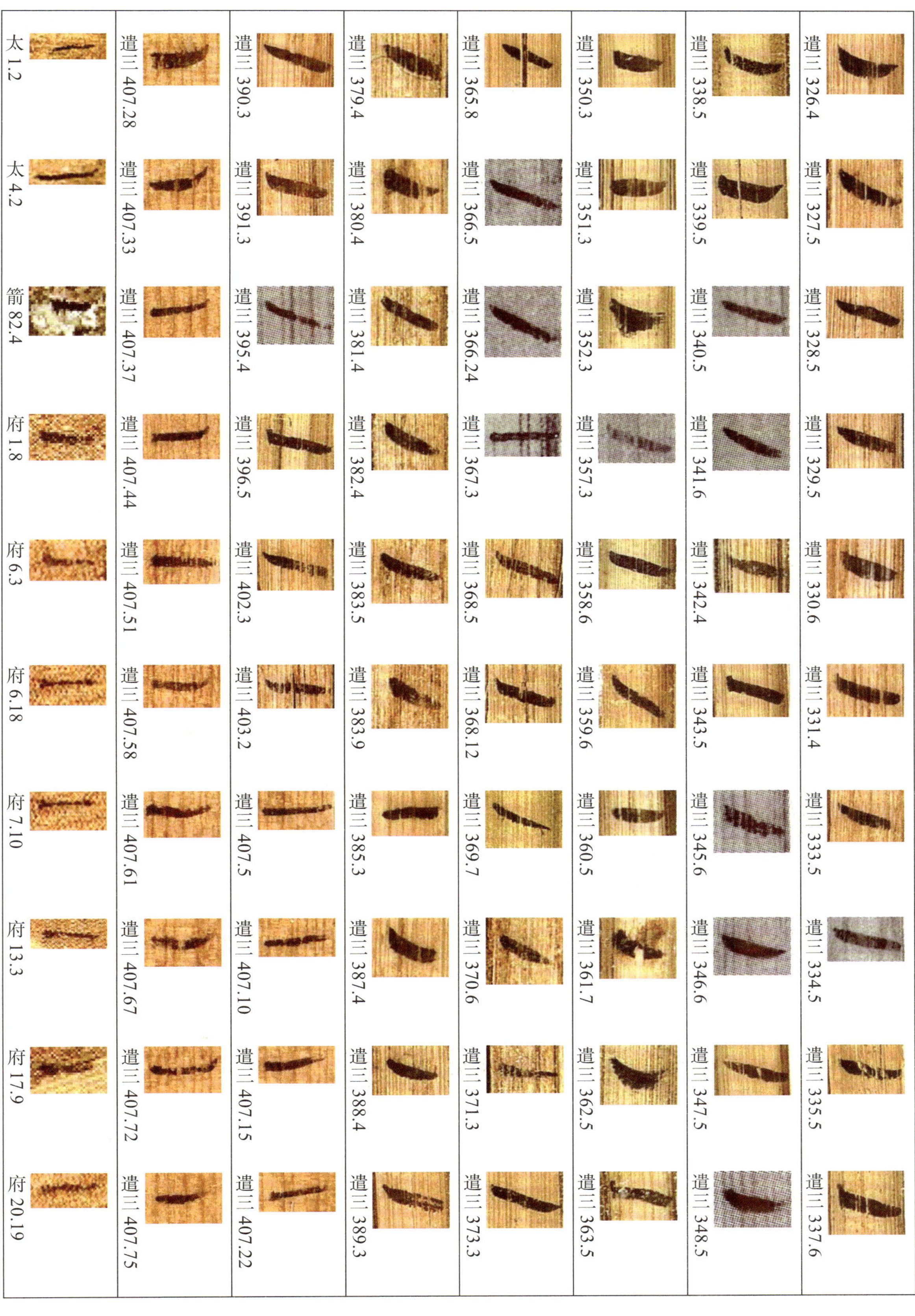

遣三 326.4
遣三 327.5
遣三 328.5
遣三 329.5
遣三 330.6
遣三 331.4
遣三 333.5
遣三 334.5
遣三 335.5
遣三 337.6
遣三 338.5
遣三 339.5
遣三 340.5
遣三 341.6
遣三 342.4
遣三 343.5
遣三 345.6
遣三 346.6
遣三 347.5
遣三 348.5
遣三 350.3
遣三 351.3
遣三 352.3
遣三 357.3
遣三 358.6
遣三 359.6
遣三 360.5
遣三 361.7
遣三 362.5
遣三 363.5
遣三 365.8
遣三 366.5
遣三 366.24
遣三 367.3
遣三 368.5
遣三 368.12
遣三 369.7
遣三 370.6
遣三 371.3
遣三 373.3
遣三 379.4
遣三 380.4
遣三 381.4
遣三 382.4
遣三 383.5
遣三 383.9
遣三 385.3
遣三 387.4
遣三 388.4
遣三 389.3
遣三 390.3
遣三 391.3
遣三 395.4
遣三 396.5
遣三 402.3
遣三 403.2
遣三 407.5
遣三 407.10
遣三 407.15
遣三 407.22
遣三 407.28
遣三 407.33
遣三 407.37
遣三 407.44
遣三 407.51
遣三 407.58
遣三 407.61
遣三 407.67
遣三 407.72
遣三 407.75
太 1.2
太 4.2
箭 82.4
府 1.8
府 6.3
府 6.18
府 7.10
府 13.3
府 17.9
府 20.19

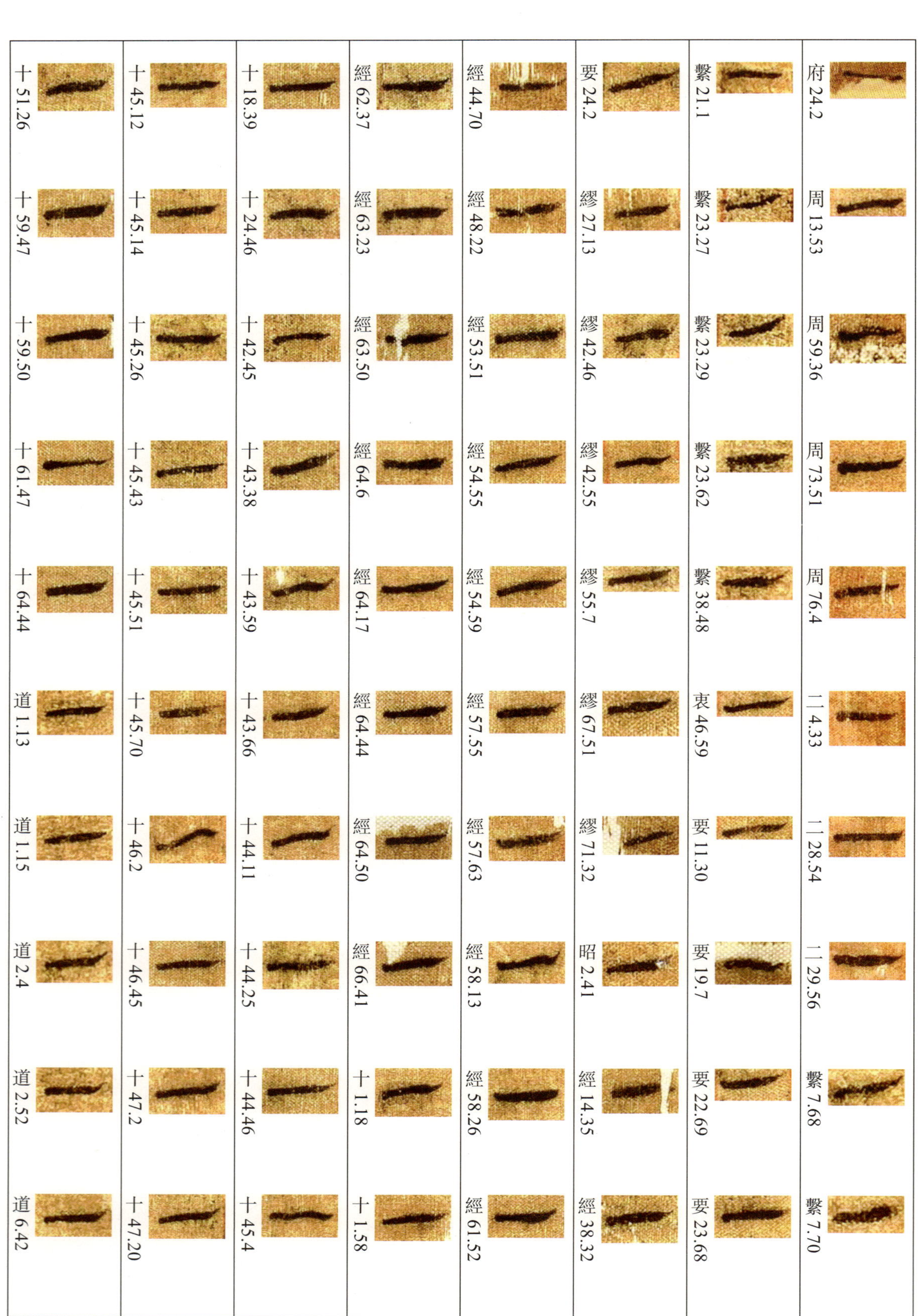

府 24.2
周 13.53
周 59.36
周 73.51
周 76.4
二 4.33
二 28.54
二 29.56
繫 7.68
繫 7.70

繫 21.1
繫 23.27
繫 23.29
繫 23.62
繫 38.48
衷 46.59
要 11.30
要 19.7
要 22.69
要 23.68

要 24.2
繆 27.13
繆 42.46
繆 42.55
繆 55.7
繆 67.51
繆 71.32
昭 2.41
經 14.35
經 38.32

經 44.70
經 48.22
經 53.51
經 54.55
經 54.59
經 57.55
經 57.63
經 58.13
經 58.26
經 61.52

經 62.37
經 63.23
經 63.50
經 64.6
經 64.17
經 64.44
經 64.50
經 66.41
十 1.18
十 1.58

十 18.39
十 24.46
十 42.45
十 43.38
十 43.59
十 43.66
十 44.11
十 44.25
十 44.46
十 45.4

十 45.12
十 45.14
十 45.26
十 45.43
十 45.51
十 45.70
十 46.2
十 46.45
十 47.2
十 47.20

十 51.26
十 59.47
十 59.50
十 61.47
十 64.44
道 1.13
道 1.15
道 2.4
道 2.52
道 6.42

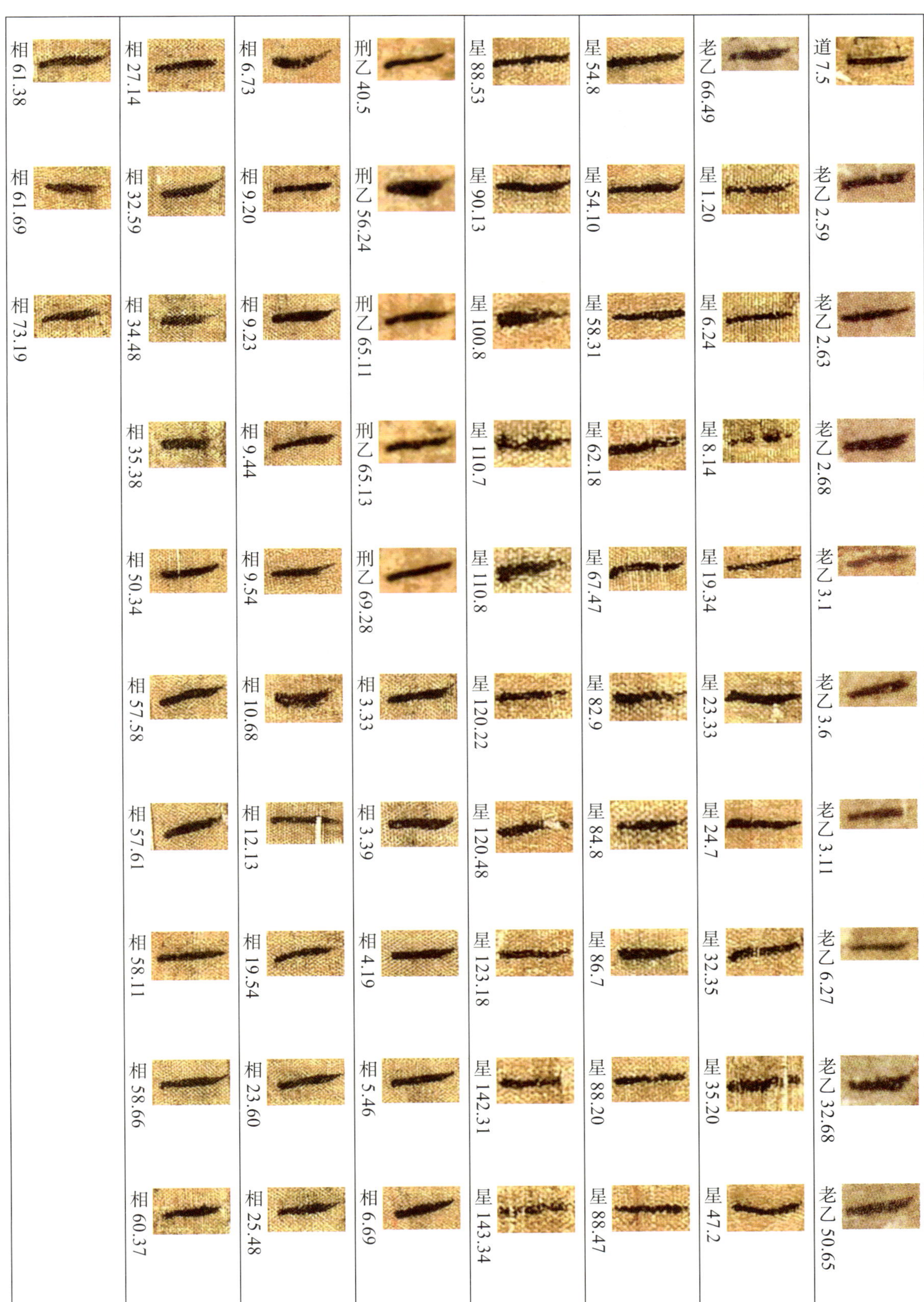
道7.5
老乙2.59
老乙2.63
老乙2.68
老乙3.1
老乙3.6
老乙3.11
老乙6.27
老乙32.68
老乙50.65
老乙66.49
星1.20
星6.24
星8.14
星19.34
星23.33
星24.7
星32.35
星35.20
星47.2
星54.8
星54.10
星58.31
星62.18
星67.47
星82.9
星84.8
星86.7
星88.20
星88.47
星88.53
星90.13
星100.8
星110.7
星110.8
星120.22
星120.48
星123.18
星142.31
星143.34
刑乙40.5
刑乙56.24
刑乙65.11
刑乙65.13
刑乙69.28
相3.33
相3.39
相4.19
相5.46
相6.69
相6.73
相9.20
相9.23
相9.44
相9.54
相10.68
相12.13
相19.54
相23.60
相25.48
相27.14
相32.59
相34.48
相35.38
相50.34
相57.58
相57.61
相58.11
相58.66
相60.37
相61.38
相61.69
相73.19

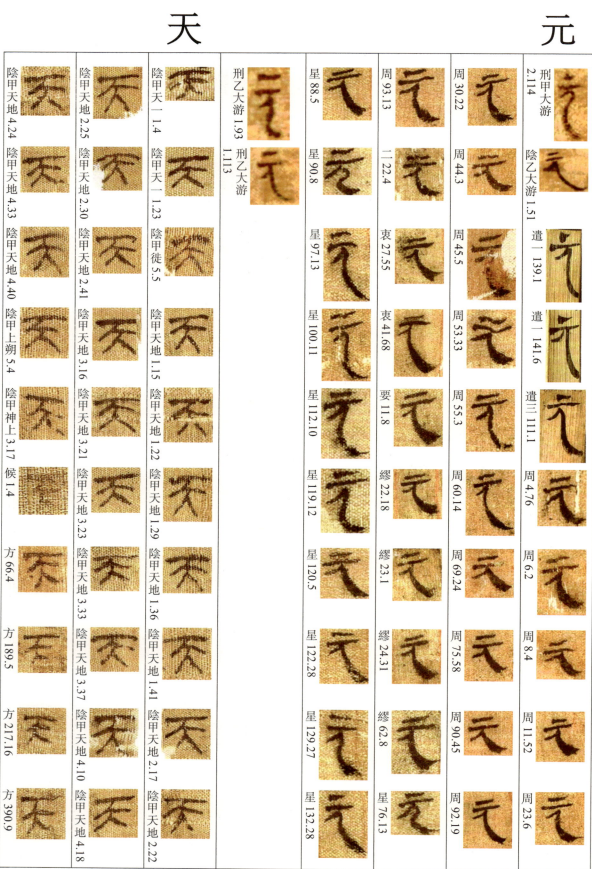

元

刑甲大游 2.114
陰乙大游 1.51
遣一 139.1
遣一 141.6
遣三 111.1
周 4.76
周 6.2
周 8.4
周 11.52
周 23.6

周 30.22
周 44.3
周 45.5
周 53.33
周 55.3
周 60.14
周 69.24
周 75.58
周 90.45
周 92.19

周 93.13
二 22.4
衷 27.55
衷 41.68
要 11.8
繆 22.18
繆 23.1
繆 24.31
繆 62.8
星 76.13

星 88.5
星 90.8
星 97.13
星 100.11
星 112.10
星 119.12
星 120.5
星 122.28
星 129.27
星 132.28

刑乙大游 1.93
刑乙大游 1.113

天

陰甲天一 1.4
陰甲天一 1.23
陰甲徙 5.5
陰甲天地 1.15
陰甲天地 1.22
陰甲天地 1.29
陰甲天地 1.36
陰甲天地 1.41
陰甲天地 2.17
陰甲天地 2.22

陰甲天地 2.25
陰甲天地 2.30
陰甲天地 2.41
陰甲天地 3.16
陰甲天地 3.21
陰甲天地 3.23
陰甲天地 3.33
陰甲天地 3.37
陰甲天地 4.10
陰甲天地 4.18

陰甲天地 4.24
陰甲天地 4.33
陰甲天地 4.40
陰甲上朔 5.4
陰甲神上 3.17
候 1.4
方 66.4
方 189.5
方 217.16
方 390.9

去4.20
養92.9
養190.9
春81.16
戰18.17
戰20.28
戰37.31
戰42.9
戰42.20
戰46.14

戰58.22
戰61.27
戰62.6
戰64.11
戰64.18
戰76.27
戰78.26
戰80.24
戰80.31
戰84.18

戰85.18
戰86.21
戰86.34
戰93.25
戰97.5
戰106.10
戰109.27
戰123.25
戰130.37
戰140.16

戰140.34
戰142.33
戰148.29
戰165.6
戰167.8
戰169.33
戰170.28
戰175.7
戰181.8
戰182.28

戰183.3
戰183.36
戰201.37
戰202.18
戰204.20
戰204.34
戰205.8
戰208.23
戰213.17
戰219.9

戰219.15
戰225.35
戰226.16
戰234.1
戰235.2
戰235.16
戰235.27
戰235.35
戰267.11
戰281.14

戰300.25
老甲5.11
老甲12.12
老甲13.6
老甲14.26
老甲15.3
老甲18.22
老甲19.2
老甲20.18
老甲24.7

老甲24.13
老甲29.26
老甲41.4
老甲48.14
老甲48.19
老甲52.5
老甲53.9
老甲63.22
老甲69.7
老甲70.7

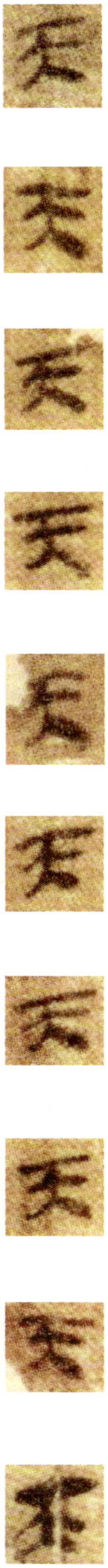

老甲 71.19　老甲 86.25　老甲 90.28　老甲 92.5　老甲 95.1　老甲 101.15　老甲 103.26　老甲 103.30　老甲 107.34　老甲 115.17

老甲 115.25　老甲 115.31　老甲 122.20　老甲 123.32　老甲 136.34　老甲 138.27　老甲 141.4　老甲 142.1　老甲 144.13　老甲 148.31

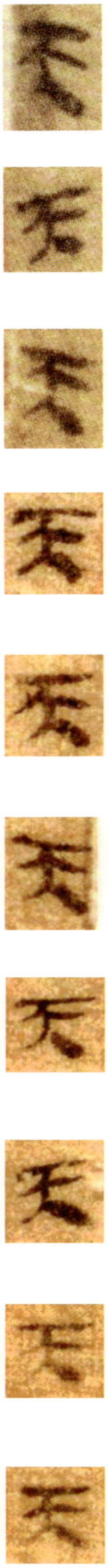

老甲 150.15　老甲 157.6　老甲 169.16　五 4.22　五 43.17　五 43.22　五 46.11　五 49.13　五 55.26　五 55.28

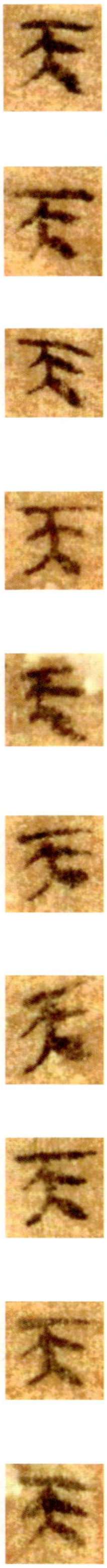

五 75.6　五 76.16　五 83.17　五 83.28　五 87.14　五 104.24　五 106.10　五 111.21　五 118.22　五 119.11

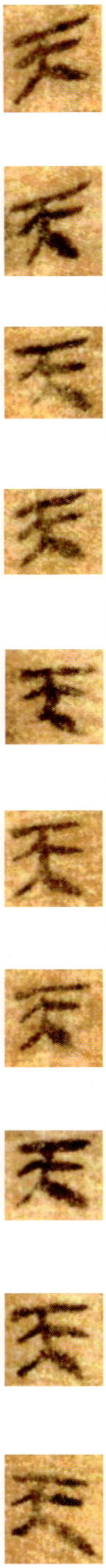

五 140.13　五 140.22　五 150.6　五 150.23　五 160.8　五 163.16　五 165.30　五 166.1　五 174.6　五 174.16

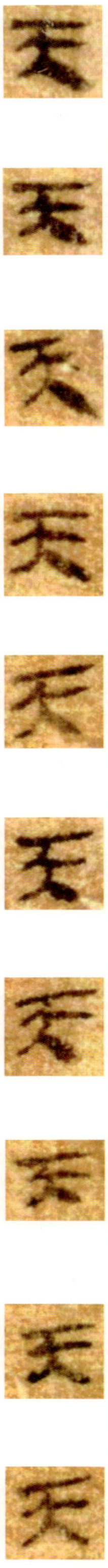

五 176.2　五 176.7　五 176.9　五 178.16　五 181.20　九 1.12　九 1.19　九 7.35　九 8.7　九 8.24

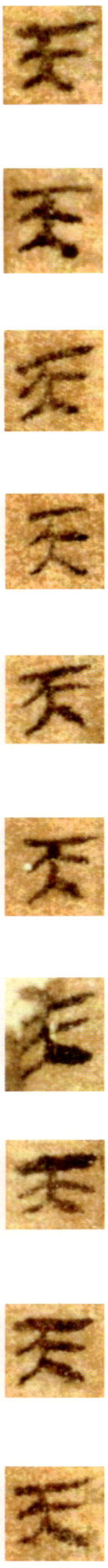

九 8.31　九 9.2　九 9.30　九 10.5　九 10.31　九 11.23　九 12.6　九 14.25　九 25.19　九 25.29

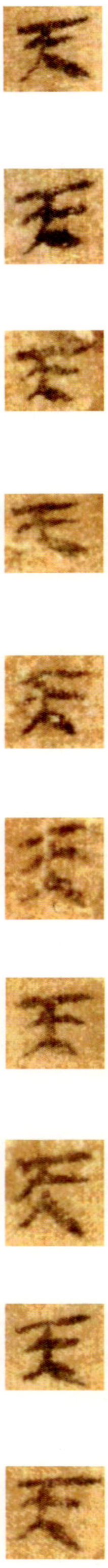

九 26.17　九 29.8　明 4.4　明 5.4　明 10.13　明 11.8　明 12.15　明 13.10　明 13.20　明 13.27

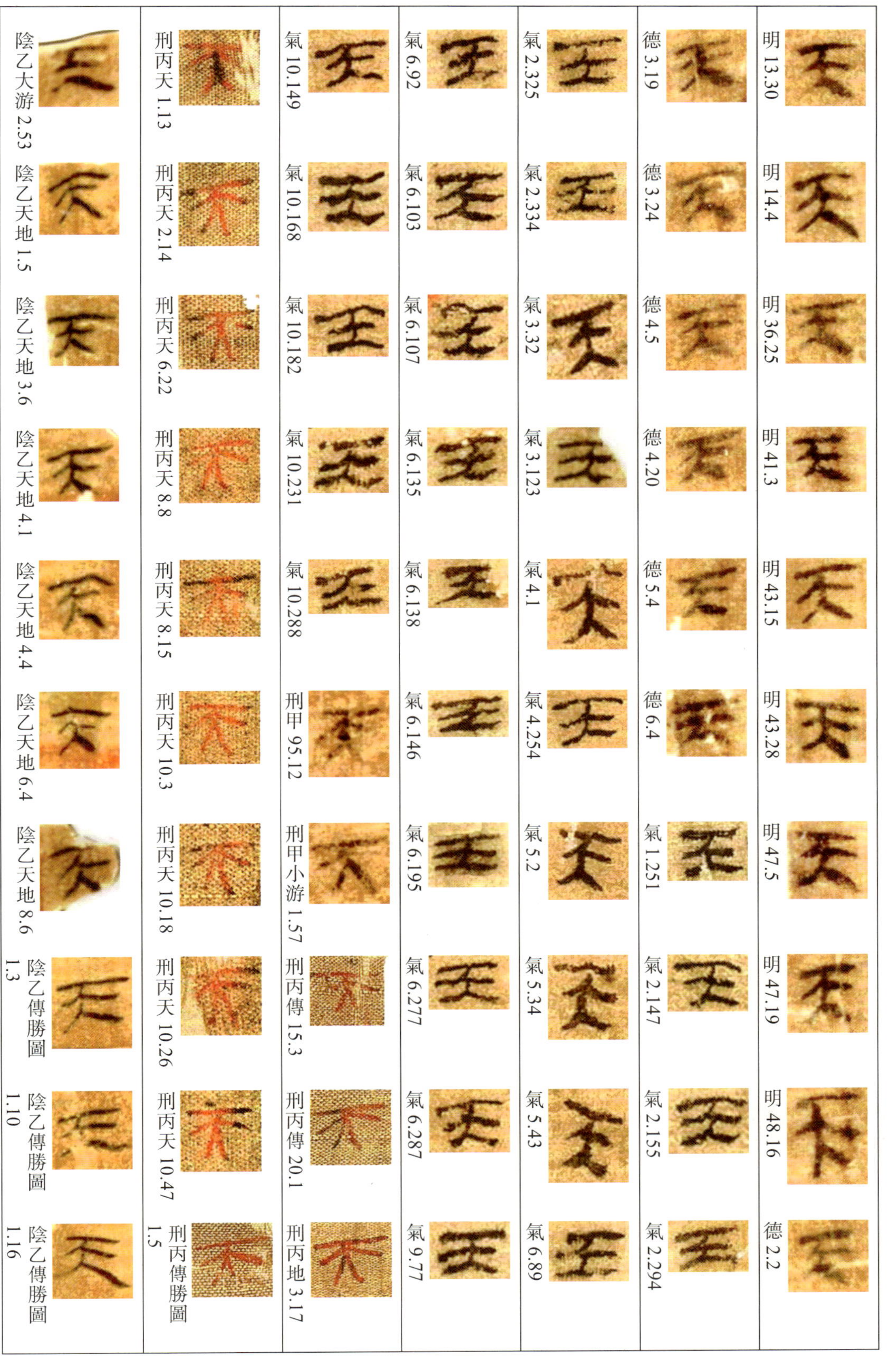
明13.30
明14.4
明36.25
明41.3
明43.15
明43.28
明47.5
明47.19
明48.16
德2.2
德3.19
德3.24
德4.5
德4.20
德5.4
德6.4
氣1.251
氣2.147
氣2.155
氣2.294
氣2.325
氣2.334
氣3.32
氣3.123
氣4.1
氣4.254
氣5.2
氣5.34
氣5.43
氣6.89
氣6.92
氣6.103
氣6.107
氣6.135
氣6.138
氣6.146
氣6.195
氣6.277
氣6.287
氣9.77
氣10.149
氣10.168
氣10.182
氣10.231
氣10.288
刑甲95.12
刑甲小游1.57
刑丙傳15.3
刑丙傳20.1
刑丙地3.17
刑丙天1.13
刑丙天2.14
刑丙天6.22
刑丙天8.8
刑丙天8.15
刑丙天10.3
刑丙天10.18
刑丙天10.26
刑丙天10.47
刑丙傳勝圖1.5
陰乙大游2.53
陰乙天地1.5
陰乙天地3.6
陰乙天地4.1
陰乙天地4.4
陰乙天地6.4
陰乙天地8.6
陰乙傳勝圖1.3
陰乙傳勝圖1.10
陰乙傳勝圖1.16

陰乙傳勝圖1.29 陰乙傳勝圖1.31 陰乙傳勝圖1.33 陰乙傳勝圖1.45 陰乙·殘22.1 出26.1 木28.8 木28.21 木30.7 問1.6

問1.28 問2.2 問7.8 問25.6 問25.10 問26.14 問27.13 問33.25 問56.19 問60.18

問90.20 問99.4 問101.14 合3.18 談6.2 談12.31 談56.6 周1.55 周9.66 周11.66

周52.21 周70.36 周70.62 周89.5 二1.76 二3.49 二12.59 二12.67 二17.34 二18.30

二19.3 二26.48 繫1.2 繫4.52 繫6.16 繫6.23 繫6.31 繫6.72 繫7.14 繫7.24

繫7.40 繫9.58 繫10.27 繫11.3 繫11.7 繫11.29 繫11.52 繫12.11 繫12.22 繫14.4

繫19.5 繫19.46 繫20.5 繫20.34 繫21.4 繫21.8 繫21.12 繫21.16 繫21.51 繫24.31

繫24.64 繫25.2 繫25.7 繫25.20 繫25.28 繫25.35 繫26.9 繫26.22 繫26.48 繫28.42

繫28.59 繫29.7 繫29.35 繫29.43 繫31.13 繫31.27 繫31.33 繫32.11 繫32.62 繫33.68

繫34.9 繫34.14 繫34.68 繫35.14 繫35.55 繫36.39 繫38.68 繫45.3 繫45.42 衷1.33

衷1.47 衷20.10 衷21.1 衷21.48 衷23.64 衷26.36 衷34.26 衷37.32 衷41.3 要1.3

要1.7 要11.10 要20.59 要21.38 要21.49 繆4.57 繆5.46 繆13.11 繆15.5 繆15.44

繆19.45 繆22.8 繆25.26 繆33.8 繆34.51 繆36.53 繆37.54 繆38.21 繆39.8 繆40.32

繆40.53 繆42.22 繆47.8 繆64.17 繆65.61 繆66.48 昭4.45 昭7.10 周·殘下80.2 經1.43

經3.55 經4.2 經4.55 經4.65 經5.1 經6.32 經6.58 經8.37 經9.14 經9.40

經10.12 經10.14 經10.22 經10.32 經10.39 經10.44 經10.58 經11.3 經11.45 經11.49

經 12.40	經 26.47	經 34.33	經 38.28	經 48.20	經 52.70	經 66.3	經 69.47
經 13.4	經 28.47	經 34.58	經 39.17	經 49.50	經 56.50	經 66.62	經 69.56
經 13.13	經 29.12	經 35.39	經 40.5	經 50.24	經 56.60	經 67.6	經 69.62
經 19.1	經 29.19	經 36.31	經 40.30	經 50.31	經 57.51	經 67.14	經 71.42
經 19.14	經 29.35	經 36.44	經 41.52	經 50.37	經 59.40	經 67.36	經 71.50
經 19.25	經 31.14	經 36.55	經 43.41	經 50.42	經 59.51	經 67.62	經 74.25
經 19.39	經 32.49	經 36.59	經 44.46	經 50.56	經 59.56	經 68.3	經 75.31
經 21.59	經 33.23	經 37.26	經 44.49	經 51.6	經 61.46	經 68.28	經 77.21
經 22.10	經 33.39	經 37.58	經 46.62	經 52.50	經 64.39	經 68.51	十 1.40
經 22.31	經 33.47	經 38.6	經 48.16	經 52.55	經 65.53	經 69.20	十 1.47

十1.63	十10.42	十19.13	十25.41	十31.15	十40.13	十43.51	十51.29
十2.25	十10.60	十19.26	十26.44	十31.64	十40.48	十44.7	十52.62
十2.30	十12.25	十20.4	十27.54	十32.9	十40.62	十44.20	十53.32
十2.42	十12.54	十20.59	十28.21	十32.58	十42.4	十44.35	十55.15
十4.36	十13.1	十21.4	十30.6	十33.6	十42.31	十45.49	十57.12
十5.13	十13.8	十23.5	十30.15	十33.25	十42.49	十47.22	十57.37
十6.62	十13.15	十24.36	十30.37	十33.37	十43.5	十47.30	十58.31
十7.25	十14.44	十24.43	十30.41	十33.45	十43.9	十47.42	十58.44
十7.65	十16.1	十25.28	十30.61	十33.50	十43.24	十49.38	十60.10
十10.23	十18.43	十25.33	十31.3	十39.31	十43.43	十49.54	十60.31

十 60.47
十 60.67
十 63.15
十 63.33
稱 2.62
稱 2.68
稱 4.57
稱 5.46
稱 5.58
稱 6.9

稱 6.28
稱 7.23
稱 7.50
稱 8.4
稱 8.14
稱 10.16
稱 11.53
稱 11.61
稱 12.17
稱 14.11

稱 16.29
稱 24.29
道 3.37
道 4.48
道 7.2
老乙 2.61
老乙 3.14
老乙 3.21
老乙 5.48
老乙 6.14

老乙 9.37
老乙 9.44
老乙 10.34
老乙 10.49
老乙 11.25
老乙 13.61
老乙 13.67
老乙 16.24
老乙 16.39
老乙 16.47

老乙 19.13
老乙 19.24
老乙 21.21
老乙 22.12
老乙 22.62
老乙 24.40
老乙 25.13
老乙 25.30
老乙 30.22
老乙 32.21

老乙 32.35
老乙 33.12
老乙 33.27
老乙 33.65
老乙 34.45
老乙 35.49
老乙 37.45
老乙 37.53
老乙 38.5
老乙 40.56

老乙 41.34
老乙 41.63
老乙 42.22
老乙 42.56
老乙 47.58
老乙 48.6
老乙 48.46
老乙 48.60
老乙 48.64
老乙 50.57

老乙 51.26
老乙 54.28
老乙 54.34
老乙 54.40
老乙 54.46
老乙 64.12
老乙 65.6
老乙 65.57
老乙 66.3
老乙 66.34

老乙 66.56　老乙 67.30　老乙 68.74　老乙 69.23　老乙 69.50　老乙 70.8　老乙 73.1　老乙 73.47　老乙 74.3　老乙 76.26

老乙 78.37　星 7.13　星 8.22　星 8.36　星 9.6　星 10.16　星 10.35　星 11.8　星 12.1　星 14.1

星 15.1　星 18.39　星 21.9　星 23.46　星 33.9　星 34.34　星 41.18　星 42.55　星 64.16　星 70.8

星 88.49　星 120.51　刑乙 42.7　刑乙 69.42　刑乙小游 1.93　刑乙小游 1.148　刑乙小游 1.208　相 3.60　相 4.38　相 8.62

相 10.29　相 12.30　相 20.52　相 21.10　相 24.39　相 31.57　相 42.39　相 49.19　相 56.62　相 60.35

相 61.54　相 74.35　相 75.1

吏

春 30.24　戰 133.1　戰 236.16　氣 3.95　氣 5.71　刑甲 109.8　刑甲 123.10　刑甲 127.9　刑丙傳 3.6　刑丙天 9.14

遣三 3.2　遣三 21.17　星 49.25　刑乙 25.10　刑乙 27.9　刑乙 30.7

上

上

陰甲雜一6.16
陰甲天地1.7
陰甲上朔2L.16
陰甲上朔3L.16
陰甲上朔4L.16
陰甲上朔5L.14
陰甲上朔7L.11
陰甲上朔8L.16
陰甲上朔9L.15

陰甲上朔1.6
陰甲室1.28
陰甲室2.34
陰甲室2.40
陰甲室10.19
陰甲築二1.3
陰甲築二2.3
陰甲築二3.3
陰甲築二5.3
陰甲築二7.3

陰甲築二8.3
陰甲·殘75.4
足1.11
足2.1
足5.14
足10.9
足10.18
足10.28
足13.11
足16.16

足19.16
足19.25
足25.8
足31.11
足33.12
陽甲5.22
陽甲9.13
陽甲18.10
陽甲18.13
陽甲20.18

陽甲20.24
陽甲20.30
陽甲24.12
陽甲24.23
陽甲25.1
陽甲28.16
陽甲31.5
陽甲33.17
陽甲33.23
陽甲36.17

脈3.12
方49.14
方52.21
方61.15
方84.12
方128.15
方169.14
方182.17
方234.4
方261.22

方271.17
方280.7
方339.23
方352.27
方361.18
方366.17
方452.21
陽乙1.9
陽乙3.13
陽乙7.10

陽乙8.12
陽乙9.8
陽乙9.11
陽乙10.15
陽乙10.21
陽乙10.27
陽乙14.26
陽乙14.30
陽乙16.37
陽乙18.1

陽乙18.5
養22.9
養48.4
養48.10
養54.6
養67.15
養90.21
養142.7
養166.12
胎29.29

胎30.2
春78.7
春82.4
春82.20
戰6.3
戰18.15
戰24.7
戰26.11
戰89.2
戰99.11

戰103.32
戰112.28
戰113.3
戰113.15
戰126.21
戰141.16
戰153.28
戰167.19
戰168.4
戰171.34

戰173.7
戰183.17
戰223.13
戰223.22
戰229.11
戰230.13
戰234.15
戰273.20
戰278.22
戰290.23

戰313.6
老甲1.2
老甲1.9
老甲62.26
老甲82.30
老甲97.23
老甲117.4
老甲124.6
老甲156.15
老甲157.14

老甲157.19
老甲157.29
五29.1
五43.5
五95.1
五163.12
五174.26
五175.4
九41.9
九49.23

明16.27
氣1.106
氣1.110
氣1.115
氣1.121
氣1.125
氣1.129
氣3.1
氣4.175
氣9.218

氣10.298
刑甲40.9
刑甲55.5
刑甲58.11
刑甲61.9
刑甲72.6
刑甲89.10
刑甲91.8
刑丙地15.6
刑丙地20.4

刑丙天 6.24	刑丙天 9.26	陰乙刑德 33.1	陰乙上朔 16.1	陰乙上朔 28.16	陰乙上朔 32.13	陰乙上朔 35.26	陰乙傳勝圖 1.8	陰乙傳勝圖 1.59	木 44.6
問 12.22	問 57.15	問 64.14	問 66.17	合 1.20	合 2.20	合 3.8	合 5.21	合 7.19	合 8.11
合 17.6	合 19.22	合 21.4	合 22.4	禁 1.11	禁 5.5	談 38.34	談 41.14	談 42.7	談 43.3
談 44.13	箭 71.1	府 17.10	府 20.10	周 35.21	周 40.13	二 1.65	二 5.69	二 9.45	二 17.19
二 17.59	二 32.63	二 33.60	繫 17.45	繫 18.19	繫 26.43	繫 28.12	繫 31.9	繫 31.17	繫 31.24
繫 36.61	衷 4.13	衷 18.2	衷 30.34	衷 30.47	衷 31.57	衷 44.55	衷 47.47	衷 49.4	衷 49.41
要 22.41	繆 1.51	繆 16.55	繆 19.5	繆 19.62	繆 24.11	繆 25.24	繆 27.57	繆 37.26	繆 43.60
繆 44.21	繆 44.33	繆 44.47	繆 45.18	繆 45.46	繆 46.29	繆 46.36	繆 46.68	繆 62.41	繆 68.68

昭3.25	經28.34	十17.1	十55.13	老乙1.2	老乙46.16	星48.13	相1.15
昭5.31	經29.60	十17.20	稱3.2	老乙1.19	老乙55.26	星49.39	相8.25
昭6.66	經30.8	十19.15	稱9.51	老乙1.28	老乙73.16	星54.9	相9.3
昭11.2	經38.19	十25.17	稱11.2	老乙1.37	星1.14	星57.30	相10.14
經8.34	經55.46	十28.25	稱19.55	老乙1.46	星23.14	星58.16	相10.18
經17.21	經58.37	十29.13	稱23.29	老乙5.17	星29.14	刑乙64.69	相14.34
經22.52	經65.8	十43.40	道3.1	老乙29.56	星32.13	刑乙77.54	相28.45
經24.51	經77.1	十46.17	道5.39	老乙30.10	星33.53	刑乙95.5	相30.7
經26.15	十6.57	十50.39	道5.48	老乙39.34	星39.14	刑乙96.5	相32.8
經27.56	十10.36	十53.17	道5.65	老乙40.55	星43.2	相1.9	相34.57

相34.65 相35.6 相36.44 相44.25 相44.34 相44.45 相44.58 相46.15 相47.45 相48.4

相48.24 相48.37 相52.53 相52.60 相53.6 相53.10 相55.23 相55.66 相56.43 相56.49

相57.5 相57.13 相57.21 相58.50 相59.5 相59.9 相59.20 相59.40 相60.2 相60.8

相61.9 相61.59 相61.63 相64.37 相66.56 相67.61 相69.41 相70.17 相70.43 相74.47

相76.63

《說文》篆文。

帝

陰甲·殘4.38 陰甲·殘32.6 戰33.27 戰69.10 戰114.16 戰218.13 戰218.18 戰218.22 戰218.25 老甲101.11

五43.6 五174.27 五175.5 明25.4 刑甲10.37 刑甲12.34 刑甲大游1.11 刑甲小游1.118 刑丙地9.1 刑丙天4.21

刑丙天4.28 出13.1 問1.3 問8.3 問15.3 問23.2 地77.1 周37.55 周92.43 二1.31

二35.60
二35.67
繫35.7
經52.40
經53.44
十13.32
十14.10
十15.6
十15.42
十16.15

十16.56
十17.23
十17.43
十18.5
十18.34
十20.54
十27.23
十28.26
十28.29
十29.14

十29.41
十42.39
十44.3
十44.30
十45.10
十60.21
稱3.55
稱11.3
老乙47.55
星1.5

星23.5
星23.7
星29.5
星29.7
星32.5
星39.5
星76.12
星88.4
星120.4
刑乙67.59

刑乙大游1.112
刑乙小游1.91

旁

陽甲25.12
方43.23
方109.27
方134.24
方180.2
方225.5
方234.15
方253.3
方278.9
陽乙15.9

房12.12
老甲122.12
氣10.302
刑甲35.21
刑甲115.25
合1.19
合21.20
談41.23
老乙57.54
刑乙49.9

刑乙60.13
刑乙84.4
相1.23
相1.54
相9.14
相14.23
相15.24
相19.16
相51.58
相53.21

丁

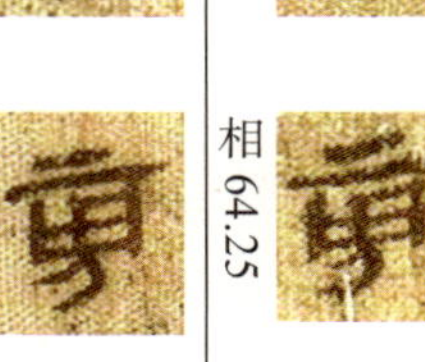
相57.45

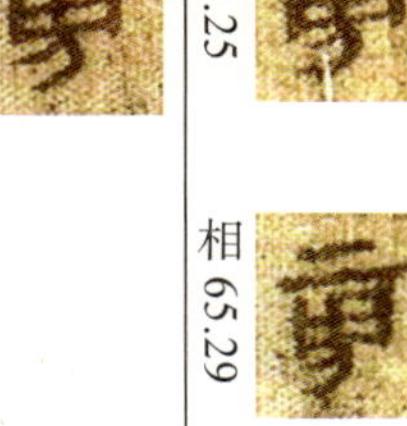
相58.71

相64.25

相65.29

相65.40

相66.17

相67.43

相67.64

相71.1

相71.28

相71.65

相72.25

相76.27

下

陰甲雜一6.20

陰甲上朔4.15

陰甲雜三4.3

陰甲築一7.6

陰甲雜六5.13

陰甲築二1.16

陰甲築二3.11

陰甲築二4.18

陰甲築二7.19

陰甲築二8.25

陰甲築二9.23

陰甲築二10.13

陰甲·殘6.9

陰甲·殘70.10

陰甲·殘227.5

足1.19

足2.6

足27.7

足27.12

足29.11

足29.15

足31.13

陽甲14.7

陽甲20.15

陽甲33.19

陽甲36.15

陽甲36.21

脈1.6

脈1.19

脈2.23

方31.15

方49.16

方53.4

方70.15

方84.13

方94.25

方95.10

方105.7

方110.4

方175.8

方204.16

方217.18

方219.11

方221.8

方230.29

方232.3

方234.7

方241.10

方262.26

方269.21

方282.14

方301.9

方390.11

方390.20

方390.30

方447.16

陽乙1.22

陽乙10.12

陽乙16.33

陽乙18.3 陽乙18.9 養56.2 養61.45 養222.10 房52.3 胎17.7 胎18.21 胎18.32 春37.16

春82.5 戰6.14 戰18.18 戰20.29 戰37.32 戰42.10 戰42.21 戰43.34 戰46.15 戰58.23

戰60.7 戰61.28 戰62.7 戰64.12 戰64.19 戰76.28 戰78.27 戰80.25 戰80.32 戰83.4

戰84.19 戰85.19 戰86.22 戰86.35 戰91.19 戰93.26 戰97.6 戰99.19 戰103.39 戰106.11

戰109.28 戰110.14 戰113.39 戰114.18 戰123.26 戰130.38 戰141.25 戰148.30 戰165.7 戰167.9

戰169.34 戰170.29 戰175.8 戰180.29 戰181.9 戰182.29 戰183.4 戰183.37 戰201.38 戰202.19

戰204.21 戰204.35 戰205.9 戰208.24 戰213.18 戰215.18 戰216.22 戰218.30 戰219.10 戰219.16

戰224.20 戰224.37 戰226.17 戰234.2 戰235.3 戰235.17 戰235.28 戰235.36 戰236.15 戰267.12

戰 281.15
戰 298.18
戰 300.26
戰 305.3
老甲 13.7
老甲 14.27
老甲 15.4
老甲 18.23
老甲 19.3
老甲 22.6
老甲 24.8
老甲 24.14
老甲 29.27
老甲 48.11
老甲 48.15
老甲 49.3
老甲 49.27
老甲 49.32
老甲 53.10
老甲 54.9
老甲 54.16
老甲 62.11
老甲 62.33
老甲 63.23
老甲 69.8
老甲 71.7
老甲 85.23
老甲 85.32
老甲 86.8
老甲 90.29
老甲 95.2
老甲 96.5
老甲 113.25
老甲 115.11
老甲 115.18
老甲 115.26
老甲 115.32
老甲 117.9
老甲 124.7
老甲 124.21
老甲 136.35
老甲 144.14
老甲 148.33
老甲 157.7
五 28.29
五 46.29
五 47.7
五 73.2
五 83.18
五 87.15
五 108.3
五 108.16
五 118.23
五 140.14
五 140.23
五 150.7
五 150.24
五 160.11
五 166.2
九 1.20
九 2.30
九 15.20
九 44.14
明 5.5
明 5.20
明 10.14
明 12.16
明 13.11
明 13.21
明 14.5
明 23.25
明 24.13
明 36.26
明 41.4
明 43.16
明 43.29
明 47.6
明 47.20
明 48.17
德 3.20

氣1.44	氣5.3	氣6.278	氣10.318	刑丙地16.9	問66.16	談23.16	府8.9
氣2.148	氣5.35	氣6.288	刑甲13.29	陰乙大游3.52	問66.22	談24.20	府17.8
氣2.156	氣5.44	氣6.377	刑甲17.37	陰乙上朔19.17	合2.11	談42.10	府23.32
氣2.192	氣6.28	氣6.409	刑甲33.7	出32.30	合6.18	遣一281.9	周35.23
氣2.223	氣6.58	氣7.16	刑甲36.2	出33.45	合8.20	遣一282.9	周82.24
氣2.407	氣6.78	氣7.151	刑甲91.13	出34.12	合17.10	遣三387.7	周82.74
氣3.8	氣6.93	氣8.66	刑甲112.19	問30.14	合22.8	遣三388.7	二1.52
氣3.33	氣6.108	氣9.78	刑甲112.27	問42.8	禁3.13	遣三404.9	二1.72
氣3.35	氣6.139	氣10.232	刑丙地4.1	問54.24	談6.3	箭91.2	二3.50
氣4.255	氣6.196	氣10.307	刑丙地15.10	問56.21	談22.16	府1.10	二5.73

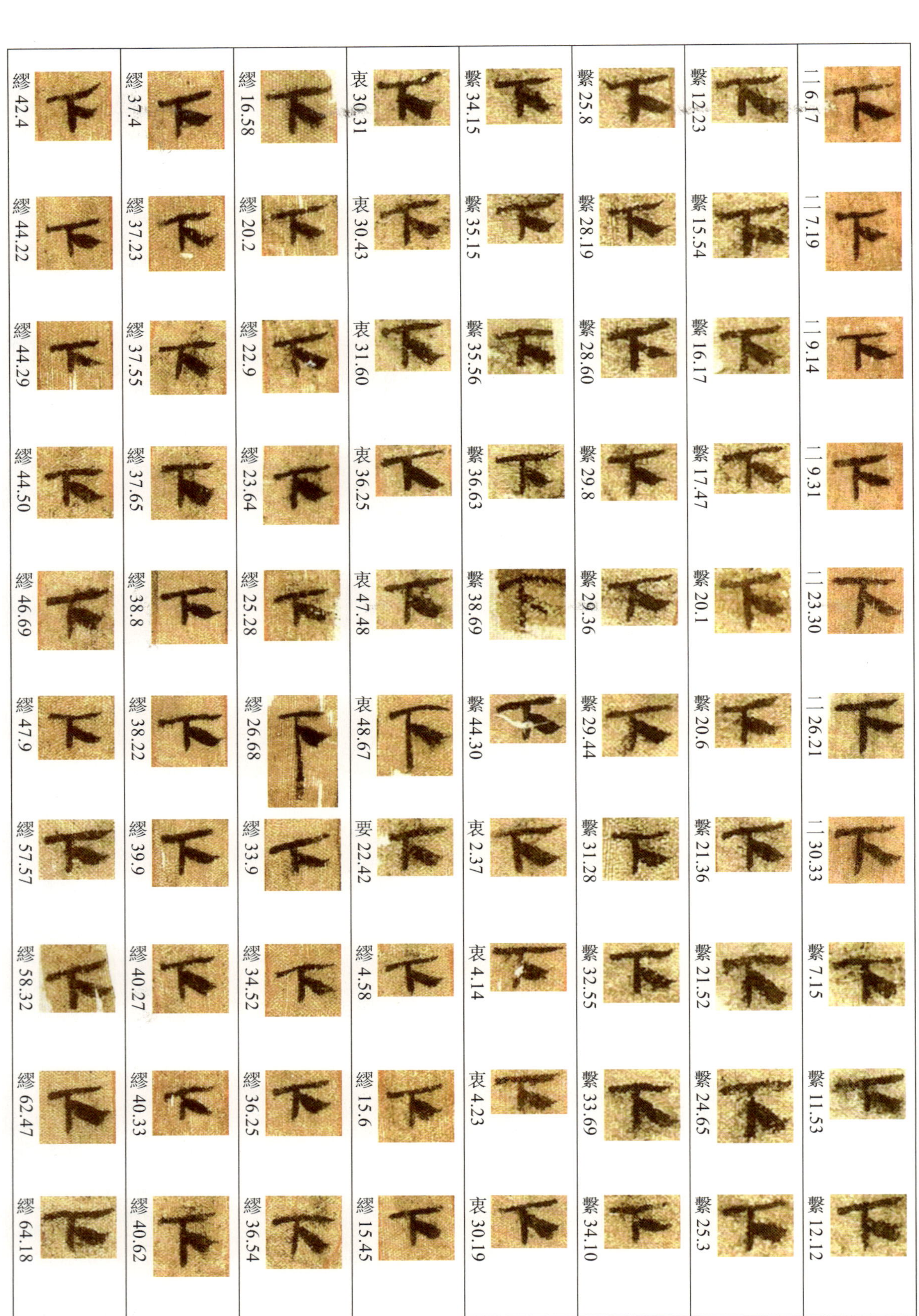
二6.17
二7.19
二9.14
二9.31
二23.30
二26.21
二30.33
繫7.15
繫11.53
繫12.12
繫12.23
繫15.54
繫16.17
繫17.47
繫20.1
繫20.6
繫21.36
繫21.52
繫24.65
繫25.3
繫25.8
繫28.19
繫28.60
繫29.8
繫29.36
繫29.44
繫31.28
繫32.55
繫33.69
繫34.10
繫34.15
繫35.15
繫35.56
繫36.63
繫38.69
繫44.30
衷2.37
衷4.14
衷4.23
衷30.19
衷30.31
衷30.43
衷31.60
衷36.25
衷47.48
衷48.67
要22.42
繆4.58
繆15.6
繆15.45
繆16.58
繆20.2
繆22.9
繆23.64
繆25.28
繆26.68
繆33.9
繆34.52
繆36.25
繆36.54
繆37.4
繆37.23
繆37.55
繆37.65
繆38.8
繆38.22
繆39.9
繆40.27
繆40.33
繆40.62
繆42.4
繆44.22
繆44.29
繆44.50
繆46.69
繆47.9
繆57.57
繆58.32
繆62.47
繆64.18

繆65.62　繆66.49　昭3.37　昭4.46　昭5.46　昭7.11　昭11.10　經1.44　經3.56　經4.3

經4.56　經5.2　經9.15　經17.27　經19.40　經22.11　經24.4　經26.16　經27.37　經29.14

經29.36　經29.53　經30.17　經30.43　經31.15　經32.50　經33.24　經33.40　經33.48　經34.34

經35.1　經35.10　經35.40　經38.29　經42.14　經42.23　經42.31　經42.46　經53.1　經55.42

經56.51　經56.61　經58.41　經61.1　經64.40　經68.52　經69.63　經72.3　經74.26　十1.41

十5.14　十10.37　十14.45　十16.2　十18.44　十19.19　十23.20　十25.21　十28.22　十42.50

十43.6　十43.10　十43.44　十43.52　十44.8　十44.23　十44.42　十46.18　十48.6　十49.22

十50.40　十51.30　十53.33　十60.32　十61.1　稱7.30　稱8.5　稱8.15　稱9.4　稱9.12

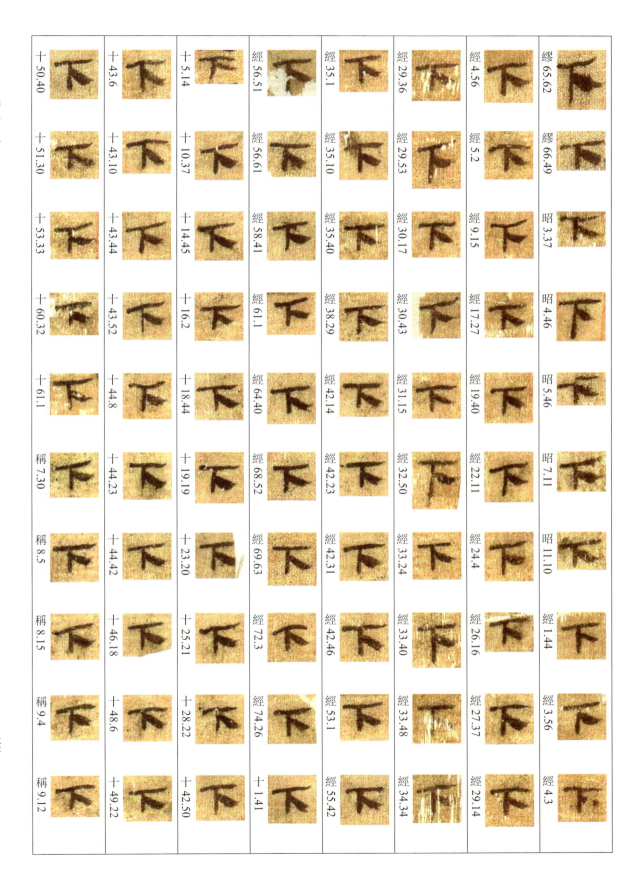

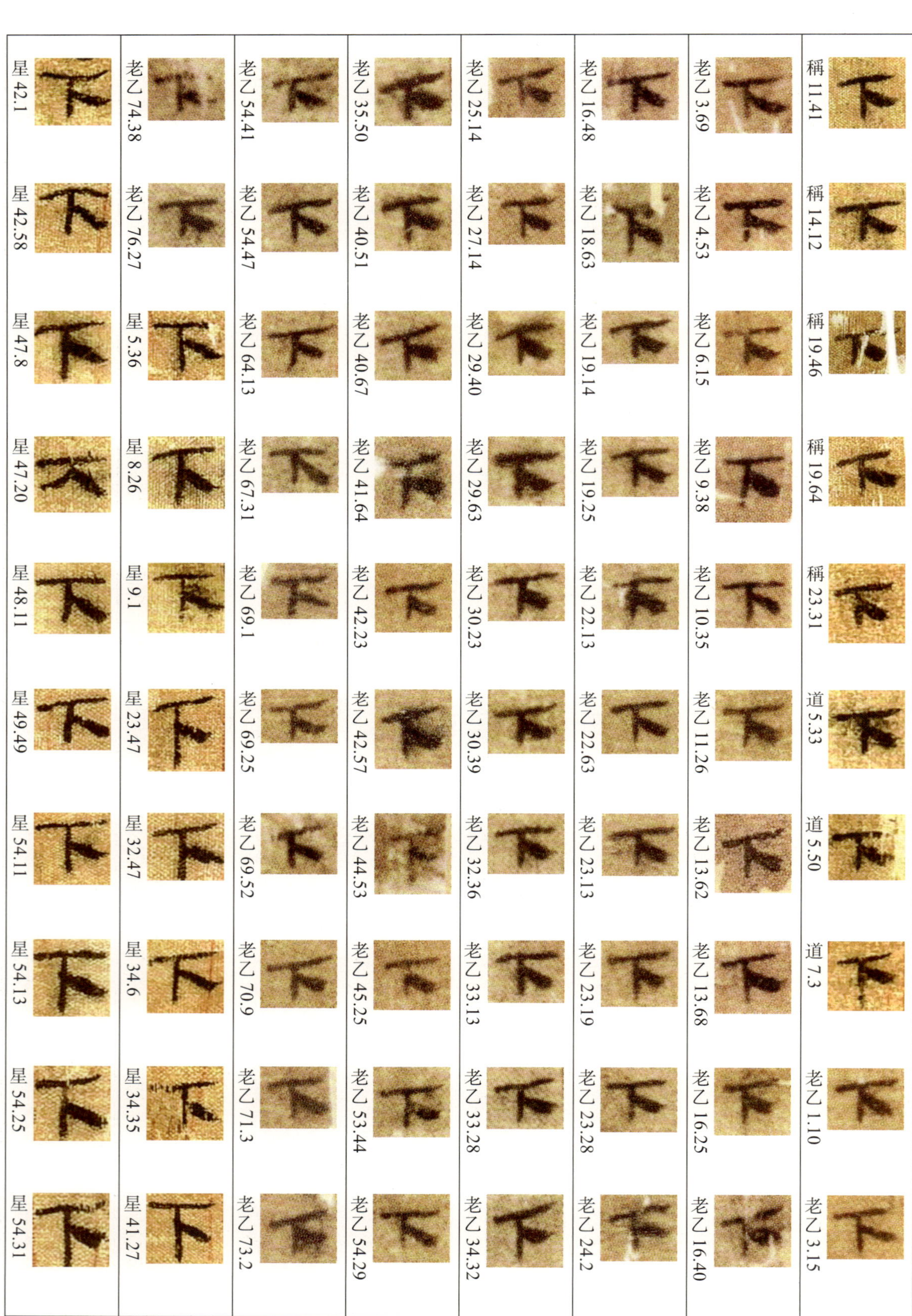
稱 11.41
稱 14.12
稱 19.46
稱 19.64
稱 23.31
道 5.33
道 5.50
道 7.3
老乙 1.10
老乙 3.15
老乙 3.69
老乙 4.53
老乙 6.15
老乙 9.38
老乙 10.35
老乙 11.26
老乙 13.62
老乙 13.68
老乙 16.25
老乙 16.40
老乙 16.48
老乙 18.63
老乙 19.14
老乙 19.25
老乙 22.13
老乙 22.63
老乙 23.13
老乙 23.19
老乙 23.28
老乙 24.2
老乙 25.14
老乙 27.14
老乙 29.40
老乙 29.63
老乙 30.23
老乙 30.39
老乙 32.36
老乙 33.13
老乙 33.28
老乙 34.32
老乙 35.50
老乙 40.51
老乙 40.67
老乙 41.64
老乙 42.23
老乙 42.57
老乙 44.53
老乙 45.25
老乙 53.44
老乙 54.29
老乙 54.41
老乙 54.47
老乙 64.13
老乙 67.31
老乙 69.1
老乙 69.25
老乙 69.52
老乙 70.9
老乙 71.3
老乙 73.2
老乙 74.38
老乙 76.27
星 5.36
星 8.26
星 9.1
星 23.47
星 32.47
星 34.6
星 34.35
星 41.27
星 42.1
星 42.58
星 47.8
星 47.20
星 48.11
星 49.49
星 54.11
星 54.13
星 54.25
星 54.31

禮　示

星64.17　星69.10　星133.22　星135.19　刑乙55.21　刑乙56.3　刑乙69.43　刑乙72.16　刑乙81.28　刑乙83.16

相1.19　相4.39　相8.55　相9.19　相9.43　相10.30　相11.20　相12.31　相14.38　相21.5

相24.14　相24.40　相26.6　相31.58　相31.67　相32.9　相34.21　相34.28　相34.42　相35.44

相36.48　相42.40　相44.51　相46.39　相47.66　相56.39　相57.9　相57.29　相57.57　相58.10

相58.35　相59.45　相60.23　相61.55　相63.16　相64.41　相65.12　相69.26　相70.2　相70.19

相74.48　相76.64

《說文》篆文。

老乙77.56

方309.6　春37.15　春81.15　春97.2　戰115.40　戰116.35　老甲158.5　老甲158.21　五3.2　五26.10

五 30.17　五 33.11　五 45.9　五 73.7　五 101.10　五 101.23　五 115.11　五 115.26　五 116.9　五 122.2

五 122.14　五 122.28　五 123.6　五 173.16　五 173.22　五 180.14　五 180.19　九 8.26　木 28.16　木 43.10

問 45.4　談 3.11　周 4.13　周 4.20　周 4.38　周 4.53　周 4.64　周 4.71　周 44.35　周 69.12

衷 46.50　衷 47.1　昭 6.44　周·殘下 146.2　老乙 1.47　老乙 2.5　老乙 2.7　老乙 73.24　老乙 73.36

祿

木 31.8　木 33.7　木 34.6　繆 17.11　繆 45.70　繆 69.63　十 38.28　稱 4.55　稱 4.62

禒

老乙 4.31　星 55.25

「祿」字訛體，秦漢文字中「彔」旁常訛作「象」形。

祥

老甲 37.26　老甲 90.25　老甲 154.29　老甲 156.2　十 41.6　老乙 42.53　老乙 71.57

福

陰甲天一 4.22　陰甲祭一 B08L.6　陰甲祭一 B10L.15　陰甲·殘 10.15　陰甲·殘 183.3　春 56.2　戰 213.24　戰 213.38　戰 237.23　戰 237.28

戰295.13
戰296.12
陰乙文武17.13
陰乙上朔32.3
陰乙上朔35.18
木23.6
木28.14
箭58.1
周26.74
周29.68

二28.29
二28.40
繫42.43
衷34.18
衷40.25
要18.44
繆2.27
繆3.16
繆3.24
繆3.61

繆4.9
繆4.15
繆22.27
經3.11
經5.62
經69.29
經74.44
十35.23
十36.2
十47.34

十63.60
稱2.60
星47.35
星55.24
相19.39
相73.2

神

方217.17
方217.21
方318.16
老甲47.8
老甲47.13
老甲47.16
五136.22
九8.17
德2.33
刑丙傳18.5

問2.28
問3.22
問7.6
問7.12
問18.3
問22.17
問22.25
問29.1
問29.22
問38.2

問56.29
問97.5
問98.21
問100.9
合3.11
合13.24
合32.8
合32.13
談1.3
談1.7

談1.25
談7.29
談8.9
談13.4
二1.33
二2.23
二2.65
二17.52
繫6.67
繫7.62

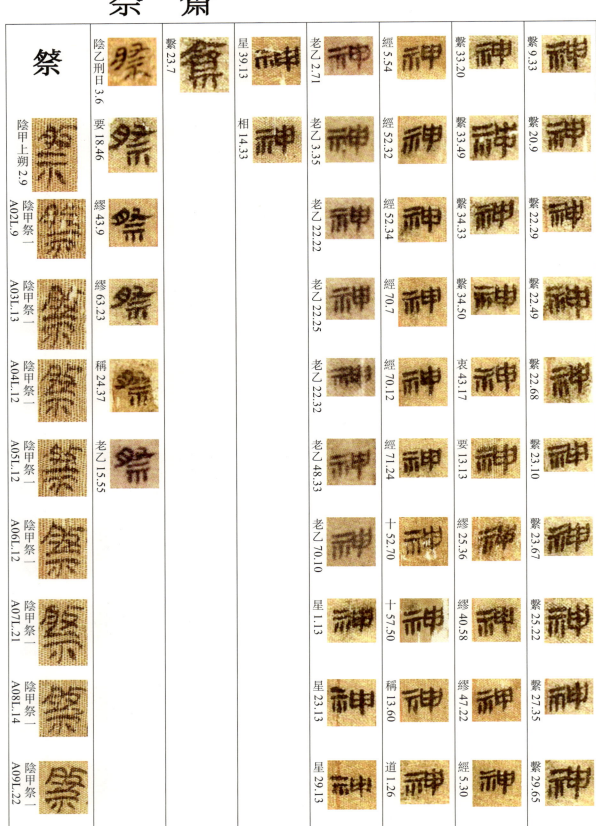

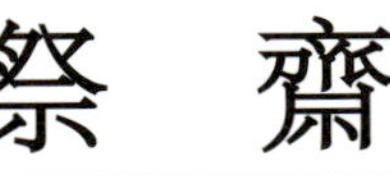

繫9.33
繫20.9
繫22.29
繫22.49
繫22.68
繫23.10
繫23.67
繫25.22
繫27.35
繫29.65

繫33.20
繫33.49
繫34.33
繫34.50
衷43.17
要13.13
繆25.36
繆40.58
繆47.22
經5.30

經5.54
經52.32
經52.34
經70.7
經70.12
經71.24
十52.70
十57.50
稱13.60
道1.26

老乙2.71
老乙3.35
老乙22.22
老乙22.25
老乙22.32
老乙48.33
老乙70.10
星1.13
星23.13
星29.13

星39.13
相14.33

繫23.7

陰乙刑日3.6
要18.46
繆43.9
繆63.23
稱24.37
老乙15.55

祭

陰甲上朔2.9
陰甲祭一A02L.9
陰甲祭一A03L.13
陰甲祭一A04L.12
陰甲祭一A05L.12
陰甲祭一A06L.12
陰甲祭一A07L.21
陰甲祭一A08L.14
陰甲祭一A09L.22

陰甲祭一A12L.11 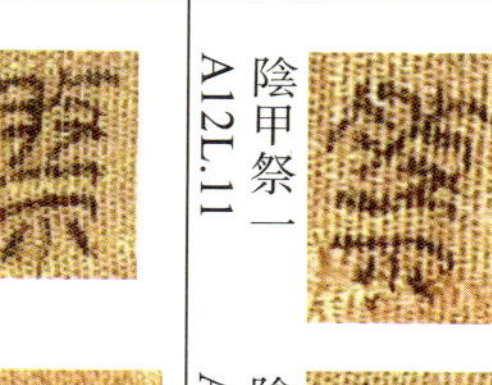
陰甲祭一A14L.13 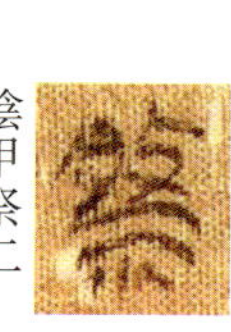
陰甲祭一A15L.12 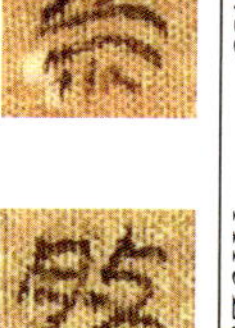
陰甲祭一A17L.15 
陰甲祭一B10L.13 
陰甲神上3.16 
陰甲神上13.40 
陰甲堪法12.10 
陰甲堪表5.5 
陰甲刑日5.5 

陰甲諸日7.14 
陰甲祭二2L.12 
陰甲祭二6L.10 
陰甲祭二10L.8 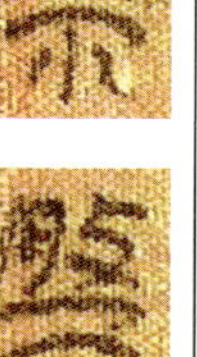
陰甲祭二11L.9 
陰甲祭二12L.9 
陰甲祭三1.21 
陰甲祭三2.29 
陰甲祭三4.13 
陰甲祭三4.29 

陰甲祭三5.6 
陰甲祭三5.25 
陰甲祭三6.26 
陰甲·殘2.9 
陰甲·殘3.8 
陰甲·殘3.13 
陰甲·殘183.1 
戰195.11 
陰乙文武13.32 
談36.35 

談39.31 
周26.63 
周26.70 

⿱肰示

老甲33.7 

「祭」字訛體，「然」字或訛作與之同形，卷十火部重見。

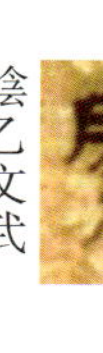

祀

陰甲上朔2.10 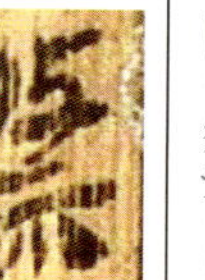
陰甲神上6.2 
陰甲堪法2.4 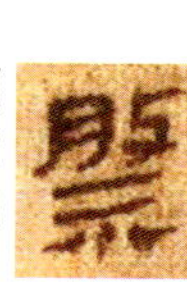
陰甲堪法6.11 
陰甲堪法12.11 
陰甲堪表5.6 
戰195.12 
氣2.392 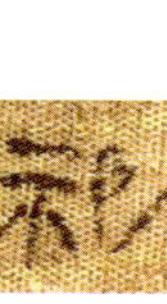
氣2.397 
陰乙文武12.44 

陰乙·殘2.8 
周62.45 
周63.21 
要18.47 
老乙15.56 

祖

問 48.8
問 48.18
喪 4.1
周 35.38
繆 58.42

祠

方 253.4
戰 259.20
刑丙天 9.25
陰乙玄戈 7.21
陰乙文武 12.43
陰乙文武 14.10
陰乙文武 15.11
陰乙文武 16.10
陰乙文武 17.11
陰乙文武 18.11
陰乙文武 19.9
陰乙文武 20.9
陰乙文武 21.10
陰乙上朔 17.21
陰乙上朔 19.10
陰乙上朔 21.16
陰乙上朔 30.24
陰乙·殘 24.3
木 35.11
木 42.10
木 43.8
問 75.4

祝

陰甲雜四 3.14
陰甲雜四 3.19
陰甲堪表 6.5
方 13.6
方 52.14
方 66.13
方 104.20
方 111.2
方 219.20
方 391.2
方 437.3
方 453.2
射 12.12
戰 195.14
戰 232.33
明 15.16
陰乙文武 16.12
太 1.3
要 7.17
要 17.14
繆 57.38
繆 58.7
周·殘下 79.2
星 23.10

祈

陰甲神上8.12

禦

御

五89.6

五89.10

衛

經22.18

御

春7.9

明13.19

「禦」字訛體，「示」旁訛作「火」形。

社

陰甲神上22.22

戰235.12

戰300.7

九6.14

九41.3

九圖1.2

九圖1.5

太4.11

昭2.23

經9.26

經23.52

十42.16

十53.24

老乙42.45

禍

春22.7

春24.28

春95.11

戰124.1

戰152.22

戰166.35

戰186.5

戰197.14

戰273.23

戰295.11

戰309.3

老甲43.18

刑甲100.27

木6.8

木33.11

木40.15

二26.62

二28.28

二28.39

經3.10

禁 ⿰礻关 祟

經5.60 經6.10 經25.52 經58.33 經59.9 經60.47 經60.55 經61.19 經64.53 經69.28

經72.9 經73.30 經75.61 十35.22 十36.49 十47.33 稱9.20 稱19.67 老乙35.17

⿰冎㤅

老甲19.18 老甲72.31

柰

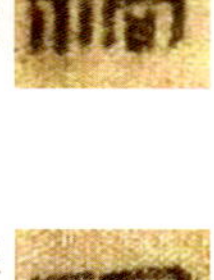

木24.12 木26.17 木29.18 木32.17 木33.17 木35.13 木42.18

「祟」、「柰」、「奈」本爲一字分化，「柰」字卷六木部重見。

祅

刑乙42.10

禁

陰甲五禁4L.2 方33.9 方36.11 方65.6 方136.12 方207.17 方251.22 方372.25 方439.28 方460.6

春42.15 戰114.21 明23.16 陰乙五禁11.33 陰乙五禁12.11 陰乙五禁14.6 陰乙五禁15.1 陰乙上朔31.15 陰乙上朔35.6 出13.2

問32.12 太6.7 周49.12 周49.19 衷11.2 昭4.12 經9.47 經9.54 經16.28 經34.47

禀* 𧗳* 𥙕* 䄸* 䄲* 材*

禁（續）	材*	䄲*	䄸*	𥙕*	𧗳*	禀*
經39.56　經57.48　經58.54　經61.43　十28.28　十28.48　十47.43　十47.48　十47.54　十47.66　十49.59　十51.6　稱11.21　稱11.28　稱11.35　稱11.42　相59.70	「災」字異體，卷十火部重見。	「魂」字異體，卷九鬼部重見。	「魄」字異體，卷九鬼部重見。	刑丙天9.24	「行神」之「行」的專字，卷二行部重見。	「祟」字異體，卷九山部重見。

三　禝* 稷* 禝*

「社稷」之「稷」，卷七禾部重見。

「禝」字訛體，秦漢文字中「畟」旁多訛作「叜」形，卷七禾部重見。

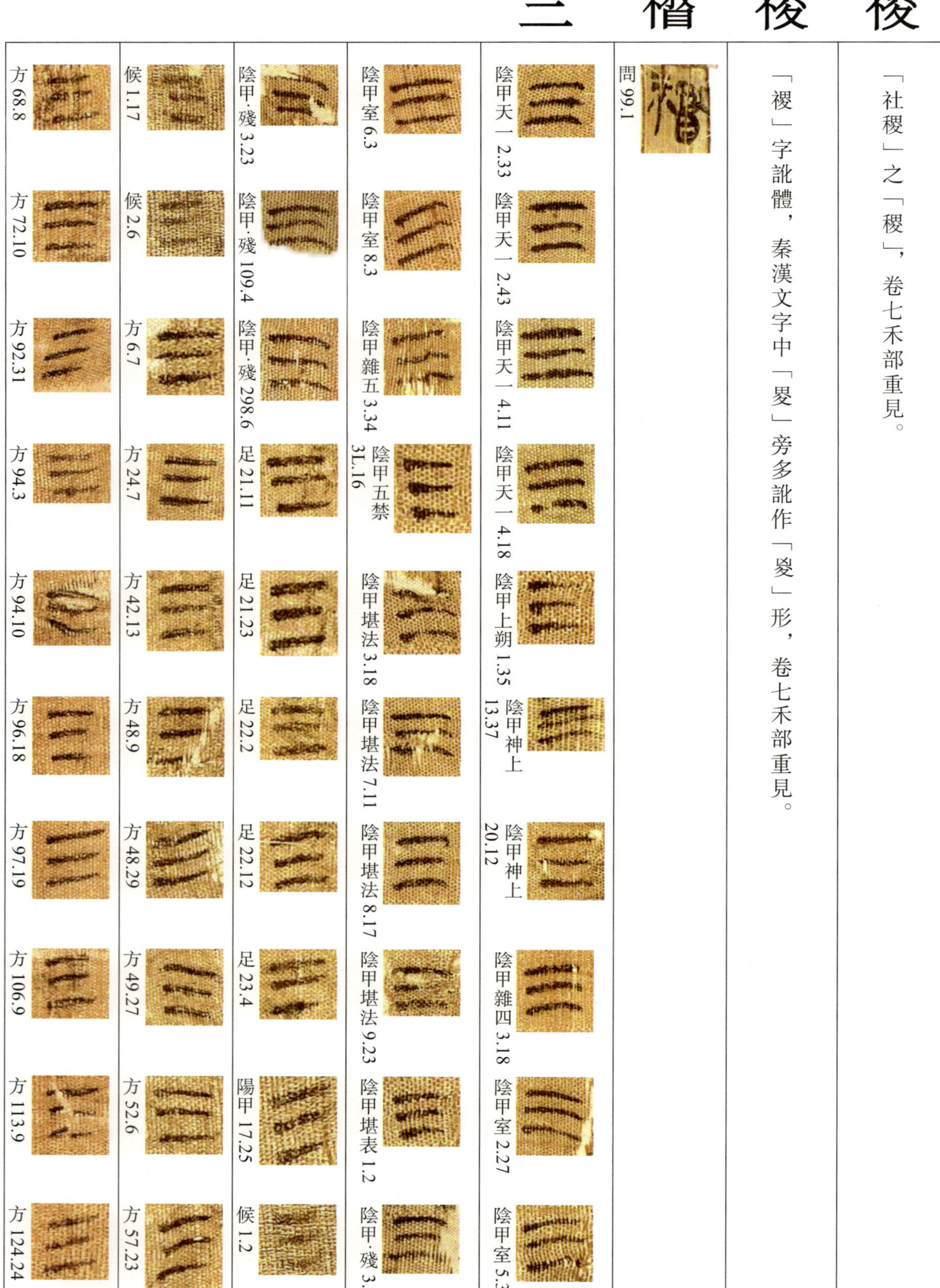

問 99.1

陰甲天一 2.33　陰甲天一 2.43　陰甲天一 4.11　陰甲天一 4.18　陰甲上朔 1.35　陰甲神上 13.37　陰甲神上 20.12　陰甲雜四 3.18　陰甲室 2.27　陰甲室 5.32

陰甲室 6.3　陰甲室 8.3　陰甲雜五 3.34　陰甲五禁 3L.16　陰甲堪法 3.18　陰甲堪法 7.11　陰甲堪法 8.17　陰甲堪法 9.23　陰甲堪表 1.2　陰甲·殘 3.5

陰甲·殘 3.23　陰甲·殘 109.4　陰甲·殘 298.6　足 21.11　足 21.23　足 22.2　足 22.12　足 23.4　陽甲 17.25　候 1.2

候 1.17　候 2.6　方 6.7　方 24.7　方 42.13　方 48.9　方 48.29　方 49.27　方 52.6　方 57.23

方 68.8　方 72.10　方 92.31　方 94.3　方 94.10　方 96.18　方 97.19　方 106.9　方 113.9　方 124.24

方125.13　方146.12　方167.5　方169.4　方169.12　方174.21　方175.25　方176.2　方177.1　方186.23

方187.13　方189.15　方190.8　方197.6　方198.4　方200.6　方202.5　方203.14　方206.19　方208.8

方208.24　方209.3　方212.12　方212.25　方216.11　方216.23　方217.13　方223.14　方229.3　方239.3

方250.25　方254.15　方261.11　方263.7　方266.23　方268.1　方285.10　方286.2　方297.7　方307.21

方310.5　方318.21　方328.20　方331.7　方342.31　方349.14　方368.16　方369.5　方369.22　方390.6

方403.12　方405.1　方420.16　方425.26　方427.5　方433.18　方433.20　方436.9　方449.14　方449.16

方452.4　方458.4　方477.4　方478.10　方482.13　去2.29　去2.33　陽乙11.15　養3.14　養15.12

養15.14　養19.14　養28.7　養31.11　養33.32　養34.21　養35.19　養35.31　養47.7　養47.22

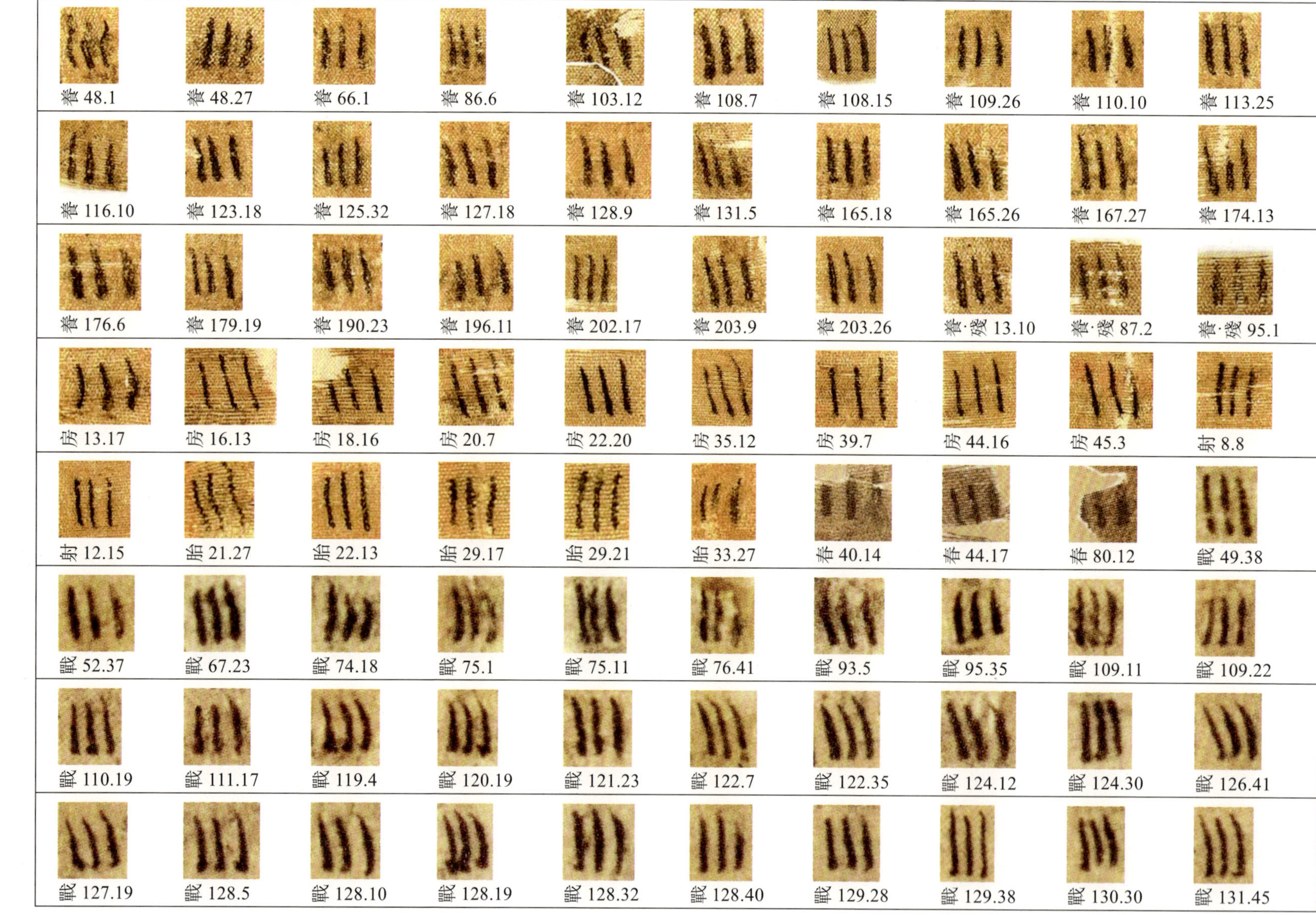

養 48.1　養 48.27　養 66.1　養 86.6　養 103.12　養 108.7　養 108.15　養 109.26　養 110.10　養 113.25

養 116.10　養 123.18　養 125.32　養 127.18　養 128.9　養 131.5　養 165.18　養 165.26　養 167.27　養 174.13

養 176.6　養 179.19　養 190.23　養 196.11　養 202.17　養 203.9　養 203.26　養·殘 13.10　養·殘 87.2　養·殘 95.1

房 13.17　房 16.13　房 18.16　房 20.7　房 22.20　房 35.12　房 39.7　房 44.16　房 45.3　射 8.8

射 12.15　胎 21.27　胎 22.13　胎 29.17　胎 29.21　胎 33.27　春 40.14　春 44.17　春 80.12　戰 49.38

戰 52.37　戰 67.23　戰 74.18　戰 75.1　戰 75.11　戰 76.41　戰 93.5　戰 95.35　戰 109.11　戰 109.22

戰 110.19　戰 111.17　戰 119.4　戰 120.19　戰 121.23　戰 122.7　戰 122.35　戰 124.12　戰 124.30　戰 126.41

戰 127.19　戰 128.5　戰 128.10　戰 128.19　戰 128.32　戰 128.40　戰 129.28　戰 129.38　戰 130.30　戰 131.45

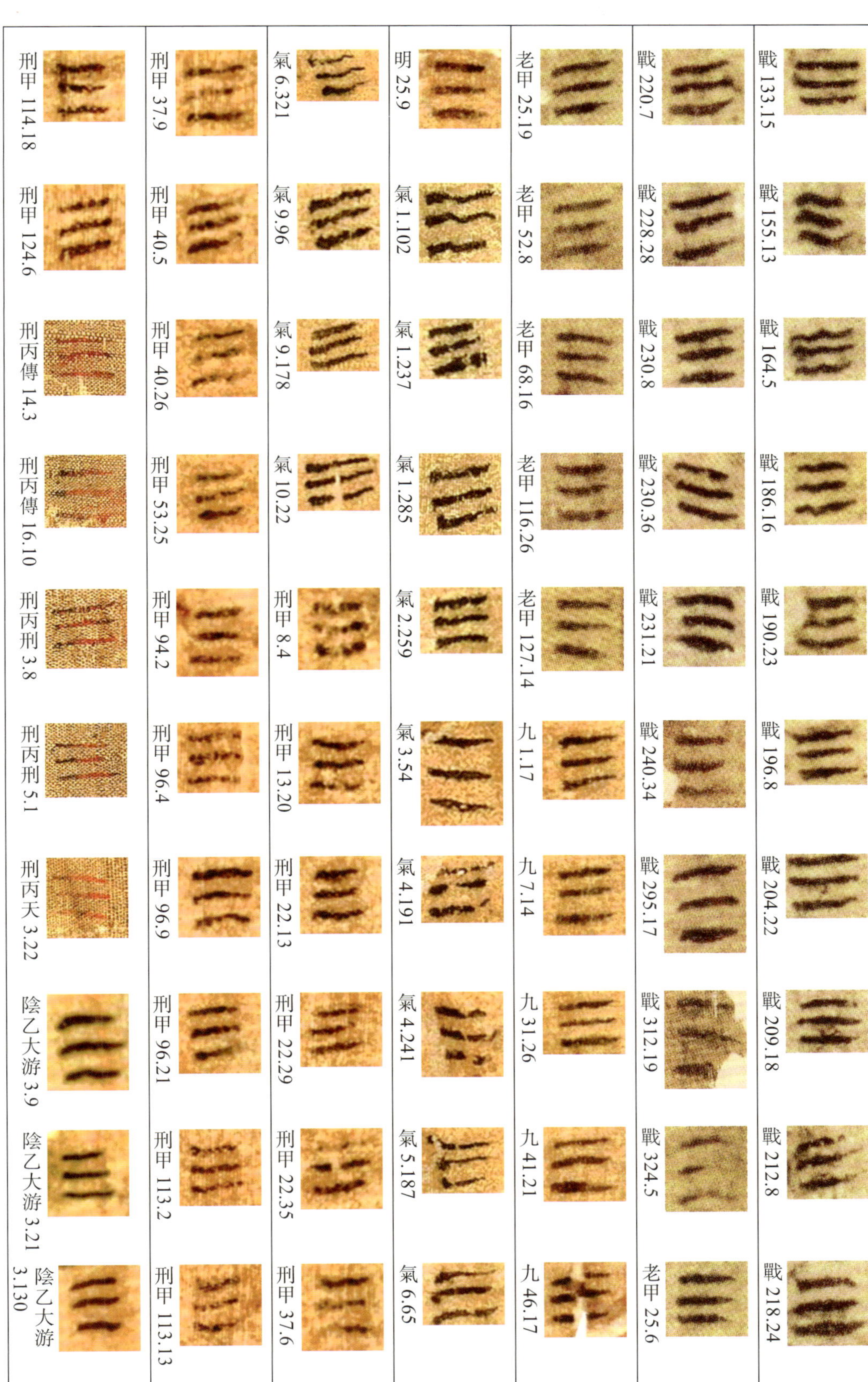

戰 133.15
戰 155.13
戰 164.5
戰 186.16
戰 190.23
戰 196.8
戰 204.22
戰 209.18
戰 212.8
戰 218.24
戰 220.7
戰 228.28
戰 230.8
戰 230.36
戰 231.21
戰 240.34
戰 295.17
戰 312.19
戰 324.5
老甲 25.6
老甲 25.19
老甲 52.8
老甲 68.16
老甲 116.26
老甲 127.14
九 1.17
九 7.14
九 31.26
九 41.21
九 46.17
明 25.9
氣 1.102
氣 1.237
氣 1.285
氣 2.259
氣 3.54
氣 4.191
氣 4.241
氣 5.187
氣 6.65
氣 6.321
氣 9.96
氣 9.178
氣 10.22
刑甲 8.4
刑甲 13.20
刑甲 22.13
刑甲 22.29
刑甲 22.35
刑甲 37.6
刑甲 37.9
刑甲 40.5
刑甲 40.26
刑甲 53.25
刑甲 94.2
刑甲 96.4
刑甲 96.9
刑甲 96.21
刑甲 113.2
刑甲 113.13
刑甲 114.18
刑甲 124.6
刑丙傳 14.3
刑丙傳 16.10
刑丙刑 3.8
刑丙刑 5.1
刑丙天 3.22
陰乙大游 3.9
陰乙大游 3.21
陰乙大游 3.130

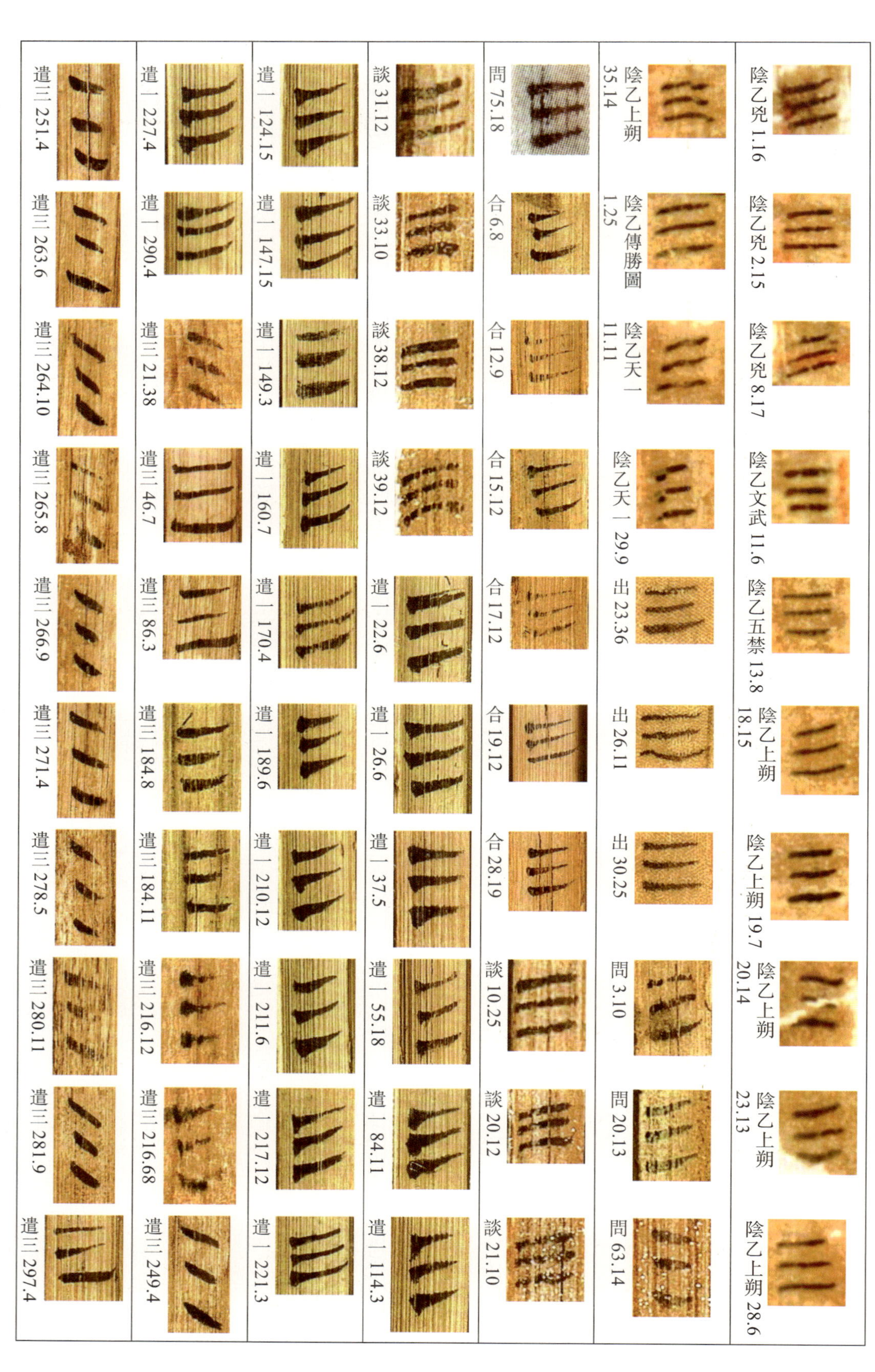

陰乙兇 1.16　陰乙兇 2.15　陰乙兇 8.17　陰乙文武 11.6　陰乙五禁 13.8　陰乙上朔 18.15　陰乙上朔 19.7　陰乙上朔 20.14　陰乙上朔 23.13　陰乙上朔 28.6

陰乙上朔 35.14　陰乙傳勝圖 1.25　陰乙天一 11.11　陰乙天一 29.9　出 23.36　出 26.11　出 30.25　問 3.10　問 20.13　問 63.14

問 75.18　合 6.8　合 12.9　合 15.12　合 17.12　合 19.12　合 28.19　談 10.25　談 20.12　談 21.10

談 31.12　談 33.10　談 38.12　談 39.12　遣一 22.6　遣一 26.6　遣一 37.5　遣一 55.18　遣一 84.11　遣一 114.3

遣一 124.15　遣一 147.15　遣一 149.3　遣一 160.7　遣一 170.4　遣一 189.6　遣一 210.12　遣一 211.6　遣一 217.12　遣一 221.3

遣一 227.4　遣一 290.4　遣三 21.38　遣三 46.7　遣三 86.3　遣三 184.8　遣三 184.11　遣三 216.12　遣三 216.68　遣三 249.4

遣三 251.4　遣三 263.6　遣三 264.10　遣三 265.8　遣三 266.9　遣三 271.4　遣三 278.5　遣三 280.11　遣三 281.9　遣三 297.4

遺三 318.2	遺三 354.3	遺三 356.5	遺三 397.5	喪 1.1	箭 71.4	箭 74.5	箭 75.4	箭 78.4	箭 84.4
府 5.3	府 6.12	府 23.17	草 6.1	草 6.5	周 1.27	周 3.33	周 4.30	周 5.46	周 5.53
周 6.14	周 7.34	周 11.29	周 12.30	周 13.47	周 15.51	周 17.14	周 18.29	周 20.11	周 20.15
周 20.42	周 21.32	周 21.81	周 22.35	周 22.70	周 23.45	周 23.65	周 25.28	周 27.50	周 29.51
周 33.23	周 34.27	周 35.53	周 39.29	周 41.45	周 42.24	周 43.29	周 46.30	周 48.25	周 49.27
周 50.26	周 50.31	周 51.22	周 51.49	周 53.41	周 56.22	周 57.48	周 59.59	周 61.26	周 62.26
周 62.52	周 66.33	周 69.28	周 71.12	周 71.43	周 73.34	周 75.38	周 77.30	周 77.48	周 79.23
周 82.35	周 82.46	周 82.63	周 82.66	周 84.30	周 85.32	周 86.36	周 86.72	周 90.33	周 91.29

周 92.47	二 13.38	二 35.65	繫 4.2	繫 21.5	衷 21.25	衷 51.2	要 11.25	要 11.67	繆 21.2
繆 63.4	昭 8.15	經 11.57	經 14.45	經 15.26	經 49.52	經 53.3	經 53.57	經 54.53	經 55.6
經 55.14	經 57.25	經 58.19	經 58.30	經 61.62	經 62.48	經 62.54	經 62.57	經 64.12	經 64.15
經 64.27	經 66.8	經 69.59	經 73.12	十 1.67	十 2.5	十 10.15	十 17.9	十 41.18	十 41.26
十 47.56	十 49.58	十 50.12	老乙 6.33	老乙 11.53	老乙 24.43	老乙 32.62	老乙 33.7	老乙 60.13	星 5.6
星 5.26	星 8.18	星 18.27	星 18.37	星 25.20	星 43.54	星 49.53	星 59.31	星 63.9	星 67.24
星 76.15	星 78.7	星 84.9	星 86.8	星 88.30	星 91.10	星 92.8	星 92.9	星 99.9	星 102.8
星 102.9	星 112.6	星 114.8	星 120.35	星 127.14	星 127.18	星 133.21	星 134.28	星 134.29	星 136.26

王

刑乙 18.26
刑乙 25.17
刑乙 49.4
刑乙 52.9
刑乙 56.12
刑乙 56.22
刑乙 63.39
刑乙 64.61
刑乙 66.8
刑乙 69.34

刑乙 74.15
刑乙 75.14
刑乙 75.29
刑乙 75.35
刑乙 77.48
刑乙 92.3
刑乙 94.45
相 2.60
相 4.7
相 4.17

相 4.27
相 12.27
相 15.55
相 19.64
相 20.14
相 24.59
相 25.62
相 26.25
相 27.30
相 31.47

相 33.9
相 34.55
相 50.7
相 50.23
相 59.65
相 61.51
相 62.3
相 66.50
相 73.23
相 73.45

相 73.51

陰甲天地 4.45
陰甲衍 6.26
陰甲·殘 201.7
方 392.4
養 209.6
春 7.31
春 8.21
戰 1.6
戰 4.9
戰 6.34

戰 8.23
戰 9.22
戰 10.21
戰 11.1
戰 11.35
戰 13.30
戰 14.1
戰 16.6
戰 16.24
戰 20.20

戰 22.13
戰 23.11
戰 27.2
戰 28.9
戰 29.30
戰 30.1
戰 32.18
戰 32.33
戰 33.9
戰 33.16

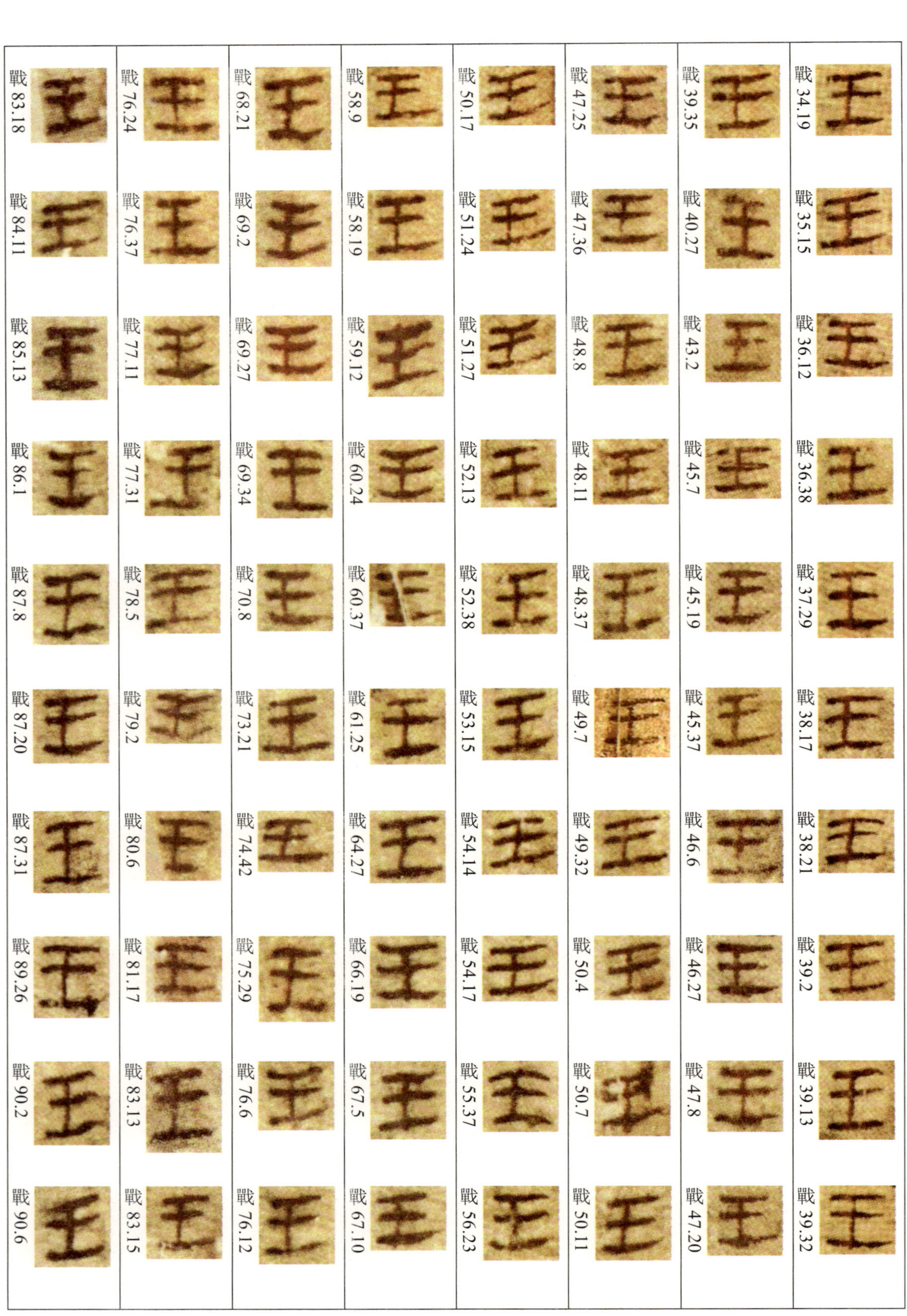
戰34.19
戰35.15
戰36.12
戰36.38
戰37.29
戰38.17
戰38.21
戰39.2
戰39.13
戰39.32
戰39.35
戰40.27
戰43.2
戰45.7
戰45.19
戰45.37
戰46.6
戰46.27
戰47.8
戰47.20
戰47.25
戰47.36
戰48.8
戰48.11
戰48.37
戰49.7
戰49.32
戰50.4
戰50.7
戰50.11
戰50.17
戰51.24
戰51.27
戰52.13
戰52.38
戰53.15
戰54.14
戰54.17
戰55.37
戰56.23
戰58.9
戰58.19
戰59.12
戰60.24
戰60.37
戰61.25
戰64.27
戰66.19
戰67.5
戰67.10
戰68.21
戰69.2
戰69.27
戰69.34
戰70.8
戰73.21
戰74.42
戰75.29
戰76.6
戰76.12
戰76.24
戰76.37
戰77.11
戰77.31
戰78.5
戰79.2
戰80.6
戰81.17
戰83.13
戰83.15
戰83.18
戰84.11
戰85.13
戰86.1
戰87.8
戰87.20
戰87.31
戰89.26
戰90.2
戰90.6

戰 91.6
戰 91.28
戰 91.36
戰 92.22
戰 93.1
戰 93.9
戰 93.16
戰 93.20
戰 93.30
戰 94.3
戰 94.39
戰 96.17
戰 96.22
戰 96.29
戰 97.1
戰 97.14
戰 103.16
戰 105.22
戰 107.5
戰 107.21
戰 108.18
戰 108.32
戰 108.37
戰 109.3
戰 109.9
戰 109.20
戰 110.5
戰 110.16
戰 111.3
戰 111.12
戰 111.15
戰 112.5
戰 114.26
戰 114.31
戰 115.15
戰 116.14
戰 116.28
戰 116.37
戰 117.2
戰 117.17
戰 117.37
戰 118.21
戰 119.10
戰 119.30
戰 120.3
戰 120.7
戰 121.40
戰 122.38
戰 123.11
戰 124.6
戰 124.27
戰 125.5
戰 125.22
戰 125.29
戰 125.40
戰 126.8
戰 126.32
戰 127.12
戰 127.14
戰 127.28
戰 128.4
戰 128.15
戰 128.25
戰 128.37
戰 129.7
戰 129.17
戰 130.10
戰 130.16
戰 130.33
戰 130.36
戰 131.14
戰 131.20
戰 131.33
戰 131.35
戰 131.38
戰 133.4
戰 133.10
戰 137.5
戰 137.9
戰 137.15

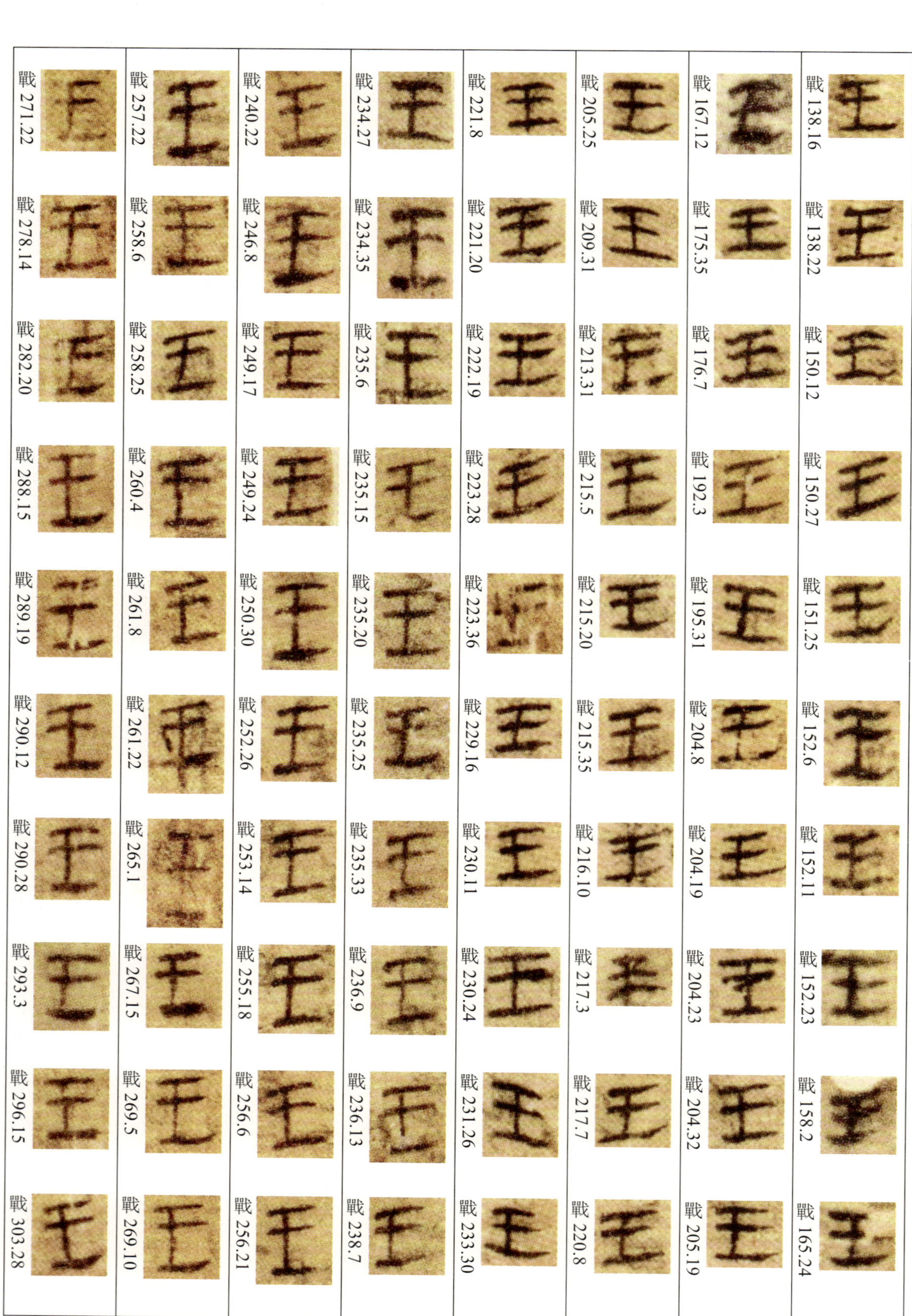
戰138.16
戰138.22
戰150.12
戰150.27
戰151.25
戰152.6
戰152.11
戰152.23
戰158.2
戰165.24
戰167.12
戰175.35
戰176.7
戰192.3
戰195.31
戰204.8
戰204.19
戰204.23
戰204.32
戰205.19
戰205.25
戰209.31
戰213.31
戰215.5
戰215.20
戰215.35
戰216.10
戰217.3
戰217.7
戰220.8
戰221.8
戰221.20
戰222.19
戰223.28
戰223.36
戰229.16
戰230.11
戰230.24
戰231.26
戰233.30
戰234.27
戰234.35
戰235.6
戰235.15
戰235.20
戰235.25
戰235.33
戰236.9
戰236.13
戰238.7
戰240.22
戰246.8
戰249.17
戰249.24
戰250.30
戰252.26
戰253.14
戰255.18
戰256.6
戰256.21
戰257.22
戰258.6
戰258.25
戰260.4
戰261.8
戰261.22
戰265.1
戰267.15
戰269.5
戰269.10
戰271.22
戰278.14
戰282.20
戰288.15
戰289.19
戰290.12
戰290.28
戰293.3
戰296.15
戰303.28

戰 305.7
戰 306.6
戰 306.18
戰 307.10
戰 308.5
戰 310.8
戰 311.2
戰 311.16
戰 312.9
老甲 62.6

老甲 90.31
老甲 123.29
老甲 142.5
老甲 142.14
老甲 144.7
老甲 168.19
五 13.4
五 14.34
五 18.21
五 39.21

五 119.5
五 146.32
五 163.10
五 163.23
五 176.18
五 176.31
九 9.20
九 49.31
明 10.25
明 11.17

明 11.28
明 20.9
明 21.16
明 24.24
明 25.5
明 25.15
明 32.25
明 38.5
明 38.12
明 43.2

明 43.19
氣 1.46
氣 1.65
氣 2.164
氣 2.269
氣 2.383
氣 4.8
氣 5.6
氣 5.12
刑甲 6.18

刑甲 20.4
刑甲 126.22
刑丙天 4.34
刑丙天 8.35
陰乙文武 12.36
問 77.6
問 80.18
問 82.12
問 89.7
問 94.7

問 95.13
問 101.18
周 5.61
周 23.63
周 24.26
周 29.63
周 41.4
周 50.25
周 57.5
周 59.3

周 67.3
周 69.72
周 71.39
周 85.48
周 90.4
周 90.61
周 91.53
周 92.39
二 8.2
二 10.70

二12.13 二13.27 二35.68 繫32.53 衷18.7 衷28.12 衷29.43 要16.1 要16.16 繆6.2

繆6.4 繆6.17 繆33.3 繆49.4 繆59.10 繆62.18 繆63.51 繆64.4 繆65.59 繆66.33

繆68.3 繆71.3 繆72.3 昭7.73 昭8.4 昭10.8 昭11.35 經23.34 經28.21 經29.10

經30.30 經30.38 經30.41 經31.33 經33.22 經33.35 經33.46 經35.29 經45.1 經52.41

經53.45 經54.51 經58.57 十1.66 十49.30 十54.18 稱3.64 稱7.41 道5.29 老乙3.9

老乙4.6 老乙6.53 老乙29.49 老乙42.59 老乙66.38 老乙66.47 老乙67.24 老乙77.63 星23.49 星34.2

星35.26 星36.14 星37.3 星39.38 星42.62 星43.6 刑乙26.26 刑乙65.6 刑乙69.51 刑乙73.46

閏

繆19.57

皇

皇　刑甲大游2.88　問100.15　地47.1　衷34.20　十9.23　十31.46　十32.1　十35.6　十44.19

星10.15　星76.11　星88.3　星90.12　星119.10　星120.3　星129.24　刑乙大游1.111

玉

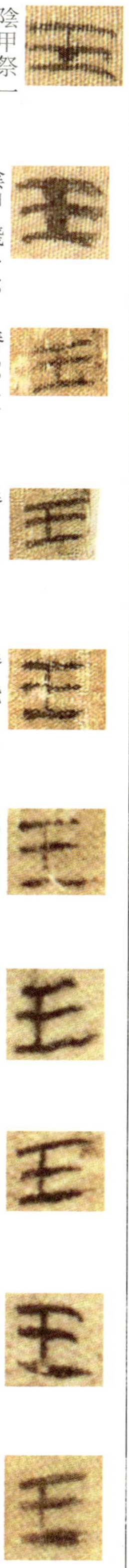

陰甲祭一B10L.9　陰甲·殘4.40　養83.14　養93.23　養·殘13.2　戰36.1　戰189.12　戰201.11　戰231.17　老甲75.12

老甲107.12　五18.10　五19.14　五50.24　五62.24　五135.16　明19.29　問12.16　問12.27　問17.25

問18.12　問18.19　問98.5　問101.5　合24.15　談8.7　談10.11　經46.6　老乙36.22　老乙50.37

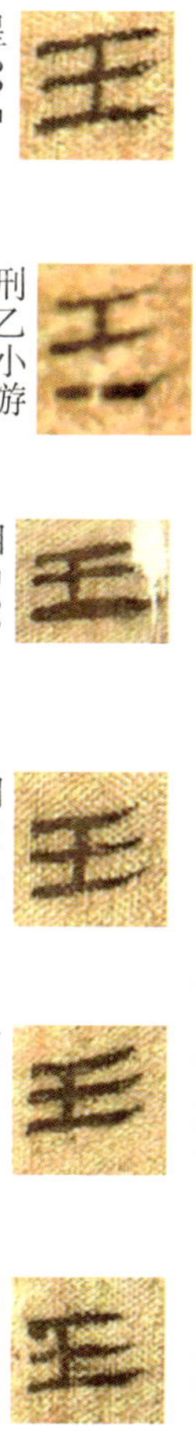

星32.7　刑乙小游1.206　相7.22　相20.60　相21.21　相74.58

璧

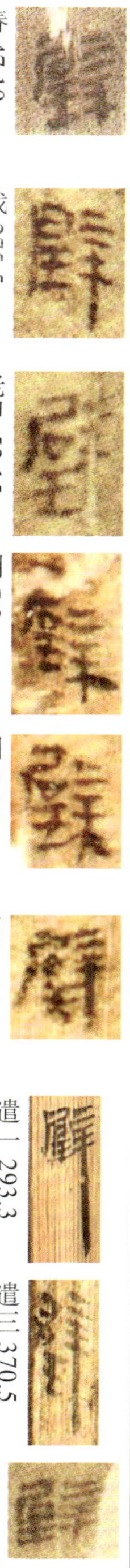

春47.19　戰275.5　老甲52.15　明7.3　明8.27　刑甲56.15　遣一293.3　遣三370.5　老乙24.49

璧

二 10.71

从玉从辟省聲，「璧」字異體。

琝

二 11.49

環

陽甲 10.2
脈 3.5
脈 3.14
候 3.7
方 356.13
陽乙 5.8
養 110.16
春 16.23
戰 273.25
戰 278.27

老甲 143.22
九 52.1
氣 4.115
氣 10.10
刑甲 8.23
刑甲 8.29
木 1.25
合 2.10
繆 63.58
十 31.60

十 32.60
十 33.27
十 41.38
十 63.42
稱 7.52
稱 8.45
老乙 67.12
星 24.47
星 25.1
星 34.48

刑乙 66.33
相 7.34
相 8.32
相 10.2
相 55.46

珥

氣 9.67
氣 9.144
氣 9.227
氣 9.235

瑩

明 21.9

瑕

老甲 145.4
老乙 67.50
相 20.63
相 74.61

理

胎 16.28
戰 299.4
戰 320.16
五 138.24
五 139.3
問 8.26
問 38.6
問 81.21
問 82.4
合 13.18
二 12.63
繫 3.1
繫 6.38
繫 32.38
衷 20.38
衷 20.43
衷 20.57
繆 25.31
經 28.8
經 39.47
經 40.6
經 42.3
經 45.7
經 51.32
經 51.51
經 53.21
經 55.55
經 56.26
經 57.50
經 61.41
經 61.45
經 66.53
經 67.22
經 67.27
經 69.45
經 74.37
經 75.4
經 75.11
經 75.38
經 75.52
經 76.36
經 77.56
十 45.53
十 64.58
稱 17.4
稱 17.29
相 4.37
相 8.44
相 41.21
相 56.10
相 56.17
相 58.16

玩

經 31.4
經 46.15

瑣	珠	璣	靈	玐*	珐*	琛*	璨*
明 12.19 周 73.12	遣一 294.2 遣一 298.5 牌一 47.1 遣三 379.2 經 46.5	遣一 294.3 遣三 379.3	養 75.2 刑丙傳勝圖 1.8 陰乙傳勝圖 1.36 問 29.13 問 97.23 談 32.5	衷 25.11 从玉刃聲，疑爲「韌」字異體。帛書中辭例爲「柔而不~」，似應讀爲與「卷」義近的「鈕」。	老乙 65.68	「寶」字異體，卷七宀部重見。	「寶」字異體，卷七宀部重見。

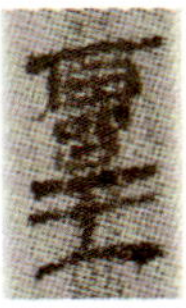

瓄* 气 士

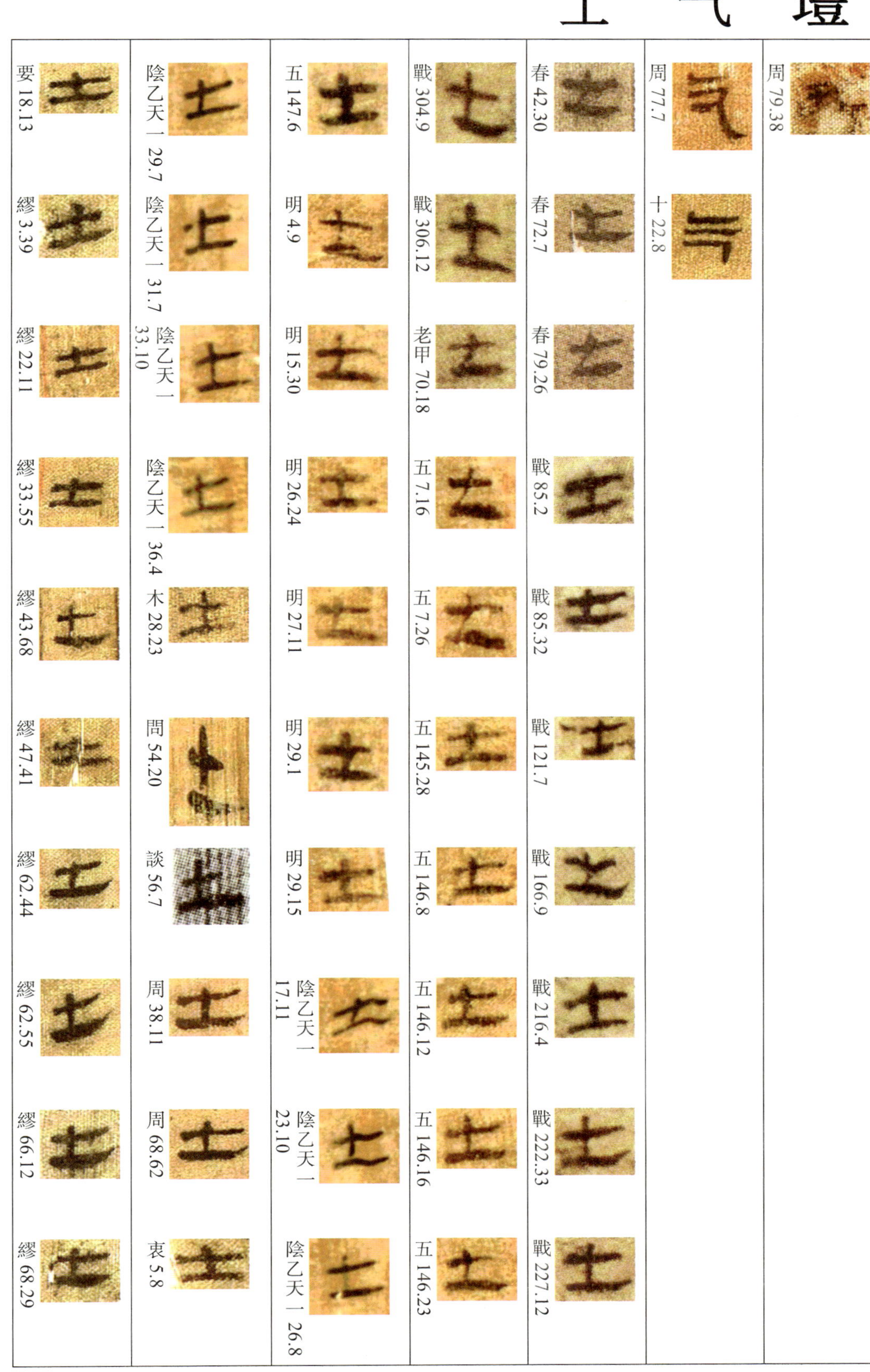

周79.38
周77.7
十22.8
春42.30
春72.7
春79.26
戰85.2
戰85.32
戰121.7
戰166.9
戰216.4
戰222.33
戰227.12
戰304.9
戰306.12
老甲70.18
五7.16
五7.26
五145.28
五146.8
五146.12
五146.16
五146.23
五147.6
明4.9
明15.30
明26.24
明27.11
明29.1
明29.15
陰乙天一17.11
陰乙天一23.10
陰乙天一26.8
陰乙天一29.7
陰乙天一31.7
陰乙天一33.10
陰乙天一36.4
木28.23
問54.20
談56.7
周38.11
周68.62
衷5.8
要18.13
繆3.39
繆22.11
繆33.55
繆43.68
繆47.41
繆62.44
繆62.55
繆66.12
繆68.29

壯

- 繆 68.63
- 繆 69.49
- 繆 69.62
- 昭 5.67
- 周·殘下 115.2
- 經 33.10
- 經 33.55
- 經 34.41
- 十 44.49
- 十 53.37
- 十 53.47
- 十 53.56
- 老乙 4.46
- 老乙 4.54
- 老乙 34.11
- 方 330.8
- 養 117.8
- 養 206.30
- 春 87.2
- 老甲 154.13
- 陰乙三合 2.2
- 陰乙三合 5.3
- 陰乙三合 2.6
- 問 11.14
- 談 15.21
- 談 16.9
- 周 33.3
- 周 33.9
- 周 33.27
- 周 33.53
- 繫 6.70
- 衷 17.19
- 衷 22.68
- 老乙 71.41

中

- 陰甲雜一 6.12
- 陰甲雜一 6.14
- 陰甲天一 4.14
- 陰甲天一 13.21
- 陰甲天地 1.13
- 陰甲天地 4.16
- 陰甲上朔 3.18
- 陰甲雜三 3.11
- 陰甲雜四 3.17
- 陰甲室 10.1
- 陰甲築二 2.13
- 陰甲築二 3.9
- 陰甲築二 4.16
- 陰甲築二 7.17
- 陰甲築二 8.17
- 陰甲堪法 13.15
- 陰甲堪法 13.18
- 陰甲刑日圖 1.6
- 陰甲刑日圖 1.12
- 陰甲刑日圖 1.16
- 陰甲刑日圖 1.26
- 陰甲刑日圖 1.30
- 陰甲刑日 2.5
- 陰甲祭三 4.19
- 足 1.10
- 足 10.8
- 足 10.12
- 足 11.5
- 足 11.11
- 足 13.10

足 31.7
足 33.7
陽甲 16.22
陽甲 18.17
陽甲 18.25
陽甲 31.9
陽甲 33.9
方 2.6
方 21.8
方 22.7

方 24.16
方 26.14
方 30.30
方 49.5
方 50.3
方 54.10
方 58.2
方 73.13
方 85.8
方 88.6

方 95.4
方 95.12
方 97.9
方 100.9
方 101.3
方 112.26
方 118.5
方 127.25
方 148.7
方 150.14

方 168.5
方 172.5
方 176.14
方 185.12
方 191.16
方 192.19
方 203.4
方 215.6
方 216.20
方 222.12

方 223.11
方 226.10
方 231.5
方 240.15
方 252.18
方 253.6
方 253.24
方 258.7
方 260.12
方 261.5

方 262.23
方 266.19
方 268.7
方 269.4
方 274.20
方 275.16
方 280.2
方 283.24
方 287.10
方 294.17

方 329.9
方 337.5
方 337.17
方 340.6
方 340.18
方 343.2
方 345.5
方 346.1
方 363.26
方 384.4

方 410.4
方 426.5
方 427.20
方 427.26
方 449.25
方 451.16
方 452.10
方 467.1
方 482.10
方 483.3

1	2	3	4	5	6	7	8
方殘10.5	陽乙9.22	養39.11	養117.7	養191.7	房10.3	房37.24	胎17.12
方·殘46.2	陽乙15.49	養47.29	養128.15	養192.26	房10.13	房43.5	胎21.22
去2.11	陽乙16.27	養52.11	養142.18	養197.6	房11.27	房43.21	胎31.11
去4.36	陽乙18.16	養61.7	養144.8	養目3.6	房13.3	房52.1	胎34.1
陽乙1.5	養22.4	養61.12	養146.10	養目4.3	房13.27	房53.13	春20.6
陽乙1.8	養26.3	養74.2	養161.5	養·殘52.3	房14.21	房·殘11.2	春89.10
陽乙1.14	養32.15	養88.17	養162.9	養·殘83.2	房15.2	房·殘13.3	春91.18
陽乙4.19	養34.8	養107.2	養166.7	房5.21	房16.31	射4.22	戰4.34
陽乙8.18	養35.11	養109.17	養177.6	房6.9	房18.31	射16.24	戰6.8
陽乙9.15	養38.6	養111.19	養180.8	房8.18	房21.5	胎1.30	戰46.4

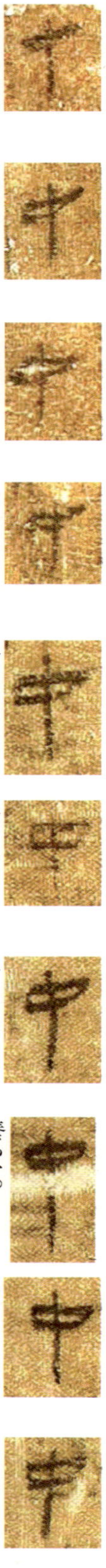

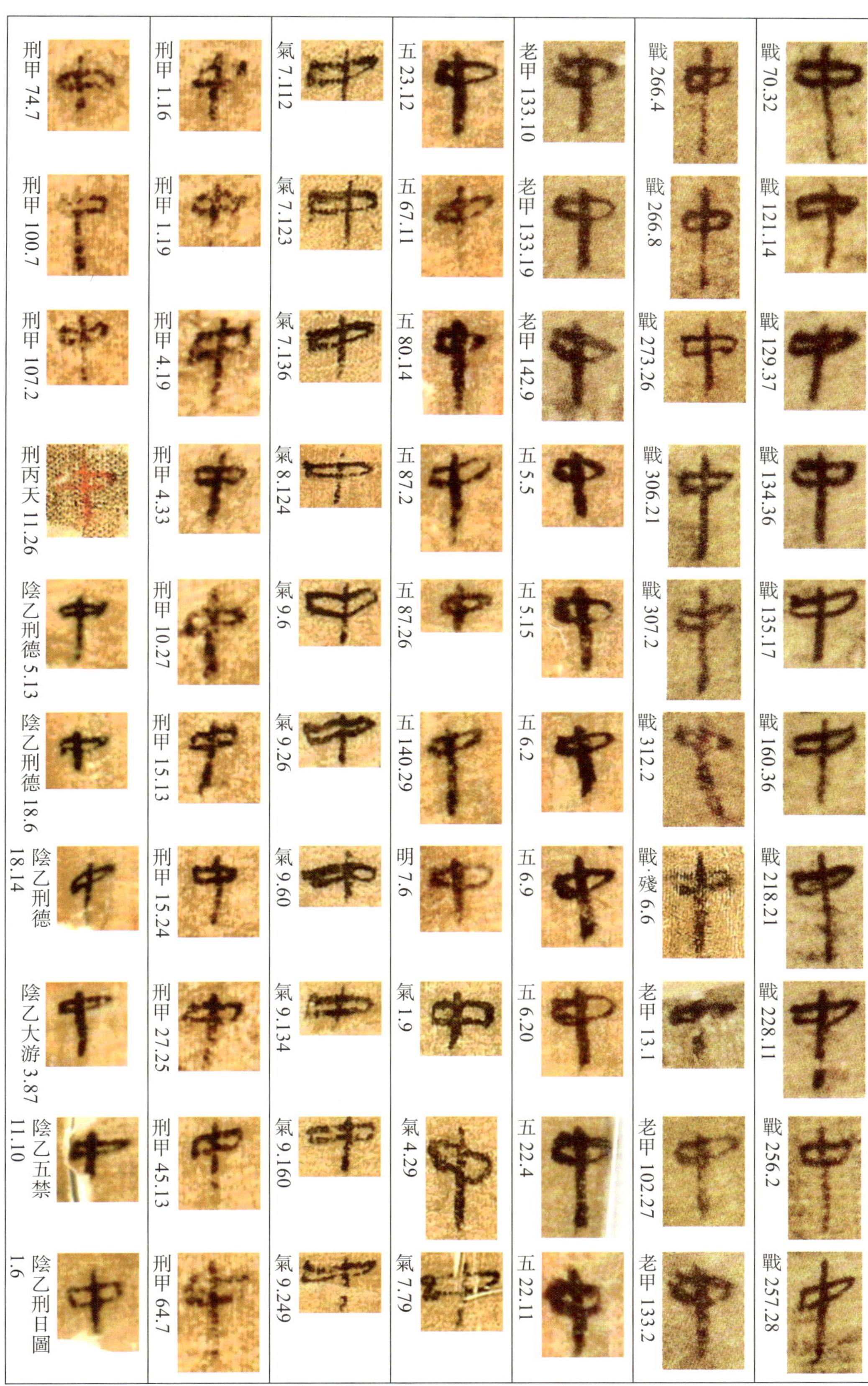

戰70.32
戰121.14
戰129.37
戰134.36
戰135.17
戰160.36
戰218.21
戰228.11
戰256.2
戰257.28
戰266.4
戰266.8
戰273.26
戰306.21
戰307.2
戰312.2
戰殘6.6
老甲13.1
老甲102.27
老甲133.2
老甲133.10
老甲133.19
老甲142.9
五5.5
五5.15
五6.2
五6.9
五6.20
五22.4
五22.11
五23.12
五67.11
五80.14
五87.2
五87.26
五140.29
明7.6
氣1.9
氣4.29
氣7.79
氣7.112
氣7.123
氣7.136
氣8.124
氣9.6
氣9.26
氣9.60
氣9.134
氣9.160
氣9.249
刑甲1.16
刑甲1.19
刑甲4.19
刑甲4.33
刑甲10.27
刑甲15.13
刑甲15.24
刑甲27.25
刑甲45.13
刑甲64.7
刑甲74.7
刑甲100.7
刑甲107.2
刑丙天11.26
陰乙刑德5.13
陰乙刑德18.6
陰乙刑德18.14
陰乙大游3.87
陰乙五禁11.10
陰乙刑日圖1.6

陰乙刑日圖1.15
陰乙刑日圖1.21
陰乙天一12.2
陰乙天一22.10
陰乙天一28.6
陰乙天一32.11
出31.23
出33.38
出34.5
出34.7

出34.39
出34.41
木14.22
木65.14
問35.21
問70.23
問81.15
合4.6
合27.13
合32.3

禁6.9
禁11.7
談17.15
談26.38
遣一185.4
遣一186.4
遣一233.5
遣一251.2
遣一252.7
遣三1.18

遣三216.15
遣三216.30
遣三216.43
遣三216.58
遣三216.70
遣三257.4
遣三366.2
遣三400.10
導4.8
周27.59

周41.11
周41.33
周41.50
周41.66
周46.26
周50.21
周53.50
周58.18
周91.23
周92.57

周92.66
二16.27
二30.41
二35.31
二35.47
繫3.10
繫11.15
繫27.51
繫30.20
繫30.29

繫30.48
繫34.5
繫37.12
衷22.34
衷36.34
衷44.28
衷44.44
繆16.8
繆17.29
繆17.42

繆17.53
繆18.33
繆25.29
繆25.32
繆30.39
繆62.40
經25.7
經25.32
經25.59
經26.28

經27.5　經27.13　經40.4　經52.64　經63.26　經63.60　十1.23　十13.53　十14.28　十20.44

十27.45　十28.9　十61.42　稱10.11　老乙4.45　老乙48.31　老乙62.38　老乙62.46　老乙62.55　老乙62.64

老乙66.42　星20.11　星26.20　星28.11　星31.5　星34.43　星55.17　星69.4　星69.7　刑乙7.28

刑乙12.1　刑乙12.9　刑乙62.22　刑乙62.28　刑乙63.61　刑乙63.64　刑乙64.12　刑乙67.49　刑乙70.41　刑乙70.52

刑乙77.13　刑乙79.26　相2.38　相2.45　相3.18　相7.20　相8.39　相13.24　相13.28　相13.32

相18.7　相20.61　相21.22　相34.53　相35.11　相42.43　相45.31　相45.43　相49.2　相52.58

相55.36　相56.6　相59.37　相60.49　相63.21　相63.36　相73.40　相74.51　相74.59　相75.17

屯

射10.12　射11.9　氣7.44　合6.15　遣三24.1　遣三25.2　周27.28　周28.16　二22.28　二23.17

每 毒

熏 薰 芬

每	每	毒	毒	芬	熏	熏	熏
衷 25.41	方 449.11	方目 1.28	周 79.52	芬	方 262.30	遣一 269.6	遣三 387.1
繆 18.53	射 7.3	方 71.1	老乙 13.43	老乙 47.34	方 263.8	遣一 270.6	遣三 388.1
繆 18.58	射 8.3	方 76.4		《說文》或體。	方 266.21	遣一 271.5	周 10.50
繆 19.51	繆 1.21	方 175.22			方 268.22	遣一 272.3	
繆 21.13	繆 3.9	方 177.22			方 271.26	遣一 278.4	
十 35.8	繆 4.33	方 178.1			方 282.4	遣一 281.1	
稱 13.33		方 178.21			方 335.10	遣一 282.1	
老乙 20.32		問 77.3			房 13.13	遣三 362.3	
		遣三 234.3			房 16.12	遣三 363.3	
		周 79.28			遣一 220.1	遣三 374.1	

苐*

「苐」字異體，本卷艸部重見。

草*

「草」字異體，本卷艸部重見。

蕈*

「蕈」字異體，本卷艸部重見。

萸*

「萸」字異體，本卷艸部重見。

蕭*

「蕭」字異體，本卷艸部重見。

藥*

「藥」字異體，本卷艸部重見。

莊

方 226.14

五 97.25

五 138.18

五 139.21

問 96.14

談 2.22

繫 36.73

繆 18.19

繆 33.36

繆 68.2

荅	萁	蕛	蘇	葵		薑
方 3.7	陰甲·殘 280.2	地 15.1	戰 16.28	方 109.5	遣一 148.1	方 262.15
方 3.11			戰 18.26	方 109.19	遣三 181.1	畺
			戰 99.36	方 166.9		房 9.6
			戰 115.11	方 181.7		房 18.6
				方 184.3		房 20.15
				方 186.17		胎 5.8
				方 205.13		
				方 365.4		
				養 106.12		
				養 173.5		

藍　蘆　葦　芋　莧

薑	䕬	彊	莧	芋	葦	蘆	藍
方·殘 79.2	九 17.25	遣一 96.1	周 58.14	遣一 13.3	方 28.2	周 12.68	方 78.8
	九 17.31	遣三 106.1		遣三 54.3			老甲 108.11
	九 18.13	遣三 213.1		遣三 215.2			
	九 18.29						

蘭 莒 苺 莯 蓟

蘆

遣三 269.7

蘭

方 87.3

方 141.3

方 144.3

繫 14.44

相 1.31

相 45.22

莒

方 382.3

養 180.5

莒

周 29.3

周 29.6

莔

春 54.25

苺

方 469.12

莯

養 112.4

蓟

方 88.3

疑爲「薊」字訛體，秦漢文字中「魚」、「角」二旁多形近混同。《廣韻》：「薊，俗作蓟。」

萸

周 68.26

薛

戰 20.10　戰 35.9　戰 57.31　戰 57.38　戰 63.1　戰 64.4　戰 65.1　戰 65.9　戰 67.12　戰 69.4

戰 74.23　戰 104.26　戰 117.33　戰 118.25　戰 118.37　戰 119.22　戰 119.31　戰 122.3　戰 125.16　戰 125.34

戰 126.15

苦

方 74.8　方 179.16　方 270.7　方 340.21　方 362.5　方 380.24　養 62.11　戰 39.14　戰 60.22　戰 93.23

戰 96.19　戰 266.15　明 28.18　氣 6.337　刑甲 39.24　木 53.6　遣一 27.2　遣一 28.2　遣一 29.4　遣三 75.2

遣三 76.2　二 13.10　繆 13.20　十 28.18　相 71.5

菩

養 85.27

茅

陰甲雜四 3.12
陰甲室 7.28
方 244.2
養 221.6
刑甲 47.5
出 10.17
周 2.20
周 46.3
周 68.17
繫 14.50
繫 14.65
繫 15.4
周·殘上 6.2
星 96.2
星 126.19
星 129.13
星 130.5
刑乙 91.6

葇

明 20.23

菅

方 271.14
府 10.19

蘄

繆 67.27

莞

遣一 289.1
遣一 290.2
遣一 291.8
遣三 383.1
遣三 384.2

藺

刑甲 35.12
刑甲 35.14
二 25.19
二 25.41
二 31.38

蒲

方 12.12
方 102.4
氣 6.193
氣 6.198
問 23.10
相 6.2

藷

著

方 264.1

「藷」字省體。與秦漢文字「箸」字異體之作「著」者同形。

蔗

若

方 264.2

「蔗」字省體。

夢

二 10.27

蘱

房 21.2

房 24.28

蔓

戰 323.23

遣一 225.3

遣一 226.3

遣一 227.3

遣一 228.5

遣一 229.9

遣三 270.3

遣三 271.3

遣三 272.3

遣三 273.3

茈

方 378.5

養 163.19

養 173.13

薜

方 41.15

房 51.26

艾

方 222.6

方 279.9

方 279.32

方 280.6

方 280.11

養 221.7

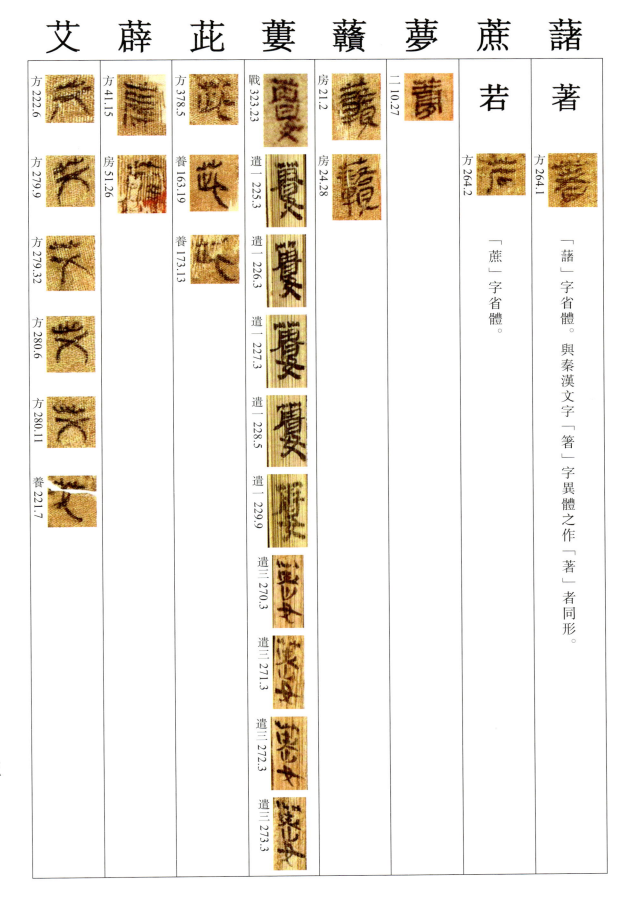

薺

陰甲·殘7.7

陰甲·殘7.12

方21.5

方25.8

方76.12

董

繆25.57

蔹

方284.5

方284.29

蘞

方288.4

《説文》或體。

蓟

方304.7

莶

方297.6

芩

方304.5

養·殘107.3

芠

遣三172.1

蕭			著	荷	蓮	薠	蘇
肅	繆 24.48	莒	方 284.8	遣一 154.2	老乙 3.27	周 41.48	養 149.9
問 86.2	十 11.29	方 288.6	方 284.33	周 79.60			
	老乙 65.60	「著」字省體。	繫 25.16	十 58.39			

字頭	出處
萩	養 88.1；養 113.9
芍	方 284.10；方 285.2；方 288.7；五 170.29
蘠	陰甲室 5.29；陰甲雜五 4.4；刑甲 40.24；木 68.4
茦	方 342.34；養 122.15
萛	方 166.4
葛	方 227.12
芫	方 423.18
藟	養 51.2

苽

周9.60
周75.56
周75.80

菌

方382.7
養51.30
養113.2
養125.9
養125.25

蕈

方279.6
方280.12

蕈

方280.5

茮

梂

方284.17
方360.15
養113.17
養·殘55.2
房9.8
周30.2

椒

方192.11
方306.20

荆

刑甲59.2

荊

方445.8
春78.2
春78.14
春83.29

葉　莛　莖

[illegible]

方 197.5　方 264.22　方 264.28　方 369.14　養 191.1

[illegible]

射 14.3　繆 18.18　繆 63.9　繆 63.63　繆 64.3　星 73.29

方 109.6　方 179.7　方 263.23　方 265.8　方 365.5　養 101.5　養 154.4　養·殘 144.5

芏

方 468.8

「莖」字省體。

相 5.69　相 17.8　相 68.20　相 71.61

方 178.6　方 179.2　方 179.8　方 179.13　方 255.22　方 265.2　方 315.4　方 339.6　方 436.8　射 23.6

戰 158.23　相 14.3　相 18.55　相 69.4　相 70.64

[illegible]

戰 230.31

蕫	英	蒝	莢	芒	芒	茇	茲
蘍	陰甲雜四 15.4	遣三 59.6	方 192.2	陽乙 12.6	經 32.42	氣 6.300	方 91.10
刑甲 111.23	養 207.20		方 207.6	春 11.7	十 9.60		養 103.2
二 13.8	問 11.8		養 88.2	春 36.12	老乙 58.27		養 219.8
老乙 64.65	問 64.7		養 144.13	問 53.17	星 25.43		戰 206.13
刑乙 54.19	問 96.8		養 149.16	經 11.34	星 25.51		老甲 41.19
刑乙 76.39	問 101.16		房 9.11	經 13.9	星 26.2		老甲 68.21
	箭 24.2		房 16.9	經 24.15	星 26.11		老甲 69.20
	十 36.21		房 20.20	經 26.42	星 26.19		老甲 70.13
	相 55.39		房 22.19	經 30.54	相 39.58		老甲 127.3
				經 31.42			周 8.48

周36.38
周53.68
繫22.42
衷42.29
十7.22
十7.24
十10.33
十61.29
稱14.1
老乙16.51

老乙33.2
老乙33.16
老乙33.39
老乙33.56
老乙34.5
老乙59.42

芮

老甲72.13
老甲104.19
老甲107.32
星3.20

茬

繆43.3

薈

問35.23
牌三7.2

蒼

養174.9
問8.20
問10.2
問10.4

萃

戰87.3
談2.15
星52.25

蔡　蔽　　蕪　苛

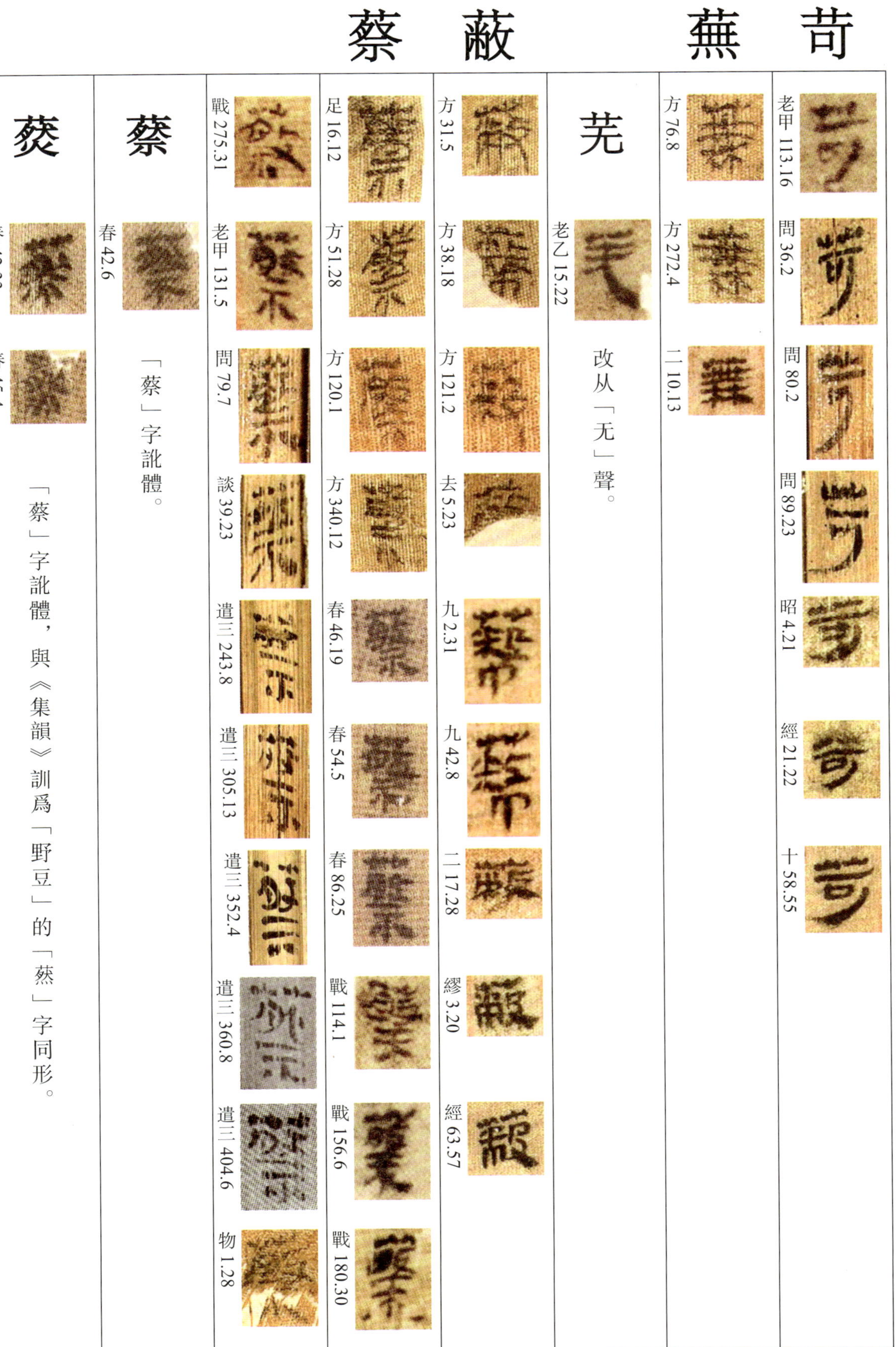
苛
老甲 113.16
問 36.2
問 80.2
問 89.23
昭 4.21
經 21.22
十 58.55
蕪
方 76.8
方 272.4
二 10.13
芜
老乙 15.22
改从「无」聲。
蔽
方 31.5
方 38.18
方 121.2
去 5.23
九 2.31
九 42.8
二 17.28
繆 3.20
經 63.57
蔡
足 16.12
方 51.28
方 120.1
方 340.12
春 46.19
春 54.5
春 86.25
戰 114.1
戰 156.6
戰 180.30
戰 275.31
老甲 131.5
問 79.7
談 39.23
遣三 243.8
遣三 305.13
遣三 352.4
遣三 360.8
遣三 404.6
物 1.28
蔡
春 42.6
「蔡」字訛體。
[illegible]
春 42.33
春 45.4
「蔡」字訛體，與《集韻》訓爲「野豆」的「[illegible]」字同形。

菜

遺一 15.7
遺一 217.3
遺一 232.4
遺一 296.1
遺三 280.3
遺三 377.1

薄

足 5.29
方 53.21
方 191.24
養 109.5
養 128.6
養 129.20
合 31.17
談 43.16
要 10.7
昭 9.40

經 58.46
稱 19.7
刑乙 64.8
相 3.23
相 8.60
相 12.33
相 12.50
相 20.55
相 27.55
相 28.9

相 31.63
相 33.39
相 35.8
相 35.59
相 49.9
相 56.60
相 60.33
相 63.1
相 63.4

苑

去 5.26
明 26.11

蓄

戰 96.9
箭 65.2
周 8.31
二 12.70

畜

老甲 143.18
遺三 51.1
遺三 53.18
老乙 67.8

《說文》或體。

茀

遺一 240.1
十 41.58

蕋　芳　藥

茀

方383.9
養90.2
養90.27

蕋

戰267.14

芳

問90.5
周13.21
周62.44
周63.20
周67.5
周70.34
周92.41
相1.22
相44.54

藥

方24.24
方26.13
方27.4
方27.11
方28.20
方28.24
方40.2
方50.25
方69.21
方72.4

方122.7
方123.12
方123.14
方124.27
方127.10
方128.17
方129.16
方188.3
方190.18
方239.9

方251.11
方251.20
方263.2
方263.12
方263.18
方285.3
方295.11
方299.10
方346.10
方384.7

方384.20
方389.10
方402.6
方403.11
方404.8
方404.12
方406.13
方407.2
方407.8
方439.26

方450.2
方467.12
方殘3.18
養31.5
養123.3
問87.9
談17.26

藉

樂
陰甲上朔2.12 談1.32 周8.64

方102.7

菩
繆43.15

「藉」字省體。

茨

周73.27

茸

陰甲雜五4.3

蓋

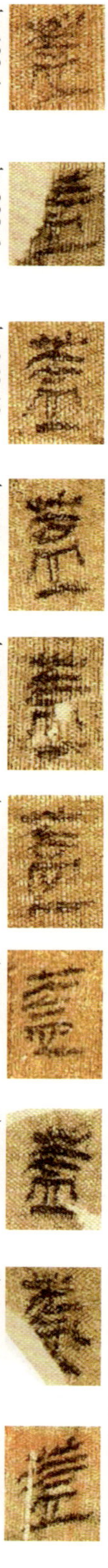

方129.4 方238.6 方268.19 方358.6 方361.15 方448.19 去5.22 養47.24 養115.7 房42.2

老甲25.29 氣3.108 刑甲5.37 遣一165.8 遣一168.6 遣一169.7 遣一170.7 遣一172.6 遣一173.6 遣一174.6

遣一176.6 遣一177.6 遣一179.7 遣一180.9 遣一181.10 遣三7.10 遣三8.2 遣三246.8 遣三247.7 遣三248.7

苫　蘆（蓾）　藩

遣三 249.7　遣三 252.9　遣三 254.7　遣三 255.10　府 6.32　府 10.20　繫 33.40　繫 33.70　繫 34.27　繫 34.31

繫 35.17　繫 35.41　繫 35.57　繫 35.70　繫 36.19　繫 36.69　繫 37.31　繫 37.58　繫 43.28　繆 8.10

繆 17.24　老乙 12.20　刑乙 64.56　相 1.44　相 5.70　相 13.66　相 18.4　相 44.50　相 56.56　相 58.47

相 60.19　相 69.35

苫

氣 6.275　氣 6.285　氣 6.299

蘆（蓾）

方 263.22　方 264.26

藩

刑甲 15.29　周 33.37　周 33.74　刑乙 70.57

藩

周 33.49

改从「璠」聲。

若 莘

養 67.4
房 5.3

陽甲 30.6
方 29.6
方 53.9
方 53.17
方 53.22
方 71.10
方 74.7
方 76.10
方 99.5
方 102.6

方 109.25
方 110.2
方 130.17
方 160.5
方 182.5
方 193.6
方 198.9
方 199.7
方 209.7
方 218.4

方 223.24
方 258.12
方 316.14
方 379.26
方 380.11
方 380.15
方 380.19
方 380.21
方 390.18
方 392.5

方 400.5
方 449.23
方 453.20
方 453.24
方 453.28
方 455.5
陽乙 12.32
養 16.4
養 45.21
養 61.27

養 72.15
養 136.2
養 136.4
養 145.13
養 145.15
養 155.5
養 174.16
養 175.1
養 206.28
養 219.11

房 4.20
房 7.9
房 20.28
射 9.5
射 10.16
春 90.10
春 96.13
戰 3.20
戰 8.33
戰 18.2

戰 43.17
戰 43.38
戰 48.12
戰 53.8
戰 71.30
戰 82.14
戰 83.27
戰 86.7
戰 90.29
戰 90.33

戰 102.34	戰 192.13	戰 278.9	老甲 58.28	老甲 113.28	老甲 131.15	九 22.16	刑甲 24.9
戰 103.9	戰 199.32	戰 294.2	老甲 68.7	老甲 114.1	老甲 131.19	明 1.17	刑甲 35.6
戰 128.12	戰 199.38	戰 294.30	老甲 80.8	老甲 114.8	老甲 144.1	明 23.15	刑甲 35.15
戰 128.21	戰 213.32	戰 295.20	老甲 80.28	老甲 114.15	老甲 156.19	明 27.16	刑甲 38.28
戰 128.39	戰 216.6	戰 303.15	老甲 91.1	老甲 115.13	老甲 159.3	明 40.19	刑甲 39.8
戰 138.23	戰 240.4	戰 305.5	老甲 102.24	老甲 119.19	老甲 168.20	氣 2.212	刑甲 39.10
戰 150.2	戰 249.12	戰 311.1	老甲 103.19	老甲 120.16	五 124.12	氣 5.224	刑甲 46.5
戰 154.13	戰 254.17	戰 317.5	老甲 113.8	老甲 121.1	五 154.17	氣 6.281	刑甲 94.19
戰 155.35	戰 256.23	戰 324.22	老甲 113.13	老甲 128.17	五 156.14	氣 8.112	刑甲 107.9
戰 173.15	戰 264.2	老甲 17.17	老甲 113.20	老甲 129.5	五 158.5	氣 9.33	刑甲 110.29

刑丙地2.11
陰乙刑德4.4
陰乙刑德4.12
陰乙刑德25.15
陰乙上朔31.40
陰乙上朔35.13
木19.18
木19.28
木20.19
木40.18

木59.5
問3.12
問13.10
問24.26
周1.36
周25.31
周26.65
周37.64
周41.42
周59.33

周59.61
周59.63
周69.64
周69.67
周82.29
周85.10
二6.10
二16.70
衷26.19
衷33.17

衷48.14
衷50.60
要7.15
繆2.4
繆15.49
繆16.46
繆27.1
繆27.50
繆38.10
繆38.50

繆61.4
繆65.5
繆65.29
繆69.20
昭4.60
昭11.46
經17.14
經40.20
經67.60
經73.53

經74.6
經74.15
經77.15
經77.24
十5.26
十6.51
十6.66
十14.23
十15.13
十15.52

十16.19
十16.35
十18.58
十20.18
十20.51
十21.29
十24.50
十30.27
十32.21
十34.25

十34.28
十43.29
十43.33
十54.20
十60.58
十62.29
十63.45
稱7.5
稱17.70
稱18.28

萆

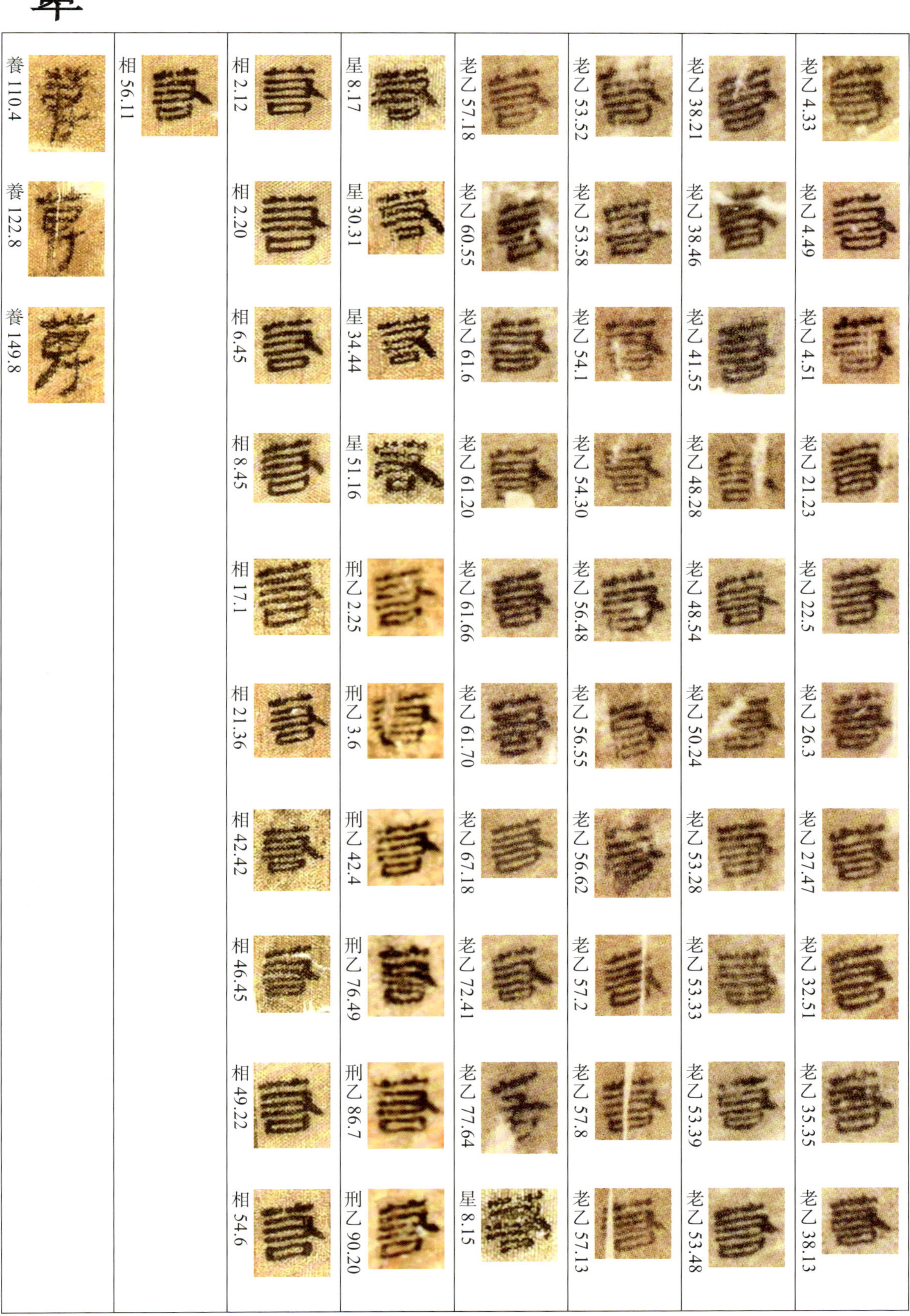
老乙4.33
老乙4.49
老乙4.51
老乙21.23
老乙22.5
老乙26.3
老乙27.47
老乙32.51
老乙35.35
老乙38.13
老乙38.21
老乙38.46
老乙41.55
老乙48.28
老乙48.54
老乙50.24
老乙53.28
老乙53.33
老乙53.39
老乙53.48
老乙53.52
老乙53.58
老乙54.1
老乙54.30
老乙56.48
老乙56.55
老乙56.62
老乙57.2
老乙57.8
老乙57.13
老乙57.18
老乙60.55
老乙61.6
老乙61.20
老乙61.66
老乙61.70
老乙67.18
老乙72.41
老乙77.64
星8.15
星8.17
星30.31
星34.44
星51.16
刑乙2.25
刑乙3.6
刑乙42.4
刑乙76.49
刑乙86.7
刑乙90.20
相2.12
相2.20
相6.45
相8.45
相17.1
相21.36
相42.42
相46.45
相49.22
相54.6
相56.11
養110.4
養122.8
養149.8

萛

要 11.6

苴

胎 22.6

遣一 154.3

遣一 155.2

遣一 156.2

遣一 157.4

遣三 108.2

遣三 109.2

遣三 110.2

遣三 112.3

十 12.4

芻

方 193.5

養·殘 52.6

老甲 101.23

二 12.42

老乙 47.66

老乙 48.4

茭

五 170.28

周 22.18

周 36.17

周 84.12

茹

方 264.32

方 422.3

周 2.21

周 17.16

周 17.18

周 17.26

周 17.28

周 17.32

周 26.51

周 46.4

薪

方 23.24

方 51.29

方 193.8

方 382.13

方 398.4

方 412.17

方 445.9

木 60.7

木 60.17

繫 37.9

蕉

房 16.8

房 18.14

房 20.19

房 22.18

𣂚

陰甲祭一 A16L.20

陰甲祭一 A17L.12

足 23.22

養目 4.5

蔥 芥 蒜

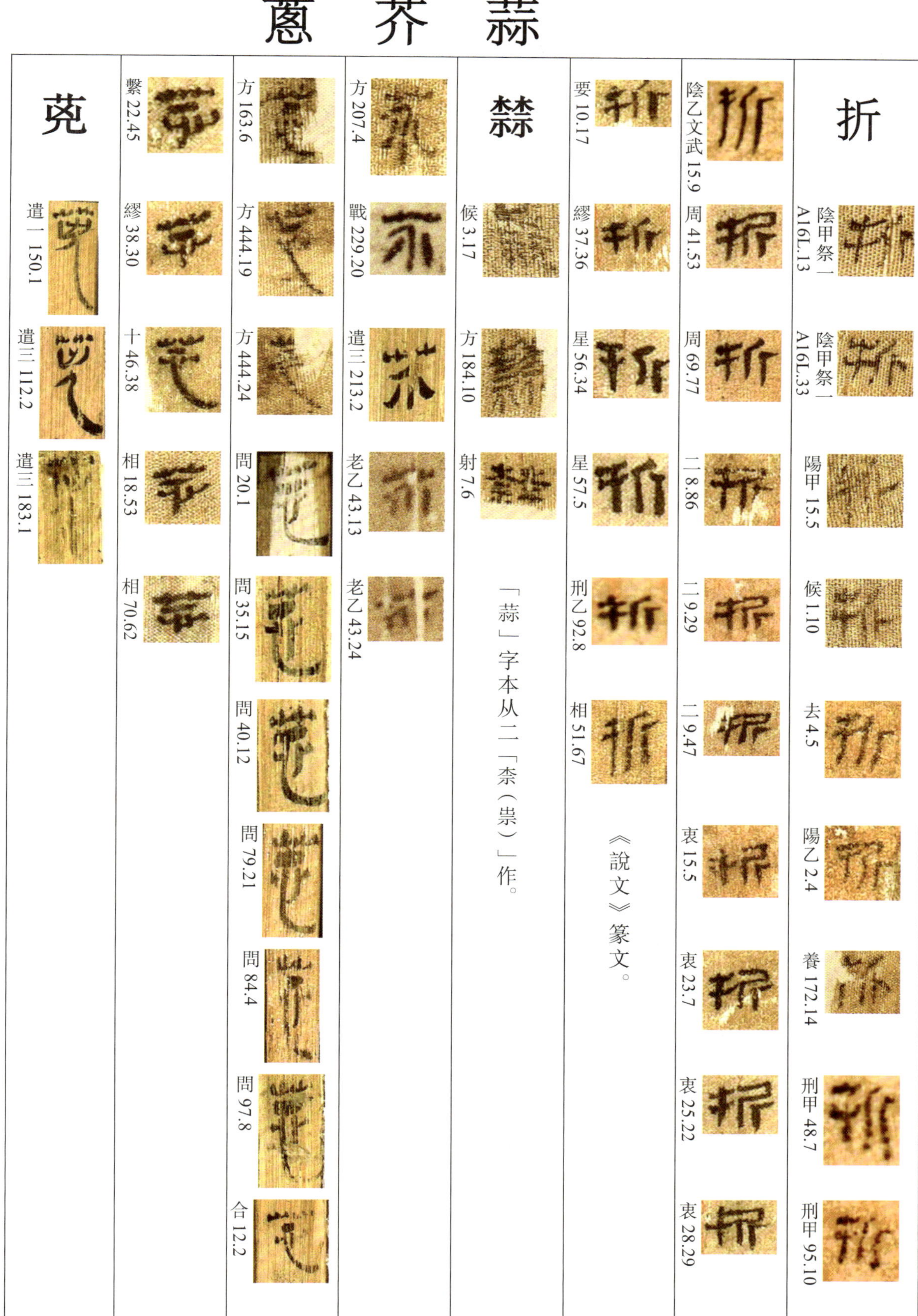

折：陰甲祭一A16L.13、陰甲祭一A16L.33、陽甲15.5、候1.10、去4.5、陽乙2.4、養172.14、刑甲48.7、刑甲95.10

陰乙文武15.9、周41.53、周69.77、二8.86、二9.29、二9.47、衷15.5、衷23.7、衷25.22、衷28.29

要10.17、繆37.36、星56.34、星57.5、刑乙92.8、相51.67

《說文》篆文。

禁：候3.17、方184.10、射7.6

「蒜」字本从二「柰（祟）」作。

方207.4、戰229.20、遣三213.2、老乙43.13、老乙43.24

方163.6、方444.19、方444.24、問20.1、問35.15、問40.12、問79.21、問84.4、問97.8、合12.2

繫22.45、繆38.30、十46.38、相18.53、相70.62

莧：遣一150.1、遣三112.2、遣三183.1

莎		堇	雚	葦	萊	蒙
莈	戰228.22	方90.3	雚	方380.16	養18.7	戰36.6
談15.3		方175.23	養66.19	方439.1		戰36.31
談27.31		方178.2	養67.23			戰270.23
		方178.23				遣一162.2
		方179.1				周15.25
		方339.5				周15.41
						繆25.52
						繆25.59
						繆27.56
						繆27.71

葆 藜 蓬 蒿 蘇 茗

	茗	蘇	蒿	蓬	藜	葆	
繆 28.18	養 45.8	蘩	方 81.6	方 286.5	莉	戰 231.22	老乙 57.32
繆 28.25		周 17.15	方 204.17	木 62.1	周 62.59	老甲 68.17	
繆 30.6		周 17.25	方 261.33		繆 9.7	老甲 73.11	
繆 30.13		周 17.40	方 264.20			九 52.12	
相 7.32		要 13.24	養 207.18			問 19.14	
相 55.44			胎 22.9			問 19.18	
			明 37.1			問 78.20	
			氣 6.259			談 43.14	
			氣 6.265			二 18.34	
			繫 31.38			老乙 50.34	

蕃

葆

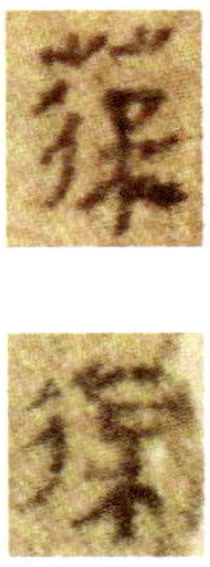

戰288.16

老甲121.17

蕃

養219.7

房16.5

房18.10

房22.7

房24.5

周17.27

周71.8

衷22.71

草

方1.4

方8.13

方23.28

方44.6

方288.10

養·殘156.3

胎28.11

老甲84.13

問1.15

問77.23

問80.14

遣三338.2

遣三339.2

遣三407.48

遣三407.52

衷8.10

十12.3

稱11.30

相1.48

相6.50

相15.69

相16.13

相16.21

相45.54

相51.1

相54.11

相58.74

相66.66

草

養207.15

葴

陽乙14.24

蓄

問56.8

談23.19

衷5.57

衷23.32

春

陰甲神上5.9 陰甲神上18.11 陰甲雜三1.5 陰甲雜三1.26 陰甲雜五4.19 陰甲刑日圖1.1 陰甲·殘3.22 陰甲·殘8.15 去2.40 養37.19

養99.7 養106.1 房8.6 戰248.7 戰248.26 老甲129.12 刑甲17.16 刑甲49.5 刑甲50.3 陰乙大游1.252

陰乙大游3.142 問11.27 問32.13 問79.22 問82.23 談7.6 遣三338.1 遣三339.1 要19.45 繆8.6

十8.48 稱22.53 老乙61.12 星32.21 刑乙71.58 刑乙92.33 刑乙93.4

旾

星72.46

「春」字省體。

芙

陰甲雜四3.10

荏

陰甲雜四3.13

薌	藏		艻*	芊*	芬	芺*	英*
合 29.6	木 60.8	贓 牌一 40.1 牌一 44.1 遣三 1.16 遣三 1.20 遣三 1.31 遣三 398.3 遣三 399.3	「刈」字變體，卷十二丿部重見。	明 28.19	《說文》「岎」字或體，詳見本卷屮部。	「笑」字異體，卷五竹部重見。	養 110.5

⿱艹司*	苙*	苻*	茉*	苜*	萛*	苐*	苤*
「笥」字異體，卷五竹部重見。	「笠」字異體，卷五竹部重見。	「符」字異體，卷五竹部重見。	周 41.52	陰甲雜四 4.2	周 80.55	春 72.6	方 351.6
					二 9.4	談 46.34	方 362.3
					二 9.60	周 37.40	
					要 10.21	周 37.66	

堇*	戠*	萛*	萺*	葯*	蒳*	蓲*	蕾*
 十 60.27 十 60.64	 陰甲·殘 6.24	馬王堆簡帛中「萛」字是「惠」字之訛，字形詳見卷四「惠」字下。	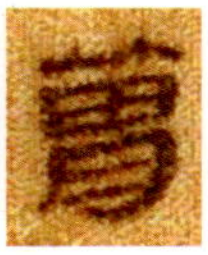 周 2.24	 周 21.53	 戰 55.17	 老甲 84.6	 箭 15.1 箭 45.1

蒵*

養 122.9

⿱艹桑*

「桑」字異體，卷六叒部重見。

蓯*

稱 11.31

蓺*

方 140.3

周 84.3

蕑*

養 18.9

蕠*

「絮」字異體，卷十三糸部重見。

萸*

萸

地 64.1

⿱艹衮*

方 255.5

秦漢文字中「衰」旁或繁化作「衮」形，此字應分析爲从艸衮聲，應即「蓑/蓑」字異體。

蓫*

養 104.15

蓮*

合 29.14

薉*

陰乙傳勝圖 1.18

蘞*

方 286.6

蘦*

養 85.7

蓐

方 84.9

戰 22.34

戰 45.28

戰 47.16

星 39.10

莫

陰甲上朔 2.25

陰甲上朔 3.10

陰甲上朔 4.7

陰甲上朔 4.21

陰甲上朔 5.17

陰甲刑日 9.28

方 59.10

方 190.13

方 227.22

方 251.1

去 2.17

去 2.26

去 2.32

養 20.7

春 15.15

戰 119.1

戰 149.19

戰 150.35

戰 206.11

戰 206.17

戰214.7	五41.7	明40.18	問89.15	二7.62	衷35.15	經71.43	老乙9.14
戰249.11	五41.14	明40.27	問90.15	二14.17	要12.22	經71.55	老乙13.25
老甲19.13	五153.24	刑甲12.26	問90.17	二14.19	繆4.66	經71.59	老乙21.22
老甲19.19	五154.12	刑甲107.16	太1.19	繫24.28	繆24.12	十30.13	老乙30.40
老甲28.8	五155.7	刑甲115.1	太1.25	繫24.35	繆45.40	十45.40	老乙35.18
老甲74.4	五156.21	刑丙天5.13	太5.11	繫24.44	繆71.24	十64.66	老乙35.51
老甲74.10	五157.6	刑丙天5.18	周3.28	繫24.50	經3.14	稱8.50	老乙35.56
老甲137.28	五166.15	刑丙天5.41	周87.3	繫24.67	經33.41	道2.48	老乙41.65
老甲159.23	九10.20	木66.7	周93.23	繫25.13	經35.3	道3.33	老乙42.24
五40.22	九19.10	問36.4	二2.14	衷2.6	經35.20	老乙1.51	老乙50.40

葬 莽

葬		莽
老乙 64.42	周 7.37	戰 39.18
 刑乙 59.10		繫 37.3
 刑乙 68.63		繫 37.18
 刑乙 77.3		
 相 21.6		
 相 25.8		
 相 42.41		

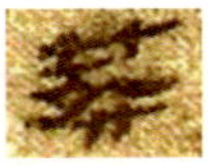

卷二

小

陰甲天一5.1
陰甲天一7.1
陰甲天一9.1
陰甲堪表1.7
陰甲堪表2.9
陰甲堪表3.9
陰甲堪表4.6
陰甲刑日4.5
陰甲·殘316.3
足3.5

足7.5
足29.7
脈4.16
方7.10
方41.9
方48.18
方57.13
方71.7
方179.4
方227.25

方230.3
方252.14
方252.27
方257.11
方257.19
方257.34
方260.7
方278.11
方343.14
方361.3

方425.7
方459.11
陽乙2.40
養49.21
養50.21
養83.27
養146.18
養173.17
房16.27
房21.9

房39.9
房40.10
房50.23
胎15.21
春43.16
春80.29
戰7.38
戰138.27
戰143.30
戰144.13

戰144.23
戰202.13
戰265.6
戰286.19
老甲49.9
老甲49.12
老甲50.10
老甲53.25
老甲163.24
五34.18

五 35.3
五 36.3
五 38.9
五 69.7
五 91.4
五 127.18
五 127.24
五 128.30
五 129.16
五 130.32

五 132.14
五 142.10
五 153.3
五 157.18
五 170.21
明 1.20
氣 1.202
氣 2.265
氣 2.270
氣 6.141

氣 6.151
氣 6.235
氣 6.319
氣 6.368
氣 8.147
氣 9.111
刑甲 1.15
刑甲 91.21
刑丙天 9.34
刑丙傳勝圖 1.20

陰乙大游 2.42
陰乙上朔 33.19
出 22.50
出 23.34
出 25.20
出 26.17
出 26.25
出 26.33
出 26.37
出 30.35

木 1.7
木 2.18
木 3.17
木 4.12
木 4.25
木 6.21
木 7.13
木 7.15
木 8.5
木 8.12

木 8.14
木 10.15
木 10.23
木 67.11
禁 9.7
遣一 14.1
遣一 181.3
遣一 191.7
遣一 195.3
遣一 197.6

遣一 227.1
遣一 229.7
遣一 242.1
遣一 257.5
遣一 280.1
遣一 282.2
遣三 56.1
遣三 226.2
遣三 255.3
遣三 259.3

遣三271.1 遣三368.2 遣三386.1 遣三388.2 遣三407.55 喪6.8 周2.14 周2.33 周3.4 周3.51

周12.65 周26.5 周26.42 周28.19 周33.24 周35.8 周39.62 周56.4 周66.26 周66.38

周77.5 周85.16 周86.15 二4.30 二10.55 二13.62 二13.68 二25.4 二31.44 二36.64

繫5.19 繫5.41 繫17.20 繫42.40 繫43.11 繫43.14 繫43.25 衷3.58 衷5.47 衷23.31

衷39.33 繆16.31 繆18.61 繆20.3 繆20.52 繆21.16 繆24.42 繆45.21 繆46.6 昭6.46

昭10.64 周·殘上38.1 經8.7 經25.11 經25.36 經26.2 經26.32 經26.53 經27.17 經41.29

經43.14 十37.57 十56.7 十56.13 十56.25 稱23.2 道1.58 道1.61 老乙22.7 老乙23.23

老乙23.54 老乙30.44 老乙73.45 老乙74.41 老乙75.57 星24.38 星43.34 星44.4 星48.7 星48.23

少

星48.47 星49.9 星49.12 星49.28 星50.28 星51.2 星51.14 星68.26 星68.28 星70.14

刑乙41.22 刑乙62.21 刑乙93.53 相36.64 相36.66 相73.35

陰甲徙1.28 陰甲徙2.32 陰甲徙3.29 陰甲徙4.30 陰甲徙5.9 陰甲雜三5.5 陰甲雜四16.7 陰甲雜六4.4 陰甲築一6.22 足5.3

足9.2 足10.16 足15.20 足27.3 足28.2 足31.3 陽甲6.18 陽甲25.8 陽甲37.12 脈7.2

脈10.8 方127.8 方165.8 方166.5 方348.9 陽乙3.40 陽乙11.32 陽乙13.24 陽乙15.5 陽乙15.22

陽乙18.33 養30.16 養105.14 養110.27 養132.2 養132.6 養141.8 養146.7 養154.5 養216.14

養217.11 養219.13 養目3.10 房42.28 胎22.34 春49.2 春66.5 戰187.1 戰191.6 戰192.25

戰193.4 戰280.12 戰291.21 戰301.23 老甲53.27 老甲136.18 明24.28 氣2.413 陰乙天一14.1 陰乙天一20.2

八

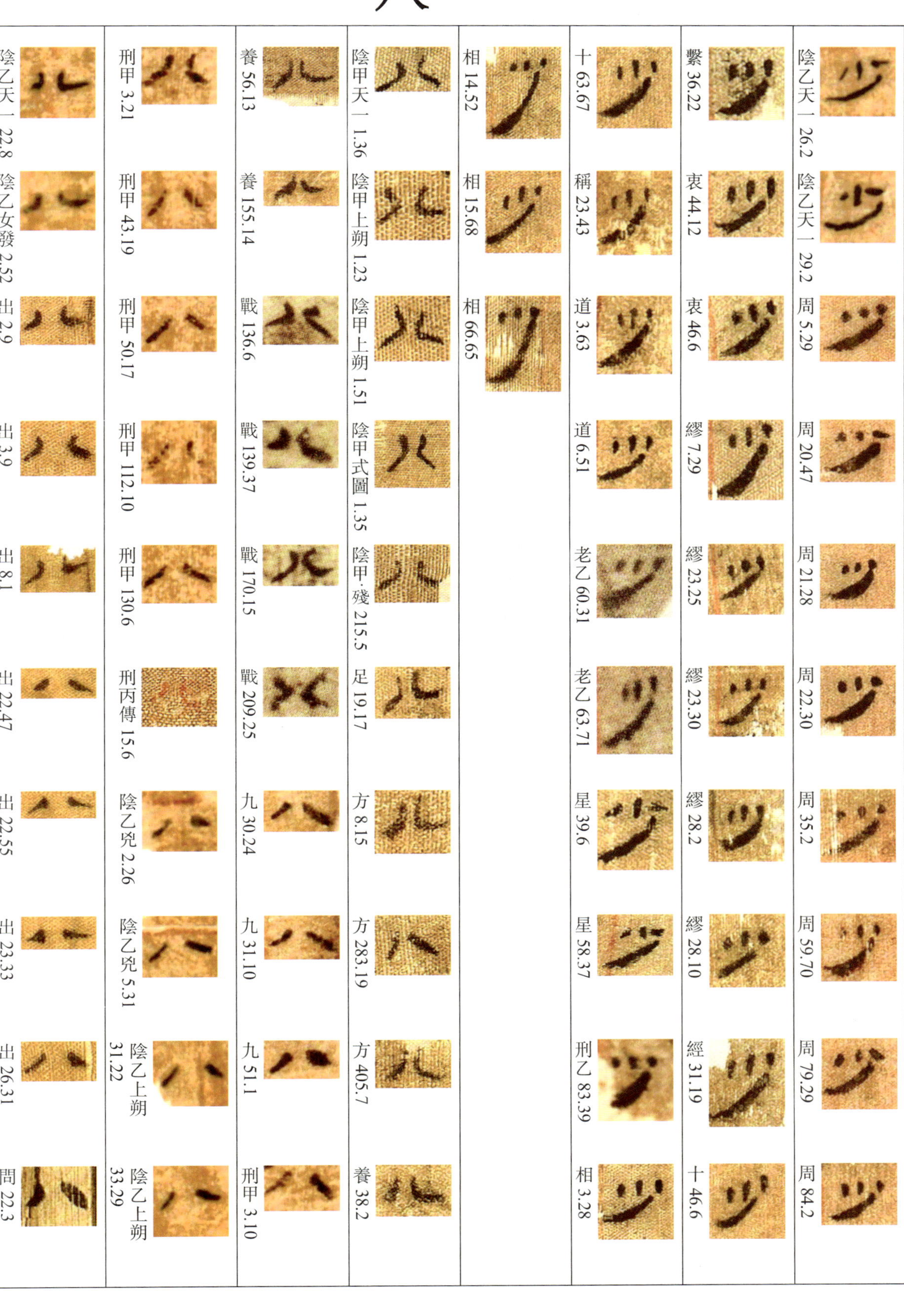
陰乙天一 26.2　陰乙天一 29.2　周 5.29　周 20.47　周 21.28　周 22.30　周 35.2　周 59.70　周 79.29　周 84.2
繫 36.22　衷 44.12　衷 46.6　繆 7.29　繆 23.25　繆 23.30　繆 28.2　繆 28.10　經 31.19　十 46.6
十 63.67　稱 23.43　道 3.63　道 6.51　老乙 60.31　老乙 63.71　星 39.6　星 58.37　刑乙 83.39　相 3.28
相 14.52　相 15.68　相 66.65
陰甲天一 1.36　陰甲上朔 1.23　陰甲上朔 1.51　陰甲式圖 1.35　陰甲·殘 215.5　足 19.17　方 8.15　方 283.19　方 405.7　養 38.2
養 56.13　養 155.14　戰 136.6　戰 139.37　戰 170.15　戰 209.25　九 30.24　九 31.10　九 51.1　刑甲 3.10
刑甲 3.21　刑甲 43.19　刑甲 50.17　刑甲 112.10　刑甲 130.6　刑丙傳 15.6　陰乙兌 2.26　陰乙兌 5.31　陰乙上朔 31.22　陰乙上朔 33.29
陰乙天一 22.8　陰乙女發 2.52　出 2.9　出 3.9　出 8.1　出 22.47　出 22.55　出 23.33　出 26.31　問 22.3

分

合 10.6
合 13.15
合 16.6
合 18.7
合 19.2
合 29.15
談 20.2
談 20.32
談 22.3
談 25.8

談 27.24
談 31.37
談 36.10
談 37.1
談 38.2
談 39.32
談 42.28
談 46.35
遣一 68.14
遣一 182.6

遣一 195.20
遣一 214.6
遣一 219.8
遣三 11.5
遣三 13.4
遣三 53.16
遣三 216.26
遣三 216.41
遣三 260.6
導 4.14

箭 79.4
箭 90.4
府 23.12
府 23.49
草 2.1
周 49.6
繫 1.53
繫 24.12
繫 30.13
繫 33.16

繫 45.58
衷 21.62
衷 29.66
要 22.61
要 24.26
繆 62.29
繆 63.29
經 43.18
經 48.10
經 50.8

星 40.50
星 79.9
星 81.8
星 83.7
星 87.11
星 96.9
星 97.7
星 97.8
星 107.7
星 107.8

星 117.8
星 120.16
星 126.27
星 127.21
星 144.38
刑乙 55.12
刑乙 63.15
刑乙 63.26
刑乙 93.18

陰甲宜忌 5.12
陰甲·殘 282.13
方 48.30
方 49.2
方 115.16
方 186.24
方 187.1
方 187.8
方 187.14
方 189.12

方 254.24　方 255.2　養 90.7　養 90.13　養 92.12　戰 142.36　戰 232.24　九 9.26　九 11.13　九 12.16

九 12.23　九 13.13　九 13.23　九 14.9　九 17.15　九 19.25　九 31.3　九 31.6　九 44.17　九 49.24

九 50.28　九 50.31　氣 2.23　氣 4.236　氣 4.259　刑甲 16.11　刑甲 33.9　刑丙傳 5.17　刑丙天 10.49　物 4.34

二 30.24　繫 1.33　繫 5.60　衷 21.34　繆 65.23　繆 65.38　繆 67.13　周·殘下 19.1　經 3.46　經 26.63

經 28.38　經 35.46　經 69.8　經 74.52　十 5.62　十 35.21　道 5.74　道 6.4　星 6.18　星 31.7

星 32.22　星 40.39　星 66.21　星 72.42　星 73.7　星 73.14　星 73.19　星 88.14　星 88.28　星 120.17

星 125.8　星 129.8　星 133.7　星 137.8　星 141.6　星 142.17　星 144.2　刑乙 71.12

曾

方 115.10　戰 188.33　戰 325.5　遣一 230.3　遣三 277.2　府 8.8　府 18.12　十 48.5　稱 12.38

尚

足 15.5　春 15.14　春 89.19　戰 117.39　戰 285.25　戰 310.12　老甲 75.16　五 46.15　五 119.7　陰乙刑德 30.1

問 30.13　問 56.16　周 1.61　周 2.73　周 3.62　周 4.68　周 6.5　周 7.66　周 8.68　周 9.68

周 10.70　周 11.63　周 12.55　周 20.73　周 20.80　周 21.11　周 21.70　周 22.61　周 23.76　周 24.44

周 25.42　周 25.44　周 26.77　周 28.26　周 30.14　周 33.69　周 34.56　周 36.25　周 38.4　周 40.3

周 41.25　周 42.9　周 43.58　周 45.8　周 46.24　周 47.7　周 48.52　周 52.13　周 53.62　周 55.51

周 58.23　周 60.20　周 61.58　周 63.23　周 66.71　周 68.69　周 69.70　周 70.59　周 72.7　周 73.60

周 75.77　周 77.70　周 79.58　周 82.69　周 84.60　周 84.66　周 85.60　周 87.8　周 88.67　周 90.66

周 93.21　二 1.39　衷 2.33　衷 36.21　衷 48.28　要 14.9　要 19.10　繆 41.5　繆 57.55　繆 58.28

尙

稱 14.6

老乙 36.26

相 12.34

相 12.41

相 62.59

詹

五 56.31

陰乙文武 17.15

介

戰 176.32

老甲 91.21

五 68.24

氣 1.280

氣 2.5

陰乙大游 2.48

遣三 17.2

遣三 18.2

繫 43.56

繫 44.4

老乙 14.66

刑乙 41.19

公

胎 4.28

春 20.3

春 28.4

春 46.14

春 53.7

春 66.4

春 66.7

春 66.12

春 66.17

春 66.24

春 67.9

春 70.25

春 71.4

春 77.6

春 87.3

春 87.7

春 87.23

春 88.7

春 88.16

春 88.22

春 90.2

春 91.24

春 92.19

春 92.33

春 93.3

戰 15.26

戰 20.11

戰 35.10

戰 35.34

戰 57.32

戰 57.39

戰 63.2

戰 64.5

戰 65.2

戰 65.10

戰 67.13

戰 69.5

戰 74.24

戰 80.1

戰 117.34

戰 118.5	戰 118.27	戰 118.38	戰 119.24	戰 119.32	戰 122.4	戰 125.17	戰 125.35	戰 126.16	戰 131.46
戰 170.25	戰 180.19	戰 184.21	戰 184.29	戰 233.31	戰 237.10	戰 237.19	戰 239.30	戰 243.10	戰 246.13
戰 247.15	戰 247.29	戰 249.19	戰 250.18	戰 250.23	戰 256.1	戰 257.27	戰 266.3	戰 266.7	老甲 123.26
五 39.22	五 128.15	五 128.23	五 146.33	九 1.18	九 7.15	九 52.9	明 16.15	刑甲 110.6	刑甲 131.3
刑甲小游 1.19	刑甲小游 1.42	刑甲小游 1.145	刑甲小游 1.186	刑甲小游 1.207	刑甲小游 1.238	刑丙小游 1.33	刑丙小游 1.68	刑丙小游 1.131	刑丙小游 1.172
刑丙小游 1.191	陰乙小游 1.51	陰乙文武 12.37	木 28.26	周 36.18	周 40.5	周 70.32	周 92.60	周 92.69	二 9.3
二 9.59	二 10.9	二 13.31	二 30.45	二 32.40	要 10.20	繆 18.17	繆 24.55	經 4.31	經 7.49

必

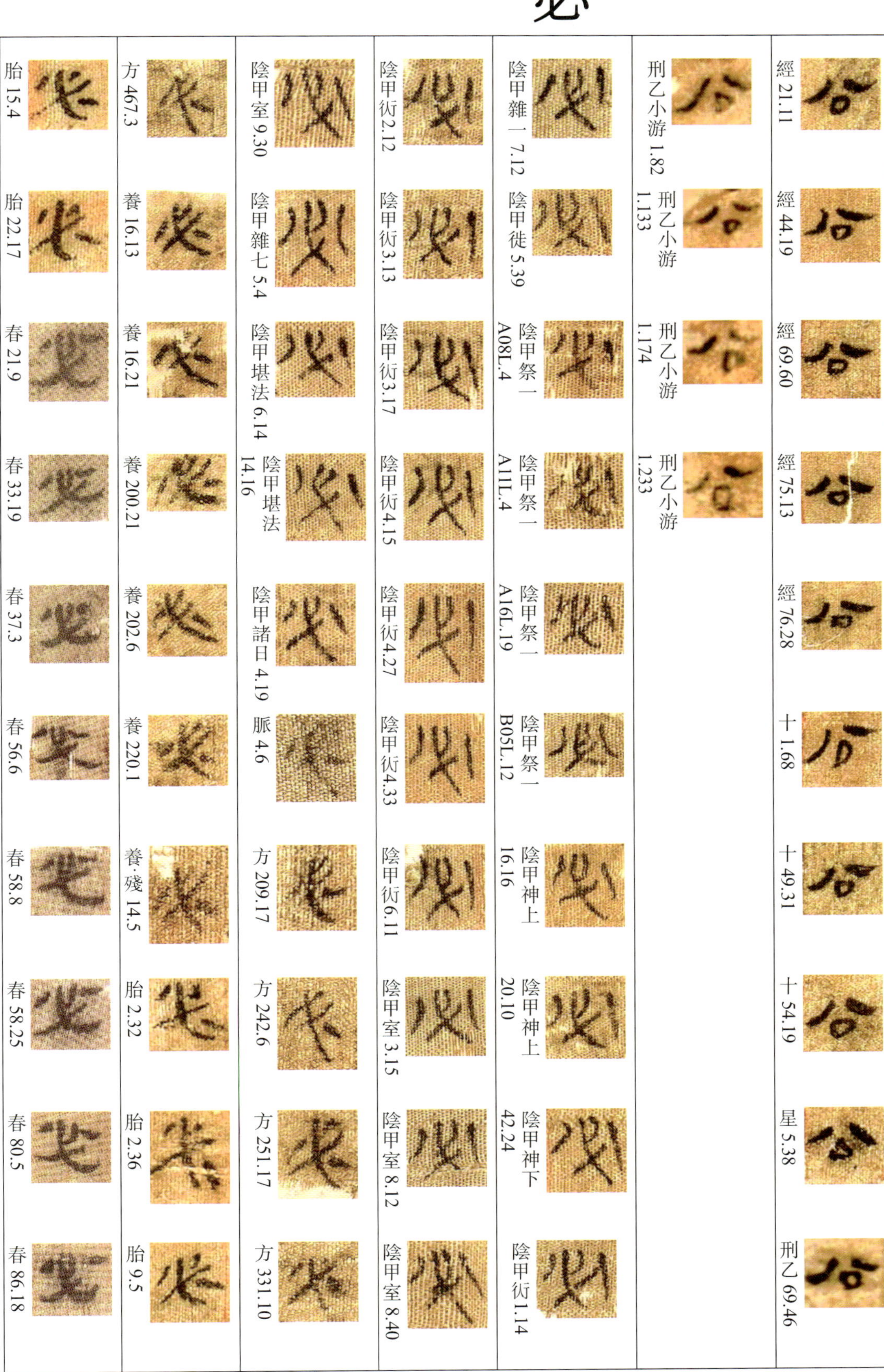
經21.11
經44.19
經69.60
經75.13
經76.28
十1.68
十49.31
十54.19
星5.38
刑乙69.46
刑乙小游1.82
刑乙小游1.133
刑乙小游1.174
刑乙小游1.233
陰甲雜一7.12
陰甲徒5.39
陰甲祭一A08L.4
陰甲祭一A11L.4
陰甲祭一A16L.19
陰甲祭一B05L.12
陰甲神上16.16
陰甲神上20.10
陰甲神下42.24
陰甲衍1.14
陰甲衍2.12
陰甲衍3.13
陰甲衍3.17
陰甲衍4.15
陰甲衍4.27
陰甲衍4.33
陰甲衍6.11
陰甲室3.15
陰甲室8.12
陰甲室8.40
陰甲室9.30
陰甲雜七5.4
陰甲堪法6.14
陰甲堪法14.16
陰甲諸日4.19
脈4.6
方209.17
方242.6
方251.17
方331.10
方467.3
養16.13
養16.21
養200.21
養202.6
養220.1
養·殘14.5
胎2.32
胎2.36
胎9.5
胎15.4
胎22.17
春21.9
春33.19
春37.3
春56.6
春58.8
春58.25
春80.5
春86.18

戰 4.4
戰 7.7
戰 8.1
戰 14.9
戰 15.1
戰 20.21
戰 21.6
戰 23.13
戰 25.21
戰 27.19

戰 28.27
戰 29.1
戰 41.3
戰 43.7
戰 65.38
戰 66.23
戰 70.18
戰 71.19
戰 72.16
戰 73.30

戰 75.3
戰 79.4
戰 80.26
戰 84.2
戰 84.9
戰 84.15
戰 86.10
戰 86.13
戰 86.23
戰 90.22

戰 90.37
戰 91.1
戰 101.12
戰 106.20
戰 106.33
戰 108.1
戰 108.8
戰 117.3
戰 119.26
戰 119.36

戰 122.17
戰 124.25
戰 124.35
戰 126.39
戰 127.7
戰 128.7
戰 129.13
戰 129.30
戰 129.40
戰 137.10

戰 137.30
戰 138.18
戰 138.26
戰 138.34
戰 142.26
戰 143.12
戰 143.15
戰 143.21
戰 144.27
戰 145.8

戰 145.27
戰 153.1
戰 153.7
戰 153.16
戰 154.9
戰 156.22
戰 159.13
戰 165.14
戰 166.5
戰 168.16

戰 168.24
戰 169.12
戰 169.23
戰 181.5
戰 182.8
戰 183.14
戰 186.34
戰 188.1
戰 195.17
戰 197.30

戰 202.20
戰 207.35
戰 214.30
戰 215.6
戰 222.23
戰 223.3
戰 223.7
戰 227.5
戰 234.32
戰 235.4

戰 235.18
戰 240.18
戰 240.28
戰 241.14
戰 241.23
戰 260.2
戰 261.24
戰 262.20
戰 263.10
戰 267.13

戰 268.15
戰 269.6
戰 274.3
戰 281.6
戰 282.17
戰 282.28
戰 284.21
戰 285.8
戰 290.2
戰 290.7

戰 291.8
戰 293.7
戰 293.11
戰 294.7
戰 297.19
戰 297.26
戰 298.10
戰 301.5
戰 303.11
戰 303.24

戰 304.28
戰 305.15
戰 305.18
戰 305.26
戰 306.23
戰 307.3
戰 311.6
戰 316.5
戰 316.9
戰 321.26

老甲 7.13
老甲 62.29
老甲 81.1
老甲 91.7
老甲 166.22
老甲 167.7
五 74.30
五 99.18
九 27.28
明 1.7

明 9.19
明 22.26
明 23.26
明 24.4
明 34.27
明 39.8
明 40.20
明 43.5
明 44.13
明 48.3

氣 1.161
氣 8.12
刑甲 34.5
刑甲 34.22
刑甲 107.4
刑甲 107.26
刑甲 111.10
刑甲 126.11
刑甲 139.9
刑丙地 15.16

陰乙刑德 3.5　陰乙大游 2.18　陰乙大游 2.122　陰乙文武 15.18　陰乙上朔 34.9　陰乙女發 4.1　出 27.28　出 32.35　出 32.46　木 62.13

問 5.13　問 18.8　問 18.17　問 19.11　問 26.12　問 30.4　問 30.22　問 33.4　問 38.3　問 39.18

問 45.22　問 46.21　問 46.27　問 50.20　問 56.28　問 61.11　問 68.4　問 88.11　問 95.17　禁 11.10

談 8.23　談 8.28　談 30.4　談 33.20　物 3.21　周 36.1　周 88.53　二 12.57　二 19.6　二 27.70

二 34.29　二 36.31　繫 41.11　衷 24.15　衷 30.59　衷 31.67　衷 40.3　衷 42.65　要 12.29　要 16.72

繆 17.54　繆 20.9　繆 27.62　繆 29.66　繆 45.24　繆 55.41　繆 64.29　繆 68.66　昭 1.58　昭 2.50

昭 3.47　昭 6.17　昭 9.67　經 2.7　經 3.35　經 5.5　經 10.1　經 10.56　經 17.18　經 17.44

經 18.49　經 39.48　經 45.17　經 45.68　經 50.54　經 57.53　經 60.2　經 60.6　經 61.48　經 68.26

余

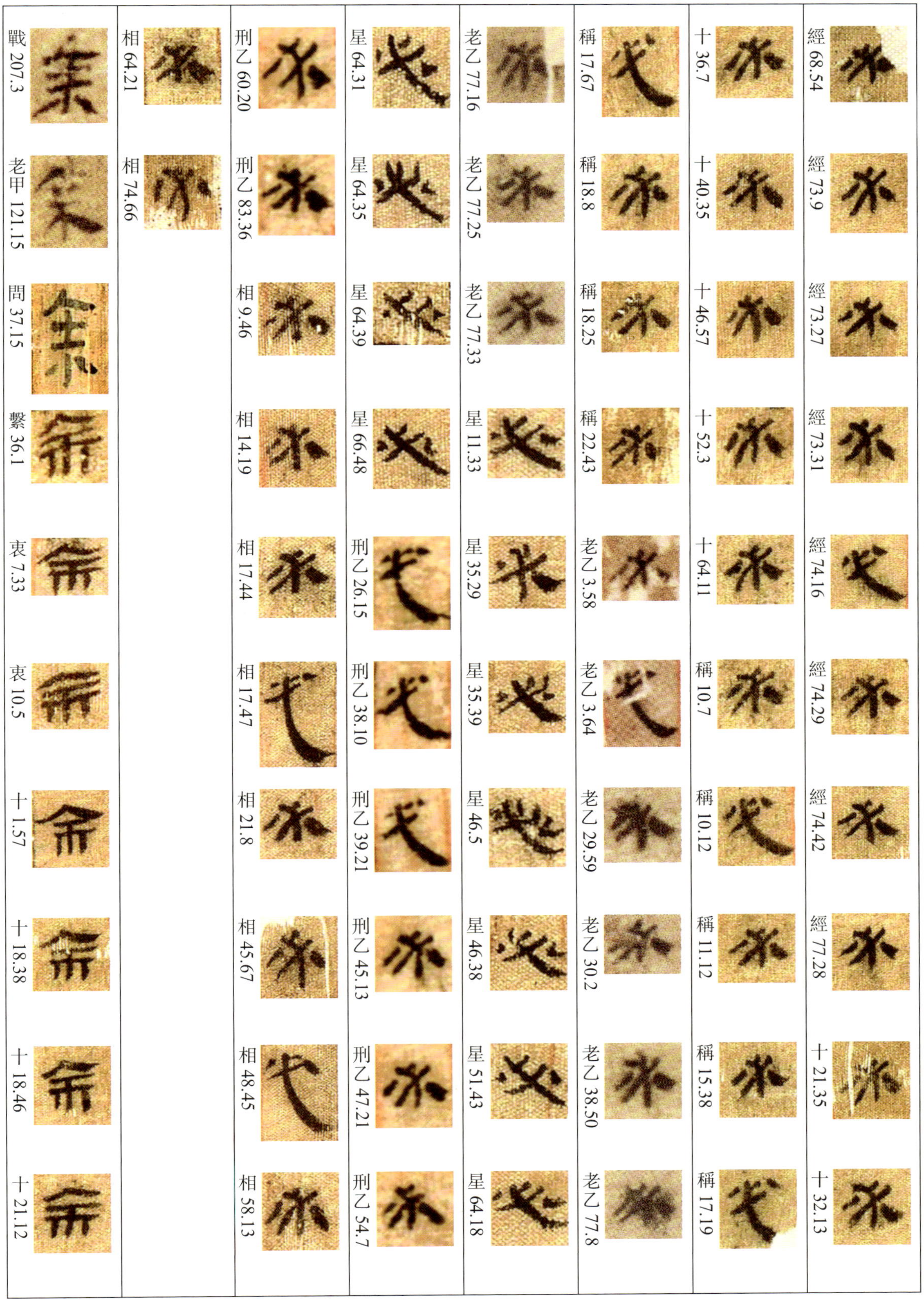

經 68.54
經 73.9
經 73.27
經 73.31
經 74.16
經 74.29
經 74.42
經 77.28
十 21.35
十 32.13

十 36.7
十 40.35
十 46.57
十 52.3
十 64.11
稱 10.7
稱 10.12
稱 11.12
稱 15.38
稱 17.19

稱 17.67
稱 18.8
稱 18.25
稱 22.43
老乙 3.58
老乙 3.64
老乙 29.59
老乙 30.2
老乙 38.50
老乙 77.8

老乙 77.16
老乙 77.25
老乙 77.33
星 11.33
星 35.29
星 35.39
星 46.5
星 46.38
星 51.43
星 64.18

星 64.31
星 64.35
星 64.39
星 66.48
刑乙 26.15
刑乙 38.10
刑乙 39.21
刑乙 45.13
刑乙 47.21
刑乙 54.7

刑乙 60.20
刑乙 83.36
相 9.46
相 14.19
相 17.44
相 17.47
相 21.8
相 45.67
相 48.45
相 58.13

相 64.21
相 74.66

戰 207.3
老甲 121.15
問 37.15
繫 36.1
衷 7.33
衷 10.5
十 1.57
十 18.38
十 18.46
十 21.12

番 寀 審 悉 半

寀

十 42.44
稱 19.28
老乙 41.2
老乙 41.11
老乙 41.25
老乙 41.30
老乙 61.35
星 126.24
星 131.15
星 138.26

相 70.28

番

木 67.1
遣三 316.7
二 13.23
十 49.20

審

寀

刑丙天 12.4
問 43.1
談 39.22
談 39.30
要 19.32
經 22.23
經 38.21
經 42.4
經 53.2

經 68.55
經 68.62
經 74.30
經 75.1
十 64.12
稱 22.6
星 69.15
相 16.46
相 67.34
相 67.41

悉

㸒

戰 89.1
戰 141.9
戰 208.16
戰 265.8
戰 316.15
五 84.2
五 87.30

秦漢文字「悉」字多作「㸒」形，與用爲{迷}的「㸒」字同形，本卷辵部「迷」字下重見。

半

陰甲堪法 11.24
方 6.10
方 26.20
方 41.16
方 43.12
方 44.8
方 72.7
方 117.17
方 166.6
方 181.22

牛

方189.19　方191.7　方191.22　方216.17　方255.12　方260.1　方267.28　方268.12　方283.16　方363.11

方363.18　方366.7　方378.6　方388.6　方420.12　方425.17　養19.2　養76.16　養81.18　養85.11

養·殘135.8　房33.1　房43.9　胎31.29　戰183.15　九43.1　九45.5　九45.22　九46.6　九46.11

氣10.144　刑甲36.26　刑甲125.2　刑丙刑17.2　陰乙刑德25.6　陰乙大游3.7　陰乙大游3.18　問37.4　問77.21　問91.19

談14.26　周27.17　衷50.22　經8.46　星54.26　星142.37　刑乙25.26　刑乙62.3　刑乙62.5　刑乙62.8

刑乙62.10　相1.10　相1.43　相18.26　相38.54

陰甲雜二3.2　陰甲祭一A10L.5　陰甲祭一A16L.27　陰甲祭一B10L.2　陰甲神上11.13　陰甲神上13.12　陰甲神上15.10　陰甲神上22.13　陰甲神上28.9　陰甲雜四8.7

1	2	3	4	5	6	7	8
陰甲堪表9L.29	養39.16	遣一1.1	遣一46.4	遣一299.2	遣三52.1	遣三132.3	遣三199.1
陰甲祭二10L.6	養51.21	遣一11.1	遣一51.1	遣一304.5	遣三53.22	遣三133.3	遣三284.2
方67.3	養53.3	遣一23.1	遣一52.1	遣一312.8	遣三53.26	遣三150.1	牌三12.3
方80.8	養109.15	遣一24.1	遣一55.5	竹一2.1	遣三57.1	遣三152.1	牌三23.3
方195.4	養141.14	遣一27.1	遣一56.1	牌一6.1	遣三66.1	遣三186.1	牌三49.1
方239.14	養149.10	遣一31.1	遣一61.1	牌一8.1	遣三75.1	遣三187.1	周3.25
方261.9	養195.4	遣一34.1	遣一62.1	牌一11.1	遣三77.1	遣三192.1	周11.49
方352.3	養·殘142.2	遣一38.1	遣一68.4	牌一15.1	遣三78.1	遣三195.1	周26.61
方352.20	胎8.4	遣一39.1	遣一89.1	牌一16.1	遣三126.1	遣三197.1	周69.8
方388.9	氣2.3	遣一40.1	遣一201.10	遣三51.5	遣三129.1	遣三198.1	周75.43

牡

二 12.24 繫 35.47 衷 28.38

方目 3.5 方 175.18 方 257.2 方 259.2 方 359.3 方 370.9 方 386.11 方 464.7 養 37.21 養 89.3

養 92.20 養 122.2 胎 5.23 胎 20.8 胎 22.10 老甲 48.29 談 54.11 談 54.30 十 6.37 十 6.50

稱 10.27 老乙 17.20 老乙 23.5 相 20.22

牝

方目 3.7 方 266.2 方 267.2 方 464.6 方 464.12 老甲 36.29 老甲 48.17 老甲 48.24 談 54.2 談 54.17

談 54.29 周 44.6 周 69.7 二 12.35 衷 23.29 衷 35.64 十 6.49 稱 10.25 老乙 22.60 老乙 22.67

老乙 48.40 相 20.25

犨

犨

五 148.27 五 150.27 刑甲 30.10

牟

合 3.20

牽

遣三 47.10
二 28.31
稱 10.64

牢

陰甲室 2.46
陰甲室 8.33
陰甲室 9.4
陰甲祭三 2.8
方 287.7
老甲 129.9
老乙 61.10

犛

方 372.6
方 423.3

犀

戰 49.17
戰 50.34
木 1.20
木 5.20
遣一 292.3
牌一 48.2

物

足 4.16
足 8.24
足 12.12
足 18.7
足 20.19
足 26.2
足 30.9
足 34.3
方 25.26
方 156.1
方 175.28
方 250.9
方 279.13
方 288.12
方 288.25
方 300.4
方 382.18
養 108.13
養 125.16
養 177.3
房 16.20
戰 10.2
戰 40.24
戰 227.36
老甲 27.18
老甲 27.28
老甲 51.3
老甲 59.25
老甲 84.12
老甲 93.23

老甲 93.31	老甲 151.17	九 25.23	遣三 1.21	二 6.72	繫 25.23	衷 40.63	經 8.17
老甲 100.8	老甲 154.12	九 27.24	遣三 87.6	二 15.1	繫 28.73	衷 43.56	經 8.25
老甲 101.21	老甲 155.1	明 32.1	遣三 297.5	繫 1.30	繫 33.11	衷 46.10	經 8.52
老甲 117.23	老甲 163.26	明 32.16	遣三 407.88	繫 2.16	繫 33.27	衷 49.35	經 35.41
老甲 117.32	老甲 168.24	刑丙傳 2.11	物 4.1	繫 6.59	繫 44.18	要 11.22	經 51.11
老甲 122.11	五 162.28	刑丙天 5.36	物 4.6	繫 7.10	衷 2.5	繆 20.59	經 51.27
老甲 122.21	九 8.16	問 72.20	物 4.11	繫 8.50	衷 17.11	繆 28.8	經 51.40
老甲 133.12	九 10.15	談 9.16	二 2.13	繫 11.41	衷 22.16	繆 42.47	經 71.34
老甲 135.24	九 10.18	談 9.18	二 3.53	繫 21.31	衷 31.55	繆 42.56	經 72.1
老甲 146.21	九 11.37	談 23.23	二 6.57	繫 24.56	衷 40.59	經 8.9	經 72.62

牗* 犒* [尢生]* 犝

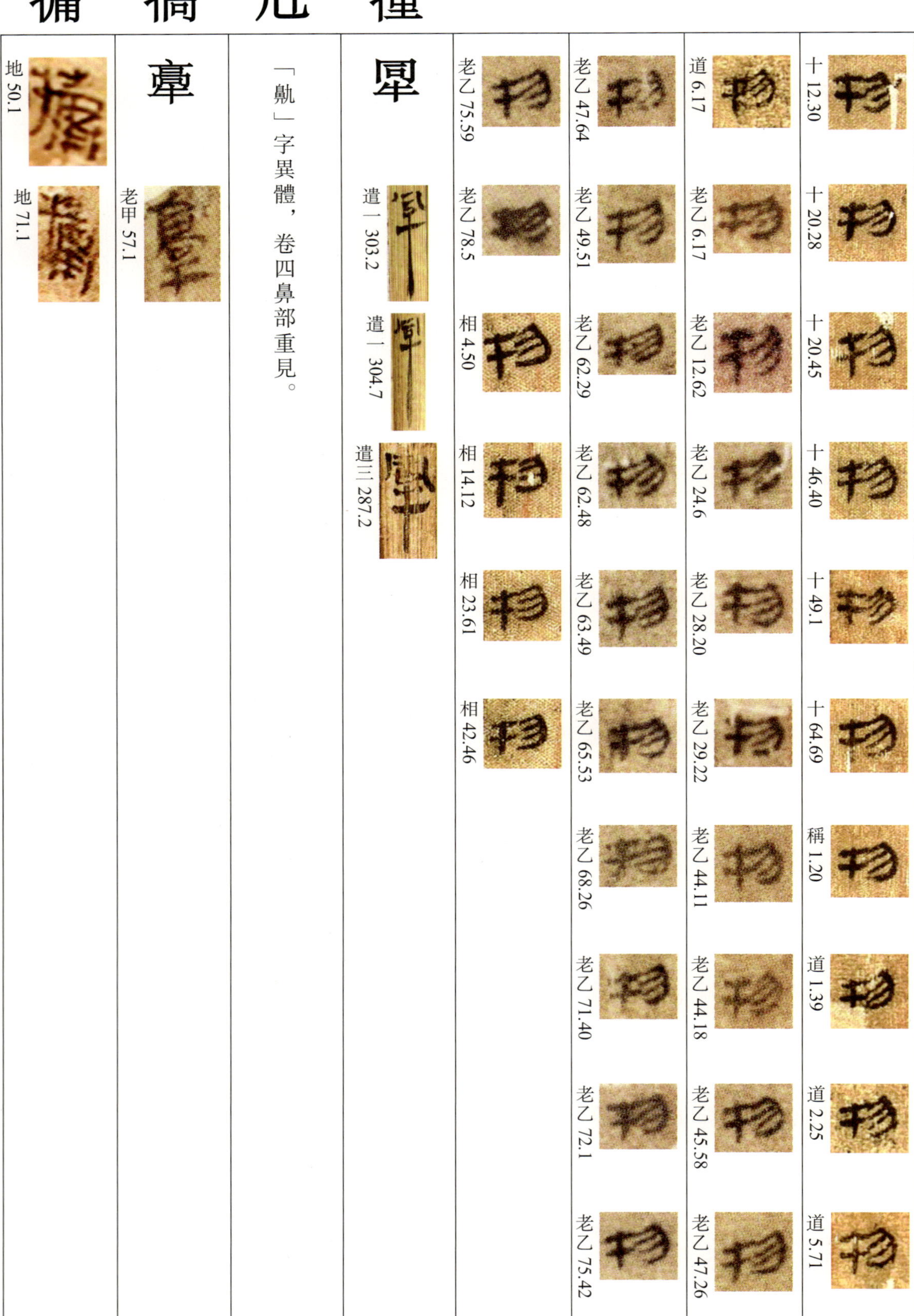

十 12.30 十 20.28 十 20.45 十 46.40 十 49.1 十 64.69 稱 1.20 道 1.39 道 2.25 道 5.71

道 6.17 老乙 6.17 老乙 12.62 老乙 24.6 老乙 28.20 老乙 29.22 老乙 44.11 老乙 44.18 老乙 45.58 老乙 47.26

老乙 47.64 老乙 49.51 老乙 62.29 老乙 62.48 老乙 63.49 老乙 65.53 老乙 68.26 老乙 71.40 老乙 72.1 老乙 75.42

老乙 75.59 老乙 78.5 相 4.50 相 14.12 相 23.61 相 42.46

罩

遣一 303.2 遣一 304.7 遣三 287.2

「鼽」字異體，卷四鼻部重見。

[亯/羊]

老甲 57.1

地 50.1 地 71.1

慣*

陰甲諸日 5.1

⿱敖⿸厂木

⿱敖朩

射 10.15

「⿱敖⿸厂木」字異體。秦漢文字「⿱耂产」旁與「敖」旁多形近相混。

告

養 192.5 春 92.27 戰 12.10 戰 16.19 戰 57.30 戰 57.41 戰 58.17 戰 58.20 戰 91.26 戰 97.19

戰 115.13 戰 258.15 戰 321.6 九 39.15 刑丙天 5.46 木 19.3 周 57.11 周 92.59 周 92.68 二 15.46

繫 25.70 繫 46.4 要 15.27 繆 61.53 繆 72.46 昭 11.71 昭 12.36 昭 12.54 昭 12.59

口

陰甲雜一 8.10 足 10.26 足 33.20 陽甲 19.24 方 35.14 方 45.19 方 92.28 方 134.23 方 412.4 陽乙 9.48

養 17.3 養 59.16 養 156.12 房 46.28 戰 41.6 戰 43.11 戰 44.37 戰 45.10 戰 90.32 戰 324.30

老甲 112.15 五 40.10 五 148.5 五 148.24 五 154.2 五 155.30 五 164.7 明 39.29 木 50.6 問 5.12

談 9.11
二 9.61 
二 13.65 
二 14.41 
二 14.59 
衷 32.24 
衷 41.8 
老乙 52.71
相 18.25 

噭

老甲 94.18

喙

經 48.43

喉

脥

方 400.4

吞

方 272.28
養 152.24 

咽

合 7.6

嗌

陽甲 17.5
陽甲 26.7
陽甲 31.3 
陽乙 8.32 
陽乙 15.33 
陽乙 18.23 
合 7.4 

膉

足 10.24

咳

老乙61.24

嗛

房21.13　周48.21　周48.27　周48.40　二15.44　二26.43　二26.53　二26.64　衷28.32　衷45.9

衷46.1　衷46.47　衷50.40　繆15.15　繆35.2　繆35.49　繆35.53　繆39.18　繆41.28　繆41.52

繆42.28　周·殘上4.3

咀

方443.2　方481.5

啜

⿰叕卩

方194.15

⿱叕口

射7.5　射8.5　射8.10

噍

雔

十28.23

啗

戰 129.23

星 60.12

含

陰甲衍 2.21

陰甲衍 3.29

陰甲衍 5.3

陰甲衍 6.29

問 63.28

遣一 52.4

遣三 197.5

周 9.61

二 21.1

衷 27.37

衷 39.19

老乙 16.54

味

方 179.15

養 204.27

房 52.18

老甲 53.21

老甲 112.11

五 148.28

五 164.15

問 40.4

問 64.3

談 33.9

老乙 76.52

噫

陽甲 21.7

唾

方 52.12

方 55.2

方 391.17

戰 188.3

問 50.9

合 7.7

談 43.31

涶

方 82.2

方 318.22

方 380.25

方 381.7

《説文》或體，「涶」字《説文》卷十一水部重出。

吸 吹 唫 名

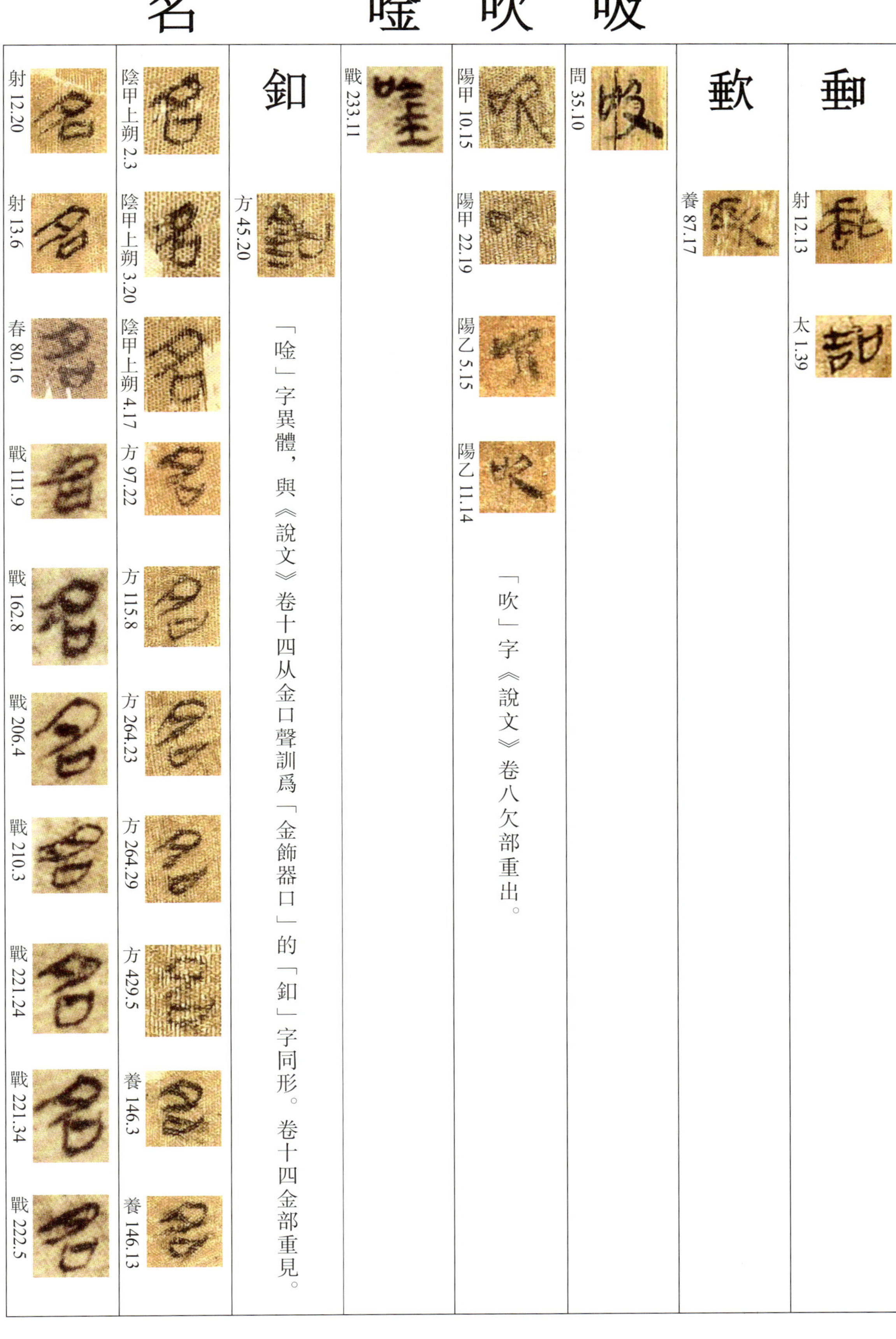

欨 歍 吸 吹 唫 名

射12.13 太1.39

養87.17

問35.10

陽甲10.15 陽甲22.19 陽乙5.15 陽乙11.14

「吹」字《說文》卷八欠部重出。

戰233.11

釒口

方45.20

「唫」字異體，與《說文》卷十四从金口聲訓爲「金飾器口」的「釦」字同形。卷十四金部重見。

陰甲上朔2.3 陰甲上朔3.20 陰甲上朔4.17 方97.22 方115.8 方264.23 方264.29 方429.5 養146.3 養146.13

射12.20 射13.6 春80.16 戰111.9 戰162.8 戰206.4 戰210.3 戰221.24 戰221.34 戰222.5

戰 257.6	戰 259.4	戰 260.19	戰 266.22	戰 267.4	老甲 13.21	老甲 16.7	老甲 93.11	老甲 93.13	老甲 93.18
老甲 93.21	老甲 93.29	老甲 94.24	老甲 116.2	老甲 116.12	老甲 116.21	老甲 117.17	老甲 134.6	老甲 158.27	老甲 163.5
老甲 163.22	老甲 164.4	老甲 168.16	九 10.23	九 10.28	九 14.11	九 17.17	九 18.2	九 18.18	九 31.15
九 51.4	氣 3.46	陰乙上朔 30.8	木 14.17	木 22.3	木 23.3	木 24.2	木 27.5	木 29.4	木 30.4
木 31.5	木 33.4	木 37.5	木 38.5	木 39.5	木 40.4	木 43.5	木 67.5	木 67.21	問 44.16
禁 6.6	談 3.1	物 4.9	二 4.40	繫 40.44	繫 43.2	衷 35.56	衷 43.24	衷 43.54	衷 44.10
要 2.1	繆 15.3	繆 17.5	繆 19.43	繆 34.28	繆 39.56	繆 44.43	繆 47.6	昭 2.12	經 3.39
經 4.11	經 4.16	經 8.1	經 8.20	經 40.52	經 44.27	經 45.53	經 51.24	經 53.4	經 53.32

經 54.54
經 54.58
經 55.2
經 55.13
經 55.15
經 57.6
經 57.17
經 57.26
經 58.53
經 67.10
經 67.15
經 68.66
經 71.58
經 72.43
經 74.32
經 74.35
經 75.3
經 75.5
經 75.50
經 75.54
經 76.35
經 77.30
十 1.53
十 4.59
十 5.56
十 11.15
十 11.56
十 20.6
十 20.20
十 25.36
十 34.22
十 34.58
十 43.31
十 43.39
十 43.64
十 45.2
十 55.47
十 55.51
十 63.68
十 64.13
稱 1.31
稱 1.34
稱 3.58
稱 3.67
稱 4.10
稱 4.20
稱 9.56
稱 22.8
道 1.49
道 2.43
道 3.20
道 6.14
老乙 7.44
老乙 10.5
老乙 44.6
老乙 44.9
老乙 62.72
老乙 66.10
老乙 66.20
老乙 73.42
老乙 74.19
老乙 75.38
老乙 75.55
老乙 77.61
老乙 78.23
星 2.10
星 2.27
星 3.18
星 4.4
星 4.24
刑乙 39.5
刑乙 41.5
刑乙 43.5
刑乙 45.5
刑乙 47.5
刑乙 65.21
相 28.17
相 28.58
相 34.29
相 36.25

吾

方103.17　方217.27　養210.4　養216.13　春30.14　春37.6　春47.27　春73.10　春79.9　春80.7

春93.10　春94.20　春94.28　戰101.31　戰316.13　戰316.29　戰316.33　戰322.24　老甲40.29　老甲71.31

老甲72.8　老甲73.9　老甲73.10　老甲73.23　老甲80.17　老甲114.18　老甲114.26　老甲114.31　老甲122.14　老甲132.3

老甲134.14　老甲141.7　五169.16　九1.27　九2.1　九34.10　九35.5　九35.16　九42.14　九43.18

九46.15　九47.14　九52.3　九52.24　問60.26　合26.14　談9.24　繫12.60　要8.22　要9.6

要15.26　要16.58　要18.21　要18.27　繆1.25　繆1.44　繆1.64　繆7.25　繆7.41　繆15.30

繆23.9　繆30.59　繆31.10　繆32.22　繆33.25　繆57.67　繆60.7　繆60.49　繆61.46　繆65.66

繆66.57　繆70.63　經45.15　十1.43　十2.23　十2.28　十2.52　十3.1　十3.13　十3.17

十3.25
十4.61
十5.52
十13.37
十14.12
十14.17
十15.8
十15.44
十15.48
十26.57

十28.33
十28.37
十28.41
十28.45
十29.45
十29.50
十30.21
十42.63
十43.49
老乙19.15

老乙34.55
老乙35.28
老乙35.40
老乙47.46
老乙54.3
老乙54.11
老乙54.16
老乙62.9
老乙63.5
老乙66.6

老乙66.16
老乙78.13
相4.55
相13.64
相14.5
相15.45
相17.61
相51.22
相65.61

君

陰甲雜四6.9
陰甲室6.26
陰甲築二8.10
陰甲堪法10.18
陰甲·殘6.10
養192.7
養221.2
胎4.27
春16.12
春21.16

春25.3
春25.7
春28.18
春29.15
春34.15
春39.13
春47.9
春49.5
春58.19
春64.11

春67.14
春69.15
春72.9
春72.22
春74.2
春74.21
春79.11
春83.15
春94.18
春94.29

春95.15
戰7.13
戰11.19
戰12.13
戰12.24
戰13.14
戰16.15
戰25.8
戰32.37
戰35.21

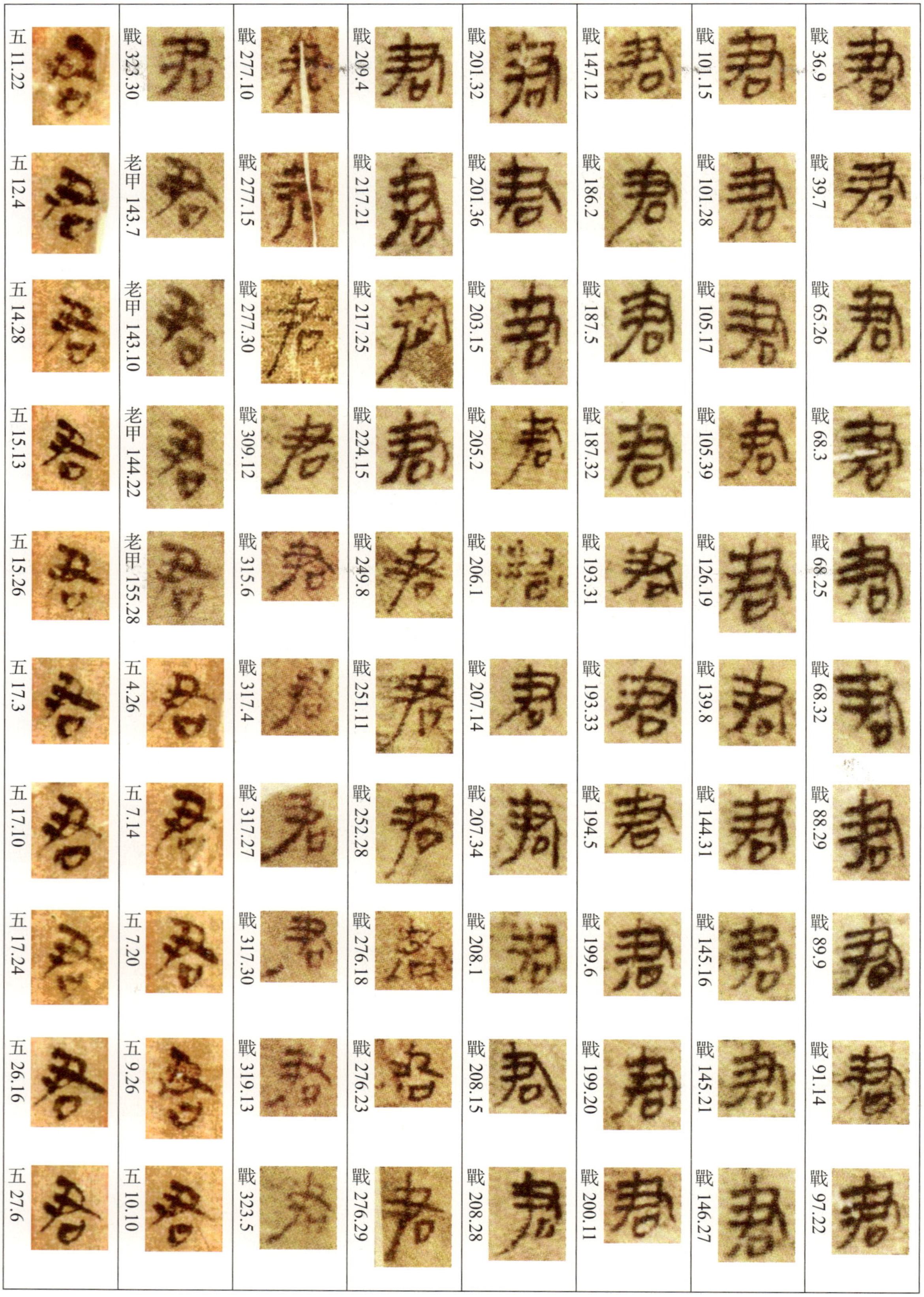

戰 36.9
戰 39.7
戰 65.26
戰 68.3
戰 68.25
戰 68.32
戰 88.29
戰 89.9
戰 91.14
戰 97.22

戰 101.15
戰 101.28
戰 105.17
戰 105.39
戰 126.19
戰 139.8
戰 144.31
戰 145.16
戰 145.21
戰 146.27

戰 147.12
戰 186.2
戰 187.5
戰 187.32
戰 193.31
戰 193.33
戰 194.5
戰 199.6
戰 199.20
戰 200.11

戰 201.32
戰 201.36
戰 203.15
戰 205.2
戰 206.1
戰 207.14
戰 207.34
戰 208.1
戰 208.15
戰 208.28

戰 209.4
戰 217.21
戰 217.25
戰 224.15
戰 249.8
戰 251.11
戰 252.28
戰 276.18
戰 276.23
戰 276.29

戰 277.10
戰 277.15
戰 277.30
戰 309.12
戰 315.6
戰 317.4
戰 317.27
戰 317.30
戰 319.13
戰 323.5

戰 323.30
老甲 143.7
老甲 143.10
老甲 144.22
老甲 155.28
五 4.26
五 7.14
五 7.20
五 9.26
五 10.10

五 11.22
五 12.4
五 14.28
五 15.13
五 15.26
五 17.3
五 17.10
五 17.24
五 26.16
五 27.6

五 27.13
五 29.8
五 37.12
五 37.21
五 38.22
五 39.10
五 44.16
五 49.8
五 49.17
五 49.28
五 54.16
五 59.2
五 100.11
五 102.5
五 102.19
五 103.24
五 104.1
五 110.3
五 110.18
五 112.5
五 114.28
五 120.29
五 137.13
五 138.3
五 141.2
五 143.15
五 144.16
五 145.24
五 153.19
五 179.13
五 179.26
五 180.23
五 181.29
九 1.11
九 5.23
九 6.22
九 7.26
九 7.31
九 14.16
九 15.7
九 16.10
九 16.15
九 18.25
九 18.32
九 19.16
九 20.19
九 23.6
九 23.31
九 24.19
九 32.16
九 34.31
九 36.4
九 36.18
九 36.27
九 37.2
九 37.15
九 38.18
九 40.2
九 42.18
九 43.2
九 46.7
九 46.12
九 49.32
九 50.26
明 1.5
明 2.8
明 2.13
明 2.21
明 6.17
明 14.3
明 27.26
明 31.3
明 31.8
明 42.13
明 44.12
明 44.22
明 45.20
德 6.6
氣 2.356
氣 2.369

氣 2.379 氣 2.390 氣 4.50 氣 4.132 氣 4.160 氣 4.195 氣 6.22 氣 8.148 氣 9.89 氣 9.229

氣 9.260 氣 10.16 氣 10.41 刑甲 126.21 陰乙大游 2.10 木 42.16 問 9.9 問 10.10 問 10.18 問 24.25

問 26.11 談 16.13 遣三 1.32 地 46.2 周 1.28 周 2.8 周 3.48 周 4.49 周 12.61 周 27.60

周 33.28 周 35.45 周 37.60 周 39.52 周 48.28 周 50.71 周 51.18 周 54.6 周 57.54 周 77.62

周 84.75 周 85.20 周 85.55 周 85.65 二 4.7 二 4.43 二 8.26 二 9.80 二 11.43 二 15.55

二 15.74 二 16.12 二 16.37 二 16.48 二 17.16 二 18.12 二 25.70 二 26.29 二 27.26 二 30.31

二 32.55 繫 4.9 繫 4.29 繫 8.36 繫 13.52 繫 13.68 繫 14.17 繫 15.29 繫 16.47 繫 16.68

繫 17.27 繫 17.36 繫 38.49 繫 41.47 繫 43.44 繫 44.15 衷 26.9 衷 26.67 衷 32.47 衷 32.52

衷33.9 衷33.63 衷34.2 衷35.11 衷38.9 衷39.65 衷40.7 衷41.48 要8.17 要11.43

要11.62 要13.54 要14.45 要20.64 要22.28 要23.14 要24.4 繆2.24 繆6.36 繆9.13

繆14.32 繆15.16 繆15.33 繆16.38 繆16.59 繆17.17 繆17.35 繆17.46 繆17.58 繆19.11

繆19.29 繆20.13 繆20.46 繆22.45 繆22.57 繆23.38 繆24.17 繆25.4 繆31.63 繆32.2

繆32.32 繆32.35 繆32.55 繆33.7 繆33.56 繆36.38 繆37.31 繆38.54 繆39.20 繆39.26

繆39.42 繆39.59 繆40.11 繆40.18 繆41.16 繆41.46 繆41.67 繆42.64 繆43.25 繆43.43

繆44.19 繆44.66 繆45.51 繆45.67 繆46.51 繆46.64 繆48.24 繆48.45 繆49.44 繆60.8

繆61.47 繆62.31 繆63.19 繆65.3 繆65.27 繆65.53 繆66.30 繆69.22 繆70.64 昭3.3

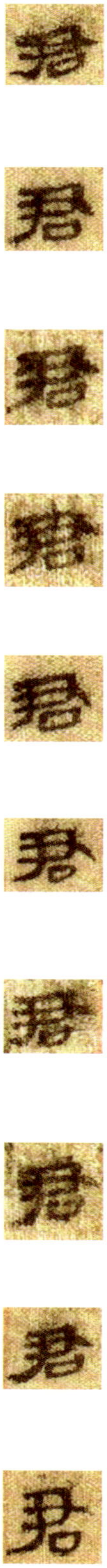

昭3.50 昭7.65 昭8.18 昭8.33 昭8.53 昭8.67 昭9.17 昭9.32 昭9.45 昭9.69

昭10.61 昭11.49 昭12.9 昭12.58 周·殘下138.1 經8.43 經22.53 經35.48 經37.7 經43.60

經58.16 經58.25 經63.8 經67.66 十2.4 十10.34 十47.53 十53.60 稱12.51 稱18.2

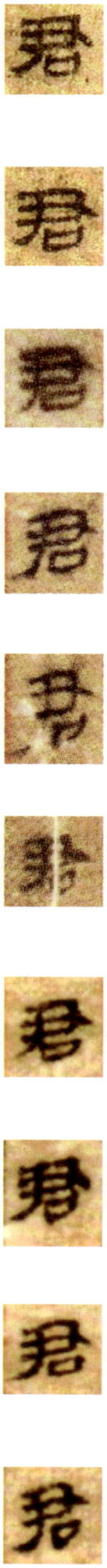

稱18.7 稱18.11 老乙35.67 老乙66.71 老乙66.74 老乙72.18 刑乙26.25 刑乙39.13 刑乙41.17 刑乙64.60

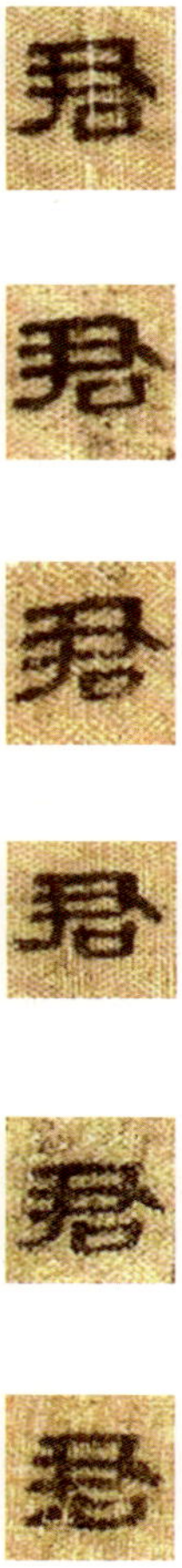

相1.17 相2.28 相7.55 相10.25 相44.40 相60.4

命

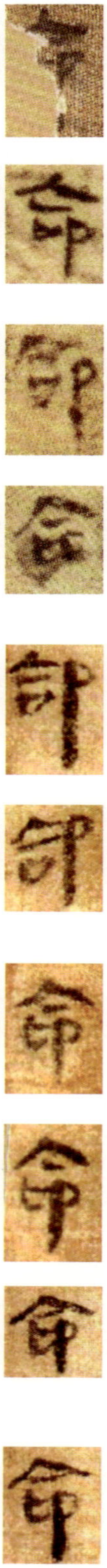

春70.19 戰139.19 戰236.6 老甲123.6 五160.14 五162.11 九14.27 九15.16 九18.15 九18.19

九20.2 九30.9 九30.23 氣5.211 氣5.220 刑甲13.6 刑丙天9.20 木26.15 問78.7 談56.4

周2.50 周5.73 周47.19 周50.28 周50.73 周73.58 二4.13 繫7.26 繫18.43 繫21.33

衷 20.49
繆 24.57
繆 40.67
繆 67.33
繆 72.47
昭 7.76
昭 8.13
昭 10.11
昭 11.72
昭 12.55

周·殘下 8.1
周·殘下 11.12
經 24.49
經 24.60
經 25.19
經 25.46
經 26.11
經 26.39
經 38.16
經 39.15

經 41.6
經 51.1
經 51.12
經 51.63
經 57.19
經 59.61
經 60.25
經 61.38
經 63.55
經 68.18

十 1.45
十 2.48
十 41.57
十 49.49
道 5.64
老乙 54.62
老乙 55.8
老乙 55.38
老乙 58.16
老乙 76.1

星 22.2
星 30.44
星 41.41
星 50.25
星 65.13
刑乙 69.20
刑乙 80.1
相 24.29
相 28.33
相 31.9

召

春 24.25
春 25.10
春 53.24
春 59.23
春 67.20
春 88.21
戰 8.38
戰 39.22
戰 156.7
戰 250.22

戰 258.11
遣三 407.92
老乙 37.67

問

方 97.20
養 201.4
養 217.5
胎 1.3
戰 12.32
戰 60.3
刑甲 6.19
問 1.4
問 8.4
問 15.4

問23.3 問42.3 問48.6 問66.3 問74.10 問94.8 談1.4 周93.12 二1.5 二9.77

二14.33 二36.35 繫18.37 衷10.27 要23.48 繆1.4 繆1.10 繆1.30 繆1.48 繆4.49

繆5.22 繆7.20 繆15.26 繆18.48 繆21.29 繆24.68 繆29.15 繆30.36 繆38.66 繆39.25

繆39.37 繆43.52 繆62.7 繆62.32 昭1.3 昭3.18 昭5.9 昭7.60 昭10.30 昭11.64

昭12.67 十13.33 十30.2 十42.40 十43.8 十44.6 十60.22 刑乙65.7

唯

陰甲堪法10.6 陰甲·殘4.20 陰甲·殘4.29 陰甲·殘4.43 候1.9 方126.17 房·殘19.1 戰139.18 戰252.13 戰265.5

戰271.21 老甲13.11 老甲31.30 老甲83.22 老甲97.16 老甲106.21 老甲132.17 老甲137.24 老甲143.20 老甲147.20

老甲158.30 五40.21 五135.20 五174.14 九9.1 九25.18 九37.12 氣2.372 氣9.70 木1.23

木 3.15
木 6.15
木 6.20
木 19.13
木 19.23
木 20.2
木 40.13
問 10.9
問 27.8
問 78.2

周 27.55
周 29.46
周 39.54
周 41.19
周 72.12
二 2.56
二 6.62
二 8.13
二 15.14
二 25.28

二 30.18
繫 20.22
繫 20.38
衷 48.60
要 16.64
繆 2.48
繆 2.67
經 3.24
經 8.30
經 11.40

經 76.21
十 1.56
十 18.37
十 42.43
十 45.69
十 50.48
十 51.60
十 59.4
稱 8.62
稱 11.10

道 4.28
老乙 15.5
老乙 32.45
老乙 35.69
老乙 36.71
老乙 39.60
老乙 41.36
老乙 46.8
老乙 50.13
老乙 56.35

老乙 60.40
老乙 62.23
老乙 62.30
老乙 62.32
老乙 64.38
老乙 73.44
星 19.7
星 35.33
星 36.25
星 37.20

相 5.45

和

方 25.28
方 34.22
方 48.16
方 229.9
方 260.2
方 317.19
方 321.8
方 328.15
方 336.14
方 338.29

方360.21 方371.8 方372.12 方384.6 方465.2 去2.46 去3.8 去3.18 養2.7 養45.24

養64.10 養105.8 養127.29 養132.15 房20.31 胎8.6 戰5.17 戰6.10 戰124.29 戰144.26

戰256.28 戰262.17 戰323.24 老甲13.5 老甲37.12 老甲37.16 老甲96.15 五4.7 五4.13 五112.26

五123.16 五123.18 五123.22 五123.26 五124.3 五134.15 五157.15 五157.29 五182.16 氣3.34

氣9.69 刑甲4.10 刑甲4.17 刑甲9.4 問100.10 談10.26 物1.23 周88.7 周88.30 二4.17

二24.36 二29.38 二29.40 二29.43 繫12.54 衷2.21 衷6.30 衷19.46 衷35.24 衷39.47

衷45.67 繆1.3 繆1.70 繆4.48 繆7.19 繆15.25 繆25.22 繆26.8 繆30.53 繆33.19

繆56.58 繆72.59 昭3.48 經30.1 稱9.28 道2.66 老乙18.10 老乙47.35 老乙59.38 刑乙63.62

咄	嘈	嘑	台		咸	
昭 2.30	朁	方 103.9	陰甲雜一 7.4	談 52.3	陰甲·殘 87.3	木 15.19
	氣 6.162	方 223.17	陰甲雜四 16.18	衷 2.18	養·殘 51.6	木 17.9
	稱 18.54		陰甲雜五 1.12	十 23.16	氣 10.148	木 17.13
			陰甲刑日圖 1.2	十 55.57	陰乙上朔 18.14	木 17.17
			陰甲刑日圖 1.18	相 2.18	陰乙上朔 32.27	木 17.22
			陰甲刑日 2.7	相 46.51	陰乙·殘 20.1	木 18.11
			養 206.29	相 64.35	木 13.7	木 21.24
			春 29.9		木 13.31	木 65.13
			戰 321.20		木 14.21	木 68.17
			老甲 57.15		木 15.3	談 52.7

呈

相 23.12
相 23.32
相 26.18
相 26.55
相 26.58

右

陰甲天地 1.28
陰甲天地 1.33
陰甲天地 2.33
陰甲天地 2.42
陰甲天地 3.41
陰甲天地 4.43
陰甲上朔 5.30
脈 8.9
方 53.15
方 391.5

方 461.9
方 461.12
方·殘 2.14
養 203.32
養 222.11
養 224.7
春·殘 9.1
戰 156.5
戰 187.24
戰 321.18

老甲 91.20
老甲 155.22
老甲 157.20
五 71.16
明 21.24
刑甲 7.38
刑甲 8.1
刑甲 55.14
刑甲 55.19
刑甲 118.3

刑甲 119.3
刑甲 122.3
刑甲 123.1
刑甲 128.3
刑丙刑 3.3
刑丙天 3.34
陰乙刑德 20.10
陰乙刑德 22.12
陰乙刑德 24.2
陰乙刑德 26.9

陰乙刑德 28.5
陰乙天地 5.3
陰乙天地 9.5
出 25.18
合 17.18
禁 3.3
談 2.6
談 35.16
遣一 10.2
遣一 18.2

遣一 22.2
遣一 26.2
遣一 29.2
遣一 33.2
遣一 37.2
遣一 46.2
遣一 50.2
遣一 55.2
遣一 60.2
遣一 68.2

遣一 80.2
遣一 84.2
遣一 88.2
遣一 102.2
遣一 107.2
遣一 112.2
遣一 119.2
遣一 124.2
遣一 127.2
遣一 132.2

遣一137.2　遣一141.2　遣一147.2　遣一153.2　遣一157.2　遣一160.2　遣一167.2　遣一171.2　遣一175.2　遣一178.2

遣一183.2　遣一187.2　遣一191.2　遣一194.2　遣一197.2　遣一200.2　遣一204.2　遣一211.2　遣一213.2　遣一215.2

遣一219.2　遣一224.2　遣一228.2　遣一235.2　遣一245.2　遣一258.2　遣一263.2　遣一283.2　遣一285.2　遣一291.2

遣一298.2　遣一304.2　遣一312.2　遣三21.1　遣三39.1　遣三53.1　遣三87.1　遣三216.1　遣三297.1　遣三396.2

遣三397.2　遣三398.1　遣三399.1　遣三400.1　太1.38　太2.14　周41.55　周70.63　繫26.10　繫26.16

繫26.49　繫34.69　繆57.53　繆58.24　繆58.27　繆62.34　經62.15　十1.30　十14.39　十14.63

稱10.23　老乙72.13　老乙73.20　老乙75.31　星6.10　星9.20　星48.31　星49.4　刑乙23.12　刑乙23.21

刑乙24.21　刑乙25.1　刑乙25.12　刑乙27.14　刑乙65.66　刑乙66.5　刑乙96.14　刑乙96.19

《說文》：「右，助也。从口、从又。」「右」字《說文》卷三又部重出。

啻

仅

十24.38 十24.59

从人又聲，「佑助」之「佑」字。與後世「僅」的簡化字「仅」音義無涉。

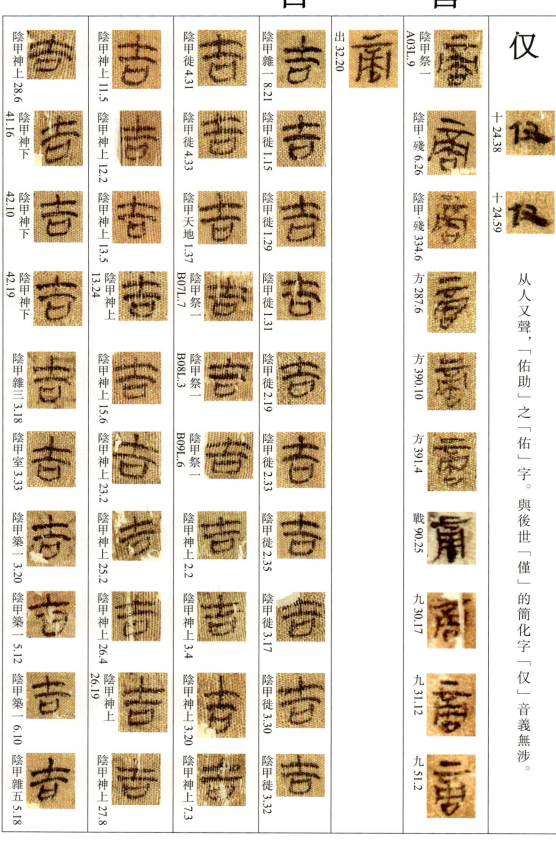

陰甲祭一A03L.9 陰甲·殘6.26 陰甲·殘334.6 方287.6 方390.10 方391.4 戰90.25 九30.17 九31.12 九51.2

出32.20

吉

陰甲雜一8.21 陰甲徙1.15 陰甲徙1.29 陰甲徙1.31 陰甲徙2.19 陰甲徙2.33 陰甲徙2.35 陰甲徙3.17 陰甲徙3.30 陰甲徙3.32

陰甲徙4.31 陰甲徙4.33 陰甲天地1.37 陰甲祭一B07L.7 陰甲祭一B08L.3 陰甲祭一B09L.6 陰甲神上2.2 陰甲神上3.4 陰甲神上3.20 陰甲神上7.3

陰甲神上11.5 陰甲神上12.2 陰甲神上13.5 陰甲神上13.24 陰甲神上15.6 陰甲神上23.2 陰甲神上25.2 陰甲神上26.4 陰甲神上26.19 陰甲神上27.8

陰甲神上28.6 陰甲神下41.16 陰甲神下42.10 陰甲神下42.19 陰甲雜三3.18 陰甲室3.33 陰甲築一3.20 陰甲築一5.12 陰甲築一6.10 陰甲雜五5.18

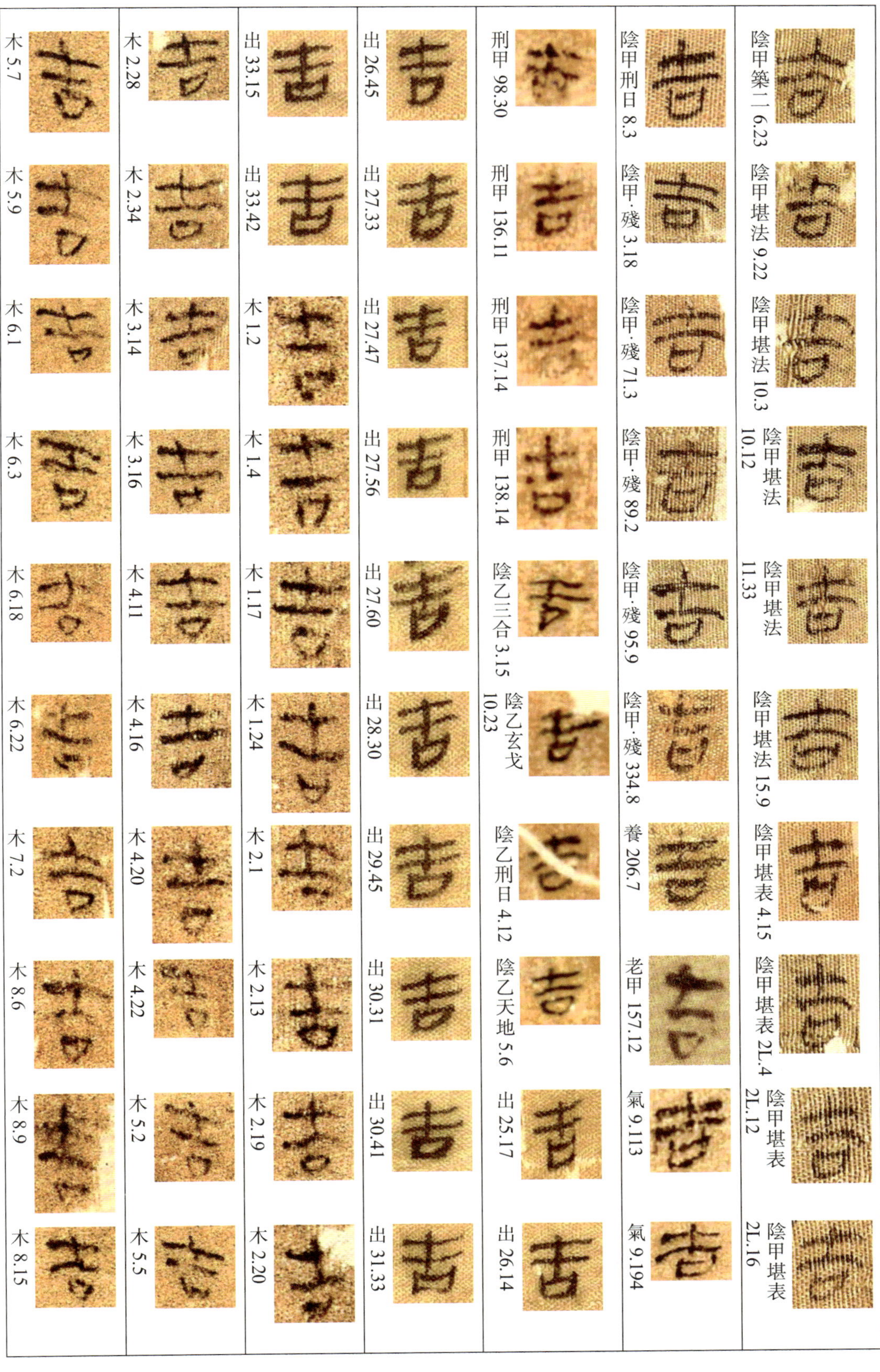

陰甲築二6.23
陰甲堪法9.22
陰甲堪法10.3
陰甲堪法10.12
陰甲堪法11.33
陰甲堪法15.9
陰甲堪表4.15
陰甲堪表2L.4
陰甲堪表2L.12
陰甲堪表2L.16
陰甲刑日8.3
陰甲·殘3.18
陰甲·殘71.3
陰甲·殘89.2
陰甲·殘95.9
陰甲·殘334.8
養206.7
老甲157.12
氣9.113
氣9.194
刑甲98.30
刑甲136.11
刑甲137.14
刑甲138.14
陰乙三合3.15
陰乙玄戈10.23
陰乙刑日4.12
陰乙天地5.6
出25.17
出26.14
出26.45
出27.33
出27.47
出27.56
出27.60
出28.30
出29.45
出30.31
出30.41
出31.33
出33.15
出33.42
木1.2
木1.4
木1.17
木1.24
木2.1
木2.13
木2.19
木2.20
木2.28
木2.34
木3.14
木3.16
木4.11
木4.16
木4.20
木4.22
木5.2
木5.5
木5.7
木5.9
木6.1
木6.3
木6.18
木6.22
木7.2
木8.6
木8.9
木8.15

木8.18 木21.13 木22.15 木26.19 木27.12 木30.21 木31.14 木37.16 木38.14 木40.20

木56.4 宅1.4 宅1.6 宅1.8 宅1.10 宅1.12 宅2.6 宅2.7 周1.75 周2.26

周2.35 周2.63 周3.42 周3.50 周3.60 周4.27 周4.59 周4.77 周5.8 周5.33

周5.77 周6.3 周7.49 周8.23 周9.16 周10.74 周11.53 周11.61 周14.13 周15.11

周15.18 周15.42 周17.21 周20.31 周22.8 周22.59 周22.76 周23.3 周23.35 周23.42

周23.57 周23.74 周24.15 周24.50 周25.39 周26.9 周26.75 周28.10 周28.21 周30.23

周33.20 周33.45 周33.86 周34.24 周35.25 周37.20 周38.2 周39.12 周39.18 周39.57

周41.73 周42.7 周44.31 周45.6 周48.16 周48.23 周48.32 周49.15 周49.21 周49.53

周50.3　周51.46　周53.34　周55.13　周55.20　周55.47　周56.12　周56.17　周59.17　周59.49

周60.1　周61.8　周61.23　周61.38　周62.7　周63.38　周66.16　周66.69　周68.47　周69.9

周69.25　周69.68　周70.57　周70.65　周71.22　周71.36　周72.17　周73.7　周75.5　周76.22

周77.59　周77.68　周79.44　周80.30　周82.30　周82.52　周82.68　周84.22　周84.28　周86.5

周86.33　周87.6　周87.20　周88.6　周88.16　周90.20　周90.46　周91.26　周91.36　周91.49

周91.60　周91.69　周92.20　周92.44　周93.14　二8.63　二10.73　二11.61　二18.15　二23.21

二25.49　二25.64　二26.40　二26.42　二27.2　二34.24　繫1.34　繫3.22　繫3.34　繫4.55

繫5.4　繫5.47　繫12.3　繫15.33　繫24.17　繫25.4　繫25.39　繫25.75　繫26.12　繫26.51

繫29.27 繫30.50 繫31.6 繫35.1 繫38.20 繫44.40 繫46.15 繫46.24 繫46.36 繫47.9

衷3.20 衷19.19 衷24.5 衷24.24 衷24.55 衷27.56 衷38.29 衷38.33 衷38.60 衷39.1

衷39.23 衷41.69 要11.9 要18.55 要19.35 要20.39 要20.51 要21.33 繆5.26 繆7.10

繆14.23 繆15.18 繆16.15 繆18.63 繆20.54 繆21.18 繆21.69 繆22.24 繆23.2 繆24.32

繆25.65 繆26.28 繆28.58 繆29.4 繆29.11 繆29.25 繆30.19 繆30.26 繆35.9 繆37.17

繆38.4 繆38.13 繆56.1 繆59.20 繆62.9 昭5.5 昭7.18 昭11.45 昭11.60 昭12.56

經73.48 十35.10 十36.59 十37.31 十37.35 老乙73.6 星24.13 星30.4 星30.18 星39.42

星42.41 星45.41 星63.38 刑乙22.6 刑乙37.11

周

方 53.27
方 268.18
養 191.5
養 192.25
養·殘 104.6
春 42.10
春 42.14
春 85.27
春 86.27
戰 16.17

戰 17.5
戰 17.18
戰 54.6
戰 105.25
戰 139.15
戰 160.17
戰 163.6
戰 169.20
戰 183.12
戰 214.17

老甲 64.24
五 130.7
明 20.19
氣 4.243
刑甲 58.20
刑甲 58.24
刑丙天 3.5
刑丙天 9.9
陰乙刑德 7.7
陰乙上朔 30.9

問 81.25
合 2.9
談 22.28
談 23.14
遣一 253.9
遣一 255.9
遣一 256.9
遣一 257.10
遣一 279.5
遣三 305.14

箭 1.1
箭 2.1
府 1.3
繫 7.7
繫 35.26
衷 4.40
衷 29.22
衷 47.43
要 14.14
要 16.65

繆 5.7
繆 8.22
繆 25.49
繆 39.15
繆 63.59
繆 66.23
經 36.51
經 63.62
經 68.9
十 3.33

十 22.10
十 33.28
十 65.29
道 1.28
道 4.57
道 5.72
道 7.11
老乙 30.65
星 5.3
星 14.17

星 21.7
星 24.53
星 88.48
星 120.49
刑乙 4.16
刑乙 4.27
刑乙 97.43
相 1.47
相 16.39
相 40.21

唐

相 40.29

相 45.53

相 50.67

相 60.55

相 67.19

足 22.28

陽甲 22.25

陽乙 11.20

陰乙·殘 1.5

遣一 115.1

遣一 121.1

遣一 124.7

牌一 34.1

遣三 134.1

牌三 14.1

牌三 17.1

吐

問 50.22

叴

五 15.4

五 52.12

明 27.21

噴

方 52.17

方 52.20

吁

方 223.19

「吁」字《説文》卷五亏部重出。

呻

胎 6.5

胎 21.8

戰 225.28

喝

合9.7

各

方1.5 方23.29 方212.24 方285.6 方360.17 方452.22 方466.14 養19.1 養101.9 養112.9

養113.19 養125.17 養125.28 養127.11 養127.21 養131.4 養149.5 養163.9 養164.11 養165.2

養173.15 養174.17 養176.15 房18.7 房20.16 房22.9 房22.15 老甲122.24 五137.18 五138.10

五138.11 五139.11 氣5.20 氣10.320 刑甲110.16 刑甲114.27 刑丙傳18.8 刑丙天9.41 刑丙天10.52 陰乙刑德10.7

陰乙刑德14.7 陰乙刑德15.8 陰乙刑德16.1 陰乙刑德16.12 陰乙刑德17.10 陰乙大游3.5 談9.12 遣一52.7 遣一67.4 遣一203.15

遣一210.7 遣一210.11 遣一222.4 遣三10.3 遣三24.5 遣三25.6 遣三33.4 遣三34.4 遣三35.3 遣三52.4

遣三84.4 遣三87.21 遣三184.6 遣三197.11 遣三198.8 遣三213.3 遣三242.3 遣三319.7 遣三368.4 遣三394.4

哀

遣三 395.3
地 19.1
二 13.28
繫 6.8
經 51.21
經 51.61
十 46.23
稱 16.25
稱 16.49
老乙 58.3

刑乙 6.24
刑乙 9.11
刑乙 9.23
刑乙 10.4
刑乙 10.15
刑乙 10.27
刑乙 11.6
刑乙 31.19

春 86.8
戰 195.3
談 1.31
談 39.15

衮

老甲 73.19
五 17.2
五 57.14
五 58.1
五 58.9
九 48.13

「哀」字異體，「充」字或訛作與之同形，卷八儿部重見。

嗁

氣 6.153

唬

相 23.54

秦漢文字「虒」旁多省寫作「虎」，「唬」應即「嗁」字異體，與《說文》訓爲「嗁聲」的「唬」字同形。

咼

戰 200.31

昏

養 203.12

唬

《說文》：「唬，嗁聲也。一曰：虎聲。从口、从虎。讀若暠。」帛書中「唬」是「嗁」字異體，字形詳見本卷「嗁」字下。

局

遺三 299.2 　繆 61.40

噞

周 21.37

叻*

戰 95.10

吔*

語氣詞「也」的專字，卷十二乀部重見。

吙*

谷

方 91.2 　方 96.3

卲*

「卲」字異體，卷八人部重見。

咜*

「䑛」字異體，卷三舌部重見。

呵*

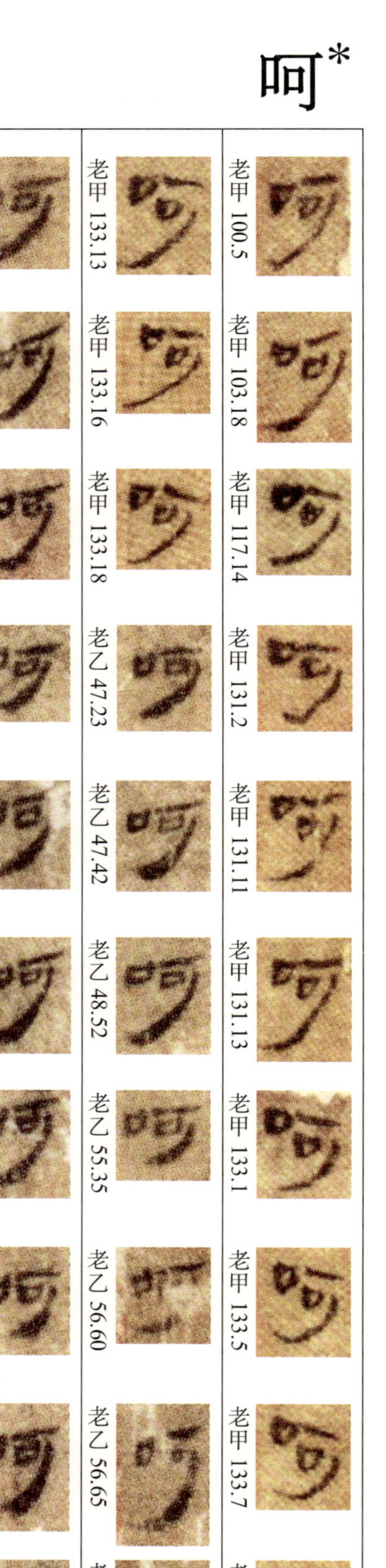

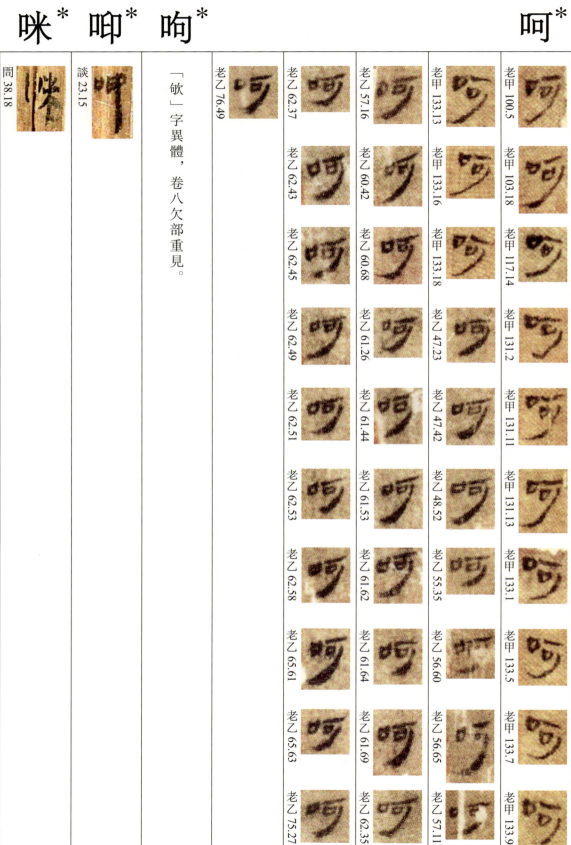

老甲 100.5 老甲 103.18 老甲 117.14 老甲 131.2 老甲 131.11 老甲 131.13 老甲 133.1 老甲 133.5 老甲 133.7 老甲 133.9

老甲 133.13 老甲 133.16 老甲 133.18 老乙 47.23 老乙 47.42 老乙 48.52 老乙 55.35 老乙 56.60 老乙 56.65 老乙 57.11

老乙 57.16 老乙 60.42 老乙 60.68 老乙 61.26 老乙 61.44 老乙 61.53 老乙 61.62 老乙 61.64 老乙 61.69 老乙 62.35

老乙 62.37 老乙 62.43 老乙 62.45 老乙 62.49 老乙 62.51 老乙 62.53 老乙 62.58 老乙 65.61 老乙 65.63 老乙 75.27

老乙 76.49

呴*

「欨」字異體，卷八欠部重見。

𠰷*

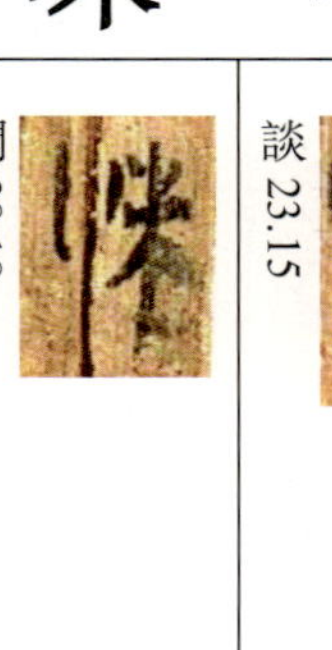

談 23.15

咪*

問 38.18

單　咢⿱吅屰　嚴　嘍*　嘬*　⿰口相*　唔*

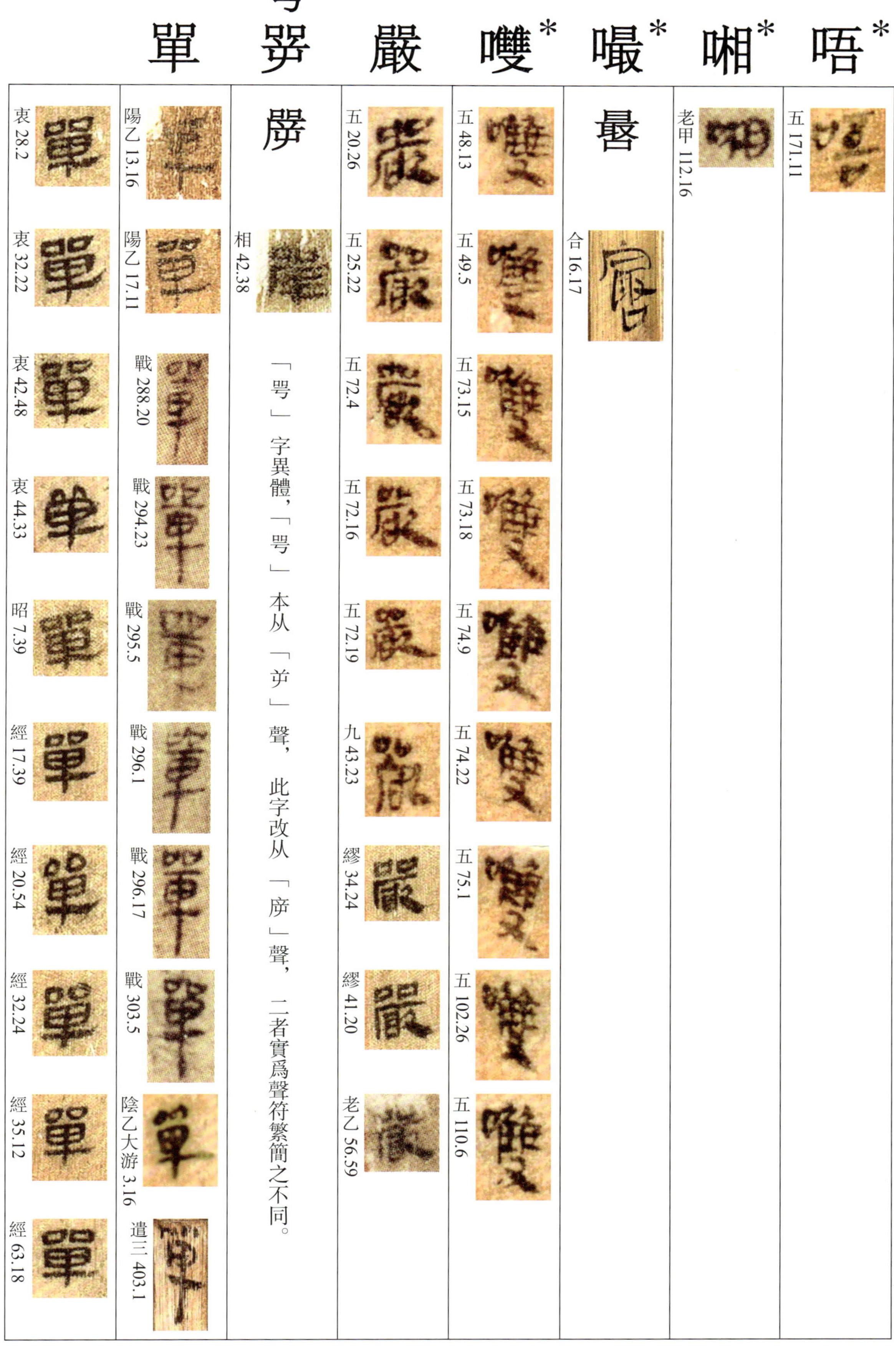

五 171.11
老甲 112.16
最
合 16.17
五 48.13
五 49.5
五 73.15
五 73.18
五 74.9
五 74.22
五 75.1
五 102.26
五 110.6
五 20.26
五 25.22
五 72.4
五 72.16
五 72.19
九 43.23
繆 34.24
繆 41.20
老乙 56.59
⿱吅㡿
相 42.38
「咢」字異體，「咢」本从「屰」聲，此字改从「㡿」聲，二者實爲聲符繁簡之不同。
陽乙 13.16
陽乙 17.11
戰 288.20
戰 294.23
戰 295.5
戰 296.1
戰 296.17
戰 303.5
陰乙大游 3.16
遣三 403.1
衷 28.2
衷 32.22
衷 42.48
衷 44.33
昭 7.39
經 17.39
經 20.54
經 32.24
經 35.12
經 63.18

喪 哭

十 17.15
十 24.22
十 27.2
十 38.51
十 62.7
十 63.48
十 63.56
稱 19.16
老乙 33.58
老乙 34.16

老乙 37.57
老乙 38.1
星 1.38
刑乙 13.10
刑乙 19.1
刑乙 23.5
刑乙 23.14
刑乙 23.23
刑乙 24.4
刑乙 24.13

刑乙 24.23
刑乙 25.5
刑乙 25.15
刑乙 25.25
刑乙 28.10
刑乙 36.18
刑乙 37.9
刑乙 48.10
刑乙 54.4
刑乙 54.23

刑乙 55.15
刑乙 57.14
刑乙 58.19
刑乙 59.3
刑乙 59.17
刑乙 61.1
刑乙 62.41
刑乙 62.54
刑乙 63.45
刑乙 67.9

刑乙 67.22
刑乙 68.2
刑乙 68.37
刑乙 71.4
刑乙 71.39
刑乙 72.18
刑乙 72.39
刑乙 73.1
刑乙 79.44
刑乙 81.6

刑乙 83.24

戰 39.11
木 60.18
周 11.57
繫 14.14

陰甲雜三 2.7
陰甲室 6.22
陰甲室 8.11
老甲 157.17
老甲 158.20
五 58.3
氣 1.141
氣 2.282
氣 3.7
氣 10.28

走

氣 10.187
氣 10.221
出 27.27
喪 1.3
衷 27.14
衷 38.23
稱 23.59
老乙 73.23
老乙 73.35
星 39.31

陽甲 21.1
陽乙 6.6
陽乙 10.29
養 186.1
養 193.2
養目 4.7
胎 9.2
戰 132.24
戰 136.27
戰 140.22

戰 188.37
戰 273.15
戰 282.15
五 156.16
陰乙上朔 32.10
問 11.5
問 96.5
談 36.21
談 49.26
繆 2.45

昭 9.59
經 65.13
道 2.23
相 5.29
相 8.2
相 19.60
相 20.33
相 32.3
相 32.37
相 32.49

相 35.20
相 36.63
相 36.67
相 37.5
相 37.20
相 37.63
相 38.21
相 38.35
相 41.35
相 41.60

相 43.41
相 46.17
相 46.42
相 47.26
相 48.39
相 49.41
相 50.26
相 52.32
相 61.18
相 62.55

相 65.17
相 68.54
相 69.29
相 72.66
相 73.47
相 76.52

趨

戰 188.23
五 156.19
要 13.16
星 66.44

趣

周·殘下 13.2

趮

老甲 143.6
老甲 144.19
繫 47.14
老乙 8.20
老乙 66.70
老乙 67.36
星 34.53
星 50.33
相 38.50
相 40.66

趯

星 54.7

⿺走侖

相 51.41

改从「侖」，「侖」爲「龠」之省形。

越

方 65.1
養 196.16
戰 254.19
氣 1.29
木 67.2
繆 63.50
繆 65.58
星 73.27

越

戰 70.38
戰 181.3
戰 206.23
戰 206.39
遣一 276.3
遣一 277.3
遣三 237.8
遣三 316.2

「戉」旁訛作「成」形。

⿱𡨄走

遣三 27.11
遣三 395.1
周 24.2
周 24.20
周 24.28
周 24.41
周 24.47
二 7.70
二 8.4
二 32.12
二 32.31

起　起

陰甲天一8.15　陰甲天一13.5　陰甲雜三1.32　陰甲築二6.4　陰甲祭三5.20　陽甲14.3　陽甲18.3　陽甲29.7　方124.3　方173.1

方220.33　方287.4　方298.9　方479.2　陽乙12.3　養8.4　養14.11　養目1.3　春11.18　春55.18

戰170.19　戰265.9　九29.5　德1.6　德1.19　氣3.126　氣6.94　氣6.213　氣6.262　氣6.280

氣6.290　氣6.303　氣6.341　氣10.294　氣10.310　刑甲9.8　刑甲19.23　刑甲48.18　刑甲48.25　刑甲49.6

刑甲49.22　刑甲133.12　刑甲137.9　刑甲138.8　刑丙地2.5　刑丙地4.4　刑丙地4.15　刑丙地17.15　陰乙刑德13.11　陰乙刑德13.15

陰乙五禁12.4　陰乙天一20.7　陰乙天一24.3　陰乙天一36.9　問13.24　問14.3　問51.24　問90.14　問90.18　合31.11

談22.6　談24.3　太5.8　府6.24　府18.21　府23.57　繆67.8　經56.47　經61.34　經68.61

經75.23　十17.21　十44.60　十51.8　稱9.23　稱12.14　星10.10　星48.6　星58.6　星58.18

趙

刑乙 8.23
刑乙 9.1
刑乙 36.15
刑乙 37.20
刑乙 65.32
刑乙 73.20
刑乙 92.19
刑乙 92.26
刑乙 92.34
刑乙 92.49

相 2.56
相 13.53
相 15.32
相 15.39
相 24.16
相 39.10
相 39.15
相 47.40
相 61.5
相 65.48

相 65.55
相 66.31

戰 1.2
戰 3.10
戰 4.7
戰 6.5
戰 6.15
戰 6.31
戰 6.35
戰 7.6
戰 8.8
戰 9.9

戰 26.31
戰 33.32
戰 133.12
戰 133.20
戰 134.11
戰 135.12
戰 137.18
戰 137.22
戰 137.36
戰 142.11

戰 144.3
戰 153.21
戰 153.34
戰 156.27
戰 176.22
戰 177.7
戰 177.16
戰 177.34
戰 178.19
戰 180.11

戰 186.18
戰 196.14
戰 196.17
戰 196.36
戰 199.12
戰 207.30
戰 216.13
戰 216.25
戰 216.31
戰 217.17

戰 217.29
戰 218.7
戰 218.19
戰 219.7
戰 219.41
戰 220.10
戰 220.25
戰 220.36
戰 221.30
戰 225.19

戰 226.13　戰 227.34　戰 232.21　戰 232.25　戰 233.35　戰 234.11　戰 251.7　戰 251.18　戰 254.20　戰 274.21

戰 275.7　戰 278.30　戰 279.8　戰 279.25　戰 322.10　氣 1.7　氣 2.250　刑甲 57.24　刑甲 58.4　繆 70.33

星 73.38　星 73.46　星 74.4　刑乙 97.19　刑乙 97.24

赿（趆）

趖

方 211.12　經 17.29　經 27.59

《說文》小徐本篆文作「趖」。

𧻓

星 54.6

䞫

相 51.40

趒

相 19.42

䞷*

十 52.40

趚*

要14.6

止

方11.2 方32.14 方96.15 方121.8 方121.20 方131.26 方136.8 方175.5 方175.13 方188.10

方206.28 方233.7 方266.26 方308.3 方344.8 方402.13 方404.3 方420.18 方·殘3.22 方·殘12.2

去1.47 養4.6 養193.28 房7.3 房46.16 春62.9 春63.3 春72.20 戰12.6 戰27.12

戰27.24 戰46.23 戰46.32 戰266.2 老甲17.8 老甲131.22 老甲165.15 五37.27 五115.15 五137.19

五138.12 五139.12 刑丙地8.2 陰乙上朔33.31 問64.22 問75.21 問91.8 談9.27 周10.24 周33.11

周57.29 周80.6 二11.35 二16.30 二16.57 二31.55 繫42.50 繆30.2 周·殘上34.2 經6.23

經11.63 經77.6 十13.44 十28.47 十43.62 十44.28 十44.68 十64.47 稱9.63 稱12.22

歱

道 1.17
老乙 74.29
相 9.45
相 24.66
相 25.12
相 58.12
相 61.34
相 63.66

𣦟

戰 194.30
談 10.9
談 11.9
談 11.18
談 11.24
談 11.29
談 12.1
談 12.6
談 12.11

談 12.16
談 12.22
談 12.28
談 13.2
談 24.16
談 33.29
談 37.2
談 38.3
談 40.1
談 52.29

歫

刑甲 112.1
刑甲 112.26
刑甲 113.5
刑乙 55.3
刑乙 56.2
刑乙 56.14

前

陰甲徙 5.11
陰甲室 2.38
陰甲築二 6.16
陰甲雜七 2.1
陰甲堪法 3.8
陰甲堪法 7.15
陰甲·殘 4.32
足 5.9
足 8.12
方 55.8

方 70.12
方 129.15
方 179.18
方 251.7
方 299.4
方 403.3
方 439.15
方·殘 1.19
方·殘 34.3
陽乙 3.16

養 35.12
養 91.3
養 129.8
房 6.12
房 16.30
房 18.30
房 21.4
房 21.14
房 23.1
房 32.3

春 49.6
春 50.23
戰 49.8
戰 74.12
戰 117.14
戰 143.18
戰 196.11
戰 297.15
老甲 63.9
五 39.20

五 146.31　九 33.13　九 42.6　氣 2.48　氣 7.45　刑甲 5.21　刑甲 8.18　刑甲 10.34　刑甲 14.38　刑甲 15.5

刑甲 36.15　刑甲 56.26　刑丙地 14.10　刑丙天 3.37　陰乙文武 17.8　陰乙上朔 16.8　陰乙上朔 18.4　陰乙上朔 18.22　陰乙上朔 19.11　陰乙上朔 23.12

陰乙上朔 25.9　陰乙上朔 27.3　陰乙上朔 32.23　陰乙上朔 32.31　木 36.7　談 36.29　遣三 359.4　周 23.68　周 57.28　繫 22.71

衷 36.15　衷 37.5　衷 47.33　要 13.61　繆 59.15　昭 11.19　昭 11.57　十 1.24　十 53.15　道 6.64

老乙 2.19　星 46.14　星 46.17　星 47.42　星 48.28　刑乙 64.38　刑乙 66.16　刑乙 66.22　刑乙 67.56　刑乙 70.27

刑乙 70.34　刑乙 84.22　刑乙 96.50　相 2.7　相 3.10　相 3.61　相 4.11　相 7.65　相 8.17　相 15.49

相 17.67　相 21.58　相 22.14　相 27.1　相 27.47　相 28.6　相 28.42　相 28.56　相 33.48　相 33.60

歷

相 34.9
相 35.65
相 36.11
相 36.40
相 37.23
相 48.17
相 48.28
相 49.21
相 49.47
相 50.5
相 52.6
相 52.23
相 52.38
相 52.56
相 54.22
相 54.57
相 54.60
相 55.56
相 56.28
相 59.54
相 62.43
相 64.65
相 65.4
相 65.7
相 69.10
相 69.17
相 70.55
相 73.33
相 75.66
相 76.4
相 76.34
相 76.41
相 76.45

⿸麻止

刑甲 45.6

「歷」字異體，「厤」旁訛作「麻」形。帛書中讀爲「霹靂」之「靂」。

歸

陰甲室 3.43
胎 34.17
春 7.14
春 42.21
春 85.8
春 97.12
戰 21.22
戰 22.15
戰 22.20
戰 35.24
戰 39.10
戰 42.5
戰 48.24
戰 57.17
戰 57.26
戰 120.34
戰 121.5
戰 133.28
戰 178.12
戰 219.32
戰 278.28
戰 293.12
戰 303.12
戰 318.15
戰 318.28
老甲 31.10
老甲 117.20
老甲 122.26
老甲 138.7
老甲 148.19

老甲 149.22　老甲 163.10　老甲 163.27　五 16.11　五 56.26　九 36.23　氣 1.107　氣 6.284　氣 6.352　刑甲 21.7

刑甲 23.20　刑丙刑 12.1　陰乙大游 2.131　陰乙文武 20.16　陰乙天一 17.10　陰乙天一 33.9　出 2.19　出 6.34　出 11.1　出 24.13

出 25.38　物 4.53　地 23.1　周 5.40　周 37.2　周 37.12　周 37.44　周 37.49　周 37.57　周 86.4

二 10.22　衷 5.5　要 18.35　繆 24.8　繆 37.7　繆 40.66　繆 43.57　繆 62.27　昭 4.33　稱 3.12

稱 3.22　老乙 58.5　老乙 61.30　老乙 64.59　老乙 69.39　老乙 69.65　老乙 75.43　老乙 75.60　刑乙 73.30　刑乙 74.28

歸

刑乙 76.21　星 45.57　星 53.38

遈

陰甲天一 6.9

疌

問 63.17

茝* 僉* 登 步 歲

茝*	僉*	登		步		歲
「迣」字異體，本卷辵部重見。	「逾」字異體，本卷辵部重見。	養 222.8	周 52.19	老乙 61.13	方 97.18	戰 190.21	陰甲天一 5.23
		導 3.12	周 55.2	相 6.36	方 106.8	府 1.9	陰甲徙 5.10
		春 8.24	周 55.18	相 53.62	方 208.7	府 5.10	陰甲祭一 A07L.23
		老甲 129.13	周 55.48	相 54.52	方 212.11		陰甲祭一 A09L.24
		老甲·殘 5.3	周 55.54	相 60.31	方 223.13		陰甲祭一 A10L.18
		木 20.11	周 75.69		方 223.16		陰甲神下 39.8
		木 28.19	周 89.3		方 452.3		陰甲雜三 1.21
		問 57.24	衷 7.11		陽乙 14.8		陰甲雜四 16.8
		周 7.38	衷 7.26		養 190.22		陰甲室 5.33
		周 10.37	衷 35.35		養 196.10		陰甲室 6.4

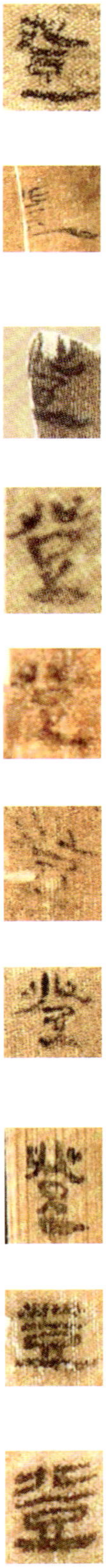

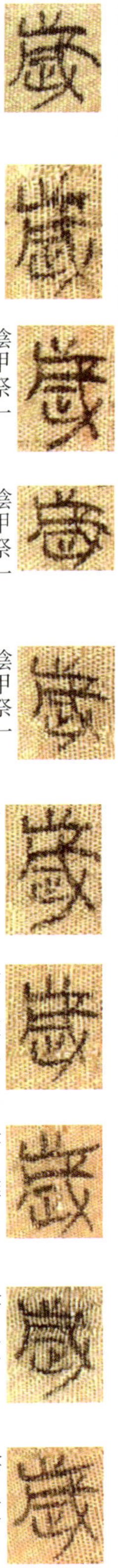

陰甲築二 6.15
陰甲堪法 7.14
陰甲堪法 7.26
陰甲堪法 9.6
陰甲堪法 9.45
陰甲堪法 9.50
陰甲堪法 11.28
陰甲堪法 11.31
陰甲堪法 13.24
陰甲堪表 9.6
陰甲堪表 9.21
陰甲祭二 4L.35
陰甲祭二 11L.11
陰甲祭二 12L.11
陰甲·殘 2.30
陰甲·殘 3.26
方 126.19
方 126.21
方 129.13
方 178.17
方 200.7
方 369.6
養 67.13
養 123.31
戰 67.20
戰 183.16
氣 1.176
氣 1.238
氣 1.248
氣 4.52
氣 6.100
氣 6.342
氣 6.357
氣 9.12
氣 9.222
氣 10.69
氣 10.77
氣 10.85
刑甲 34.11
刑甲 40.18
刑甲 49.15
刑甲 99.23
刑甲 124.7
刑甲 134.10
刑甲 134.17
刑甲 135.6
刑甲 135.14
刑丙天 3.7
刑丙傳勝圖 1.21
陰乙刑德 3.2
陰乙刑德 5.4
陰乙刑德 6.11
陰乙刑德 7.5
陰乙刑德 8.6
陰乙刑德 8.12
陰乙刑德 8.18
陰乙刑德 9.8
陰乙大游 3.127
陰乙上朔 30.20
陰乙上朔 31.23
陰乙上朔 33.30
陰乙上朔 34.2
陰乙上朔 34.31
陰乙天一 9.11
陰乙天一 12.1
陰乙天一 15.11
陰乙天一 17.8
陰乙天一 18.9
陰乙天一 22.9
陰乙天一 25.9

陰乙天一28.5
陰乙殘2.2
木17.7
問25.23
問47.15
問77.25
周21.82
周42.25
周62.27
周86.73

二18.37
衷37.61
繆3.47
繆3.52
繆3.57
繆7.27
十2.12
星1.16
星1.18
星1.24

星1.42
星2.17
星3.7
星3.39
星4.12
星4.31
星6.27
星7.9
星7.23
星8.35

星10.5
星17.21
星19.21
星19.35
星20.15
星21.5
星52.36
星63.5
星63.10
星88.9

星88.46
星88.52
星120.47
星121.1
星121.3
星145.1
刑乙2.4
刑乙3.13
刑乙4.12
刑乙4.25

刑乙5.13
刑乙5.19
刑乙5.25
刑乙6.7
刑乙18.23
刑乙25.18
刑乙35.2
刑乙35.9
刑乙35.15
刑乙35.23

刑乙75.36
刑乙83.25

此

陰甲祭一A08L.3
陰甲祭一A14L.2
陰甲祭一A16L.21
陰甲祭一B05L.13
陰甲神上13.32
陰甲神上22.16
陰甲神下40.30
陰甲術3.30
陰甲術6.28
陰甲雜五3.14

陰甲堪法 4.20
陰甲堪法 5.4
陰甲堪表 9L.22
陰甲祭二 9L.5
足 4.15
足 8.23
足 12.11
足 20.18
足 21.3
足 26.1

足 30.8
足 34.2
陽甲 6.13
陽甲 37.6
脈 7.4
脈 9.9
方 50.24
方 126.12
方 131.21
方 173.11

方 187.10
方 260.21
方 339.25
方 378.23
方 469.4
方 477.3
方·殘 2.13
去 2.36
陽乙 6.7
陽乙 13.3

陽乙 17.12
陽乙 18.27
養 4.16
養 35.33
養 50.23
養 80.10
養 167.26
春 45.13
戰 8.28
戰 10.36

戰 24.5
戰 55.20
戰 94.30
戰 104.8
戰 118.31
戰 123.38
戰 124.10
戰 136.33
戰 138.36
戰 139.23

戰 140.2
戰 148.28
戰 149.35
戰 150.3
戰 163.17
戰 166.8
戰 167.10
戰 197.10
戰 205.33
戰 207.10

戰 213.19
戰 227.8
戰 231.6
戰 231.20
戰 232.8
戰 239.29
戰 243.6
戰 251.27
戰 257.13
戰 259.15

戰 268.14
戰 296.6
戰 315.25
老甲 52.25
老甲 52.31
老甲 61.5
老甲 61.16
老甲 127.13
老甲 134.23
老甲 138.26

五 29.2	五 37.7	五 43.13	五 87.20	五 95.3	五 95.9	五 114.13	五 119.12	五 133.5	五 150.13
五 163.17	五 172.2	九 10.30	九 24.6	九 49.30	明 2.6	明 8.24	明 20.1	明 29.24	明 41.11
明 41.15	明 41.18	明 42.6	氣 1.210	氣 1.233	氣 1.264	氣 2.26	氣 2.34	氣 2.39	氣 2.168
氣 4.205	氣 6.37	氣 6.397	氣 6.408	氣 10.312	刑甲 17.34	刑甲 48.14	刑甲 48.22	刑甲 49.2	刑甲 49.11
刑甲 83.2	刑甲 91.29	刑丙地 13.8	刑丙地 18.11	刑丙天 5.7	刑丙天 8.42	陰乙大游 2.2	陰乙大游 2.15	陰乙大游 2.68	陰乙大游 2.75
陰乙大游 2.81	陰乙大游 2.105	陰乙大游 2.111	陰乙文武 12.21	陰乙文武 13.19	陰乙天地 2.4	出 15.27	木 16.7	問 6.25	問 12.15
問 38.21	問 38.24	問 68.26	問 92.25	合 7.10	合 14.4	合 31.19	談 25.6	談 27.17	談 29.18
談 32.12	談 34.5	談 35.34	談 42.26	談 44.2	談 44.6	遣三 34.15	周 39.47	周 73.14	二 5.66

二 6.38	二 9.12	二 10.45	二 10.62	二 12.10	二 13.59	二 18.28	二 24.25	二 25.23	二 27.57
二 30.28	二 31.42	二 32.52	二 36.56	繫 15.17	繫 19.33	繫 22.16	繫 23.6	繫 31.53	繫 31.60
繫 42.55	衷 1.32	衷 1.42	衷 10.10	衷 18.33	衷 19.20	衷 19.48	衷 22.57	衷 25.46	衷 29.5
衷 34.53	衷 35.46	衷 40.31	要 2.8	要 11.66	要 12.45	要 13.5	要 13.27	要 13.32	要 14.40
要 21.42	要 24.7	繆 1.23	繆 1.31	繆 2.5	繆 5.28	繆 5.32	繆 13.13	繆 15.19	繆 16.29
繆 19.33	繆 19.54	繆 20.31	繆 21.22	繆 21.70	繆 22.47	繆 24.61	繆 27.64	繆 30.29	繆 33.1
繆 33.31	繆 34.19	繆 34.55	繆 35.13	繆 38.11	繆 38.25	繆 38.51	繆 39.31	繆 39.57	繆 40.8
繆 40.49	繆 44.17	繆 46.72	繆 47.49	繆 48.8	繆 50.22	繆 59.21	繆 67.61	繆 71.28	昭 7.45

昭8.48
周·殘下28.2
經24.23
經24.42
經33.4
經35.8
經51.14
經52.44
經56.8
經59.6
經62.53
經63.12
經63.21
經63.46
經63.63
經64.10
經64.32
十11.30
十11.34
十12.18
十26.43
十42.30
十46.55
十51.39
十57.8
十62.30
十63.46
稱9.2
稱24.60
道4.63
道5.31
老乙2.56
老乙4.13
老乙24.59
老乙29.1
老乙37.27
老乙41.56
老乙53.25
老乙60.12
老乙63.15
老乙65.5
星67.26
刑乙39.18
刑乙45.10
刑乙47.10
刑乙72.12
刑乙77.26
刑乙80.3
刑乙80.20
刑乙92.15
刑乙92.23
刑乙92.30
刑乙92.38
相4.48
相11.25
相17.21
相19.45
相23.56
相26.24
相36.29
相41.4
相51.27
相62.48
相64.63
相65.64
相72.45

正

陰甲雜三1.8
陰甲室3.13
陰甲室3.47
陰甲室6.18
陰甲築一3.6
陰甲·殘7.17
春59.4
戰53.1
戰223.18
戰223.25

戰 234.13	九 47.16	木 11.19	周 37.19	二 12.23	繆 20.21	經 7.58	經 34.43
戰 324.18	氣 10.260	問 2.8	周 54.14	二 12.55	繆 24.51	經 8.28	經 37.21
老甲 18.24	刑甲 15.21	問 68.1	周 55.12	繫 9.54	繆 51.16	經 15.10	經 37.41
老甲 40.16	刑甲 84.16	太 1.35	周 62.46	繫 32.40	昭 3.32	經 15.48	經 39.38
老甲 106.9	刑丙傳 4.3	周 8.9	周 69.74	衷 1.20	昭 3.38	經 16.33	經 42.48
老甲 169.20	刑丙天 3.26	周 9.52	周 77.33	衷 8.16	昭 5.32	經 16.52	經 45.36
五 23.17	陰乙刑德 11.5	周 18.25	周 84.77	衷 43.57	昭 6.67	經 17.8	經 48.11
五 58.4	陰乙三合 3.5	周 32.11	二 2.54	衷 49.42	昭 7.4	經 19.12	經 50.9
五 87.7	陰乙文武 20.23	周 33.12	二 6.8	要 14.58	經 4.29	經 20.62	經 50.29
九 33.30	陰乙殘 8.3	周 37.4	二 11.45	要 23.27	經 4.40	經 22.54	經 52.15

經 54.57
經 57.15
經 60.7
經 60.21
經 66.46
經 68.37
經 75.35
經 76.29
十 5.15
十 8.42

十 11.14
十 11.55
十 12.59
十 13.42
十 13.55
十 14.3
十 14.14
十 14.32
十 14.55
十 18.31

十 18.50
十 19.11
十 20.5
十 21.16
十 23.7
十 25.19
十 25.25
十 29.46
十 29.57
十 43.16

十 43.28
十 44.45
十 46.49
十 46.58
十 46.64
十 46.66
十 55.46
十 55.54
十 61.5
十 61.25

十 61.61
稱 1.68
稱 1.70
稱 1.73
稱 6.47
稱 9.55
稱 13.19
稱 16.63
稱 22.35
稱 24.32

稱 24.34
稱 24.50
道 5.56
道 6.60
老乙 3.16
老乙 19.2
老乙 20.10
老乙 20.27
老乙 20.52
老乙 42.60

老乙 50.3
老乙 63.64
星 7.4
星 13.16
星 31.15
星 32.18
星 35.27
星 39.39
星 47.39
星 64.9

刑乙 7.13
刑乙 70.49
相 5.48
相 15.6
相 18.17
相 56.44
相 61.62
相 63.13
相 65.25
相 69.70

乏

是

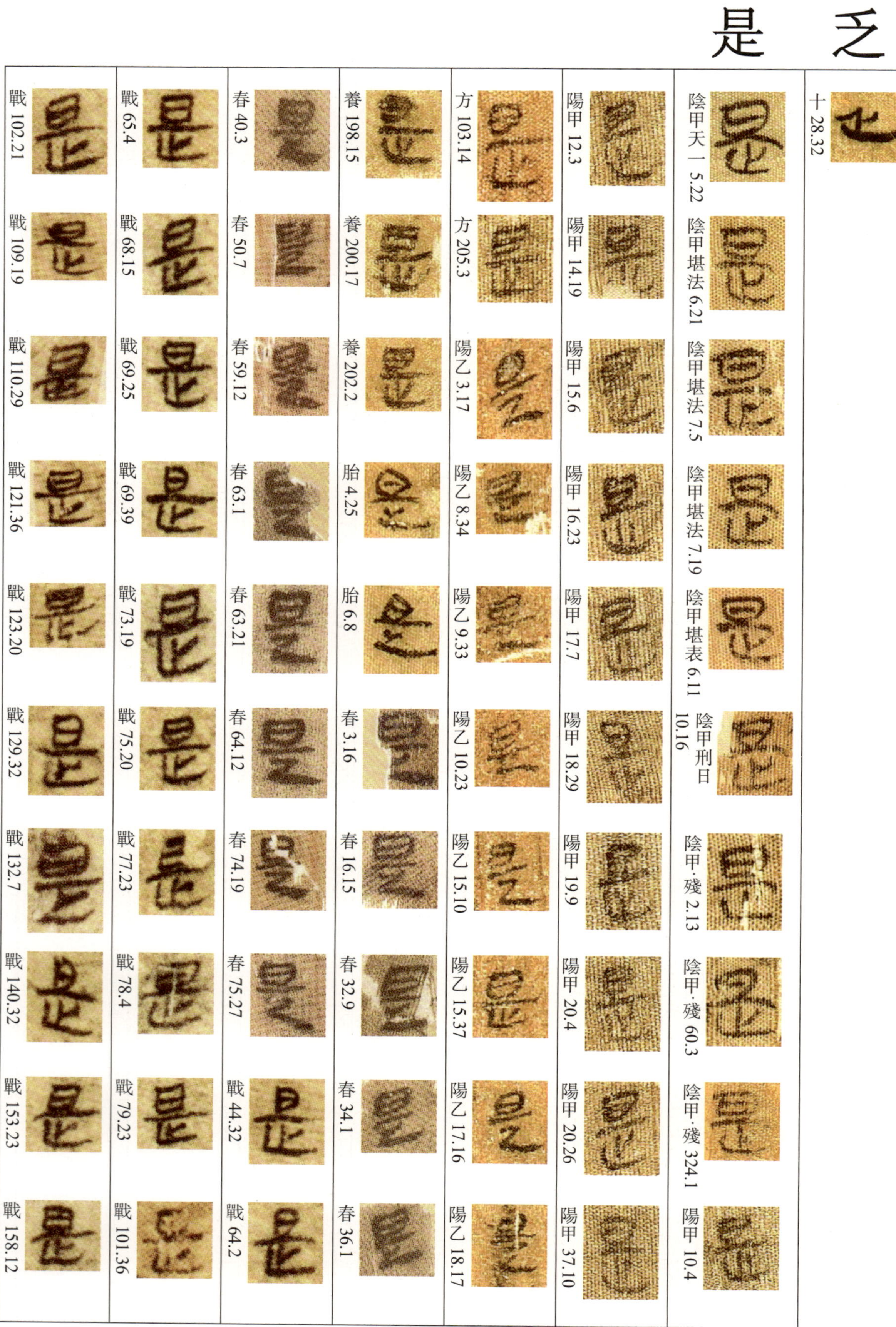

十 28.32

陰甲天一 5.22
陰甲堪法 6.21
陰甲堪法 7.5
陰甲堪法 7.19
陰甲堪表 6.11
陰甲刑日 10.16
陰甲·殘 2.13
陰甲·殘 60.3
陰甲·殘 324.1
陽甲 10.4

陽甲 12.3
陽甲 14.19
陽甲 15.6
陽甲 16.23
陽甲 17.7
陽甲 18.29
陽甲 19.9
陽甲 20.4
陽甲 20.26
陽甲 37.10

方 103.14
方 205.3
陽乙 3.17
陽乙 8.34
陽乙 9.33
陽乙 10.23
陽乙 15.10
陽乙 15.37
陽乙 17.16
陽乙 18.17

養 198.15
養 200.17
養 202.2
胎 4.25
胎 6.8
春 3.16
春 16.15
春 32.9
春 34.1
春 36.1

春 40.3
春 50.7
春 59.12
春 63.1
春 63.21
春 64.12
春 74.19
春 75.27
戰 44.32
戰 64.2

戰 65.4
戰 68.15
戰 69.25
戰 69.39
戰 73.19
戰 75.20
戰 77.23
戰 78.4
戰 79.23
戰 101.36

戰 102.21
戰 109.19
戰 110.29
戰 121.36
戰 123.20
戰 129.32
戰 132.7
戰 140.32
戰 153.23
戰 158.12

戰158.38　戰165.17　戰167.34　戰168.29　戰171.12　戰173.9　戰182.1　戰184.10　戰211.27　戰221.11

戰221.23　戰236.2　戰236.34　戰239.15　戰239.18　戰245.3　戰255.8　戰255.29　戰261.30　戰270.8

戰270.13　戰281.9　戰283.1　戰291.14　戰293.16　戰293.27　戰294.25　戰295.15　戰306.2　戰311.9

戰312.18　戰324.24　老甲7.29　老甲8.23　老甲31.17　老甲39.3　老甲46.14　老甲54.23　老甲62.13　老甲71.13

老甲71.17　老甲72.15　老甲75.4　老甲75.25　老甲80.11　老甲81.16　老甲82.19　老甲83.1　老甲83.17　老甲83.28

老甲90.15　老甲91.17　老甲96.24　老甲97.18　老甲98.10　老甲103.2　老甲104.15　老甲112.26　老甲114.4　老甲117.25

老甲118.21　老甲123.2　老甲132.19　老甲136.26　老甲146.9　老甲146.26　老甲147.25　老甲152.6　老甲154.7　老甲154.16

老甲156.22　老甲157.22　老甲164.8　老甲167.20　五58.21　五81.2　五84.4　五98.15　五99.17　五111.15

五 114.18
五 154.11
五 156.20
五 157.1
五 157.5
五 162.20
九 1.33
九 8.19
九 9.21
九 12.28

九 20.16
九 21.25
九 26.26
九 33.8
九 33.25
九 39.17
九 42.19
九 44.19
九 45.20
明 5.21

氣 2.188
氣 6.183
氣 6.208
氣 10.58
氣 10.180
刑甲 18.27
刑甲 47.18
刑甲 95.16
陰乙大游 2.118
陰乙文武 14.6

陰乙文武 15.6
陰乙文武 16.6
陰乙文武 17.6
陰乙文武 18.6
陰乙文武 20.5
陰乙文武 21.6
陰乙上朔 17.14
陰乙上朔 29.20
陰乙上朔 30.6
陰乙上朔 33.17

陰乙上朔 34.3
陰乙上朔 36.12
陰乙天一 15.10
出 9.10
出 14.23
出 25.3
出 27.10
木 66.9
問 72.24
問 88.15

問 92.10
合 30.13
談 2.27
談 3.12
談 10.23
談 16.4
談 29.37
周 36.36
周 78.5
繫 3.32

繫 4.7
繫 4.49
繫 5.30
繫 5.67
繫 6.39
繫 10.4
繫 10.19
繫 12.5
繫 16.23
繫 16.66

繫 18.26 繫 21.45 繫 22.66 繫 23.15 繫 23.68 繫 23.74 繫 24.24 繫 25.18 繫 26.45 繫 28.8

繫 28.75 繫 29.29 繫 32.51 繫 33.13 繫 33.47 繫 33.51 繫 34.35 繫 34.41 繫 34.65 繫 37.64

繫 42.9 繫 44.26 衷 1.28 衷 2.25 衷 3.22 衷 20.59 衷 22.62 衷 23.62 衷 25.6 衷 36.8

衷 36.49 衷 37.2 衷 39.11 衷 40.22 衷 45.62 衷 46.40 衷 48.64 要 14.43 要 15.12 要 21.1

繆 4.22 繆 12.8 繆 16.63 繆 18.24 繆 19.36 繆 21.56 繆 24.56 繆 34.37 繆 37.1 繆 37.49

繆 39.38 繆 43.4 繆 44.11 繆 45.35 繆 48.46 繆 49.12 繆 49.41 繆 64.36 繆 64.59 繆 68.39

繆 69.9 繆 71.51 昭 4.23 昭 9.15 昭 9.61 經 3.70 經 6.28 經 10.10 經 11.30 經 12.38

經 14.21 經 38.62 經 40.49 經 40.61 經 42.8 經 45.31 經 59.48 經 60.13 經 61.21 經 66.57

經 69.39
經 74.41
經 74.49
經 75.8
經 77.18
經 77.37
十 6.28
十 7.66
十 9.39
十 10.7

十 12.47
十 16.40
十 16.58
十 17.45
十 19.35
十 21.56
十 25.63
十 27.13
十 29.10
十 32.47

十 34.59
十 35.30
十 35.38
十 36.18
十 36.65
十 37.21
十 37.36
十 37.49
十 38.13
十 38.17

十 38.25
十 39.4
十 44.51
十 48.31
十 49.28
十 51.23
十 52.47
十 53.39
十 53.58
十 57.4

十 57.31
十 59.27
十 64.20
十 64.29
稱 7.72
稱 19.3
道 2.70
道 4.66
道 5.21
老乙 1.15

老乙 2.31
老乙 4.3
老乙 4.27
老乙 4.66
老乙 13.7
老乙 14.60
老乙 18.23
老乙 19.56
老乙 20.68
老乙 21.28

老乙 21.34
老乙 21.66
老乙 27.24
老乙 27.54
老乙 29.12
老乙 29.43
老乙 29.50
老乙 34.33
老乙 34.38
老乙 34.42

老乙 35.2
老乙 36.2
老乙 36.14
老乙 36.33
老乙 36.45
老乙 36.74
老乙 37.4
老乙 38.65
老乙 39.23
老乙 39.55

迹

老乙 39.66
老乙 41.41
老乙 42.43
老乙 42.54
老乙 45.43
老乙 46.11
老乙 46.41
老乙 48.44
老乙 49.10
老乙 51.56
老乙 53.54
老乙 55.55
老乙 56.16
老乙 58.12
老乙 62.25
老乙 64.4
老乙 66.72
老乙 68.14
老乙 68.30
老乙 68.62
老乙 70.42
老乙 71.35
老乙 72.44
老乙 73.4
老乙 76.4
星 1.22
星 8.20
星 8.34
星 10.12
星 13.13
星 14.13
星 23.41
星 34.15
星 35.19
星 39.18
星 42.49
星 61.3
星 70.1
刑乙 42.11
刑乙 47.17
刑乙 72.44
刑乙 91.15
相 6.29
相 8.64
相 15.25
相 17.27
相 37.8
相 37.44
相 37.67
相 38.25
相 39.17
相 39.24
相 39.54
相 39.67
相 40.31
相 40.57
相 46.11
相 53.55
相 65.33
相 65.41
相 68.25

速

春 80.27
經 4.27
老乙 67.45

《說文》籀文。

徒

方 267.10
射 5.1
老甲 25.3
老甲 84.32
老甲 85.9
刑甲 12.5
木 8.17
問 85.17
問 86.11
周 17.7
二 22.17
十 35.55
十 51.64
道 3.55
老乙 11.50
老乙 40.29
老乙 40.35
刑乙 68.42
相 42.66
相 50.48

延

征

繆 63.47
繆 72.16

《説文》或體作「征」。

隨

胎 22.31
春 28.7
春 64.13
春 65.3
戰 158.35
戰 161.1
氣 1.89
刑甲 24.12
刑甲 27.20
談 5.1
周 61.32
二 29.32
繆 49.53
星 30.24

述

老甲 107.30
繫 15.7
繫 18.53
繫 19.44
經 30.39
經 31.34

適

陰甲·殘 4.16
方 31.14
方 33.1
方 176.12
方 303.12
方 343.8
方 344.11
方 348.17
春 20.19
春 38.10
春 80.22
戰 184.3
戰 204.4
老甲 73.5
老甲 145.5
九 3.19
明 9.18
明 15.1
氣 9.188
刑甲 30.17

刑丙天 7.9　陰乙大游 2.40　周 9.25　繆 25.33　經 16.13　經 24.46　經 30.19　經 61.54　十 9.5　道 2.9

老乙 67.51　刑乙 81.10

⿺辶啇

九 4.7　明 6.23

遃

地 24.2

「商」旁省作「音」形。

適

戰 267.10

「商」旁訛作「商」形。

過

足 21.16　足 22.1　足 22.11　脈 5.16　候 2.1　方 32.27　方 190.7　方 302.5　房 35.11　春 95.19

戰 38.15　戰 155.1　戰 158.7　戰 183.1　戰 185.21　戰 193.34　戰 212.13　戰 213.22　戰 213.35　戰 227.31

戰 231.1　戰 232.5　戰 271.5　戰 290.4　老甲 50.5　老甲 50.14　老甲 59.20　老甲 165.13　九 25.10　九 31.17

進

九34.2
九37.9
九40.25
九41.7
九50.10
明8.8
明34.3
德3.1
問4.18
問5.9

合22.16
談41.32
談55.3
周35.3
周35.36
周35.55
周35.69
周36.29
周68.71
二13.74

繫5.28
繫7.18
繫7.46
繫9.46
衷10.22
衷31.53
衷39.42
衷50.21
要14.49
繆27.41

繆56.44
繆59.45
繆61.7
繆70.68
昭11.13
經7.36
經7.52
經10.29
經11.56
經44.11

經60.36
十28.63
十34.35
稱2.28
稱10.69
稱24.33
道4.26
老乙28.16
老乙76.38
星36.29

星43.8
星59.7
星70.11
相11.12

辿

陰甲堪法13.22

去1.32
養217.13
養218.4
戰53.26
戰53.32
戰55.28
戰67.30
戰67.35
戰238.20
戰321.11

造 逾

進						造	逾
老甲 52.24	五 154.21	問 98.13	經 49.28	相 39.42	戰 43.13	戰 233.33	陰甲·殘 176.2
老甲 72.10	五 159.8	周 82.11	十 48.21	相 39.46	戰 45.12		
五 37.18	五 159.23	周 85.36	稱 2.14	相 68.44	木 31.7		
五 37.25	五 163.6	二 31.52	老乙 5.9		地 49.1		
五 41.6	五 166.21	繫 3.57	老乙 24.58				
五 41.10	五 167.21	繆 2.30	老乙 34.65				
五 137.17	五 169.22	繆 23.26	星 6.7				
五 137.24	五 170.13	繆 26.20	星 37.13				
五 138.9	五 173.23	繆 58.62	星 74.17				
五 139.8	九 17.23	經 45.59	相 17.40				

還

脈 5.6
戰 144.1
刑甲 40.30
刑甲 126.19
星 43.3
星 66.36
星 142.47
刑乙 26.23
刑乙 74.14
刑乙 87.5

相 31.52

速

遬

養·殘 165.5
戰 88.20
戰 125.7
衷 12.15
星 36.4

《說文》籀文。

迷

陰甲堪法 13.19

逆

陰甲天地 3.24
陰甲天地 3.32
陰甲女發 1.44
陰甲女發 2.28
陰甲上朔 2L.2
陰甲上朔 3L.2
陰甲上朔 4L.2
陰甲上朔 5L.2
陰甲上朔 7L.2
陰甲上朔 10L.1

陰甲上朔 1.40
陰甲上朔 3.2
陰甲雜三 5.19
陰甲雜三 7.8
陰甲築一 1.6
陰甲·殘 3.17
方 94.23
春 57.3
戰 73.4
戰 98.17

戰 231.5
戰 235.32
戰 261.27
九 36.19
氣 6.414
刑甲 106.24
陰乙上朔 22.6
陰乙上朔 29.22
陰乙天一 26.3
陰乙·殘 8.1

迎

出26.26	經28.25	經41.61	經64.25	經77.32	十42.3	相30.8	戰82.12
出27.19	經35.54	經42.6	經66.55	經77.44	十48.11		刑甲118.11
衷22.7	經36.12	經44.28	經67.30	十4.64	十48.14		刑甲127.3
衷38.14	經36.20	經51.58	經67.47	十10.22	十52.17		刑甲128.1
繆3.23	經36.28	經55.35	經68.20	十18.13	十58.22		刑甲129.1
繆26.59	經38.46	經55.56	經68.30	十25.47	十63.25		刑丙刑2.1
經2.26	經38.61	經55.58	經69.1	十25.56	十63.34		刑丙刑3.1
經8.13	經40.16	經56.23	經71.65	十28.57	稱20.15		刑丙刑4.1
經11.32	經41.18	經59.44	經72.7	十31.2	星13.17		陰乙刑德20.13
經23.23	經41.22	經59.52	經76.62	十32.19	星35.7		陰乙刑德21.6

遇

陰乙刑德 27.2
陰乙刑德 27.10
陰乙刑德 33.5
陰乙大游 2.124
陰乙大游 2.132
陰乙大游 3.158
陰乙大游 3.175
陰乙天地 6.5
陰乙天地 7.4
陰乙女發 1.51

出 25.8
老乙 55.65
星 42.25
星 42.45
刑乙 19.4
刑乙 26.5
刑乙 27.3
刑乙 27.12
刑乙 27.21
刑乙 28.8

刑乙 28.17
刑乙 47.23

戰 33.13
戰 33.22
戰 89.20
戰 89.24
戰 90.35
戰 91.10
戰 102.37
戰 103.4
戰 103.12
戰 103.18

氣 5.86
氣 9.79
刑甲 7.2
刑甲 8.41
刑甲 30.5
刑甲 30.12
問 12.24
問 13.13
府 3.3
周 7.64

二 15.51
繆 16.11
繆 17.62
繆 18.36
星 25.28
星 44.16
星 62.15
星 63.12
星 63.14
星 63.24

星 64.19
星 65.9
星 65.25
刑乙 65.31
刑乙 66.44
刑乙 81.5

逢

陽乙 10.44
養 77.24
胎 23.4
老甲 36.8
遣一 23.2
遣一 25.2
遣一 26.4
遣三 78.2
遣三 79.2
繆 49.3

通

相 1.21
相 11.22
相 21.16
相 44.53
相 60.25

陰甲祭一 B05L.16
戰 12.20
戰 36.33
戰 167.17
問 7.4
問 9.26
問 21.19
問 22.15
問 51.5
合 13.23

合 27.11
談 22.29
談 33.24
談 36.30
談 40.8
導 3.19
二 17.60
二 29.34
道 4.47
道 4.52

刑乙 4.22
相 39.31

迵

相 39.27

徙

陰甲天一 1.26
陰甲天一 2.19
陰甲天一 3.19
陰甲天一 4.20
陰甲天一 5.15
陰甲天一 6.16
陰甲天一 7.16
陰甲天一 8.16
陰甲天一 9.7
陰甲天一 10.3

陰甲天一 13.6
陰甲徙 1.4
陰甲徙 1.7
陰甲徙 1.10
陰甲徙 2.8
陰甲徙 2.11
陰甲徙 2.14
陰甲徙 3.6
陰甲徙 3.9
陰甲徙 4.12

陰甲徙 4.15
陰甲徙 5.2
陰甲徙 5.23
陰甲徙 6.40
陰甲徙 6.46
陰甲徙 7.6
陰甲女發 1.42
陰甲上朔 4.9
陰甲室 4.16
陰甲室 4.26

陰甲室5.5　陰甲室7.22　陰甲宜忌4.8　養78.11　刑甲91.3　刑甲130.3　刑甲130.9　陰乙刑德3.3　陰乙刑德4.9　陰乙刑德5.5

陰乙刑德10.8　陰乙刑德12.7　陰乙刑德14.2　陰乙刑德14.11　陰乙刑德14.15　陰乙刑德15.16　陰乙刑德16.5　陰乙刑德16.9　陰乙刑德17.3　陰乙刑德17.7

陰乙刑德18.1　陰乙刑德18.9　陰乙玄戈8.22　陰乙上朔16.6　陰乙上朔20.1　陰乙天一8.2　陰乙天一15.3　陰乙天一18.4　陰乙天一21.2　陰乙天一24.4

陰乙天一26.11　陰乙天一29.11　陰乙天一34.2　陰乙天一36.10　陰乙女發1.40　陰乙女發3.54　出12.16　繆63.21　老乙30.63　星20.36

刑乙2.5　刑乙2.22　刑乙3.3　刑乙3.14　刑乙6.25　刑乙8.3　刑乙8.14　刑乙9.5　刑乙9.15　刑乙9.19

刑乙10.12　刑乙10.20　刑乙10.24　刑乙11.3　刑乙11.10　刑乙11.14　刑乙11.21　刑乙12.4　刑乙12.12　刑乙13.7

刑乙14.4　刑乙15.3

遷

陰甲天一4.19
陰甲天一5.14
陰甲天一6.14
五81.16
五81.21
五81.28
五82.24
明13.29
陰乙玄戈7.24
陰乙天一15.2

陰乙天一18.2
陰乙天一29.10
陰乙天一34.1
談11.16
遣三7.9
遣三8.1
周93.2
二11.14
繫46.28
朿46.36

經68.10
刑乙69.27

⿺辶與

陰乙天一12.6

「遷」字訛體，「䙴」旁訛作「與」形。

運

陽乙2.9
刑丙天11.33
繫1.62

遁

五161.17
五162.6
五162.14
二6.11

還

方101.6

選（選）

養90.3

送 迸

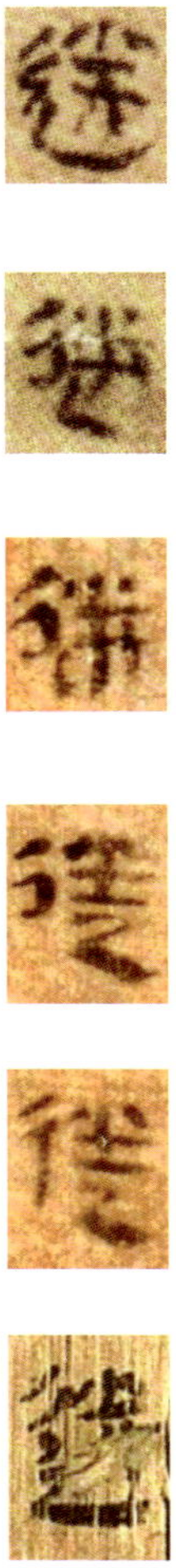

戰194.24　老甲64.21　五16.13　五56.11　五56.28　問13.8

遣

戰11.28

逮

氣8.106　相4.21　相4.25　相34.49

遲

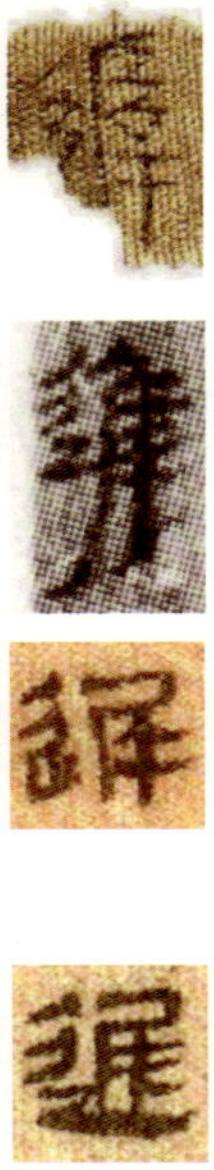

方485.3　談55.17　周34.31　周37.48

避

養200.9　房40.9　刑甲45.5　談5.8　二19.36

達

春50.2　五38.20　五126.23　五143.13　九2.2　繫7.53　繫19.45　繫21.50　繫33.19　繫35.34

衷22.10　衷28.8　衷30.35　衷34.7　衷34.51　衷43.16　衷46.30　要17.27　要17.33　要17.47

要17.58　繆1.47　繆5.3　繆6.53　繆66.27　繆72.12　繆72.26　繆72.42　繆72.49　繆72.56

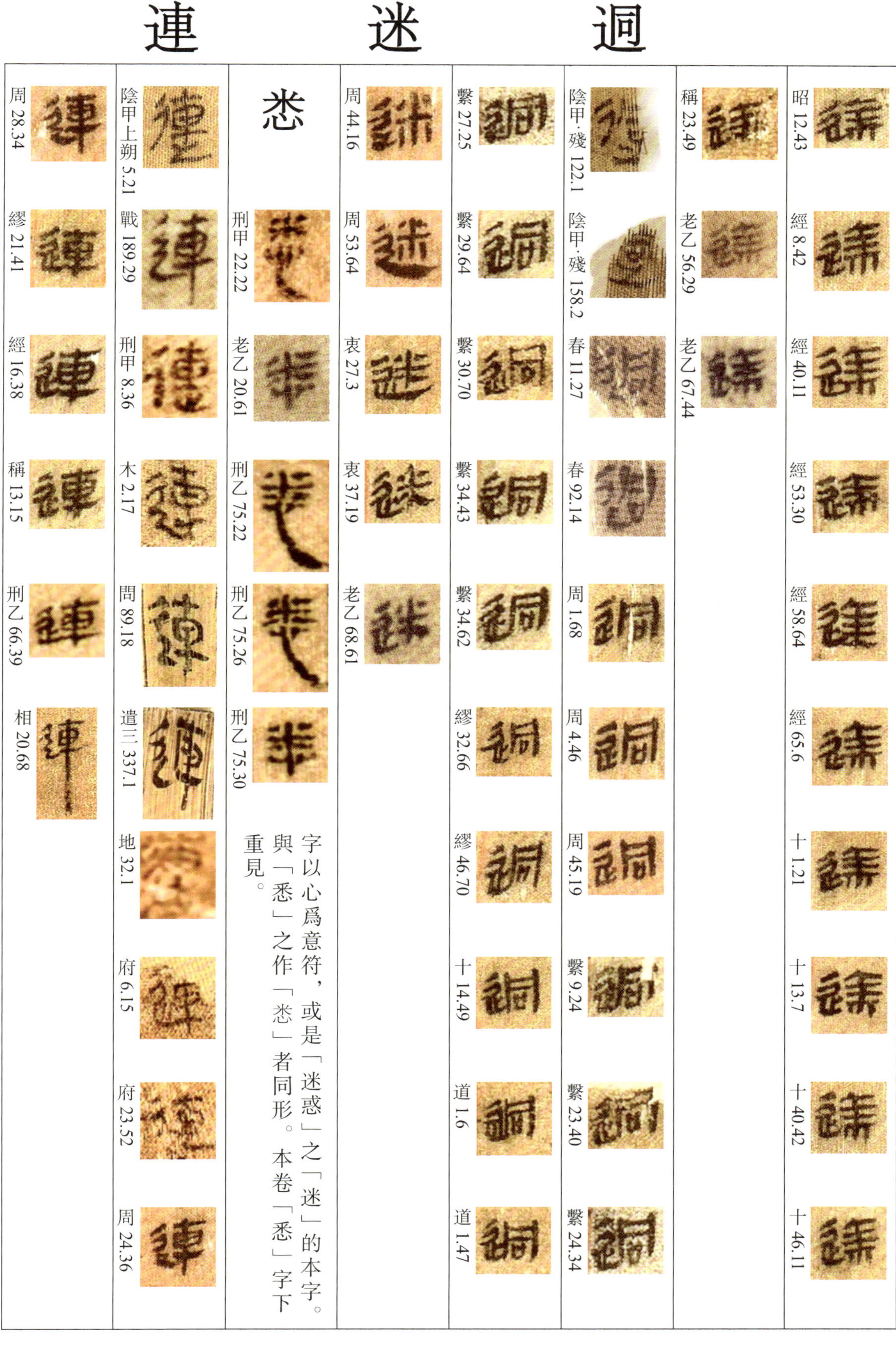

迥

昭 12.43
經 8.42
經 40.11
經 53.30
經 58.64
經 65.6
十 1.21
十 13.7
十 40.42
十 46.11

稱 23.49
老乙 56.29
老乙 67.44

陰甲·殘 122.1
陰甲·殘 158.2
春 11.27
春 92.14
周 1.68
周 4.46
周 45.19
繫 9.24
繫 23.40
繫 24.34

繫 27.25
繫 29.64
繫 30.70
繫 34.43
繫 34.62
繆 32.66
繆 46.70
十 14.49
道 1.6
道 1.47

迷

周 44.16
周 53.64
衷 27.3
衷 37.19
老乙 68.61

悉

刑甲 22.22
老乙 20.61
刑乙 75.22
刑乙 75.26
刑乙 75.30

字以心爲意符，或是「迷惑」之「迷」的本字。與「悉」之作「悉」者同形。本卷「悉」字下重見。

連

陰甲上朔 5.21
戰 189.29
刑甲 8.36
木 2.17
問 89.18
遣三 337.1
地 32.1
府 6.15
府 23.52
周 24.36

周 28.34
繆 21.41
經 16.38
稱 13.15
刑乙 66.39
相 20.68

遯

⿺辶⿰豖且

戰 67.3

逋

方 465.9

遺

養 77.13
胎 22.26
老甲 107.25
老甲 130.9
周 35.16
周 46.19
繫 7.22
繫 7.52
衷 24.46
要 14.23

繆 6.47
十 3.27
老乙 14.57
老乙 50.50

遂

春 46.22
春 59.27
春 95.18
戰 61.22
戰 269.13
老甲 28.24
老甲 125.7
老甲 163.1
五 88.15
五 88.21

五 114.15
刑甲 22.8
刑甲 22.16
刑甲 23.12
木 60.28
問 4.5
問 6.7
合 9.23
周 11.32
周 26.31

周 33.80
周 42.27
周 75.14
周 91.20
繫 3.27
衷 36.19
繆 59.39
繆 63.5
繆 65.30
繆 67.17

繆 70.7
昭 12.45
經 9.36
經 63.40
十 25.62
十 41.19
十 41.27
十 48.28
十 58.12
老乙 50.54

近　遒　逐　逃

老乙 59.12
老乙 75.35
刑乙 74.27
刑乙 75.9
刑乙 75.17
刑乙 76.13
相 23.38
相 32.64

逃

方 351.11
繫 14.11
經 4.26
經 5.28
十 44.64
刑乙 42.2
相 73.5

逐

戰 40.6
戰 149.24
戰 239.21
戰 274.4
戰 279.29
木 54.14
相 34.38

遒

戰 43.18
戰 46.36

近

方 28.8
養 6.4
養 65.4
養 70.3
春 55.27
春 75.25
春 94.9
戰 150.19
戰 181.2
戰 183.10

戰 197.12
戰 250.14
五 7.32
五 70.16
九 21.13
明 6.27
刑丙地 19.2
問 100.1
二 4.48
二 4.65

繫 9.50
繫 13.15
繫 13.33
繫 13.46
繫 18.50
繫 33.4
繫 46.39
衷 8.5
繆 56.67
昭 6.62

十 45.65
十 58.14
老乙 35.25
星 34.46
相 25.30
相 43.31

邋

射 11.8

遮

迈

老甲 115.16

迣

五 67.5

五 67.22

五 68.9

五 68.12

五 88.17

問 55.24

問 72.18

遠

𣥺

周 29.53

方 437.15

戰 71.1

戰 155.25

戰 194.21

戰 194.36

戰 197.18

戰 249.13

戰 250.29

老甲 61.24

老甲 64.20

刑丙地 18.13

出 10.22

問 41.10

問 57.22

周 27.18

周 53.28

二 24.31

二 32.32

繫 9.43

繫 13.49

繫 18.49

繫 24.79

繫 33.8

繫 35.36

繫 35.52

衷 5.36

衷 46.64

衷 50.53

要 11.3

要 13.19

昭 6.58

昭 7.1

昭 9.2

周·殘下 68.3

經 36.62

十 45.64

十 58.18

稱 8.33

稱 9.8

稱 9.17

稱 17.58
老乙 29.20
老乙 30.62
老乙 66.28
老乙 67.6
相 9.26
相 25.37
相 33.17
相 57.64

[彳袁]

老甲 20.24
老乙 9.49

道

方 46.16
方 49.12
方 58.18
方 106.10
方 109.26
方 209.29
方 241.15
方 267.11
方 267.16
養 34.6

養 196.18
養 219.20
春 43.9
春 47.21
戰 46.35
戰 52.35
戰 99.32
戰 154.14
戰 155.9
戰 155.36

戰 167.25
戰 229.33
戰 252.1
戰 252.19
老甲 19.5
老甲 20.19
老甲 27.11
老甲 28.17
老甲 46.21
老甲 60.8

老甲 86.27
老甲 92.6
老甲 93.2
老甲 93.4
老甲 93.8
老甲 118.10
老甲 125.20
老甲 132.18
老甲 132.21
老甲 135.17

老甲 139.11
老甲 139.15
老甲 140.9
老甲 152.17
老甲 154.21
老甲 158.24
老甲 165.17
老甲 168.13
五 4.19
五 4.23

五 7.22
五 14.31
五 18.27
五 24.11
五 24.14
五 26.18
五 27.8
五 27.15
五 29.23
五 34.8

五 35.10
五 38.24
五 44.18
五 44.26
五 45.5
五 49.10
五 49.14
五 49.19
五 49.30
五 76.17

五 90.15
五 90.18
五 92.30
五 100.25
五 102.21
五 103.26
五 104.3
五 104.26
五 106.12
五 110.5

五 110.20
五 111.13
五 111.23
五 111.27
五 114.31
五 120.32
五 122.24
五 126.22
五 127.12
五 128.27

五 129.24
五 130.14
五 143.17
五 155.25
五 178.13
五 178.28
五 179.15
五 179.28
五 180.10
五 180.25

五 181.17
五 181.21
五 182.1
九 9.15
九 15.5
九 15.13
九 23.10
九 25.13
九 28.16
九 29.3

九 30.20
九 32.14
九 35.20
九 36.20
九 40.9
明 29.25
明 35.5
明 38.27
德 4.1
德 4.6

德 5.28
氣 2.137
刑甲 11.12
刑甲 111.9
刑丙天 4.12
刑丙天 5.8
問 3.3
問 7.15
問 14.9
問 19.10

問 22.28
問 25.9
問 27.9
問 30.3
問 47.27
問 53.9
問 57.8
問 65.7
問 69.24
問 73.15

問 74.11
問 74.23
問 75.11
問 84.19
問 89.2
問 91.2
問 92.26
問 94.9
問 97.13
合 5.16

合 13.5
談 35.37
談 36.11
談 56.2
地 2.2
地 8.2
箭 10.2
周 4.21
周 53.15
周 66.58

周 84.18
二 19.4
繫 2.2
繫 2.6
繫 4.5
繫 7.11
繫 7.58
繫 8.3
繫 8.39
繫 14.20

繫 21.38
繫 28.16
繫 31.16
衷 2.41
衷 21.3
衷 21.11
衷 21.19
衷 29.21
衷 32.57
衷 33.69

衷 35.60
衷 47.35
衷 48.34
衷 49.33
衷 50.49
要 1.4
要 15.31
要 16.14
要 19.28
要 20.32

要 20.55
要 21.45
要 21.50
要 21.71
要 22.21
要 24.14
繆 1.61
繆 5.48
繆 5.63
繆 20.49

繆 25.27
繆 29.44
繆 31.45
繆 40.55
繆 41.1
繆 41.18
繆 42.23
繆 42.30
繆 43.23
繆 49.29

繆 49.39
繆 54.27
繆 61.21
繆 72.24
繆 72.48
周·殘下 66.2
周·殘下 109.1
經 1.19
經 3.13
經 3.23

經 3.50	經 6.19	經 6.31	經 6.51	經 9.18	經 11.54	經 17.24	經 20.57	經 22.29	經 29.17
經 33.14	經 34.22	經 36.60	經 39.45	經 41.55	經 41.64	經 42.10	經 45.4	經 45.65	經 50.33
經 51.45	經 52.45	經 53.47	經 55.34	經 66.19	經 67.38	經 68.46	經 69.24	經 70.1	經 70.5
經 75.26	經 75.36	經 76.23	經 77.36	十 6.27	十 12.26	十 12.56	十 15.56	十 15.62	十 28.46
十 28.54	十 31.9	十 32.46	十 32.59	十 33.53	十 42.33	十 44.24	十 45.28	十 46.26	十 48.36
十 49.17	十 49.56	十 50.8	十 50.11	十 52.22	十 53.66	十 54.8	十 55.12	十 55.55	十 56.39
十 57.3	十 57.9	十 57.30	十 64.4	稱 1.2	稱 1.51	稱 2.8	稱 10.19	稱 17.56	道 3.2
道 3.59	道 3.67	道 4.64	道 5.53	道 6.47	道 6.73	道 7.23	老乙 1.63	老乙 2.22	老乙 4.48

老乙 4.56
老乙 4.64
老乙 5.6
老乙 5.10
老乙 5.14
老乙 5.52
老乙 5.59
老乙 6.25
老乙 9.45
老乙 10.16

老乙 12.56
老乙 13.16
老乙 13.34
老乙 15.4
老乙 15.10
老乙 17.63
老乙 21.77
老乙 22.10
老乙 24.3
老乙 32.23

老乙 32.30
老乙 37.55
老乙 40.58
老乙 41.18
老乙 41.38
老乙 44.3
老乙 47.13
老乙 49.64
老乙 50.59
老乙 56.6

老乙 56.18
老乙 56.24
老乙 59.23
老乙 62.24
老乙 62.27
老乙 63.42
老乙 65.21
老乙 65.25
老乙 65.40
老乙 65.48

老乙 66.15
老乙 66.32
老乙 66.59
老乙 70.53
老乙 71.48
老乙 75.25
老乙 76.42
老乙 77.58
老乙 78.42
星 24.22

星 39.32
星 58.21
刑乙 54.6
刑乙 68.6
相 14.20
相 19.46
相 64.22

衕

陰甲徒 1.25
陰甲徒 2.29
陰甲徒 3.26
陰甲衕 1.19
陰甲衕 2.28
陰甲衕 3.35
陰甲衕 5.9

邊

戰 116.39
陰乙大游 2.91
刑乙 45.20

进*

陰甲雜五4.1

⿺辶正*

「延」字異體，本卷㢟部重見。

迿*

戰219.20

退

《説文》「復」字古文，詳見本卷彳部。

⿺辶圭*

陰甲祭一A17L.9　陰甲祭一B02L.9　陰甲祭一B04L.3　陰甲神上12.4　陰甲神上18.23　陰甲神下40.6　陰甲祭二11L.5　陰甲祭二12L.3　陰甲祭二13L.1

帛書中用作「奎宿」之「奎」。

⿺辶兑*

老甲82.15

乙本異文作「跷」，「跷」與「⿺辶兑」應爲一字異體，帛書中用爲表道路義的「隧」。

⿺辶乒*

遣三1.27

⿺辶帰*

「歸」字異體，本卷止部重見。

⿺辶戔* 遛* 逹* 德

⿺辶戔*

陰甲天一12.5

疑爲「踐」字異體。

遛*

遺三26.1

逹*

楚文字寫法的「失」字，卷十二手部重見。

德

陰甲徙5.17　陰甲衍3.33　陰甲·殘211.9　方96.23　春38.1　春54.18　春54.27　春54.32　春55.24　春83.7

春89.2　春90.15　春90.23　春91.6　春·殘12.2　戰47.7　戰117.13　戰131.31　戰149.3　戰168.17

戰206.9　戰226.28　戰246.20　戰251.17　戰261.21　老甲1.1　老甲1.3　老甲27.15　老甲28.3　老甲29.18

老甲53.31　老甲61.20　老甲71.12　老甲91.30　老甲92.1　老甲110.1　老甲132.14　老甲139.16　老甲139.20　老甲148.37

老甲149.15　五1.4　五3.8　五4.3　五4.10　五4.21　五5.34　五7.1　五9.7　五17.28

五 18.14
五 18.29
五 21.26
五 27.29
五 31.8
五 45.16
五 55.17
五 55.22
五 55.24
五 59.28

五 62.13
五 63.6
五 77.16
五 78.3
五 181.25
明 27.24
德 6.14
刑甲 61.12
刑甲 62.4
刑甲 63.9

刑甲 64.4
刑甲 65.9
刑甲 66.4
刑甲 70.4
刑甲 73.7
刑甲 74.4
刑甲 75.7
刑甲 76.4
刑甲 77.8
刑甲 83.4

刑甲 86.5
刑甲 87.2
刑甲 100.5
刑甲 102.1
刑甲 103.5
刑甲 106.31
刑甲 108.30
刑甲 109.14
刑甲 117.3
刑甲 118.2

刑甲 121.2
刑甲 122.4
刑甲 123.2
刑甲 124.3
刑甲 126.2
刑甲 127.2
刑甲 128.2
刑甲 129.3
刑甲 130.2
刑甲 134.7

刑甲 135.11
刑甲 136.1
刑甲 137.5
刑甲 140.2
刑甲大游 1.5
刑甲小游 1.3
刑甲小游 1.129
刑丙刑 2.4
刑丙刑 3.4
刑丙刑 4.4

刑丙刑 8.2
刑丙刑 11.2
刑丙小游 1.3
刑丙小游 1.115
刑丙小游 1.137
陰乙刑德 9.11
陰乙刑德 11.2
陰乙刑德 12.13
陰乙刑德 13.14
陰乙刑德 14.14

陰乙刑德15.12	陰乙刑德24.3	陰乙小游1.5	二6.44	二31.14	繫23.13	衷29.25
陰乙刑德16.8	陰乙刑德24.7	陰乙小游1.26	二6.66	二34.55	繫30.11	衷30.53
陰乙刑德17.6	陰乙刑德24.14	陰乙上朔33.33	二7.17	繫8.59	繫33.23	衷32.20
陰乙刑德17.13	陰乙刑德26.10	周5.56	二10.52	繫9.2	繫44.48	衷32.50
陰乙刑德19.12	陰乙刑德27.12	周20.82	二14.51	繫10.47	繫45.9	衷40.68
陰乙刑德20.1	陰乙刑德28.4	周43.33	二17.62	繫10.61	衷20.36	衷42.44
陰乙刑德21.17	陰乙刑德33.7	周43.51	二24.28	繫15.45	衷25.60	衷43.20
陰乙刑德22.3	陰乙大游2.125	周93.19	二25.5	繫15.58	衷26.7	衷44.61
陰乙刑德23.2	陰乙大游3.137	二1.14	二27.24	繫21.64	衷28.56	衷45.5
陰乙刑德23.9	陰乙大游3.186	二1.36	二30.17	繫22.2	衷28.65	衷45.12

衷 45.19　衷 45.26　衷 45.33　衷 45.46　衷 45.52　衷 45.59　衷 46.60　衷 48.38　衷 49.37　衷 50.3

要 10.6　要 17.20　要 17.60　要 18.24　要 18.40　繆 17.60　繆 41.31　繆 42.3　繆 48.29　繆 48.53

繆 49.20　繆 54.3　繆 54.18　繆 54.45　繆 54.54　繆 55.6　繆 55.26　繆 55.33　繆 55.40　繆 55.67

繆 56.50　繆 58.50　繆 60.24　繆 62.14　昭 1.65　昭 3.30　昭 4.34　昭 9.36　昭 9.50　周·殘下 68.4

經 14.44　經 16.20　經 21.46　經 21.62　經 28.54　經 30.21　經 33.28　經 54.44　經 58.45　經 64.26

十 4.47　十 8.6　十 8.47　十 8.51　十 8.57　十 9.20　十 9.22　十 10.55　十 19.61　十 20.13

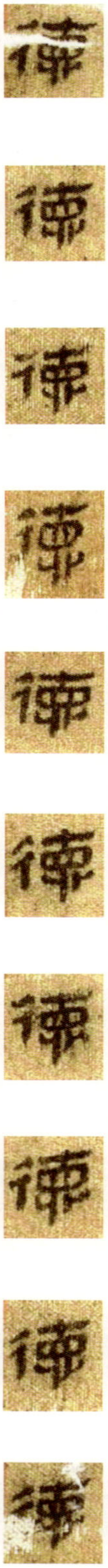

十 30.16　十 31.43　十 31.45　十 31.65　十 32.12　十 32.16　十 32.26　十 32.31　十 34.43　十 36.38

十 38.20　十 39.9　十 61.62　十 61.64　稱 8.28　稱 8.35　稱 24.47　老乙 1.9　老乙 1.11　老乙 1.14

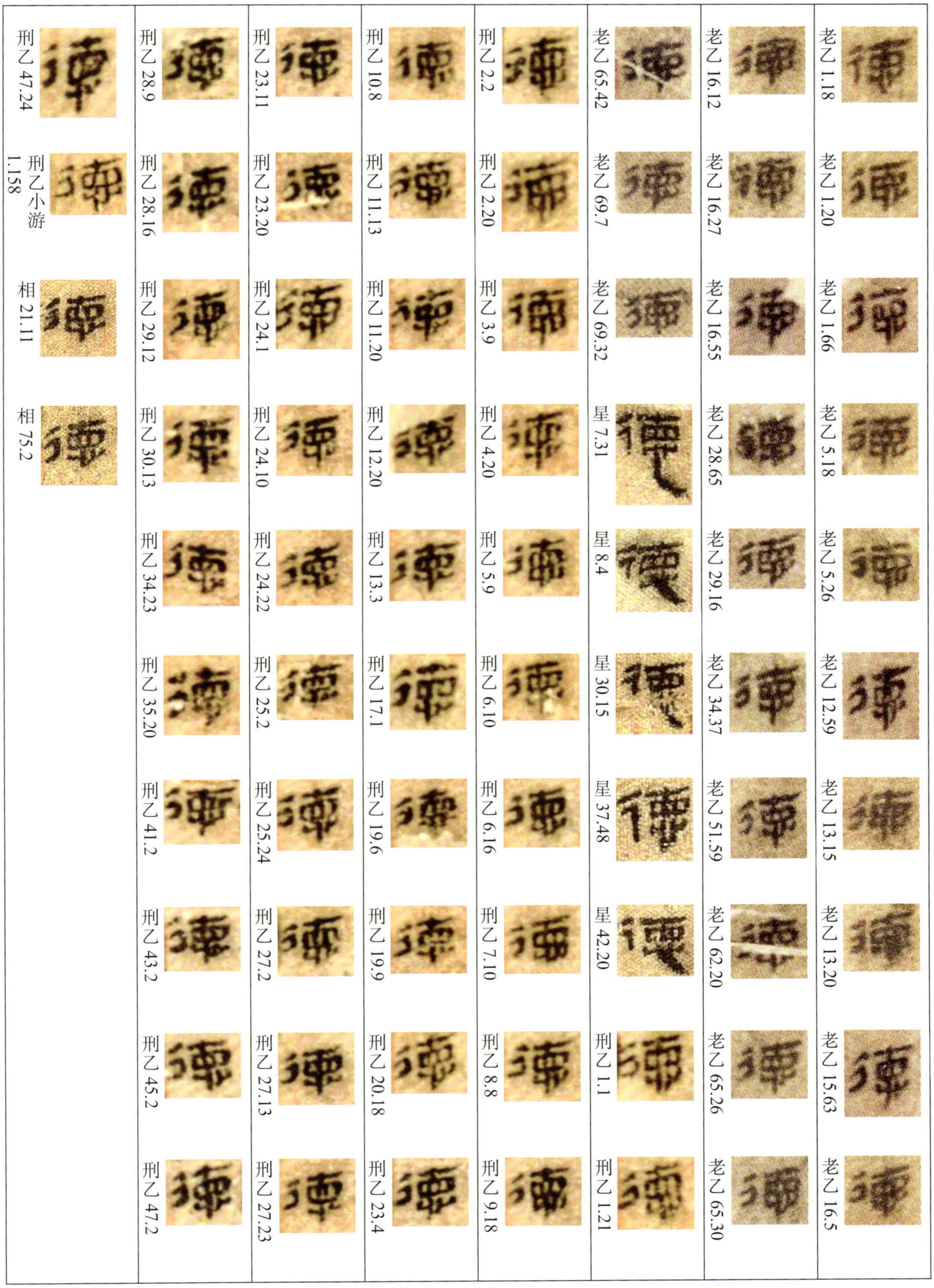

老乙1.18 老乙1.20 老乙1.66 老乙5.18 老乙5.26 老乙12.59 老乙13.15 老乙13.20 老乙15.63 老乙16.5

老乙16.12 老乙16.27 老乙16.55 老乙28.65 老乙29.16 老乙34.37 老乙51.59 老乙62.20 老乙65.26 老乙65.30

老乙65.42 老乙69.7 老乙69.32 星7.31 星8.4 星30.15 星37.48 星42.20 刑乙1.1 刑乙1.21

刑乙2.2 刑乙2.20 刑乙3.9 刑乙4.20 刑乙5.9 刑乙6.10 刑乙6.16 刑乙7.10 刑乙8.8 刑乙9.18

刑乙10.8 刑乙11.13 刑乙11.20 刑乙12.20 刑乙13.3 刑乙17.1 刑乙19.6 刑乙19.9 刑乙20.18 刑乙23.4

刑乙23.11 刑乙23.20 刑乙24.1 刑乙24.10 刑乙24.22 刑乙25.2 刑乙25.24 刑乙27.2 刑乙27.13 刑乙27.23

刑乙28.9 刑乙28.16 刑乙29.12 刑乙30.13 刑乙34.23 刑乙35.20 刑乙41.2 刑乙43.2 刑乙45.2 刑乙47.2

刑乙47.24 刑乙小游1.158 相21.11 相75.2

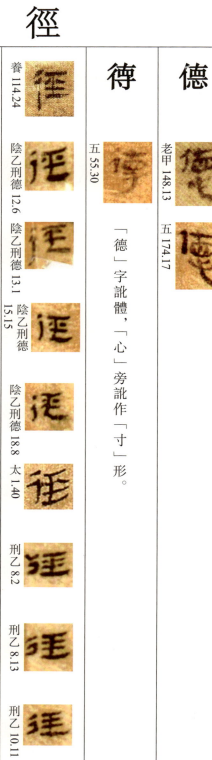

徑

德

老甲 148.13

五 174.17

㥁

五 55.30

「德」字訛體，「心」旁訛作「寸」形。

徑

養 114.24

陰乙刑德 12.6

陰乙刑德 13.1

陰乙刑德 15.15

陰乙刑德 18.8

太 1.40

刑乙 8.2

刑乙 8.13

刑乙 10.11

刑乙 12.3

俓

遣一 188.5

遣一 189.5

遣一 205.5

遣一 206.5

遣一 207.5

遣三 263.5

遣三 264.5

遣三 265.5

遣三 266.5

遣三 267.3

遣三 269.4

十 48.27

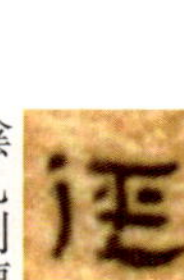
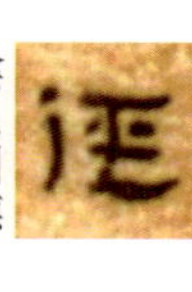
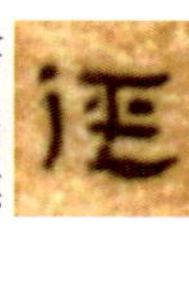

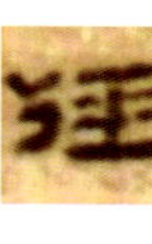

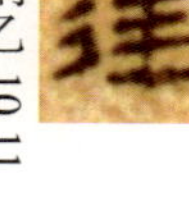

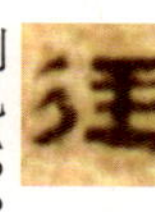

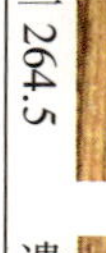
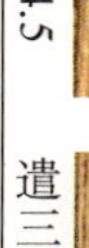

復

陰甲雜一 7.22

陰甲天一 6.18

陰甲祭一 A02L.11

陰甲祭一 A16L.9

陰甲祭一 A16L.28

陰甲神上 14.20

陰甲堪法 13.21

陰甲堪表 5.8

足 17.19

陽甲 21.4

方 27.1

方 47.1

方 50.16

方 55.1

方 55.12

方 70.4

方 91.12

方 116.10

方 170.5

方 173.8

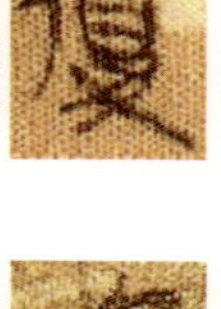

方 175.9 方 190.4 方 196.13 方 199.16 方 205.6 方 226.8 方 260.18 方 280.25 方 316.21 方 383.13

方 389.2 方 458.2 方 478.9 方 479.11 去 1.28 養 4.10 養 49.2 養 55.9 養 79.26 養 82.11

養 110.7 養 129.25 養 138.2 養 138.6 養 170.24 養 180.2 養·殘 13.7 房 44.22 房 45.11 射 15.2

春 56.15 春 85.4 戰 14.6 戰 52.28 戰 53.5 戰 53.10 戰 53.21 戰 54.20 戰 54.27 戰 55.24

戰 85.22 戰 85.36 戰 87.10 戰 87.14 戰 90.8 戰 90.20 戰 103.17 戰 109.25 戰 111.37 戰 121.10

戰 133.27 戰 134.8 戰 136.15 戰 138.4 戰 142.1 戰 154.2 戰 317.24 戰 318.29 老甲 31.9 老甲 117.19

老甲 122.25 老甲 127.1 老甲 148.18 老甲 149.21 九 8.13 九 10.9 明 28.20 氣 5.131 氣 10.161 刑甲 17.13

刑甲 26.9 刑甲 63.10 刑甲 65.10 刑丙刑 11.11 陰乙刑德 7.13 陰乙刑德 9.1 陰乙大游 3.11 木 20.9 木 60.14 問 6.27

問 11.13　問 73.7　問 84.11　問 88.7　問 96.13　合 8.19　合 30.7　合 30.11　談 16.8　遣三 338.3

遣三 341.3　遣三 359.3　周 5.4　周 9.24　周 21.5　周 22.4　周 23.22　周 23.28　周 30.21　周 33.15

周 39.11　周 39.48　周 39.60　周 41.40　周 46.44　周 53.2　周 53.13　周 53.19　周 53.29　周 53.43

周 53.53　周 53.58　周 53.65　周 55.24　周 57.7　周 59.26　周 59.52　周 60.13　周 66.66　周 70.51

周 71.25　周 75.16　周 77.67　周 77.73　周 78.3　周 84.16　周 84.27　周 84.42　周 84.52　周 85.8

周 88.3　周 88.61　周 91.65　周 92.56　周 93.8　周 93.16　二 9.2　二 9.58　衷 45.16　衷 46.5

衷 46.52　要 10.19　要 10.55　要 11.4　繆 62.11　經 5.45　經 5.49　經 5.57　經 9.44　經 35.37

經 66.49　十 11.8　十 11.12　十 11.24　十 11.49　十 12.5　十 30.19　十 43.65　十 45.3　稱 8.46

道1.53 老乙14.14 老乙20.57 老乙28.11 老乙31.12 老乙58.4 老乙58.14 老乙60.1 老乙69.38 老乙69.64

星4.44 星23.32 星24.46 星40.53 星45.56 星120.42 刑乙5.2 刑乙5.27 刑乙13.6 刑乙63.40

刑乙71.55 刑乙77.64 刑乙87.14 相2.23 相8.24 相38.4 相38.13 相38.55 相46.65 相58.37

相71.17

往

復

五139.29 五140.17 星142.46

方106.3 春38.20 戰39.27 氣7.35 出2.1 出2.17 出21.25 問47.18 談7.9 談9.17

周2.13 周3.17 周4.14 周8.16 周8.22 周9.19 周11.44 周12.7 周13.13 周13.28

周14.16 周24.19 周24.46 周25.40 周27.11 周27.66 周28.9 周29.13 周32.21 周35.72

周39.8 周39.16 周41.23 周41.36 周43.11 周44.14 周46.36 周51.28 周53.23 周57.22

周57.30 周59.21 周59.42 周59.67 周61.43 周68.9 周70.26 周75.73 周76.18 周82.5

周91.59 周92.6 二11.18 繫15.21 繫22.36 繫23.34 衷22.1 繆65.22 繆65.37 繆68.11

繆72.8 昭4.59 十26.23 十64.42 老乙31.44 老乙76.28 星9.36 星30.1

佳

老甲165.1

彼

陽甲20.8 養192.18 養207.14 戰320.7 談8.14 談12.30 繆24.60 繆40.3 繆57.20 繆60.53

繆69.19 繆69.28 十36.48 老乙53.22

徵

陰乙文武21.8 問32.4

循

足10.6
足13.20
足19.6
足25.6
足27.5
足29.9
足31.9
足33.10
陽甲9.10
養83.13

戰6.16
戰17.23
戰24.11
戰24.20
戰29.7
戰57.3
戰70.9
戰76.8
戰79.35
戰92.28

戰96.35
戰107.1
戰128.2
戰129.20
戰137.16
問50.11
繆15.54
經28.7
經39.46
經68.2

經75.37
經75.49
十6.32
十30.14
十34.21
十43.63
十45.1
十56.58
稱12.32
相9.47

相58.14

瘖

春93.27

「循」之形近誤字。

微

談10.19
談33.28
談44.10
衷43.45
周·殘下60.3
周·殘下60.12
十6.26
十6.64
十32.34
十32.45

徵

戰196.34
老甲85.4
老甲85.27
老甲167.22
問16.12
問35.12
禁2.11
禁7.11
談10.17

十32.52 道1.27 道4.14 道6.35 老乙54.56 老乙56.26 老乙77.38 相15.52 相22.24 相35.56

相36.17 相36.53 相50.29 相66.44

⿱徵耳

老甲116.5

「微」字訛體，字形上半訛作形近的「徵」旁。

徐

方98.9 方275.21 戰7.14 戰11.20 戰15.27 戰20.13 戰35.12 戰46.30 戰63.4 戰64.6

戰64.34 戰65.11 戰188.22 問36.11 合5.24 合6.6 合6.14 合6.22 合7.8 合18.1

談35.32 談43.6 談43.13 談43.25 談43.32 箭4.1 周62.73 周63.15 經54.45 十61.4

稱24.49 老乙57.24 老乙57.30 星2.13 星143.31 星143.45 相9.48 相19.61 相20.34 相26.8

相58.15

復

去 1.33

五 154.25

周 33.77

退

養 218.6

問 5.23

周 85.37

星 6.8

星 11.2

星 11.10

星 37.14

星 74.18

《說文》古文。

徥

德 11.4

繫 3.58

繫 34.21

繆 26.21

繆 66.41

經 67.7

十 44.56

稱 2.16

老乙 5.12

老乙 34.68

老乙 49.14

老乙 50.56

相 39.43

相 39.47

後

陰甲雜一 5.2

陰甲雜四 6.8

陰甲室 6.6

陰甲室 7.17

陰甲室 7.21

陰甲雜七 2.2

陰甲堪法 9.7

陰甲堪法 9.46

陰甲堪法 11.32

陰甲堪法 15.13

陰甲堪表 9.22

陰甲堪表 9L.7

陰甲堪表 9L.16

陰甲堪表 9L.25

陰甲堪表 9L.36

陰甲刑日 4.1

陰甲·殘 2.6

陰甲·殘 3.4

陰甲·殘 3.10

陰甲·殘 4.26

陽甲 14.6

方 27.15

方 33.5

方 105.29

方 108.8

方 261.15

方 261.21

養 15.6

養 15.11

養 15.17

養99.5　養105.12　養108.18　養112.20　養131.20　養151.2　養153.4　養·殘33.3　胎18.12　春33.17

春50.16　春59.20　春63.23　春89.6　戰9.29　戰11.16　戰13.23　戰35.8　戰37.9　戰39.20

戰63.21　戰111.8　戰126.28　戰128.31　戰156.39　戰208.7　戰213.12　戰318.24　戰321.16　戰321.24

老甲63.5　老甲69.26　老甲96.18　五147.5　氣2.277　氣7.46　氣7.52　氣9.196　刑甲126.13　刑丙刑19.5

刑丙地14.14　陰乙刑德26.2　陰乙大游2.73　陰乙大游2.93　陰乙大游2.102　陰乙大游3.192　陰乙大游3.198　陰乙上朔17.7　陰乙上朔21.6　陰乙上朔29.6

陰乙上朔32.35　陰乙天一17.9　陰乙天一18.6　陰乙·殘23.2　木6.13　木36.10　談37.12　宅2.5　宅2.9　周2.79

周7.58　周20.13　周23.15　周31.27　周44.17　周52.22　周73.70　周76.10　二2.8　二32.26

繫14.13 繫36.52 繫37.22 衷27.4 衷36.18 衷37.7 衷37.20 衷46.20 要11.49 要17.12

要18.10 要18.67 要22.33 繆41.34 繆48.65 繆60.4 繆60.12 繆67.57 經10.54 經12.46

經39.24 經44.61 經60.24 經72.36 十1.26 十8.58 十10.56 十21.45 十29.55 十36.56

十37.6 十37.17 十37.32 十56.2 十61.20 稱14.56 老乙30.6 老乙33.49 老乙55.64 星41.13

星46.18 星46.21 星48.29 刑乙2.12 刑乙16.8 刑乙26.17 刑乙43.16 刑乙44.6 刑乙46.3 相2.9

相3.14 相3.64 相4.15 相7.68 相8.5 相8.18 相15.43 相15.53 相17.70 相19.20

相33.52 相34.10 相36.13 相37.31 相38.45 相50.31 相52.24 相52.39 相52.62 相54.23

相55.57 相56.29 相58.18 相62.44 相64.66 相65.9 相65.59 相66.48 相69.13 相69.24

得

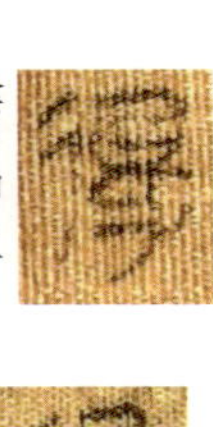

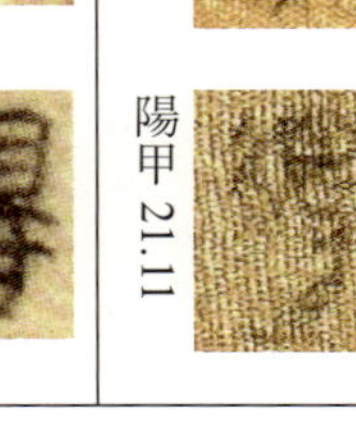

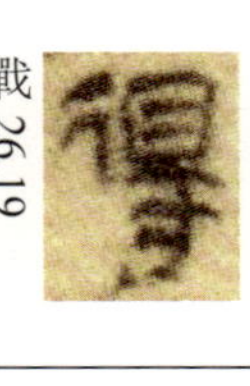
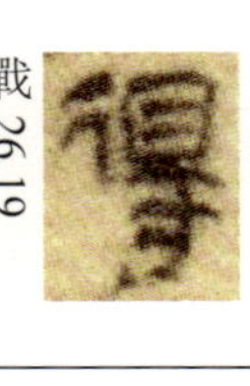

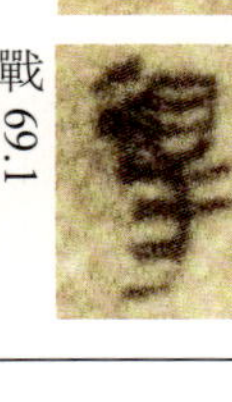

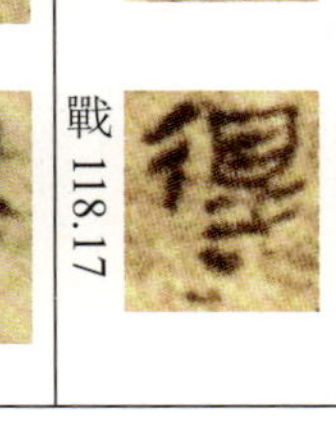
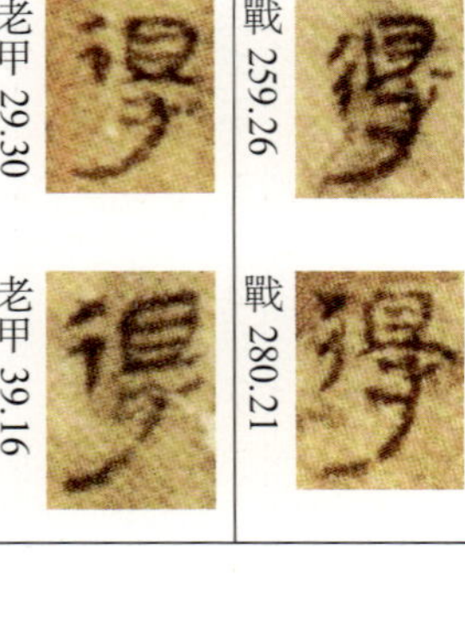

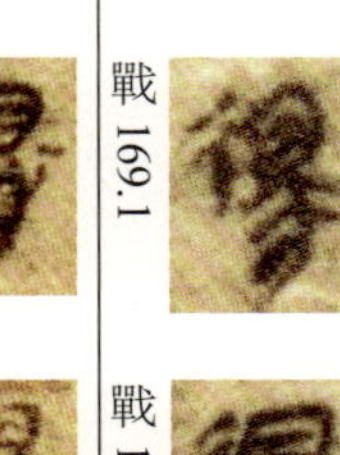

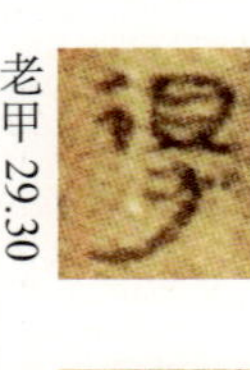

相 70.56
相 72.29
相 73.30
相 73.38
相 76.46

陰甲徙 5.44
陰甲祭一 A05L.17
陰甲神上 4.9
陰甲神上 8.9
陰甲神上 8.15
陰甲神上 14.13
陰甲諸日 5.17
陰甲·殘 373.5
足 22.22
陽甲 21.11

方 453.22
方 469.5
胎 30.6
春 28.6
春 33.7
春 94.3
春·殘 7.1
戰 2.14
戰 18.3
戰 26.19

戰 26.26
戰 43.24
戰 43.31
戰 45.3
戰 48.28
戰 57.9
戰 57.20
戰 67.38
戰 68.17
戰 69.1

戰 69.20
戰 71.26
戰 76.38
戰 78.23
戰 88.19
戰 92.10
戰 94.29
戰 95.34
戰 107.26
戰 118.17

戰 123.14
戰 125.18
戰 138.13
戰 144.21
戰 144.32
戰 145.23
戰 152.13
戰 157.37
戰 169.1
戰 171.31

戰 178.4
戰 189.2
戰 191.31
戰 208.13
戰 215.24
戰 220.17
戰 220.21
戰 259.1
戰 259.26
戰 280.21

戰 293.30
戰 294.28
戰 295.18
戰 322.7
老甲 5.8
老甲 5.21
老甲 14.18
老甲 16.17
老甲 29.30
老甲 39.16

老甲 40.6
老甲 50.22
老甲 59.8
老甲 80.19
老甲 112.2
老甲 113.26
老甲 116.20
老甲 136.20
老甲 154.4
老甲 156.7

五 8.1
五 8.10
五 8.19
五 13.19
五 44.8
五 48.33
五 71.20
五 114.16
五 128.17
五 162.17

五 171.10
五 177.11
五 177.24
九 15.3
九 26.15
九 26.24
九 27.29
九 27.35
九 28.4
九 32.19

九 32.23
九 33.9
九 34.25
明 2.15
明 14.11
明 34.18
明 37.10
明 37.20
明 38.2
明 38.17

明 39.1
明 42.26
德 13.17
氣 1.206
氣 2.28
氣 2.41
氣 2.49
氣 2.292
氣 2.322
氣 2.391

氣 3.65
氣 6.166
氣 8.13
氣 9.214
刑甲 7.25
刑甲 9.14
刑丙刑 11.8
刑丙刑 21.5
陰乙大游 3.129
陰乙天一 11.5

陰乙天一 17.5
陰乙天一 29.3
陰乙天一 31.3
陰乙天一 33.6
出 23.50
出 26.38
出 27.44
出 27.50
出 28.26
出 28.33

出 28.41
出 29.42
出 29.51
出 30.29
出 30.47
出 33.27
出 33.60
木 15.13
木 15.17
木 26.13

木29.15 木30.15 木32.13 木39.14 木68.21 問1.12 問1.18 問1.25 問2.17 問8.23

問15.15 問23.15 問28.5 問100.12 合4.11 禁10.4 禁11.11 談7.14 談55.2 箭7.3

周8.44 周12.63 周13.59 周14.17 周21.29 周21.84 周25.41 周26.34 周29.12 周34.41

周44.23 周46.23 周51.56 周66.43 周68.29 周68.60 周71.63 周73.28 周79.39 周80.9

周84.67 二9.68 二10.40 二33.77 繫3.3 繫3.38 繫5.11 繫34.23 繫41.23 繫46.62

衷3.43 衷3.49 衷3.55 衷6.37 衷6.45 衷6.50 衷7.8 衷7.13 衷9.5 衷27.5

衷27.18 衷37.21 衷38.27 衷39.68 衷40.44 要9.4 要16.4 要24.1 要24.18 繆3.3

繆4.18 繆25.13 繆41.12 繆55.52 繆61.1 昭1.46 昭8.26 經1.7 經14.50 經15.34

經16.25　經21.39　經22.6　經28.15　經34.13　經37.49　經37.53　經37.57　經42.28　經47.38

經48.5　經48.7　經59.50　經67.61　經76.34　經77.20　十4.63　十6.61　十10.39　十15.34

十21.30　十24.13　十33.4　十33.35　十35.61　十36.17　十38.49　十52.30　十56.15　十56.21

十56.27　十59.14　十59.23　十64.8　稱2.57　稱3.52　稱5.40　稱8.30　稱9.30　稱9.38

稱9.59　稱12.44　稱12.53　稱15.59　稱17.44　道2.13　道2.17　道2.21　道2.26　道2.32

道5.20　道5.54　道6.38　道6.46　道6.55　道7.19　老乙2.58　老乙2.62　老乙2.67　老乙2.72

老乙3.5　老乙3.10　老乙14.2　老乙18.30　老乙18.57　老乙38.38　老乙46.25　老乙52.57　老乙53.46　老乙55.7

老乙63.73　老乙70.5　老乙71.32　老乙72.29　老乙72.56　星30.5　星45.54　星56.15　刑乙18.25　刑乙62.69

刑乙 65.54 相 3.22 相 4.40 相 4.47 相 5.23 相 14.16 相 18.45 相 21.15 相 23.59 相 24.42

相 40.42 相 42.55 相 42.59 相 42.67 相 42.71 相 43.16 相 43.26 相 43.37 相 50.49 相 50.58

相 50.65 相 51.9 相 51.16 相 64.18 相 64.32

律

遺一 278.2 周 27.13 周 50.12 要 22.14

御

戰 41.9 戰 73.9 戰 175.10 老甲 118.12 合 3.5 經 7.57 稱 19.2 老乙 56.8

⿰彳必*

問 35.11

⿰彳卻*

戰 5.26 戰 126.36

疑爲「⿰彳卻」字異體。

⿰彳刺*

老甲 36.9

⿰彳枼*

春 33.28

⿰彳禺*

「偶」字異體，卷八人部重見。

⿲彳吾阝*

「衙」字異體，本卷行部重見。

⿰彳𤰇*

「備」字異體，卷八人部重見。

⿰彳袁*

「遠」字異體，本卷辵部重見。

⿰彳⿱彐⿱冖又*

「侵」字異體，卷八人部重見。

⿰彳菐*

「僕」字異體，卷八人部重見。

⿰彳憂*

「優」字異體，卷八人部重見。

廷

方181.21
養85.24
戰54.16
九23.23
箭99.10
周10.12
周25.24
周52.2
周57.6
二5.34
二33.17
繆70.31
周·殘上13.2
稱2.3

建

胎17.18
老甲70.9
刑丙天11.6
遣三9.1
周27.23
周34.4
衷23.68
經4.22
經50.7
經50.25
經71.36
十4.31
十27.52
稱1.27
稱15.18
老乙4.68
老乙5.30
老乙34.1

延

方318.14
九7.13
談28.4
箭39.1
箭60.1
箭98.13
十41.55

⿺辶正

戰50.38

行

陰甲神上2.15
陰甲雜三1.19
陰甲衍1.12
陰甲衍3.19
陰甲衍4.13
陰甲衍6.27
陰甲築一1.7
陰甲築一2.6
陰甲宜忌1.8
陰甲·殘42.3
陰甲·殘278.2
陰甲·殘281.4
方224.21
方454.28
去3.12
養181.3
養190.1
養195.2
春94.16
戰41.12

戰 55.19
戰 147.9
戰 148.14
戰 155.12
戰 155.23
戰 164.23
戰 195.6
戰 266.6
戰 297.16
老甲 51.26
老甲 72.17
老甲 72.19
老甲 73.31
老甲 74.13
老甲 112.8
老甲 135.22
老甲 143.14
老甲 144.24
老甲 151.19
老甲 162.4
五 3.1
五 3.10
五 3.17
五 4.2
五 4.5
五 4.12
五 7.3
五 7.10
五 20.12
五 24.24
五 29.26
五 33.4
五 33.19
五 34.2
五 35.1
五 53.8
五 69.20
五 69.27
五 76.6
五 79.19
五 88.9
五 92.4
五 93.5
五 111.32
五 112.13
五 112.18
五 121.12
五 121.23
五 121.28
五 122.5
五 122.20
五 123.13
五 126.3
五 127.17
五 140.31
五 141.29
五 142.25
明 16.19
明 18.4
明 29.23
德 1.9
德 1.15
氣 7.49
氣 9.232
氣 9.236
氣 10.263
刑甲 22.9
刑甲 22.17
刑甲 23.13
刑甲 30.4
刑甲 35.24
刑甲 112.7
刑甲 112.16
刑甲 114.14
刑甲大游 1.20
刑丙傳 18.7
刑丙天 11.22
陰乙刑德 6.9
陰乙刑德 8.4
陰乙大游 2.13

陰乙大游2.115 陰乙文武21.18 陰乙五禁11.3 出5.19 出7.27 出8.51 出9.21 出12.15 出13.39 出14.29

出20.3 出21.37 出21.53 出22.53 出22.59 出23.15 出23.28 出23.55 出24.49 出25.43

出27.21 出27.54 出28.24 出28.44 出29.24 出29.29 出29.33 出30.24 出31.24 出32.24

木5.3 木33.15 木37.12 木60.15 問1.14 問26.19 問41.11 問47.12 問53.23 問57.11

問68.12 問68.15 合13.6 談12.14 談14.19 喪3.1 物1.4 物1.18 太1.14 太1.41

太5.10 周8.73 周10.10 周13.50 周13.57 周21.9 周34.6 周46.27 周48.58 周51.21

周53.51 周53.71 周57.59 周57.75 周58.19 周92.58 周92.67 二4.57 二5.42 二10.32

二12.66 二19.9 二26.32 二28.59 二32.24 繫7.20 繫11.12 繫11.62 繫13.43 繫13.51

繫 13.67
繫 18.35
繫 20.46
繫 29.17
繫 29.60
繫 30.12
繫 31.23
繫 32.45
繫 35.51
繫 44.49

繫 45.10
衷 4.9
衷 9.29
衷 19.27
衷 30.55
衷 46.45
衷 47.15
要 7.5
要 10.56
要 11.27

要 11.34
要 12.60
要 13.10
要 14.60
要 17.41
要 18.41
繆 22.60
繆 54.25
繆 72.22
周·殘下 60.16

經 10.51
經 14.22
經 17.45
經 19.37
經 21.37
經 21.56
經 22.25
經 24.22
經 34.28
經 34.57

經 38.3
經 49.45
經 64.24
經 77.38
十 2.18
十 3.30
十 6.29
十 12.24
十 22.7
十 23.6

十 28.61
十 29.11
十 32.6
十 32.48
十 34.8
十 47.38
十 50.22
十 51.56
十 52.24
十 52.50

十 54.5
十 57.6
十 57.33
十 58.20
十 59.11
十 59.20
十 59.51
十 59.59
十 60.17
稱 5.43

稱 7.7
稱 10.45
稱 10.47
稱 12.37
稱 12.46
稱 17.8
道 3.49
老乙 12.27
老乙 15.1
老乙 24.28

術

老乙 35.6
老乙 35.46
老乙 35.59
老乙 63.48
老乙 67.4
老乙 67.41
老乙 70.31
老乙 75.6
星 6.16
星 24.6

星 35.38
星 36.33
星 39.21
星 40.23
星 44.50
星 57.15
星 62.31
星 70.10
星 88.12
星 88.19

星 120.15
星 120.21
星 123.2
星 127.2
星 135.2
星 139.2
星 142.14
星 143.12
星 143.33
刑乙 3.11

刑乙 4.10
刑乙 5.11
刑乙 39.16
刑乙 47.14
刑乙 55.9
刑乙 55.18
刑乙 58.12
刑乙 75.10
刑乙 75.18
刑乙 76.14

刑乙 77.12
相 1.59
相 15.28
相 19.9
相 47.39
相 57.28
相 62.35
相 65.44
相 66.11
相 70.6

相 71.32
相 72.9
相 72.60
相 73.15

⿴行示

陰甲神上 13.42

「行神」之「行」的專字。

陰甲室 2.4
陰甲·殘 122.2
陰甲·殘 158.3
戰 52.30
戰 53.23
九 49.11

街

- 足14.13

衝

- 方220.13
- 刑甲11.34
- 刑甲90.5
- 刑甲91.25
- 刑甲107.7
- 刑丙·殘2.5
- 陰乙刑德29.5
- 陰乙刑德30.7
- 陰乙文武15.8
- 陰乙文武20.7
- 陰乙傳勝圖1.28
- 出9.2
- 刑乙14.9
- 刑乙15.7
- 刑乙16.2
- 刑乙68.28

衙

郚

- 明12.3

衛

- 春46.15
- 戰56.38
- 戰68.19
- 戰146.18
- 戰161.25
- 戰169.7
- 戰192.2
- 戰202.15
- 德8.5
- 竹二1.1
- 周50.58
- 衷1.50
- 衷48.18
- 繆57.59
- 繆64.43
- 繆70.70
- 昭1.23
- 昭2.2
- 昭3.27
- 昭3.33
- 昭3.42
- 昭4.55
- 昭4.67

衞

- 春62.5
- 春62.19
- 繆70.38
- 繆71.42
- 昭5.33
- 刑乙95.17
- 刑乙96.21
- 刑乙96.42

衍*

衛

戰 211.16

氣 1.23

刑甲 55.21

刑甲 56.16

「道」字異體，本卷辵部重見。

齒

足 33.23

陽甲 18.1

陽甲 18.24

陽甲 19.3

陽甲 19.18

方 134.26

方 417.4

陽乙 9.21

陽乙 9.29

陽乙 9.34

陽乙 9.42

養圖 1.6

胎 11.2

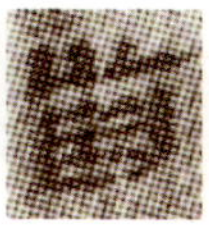

談 48.25

遣一 292.6

牌一 48.5

遣三 369.6

周 2.55

稱 9.52

齗

談 39.21

談 53.11

齮

戰 277.5

齦

方 134.27

齕 齕

戰 43.19

地 2.1

箭 13.1

箭 57.1

齧

方目1.19
方56.3
方56.23
方57.3
方64.4
方134.8
方135.25
合25.10

牙

方399.5
陽乙11.5
陽乙11.24
陽乙16.13
春87.9
戰56.10
戰56.24
戰58.29
戰65.23
戰68.22

戰74.10
戰74.25
戰78.25
戰78.34
戰85.23
戰86.39
戰89.18
戰101.14
戰102.14
戰102.29

戰102.35
戰103.14
戰104.2
戰106.4
戰107.8
戰108.29
戰109.34
戰110.23
戰116.11
戰117.26

戰117.40
戰120.2
戰122.27
周11.60
昭1.28
昭5.13
昭7.17

足

足1.2
足3.4
足5.2
足7.4
足10.2
足11.4
足14.4
足15.19
足17.4
足18.11

足19.2
足34.13
陽甲6.10
陽甲24.6
脈2.8
脈2.18
方28.21
方41.21
方44.14
方46.22

方127.11
方160.3
方168.4
方211.4
方228.15
方229.1
方237.1
方305.6
方317.7
方319.6

方343.11
方343.23
方357.10
方444.11
方487.11
去1.37
陽乙3.34
陽乙4.18
陽乙6.35
陽乙12.17

陽乙14.21
陽乙14.28
養5.9
養80.6
養87.22
養196.4
養208.10
養224.12
養·殘34.4
養·殘56.8

養·殘166.3
戰12.31
戰50.5
戰50.9
戰50.12
戰50.28
戰51.9
戰54.22
戰54.29
戰60.6

戰77.5
戰83.3
戰91.18
戰110.12
戰168.11
戰172.12
戰176.3
戰188.32
戰224.19
戰319.7

老甲17.4
老甲20.2
老甲86.19
老甲124.26
老甲127.21
老甲166.2
老甲166.9
五40.12
五148.7
五152.24

五154.4
五164.20
刑丙天10.4
陰乙大游2.79
合31.4
遣一195.22
遣一201.16
遣三87.24
遣三158.2
牌三41.2

周12.14
二9.1
二9.48
繫42.63
繫43.7
衷7.30
衷18.18
衷23.8
要10.18
要20.56

要22.72
要23.22
要23.31
繆13.27
繆35.27
繆41.57
繆61.55
繆64.34
繆66.7
繆66.65

踵 踐 踰 踝

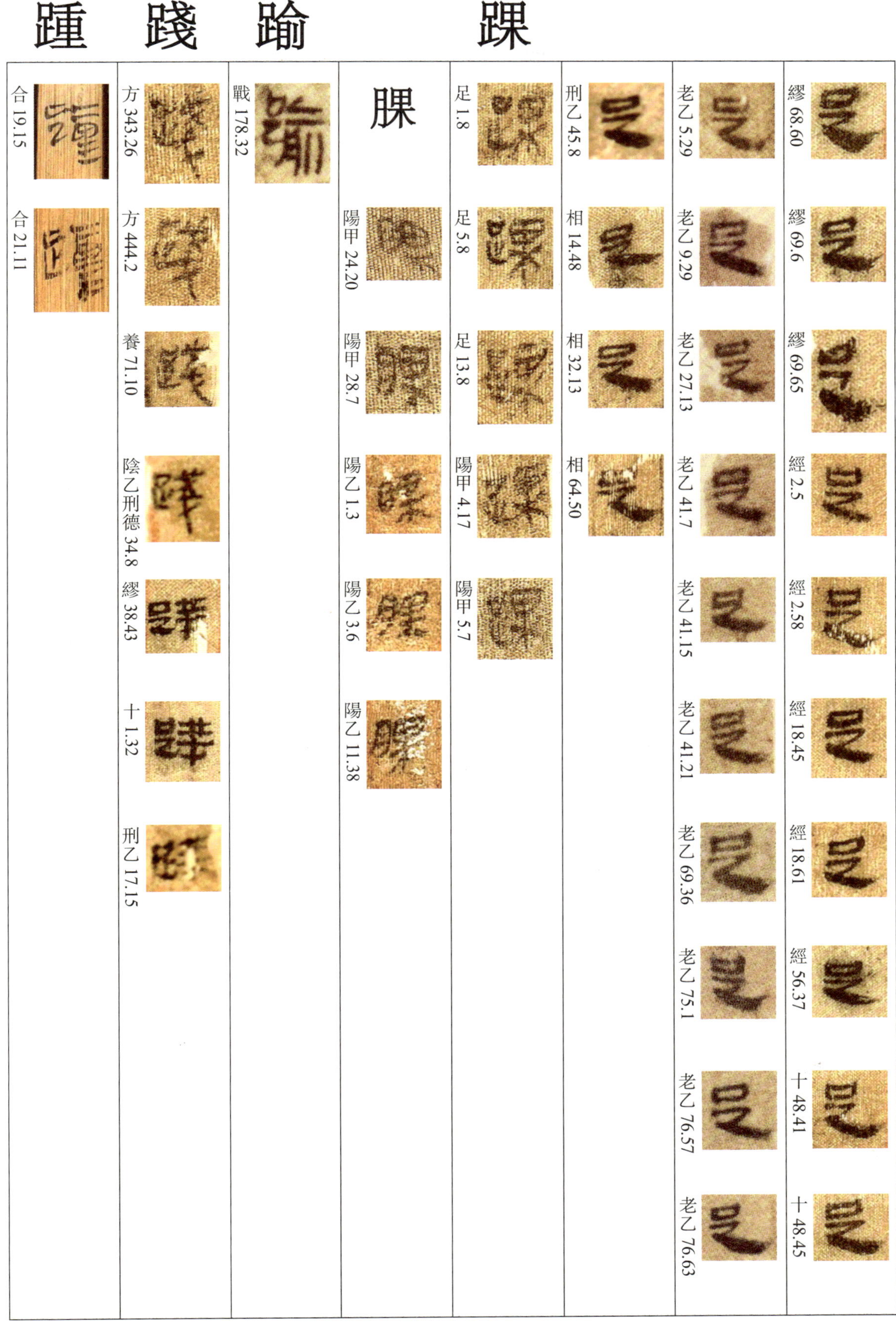

踝：繆68.60、繆69.6、繆69.65、經2.5、經2.58、經18.45、經18.61、經56.37、十48.41、十48.45；老乙5.29、老乙9.29、老乙27.13、老乙41.7、老乙41.15、老乙41.21、老乙69.36、老乙75.1、老乙76.57、老乙76.63；刑乙45.8、相14.48、相32.13、相64.50；足1.8、足5.8、足13.8、陽甲4.17、陽甲5.7

腂：陽甲24.20、陽甲28.7、陽乙1.3、陽乙3.6、陽乙11.38

踰：戰178.32

踐：方343.26、方444.2、養71.10、陰乙刑德34.8、繆38.43、十1.32、刑乙17.15

踵：合19.15、合21.11

路 距 蹇 跛 跳 蹶

蹱

老甲 102.15

老甲 106.16

談 38.19

談 42.2

蹷

陽甲 12.2

陽甲 37.9

陽甲 13.7

周 4.34

周 37.16

問 6.18

戰 228.21

戰 228.31

問 3.25

合 21.8

春 55.16

春 57.14

戰 53.29

戰 260.24

五 47.1

五 47.14

五 146.6

問 97.24

箭 92.4

二 9.49

二 10.10

繆 71.6

周·殘下 5.6

稱 11.13

跲*	踙*	躩*	蹃*	蹶*	蹩*	疋	品
老乙 39.20 甲本異文作「逆」，「跲」、「逆」爲一字異體。	相 62.61	周 61.20 周 61.29	陰甲雜一 8.12	「歷」字異體，本卷止部重見。	陰甲雜一 8.15	五 94.26 繫 14.56	周 82.47

枽	扁	
 地 40.1	 足 21.1	星 66.3
	候 4.5	星 71.8
	 方 46.9	
	 方 121.4	
	方 445.5	
	 陽乙 15.52	
	 九 19.21	
	 遣一 261.6	
	 要 23.42	
	 道 5.73	

卷三

囂

陰甲上朔 5.18
陰甲雜六 3.5

器

方 266.18
方 340.17
方 361.11
養 4.24
養 161.12
養·殘 44.2
戰 198.8
戰 198.29
老甲 41.15
老甲 64.12

老甲 151.2
老甲 155.31
老甲 156.4
老甲 168.6
明 4.27
遣一 40.5
遣一 41.6
遣一 42.5
遣一 51.5
遣一 52.9

遣一 56.4
遣一 57.4
遣一 58.4
遣一 59.4
遣一 61.4
遣一 63.4
遣一 64.4
遣一 65.4
遣一 67.6
遣一 85.4

遣一 87.4
遣一 89.10
遣一 123.4
遣一 128.5
遣一 129.5
遣一 130.4
遣一 131.4
遣一 163.4
遣一 164.4
遣一 203.17

遣一 219.7
遣一 221.2
遣一 224.7
遣一 283.7
遣三 86.2
遣三 186.5
遣三 187.5
遣三 188.6
遣三 189.5
遣三 190.4

舓 舌 嚻*

遣三191.5 遣三192.4 遣三193.4 遣三194.4 遣三195.5 遣三196.4 遣三197.13 遣三198.10 遣三199.4 遣三200.4

遣三201.4 遣三202.4 遣三203.4 遣三204.5 遣三205.4 遣三206.4 遣三207.4 遣三208.4 遣三209.4 遣三210.3

遣三211.4 遣三212.4 遣三213.5 遣三214.2 遣三215.4 繫17.39 繫24.61 繫28.23 繫41.40 繫41.50

繫42.19 繫45.37 繆63.24 經64.21 老乙5.41 老乙13.4 老乙30.53 老乙33.34 老乙52.8 老乙52.14

老乙69.73 老乙70.11 老乙77.52

木40.8

足15.1 陽甲31.1 候3.26 方152.3 合6.10 談43.15 周47.18 周61.64 衷41.13

咜

方80.9

《說文》：「舓，以舌取食也。从舌、易聲。䑜，舓或从也。」「咜」即「䑜」字異體，「口」、「舌」二旁通用。

干 谷 喬 商 句

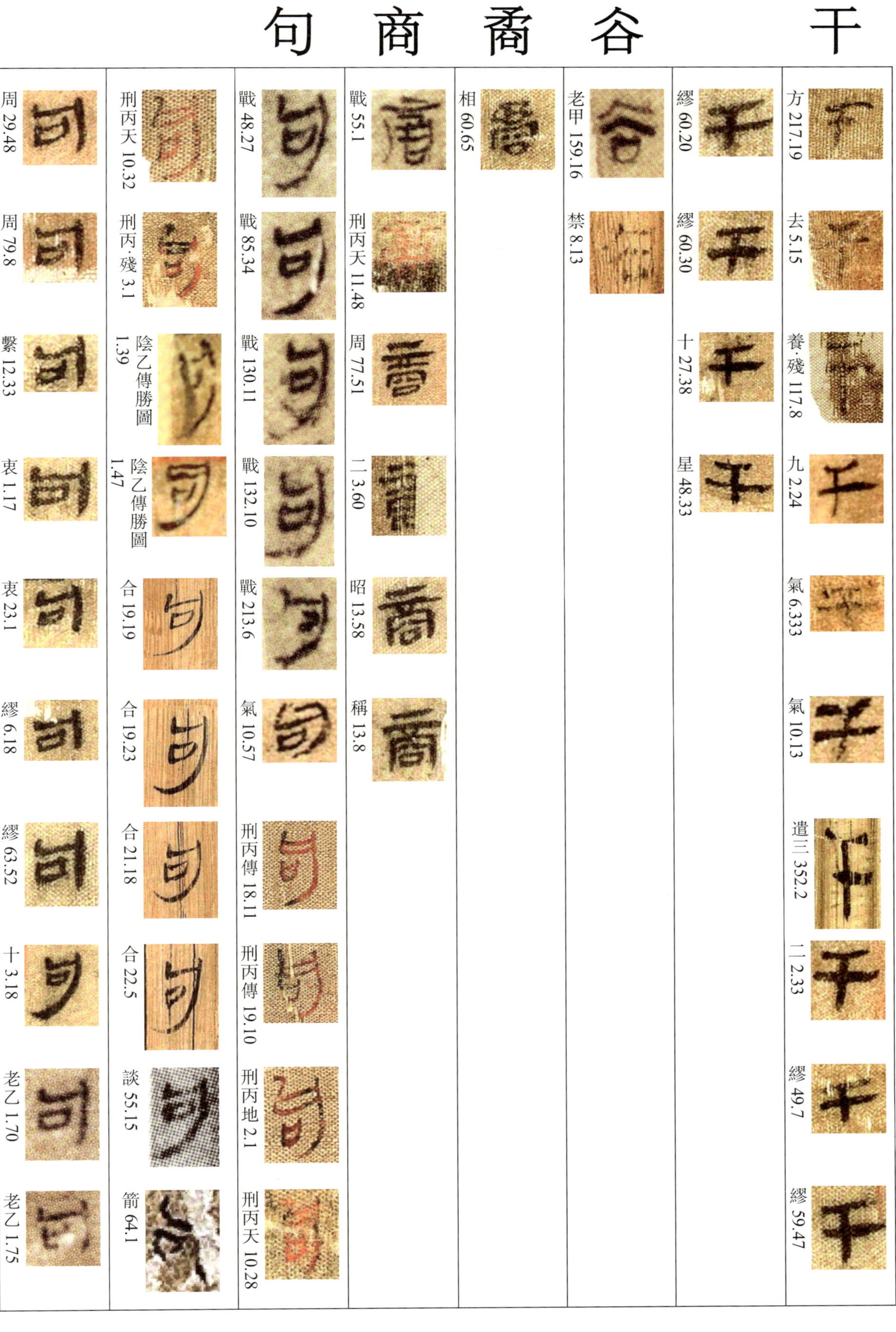

方 217.19
去 5.15
養·殘 117.8
九 2.24
氣 6.333
氣 10.13
遣三 352.2
二 2.33
繆 49.7
繆 59.47
繆 60.20
繆 60.30
十 27.38
星 48.33
老甲 159.16
禁 8.13
相 60.65
戰 55.1
刑丙天 11.48
周 77.51
二 3.60
昭 13.58
稱 13.8
戰 48.27
戰 85.34
戰 130.11
戰 132.10
戰 213.6
氣 10.57
刑丙傳 18.11
刑丙傳 19.10
刑丙地 2.1
刑丙天 10.28
刑丙天 10.32
刑丙·殘 3.1
陰乙傳勝圖 1.39
陰乙傳勝圖 1.47
合 19.19
合 19.23
合 21.18
合 22.5
談 55.15
箭 64.1
周 29.48
周 79.8
繫 12.33
衷 1.17
衷 23.1
繆 6.18
繆 63.52
十 3.18
老乙 1.70
老乙 1.75

拘

老乙 2.4
星 1.10
木 51.6 

笱

戰 43.35
戰 47.37
戰 146.24
戰 148.15
戰 215.23
五 19.9
問 89.21
遣三 401.2
衷 39.67
相 8.50

竒

五 55.2
五 55.16
五 57.11
五 57.32
五 62.16
五 64.16
五 64.25
五 65.7
五 65.19
五 65.29 
五 66.4
五 67.20
五 72.21
五 73.6
五 77.10
五 78.9
五 80.2
五 84.12
五 85.2
五 85.20 
五 101.22
五 118.8
五 136.3
五 174.20

「竹」頭或省作一半。

鉤

養 17.2
五 10.22
刑甲 94.23
箭 22.2
箭 23.2

糾

相 2.52
相 42.18
相 47.27

古

十

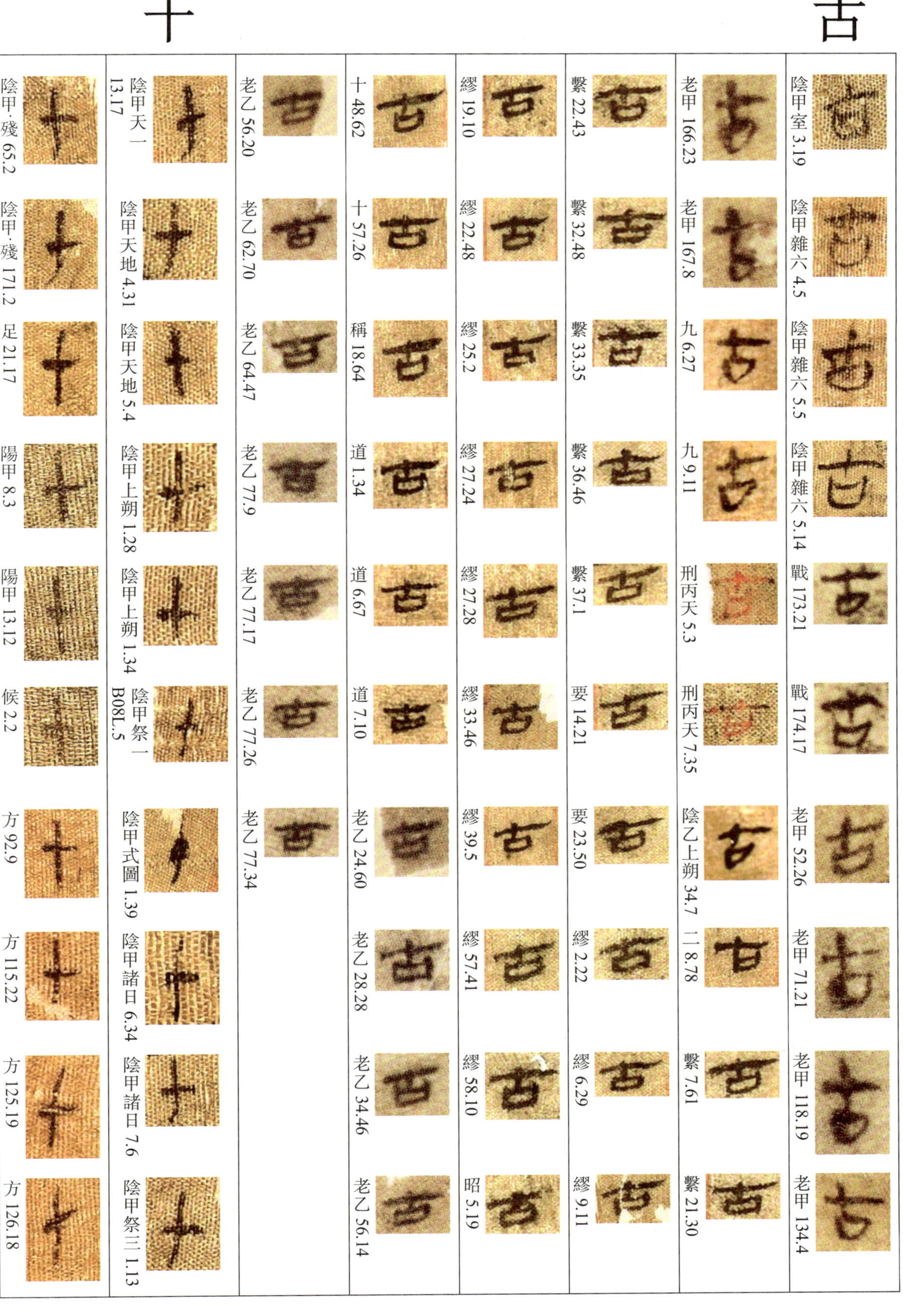
陰甲室 3.19
陰甲雜六 4.5
陰甲雜六 5.5
陰甲雜六 5.14
戰 173.21
戰 174.17
老甲 52.26
老甲 71.21
老甲 118.19
老甲 134.4
老甲 166.23
老甲 167.8
九 6.27
九 9.11
刑丙天 5.3
刑丙天 7.35
陰乙上朔 34.7
二 8.78
繫 7.61
繫 21.30
繫 22.43
繫 32.48
繫 33.35
繫 36.46
繫 37.1
要 14.21
要 23.50
繆 2.22
繆 6.29
繆 9.11
繆 19.10
繆 22.48
繆 25.2
繆 27.24
繆 27.28
繆 33.46
繆 39.5
繆 57.41
繆 58.10
昭 5.19
十 48.62
十 57.26
稱 18.64
道 1.34
道 6.67
道 7.10
老乙 24.60
老乙 28.28
老乙 34.46
老乙 56.14
老乙 56.20
老乙 62.70
老乙 64.47
老乙 77.9
老乙 77.17
老乙 77.26
老乙 77.34
陰甲天一 13.17
陰甲天地 4.31
陰甲天地 5.4
陰甲上朔 1.28
陰甲上朔 1.34
陰甲祭一 B08L.5
陰甲式圖 1.39
陰甲諸日 6.34
陰甲諸日 7.6
陰甲祭三 1.13
陰甲·殘 65.2
陰甲·殘 171.2
足 21.17
陽甲 8.3
陽甲 13.12
候 2.2
方 92.9
方 115.22
方 125.19
方 126.18

方 129.12	方 192.5	方 212.5	方 262.18	方 294.5	方 453.29	陽乙 4.23	陽乙 11.30	陽乙 13.22	養 34.19
養 53.17	養 122.20	養 127.15	養 149.26	養 153.1	養 153.10	養 161.6	養 166.22	養 167.4	養 171.8
養 171.11	養·殘 14.6	房 12.20	房·殘 21.1	春 13.8	戰 162.7	戰 192.20	戰 213.4	戰 275.13	戰 286.17
老甲 25.4	老甲 25.17	老甲 64.8	氣 1.247	氣 2.152	氣 2.159	氣 6.99	刑甲 42.10	刑甲 61.1	刑甲 85.9
刑甲 85.13	刑甲 86.2	刑甲 88.7	刑甲 89.1	刑甲 93.14	刑甲 140.3	刑甲 140.8	刑甲大游 1.12	刑丙傳 4.11	刑丙傳 15.5
刑丙傳 15.16	刑丙天 3.16	刑丙天 3.19	刑丙天 7.43	陰乙刑德 8.16	陰乙刑德 9.6	陰乙刑德 16.2	陰乙刑德 19.9	陰乙兇 9.9	陰乙文武 12.42
陰乙文武 13.36	陰乙天地 8.4	陰乙傳勝圖 1.5	陰乙天一 32.9	陰乙天一 33.12	陰乙女發 3.2	出 2.5	出 2.14	出 3.11	出 3.17

出22.34
出22.37
出22.46
出22.54
出22.63
出22.65
出23.40
出26.46
問43.11
問67.6
合9.11
合9.14
合9.17
合10.12
合11.2
合11.5
合13.27
合14.6
合15.2
合16.14
合17.2
合28.2
合30.1
談1.13
談13.1
談32.8
談32.14
談34.1
談34.7
談36.2
談36.6
遺一80.5
遺一102.7
遺一119.5
遺一132.6
遺一138.2
遺一140.2
遺一147.14
遺一152.3
遺一153.10
遺一183.7
遺一184.8
遺一185.8
遺一186.8
遺一187.7
遺一195.19
遺一201.5
遺一204.7
遺一305.3
遺一306.3
遺一310.3
遺三1.1
遺三3.3
遺三21.14
遺三52.5
遺三52.8
遺三53.4
遺三53.24
遺三53.27
遺三53.30
遺三87.25
遺三92.2
遺三185.2
遺三216.11
遺三216.44
遺三216.59
遺三236.3
遺三238.3
遺三268.8
遺三274.4
遺三289.3
遺三290.3
遺三291.3
遺三292.4
遺三297.3
遺三300.3
遺三397.4
遺三407.79
遺三407.86
箭75.3

文

箭 77.3
箭 80.4
箭 89.3
府 1.7
府 22.2
草 1.1
草 4.1
周 13.78
周 18.34
周 27.44

周 54.10
周 92.29
二 23.37
繫 21.19
繆 3.56
十 65.30
老乙 11.51
老乙 12.9
老乙 30.50
星 6.19

星 7.10
星 17.25
星 21.3
星 21.14
星 40.33
星 54.28
星 68.1
星 68.4
星 85.7
星 88.15

星 99.7
星 124.24
星 125.2
星 129.2
星 137.2
星 144.18
刑乙 5.23
刑乙 6.5
刑乙 10.16
刑乙 18.11

刑乙 83.26
相 8.27
相 55.61

陽甲 32.4
方 451.8
陽乙 15.14
戰 286.8
戰 296.21
戰 302.8
老甲 4.16
陰乙天一 34.7
遣一 244.5
遣一 251.14

遣一 287.9
遣三 366.13
遣三 367.5
導 3.18
府 5.4
府 5.23
府 5.30
府 5.33
府 6.11
府 6.17

府 7.9
府 18.6
府 18.18
府 20.20
府 23.8
府 23.24
府 23.34
府 23.48
府 23.54
居 1.4

草1.3　草2.2　草3.2　草4.2　草4.3　草5.3　草6.2　草6.6　草7.2　草7.4

周66.29　周66.35　老乙2.34　星14.9

千

春86.16　戰155.14　戰160.8　戰209.24　戰229.2　戰253.26　戰254.2　戰286.7　戰299.28　戰301.8

氣6.45　氣8.110　刑甲20.40　問77.24　遣一266.8　遣一267.8　遣一268.10　遣一295.4　遣一296.7　遣一297.3

遣一297.8　牌一46.3　遣三378.3　牌三30.3　牌三33.3　繫13.6　衷51.27　要24.22　繆3.46　昭14.22

經77.61　十46.32　十65.35　稱6.14　稱25.4　老乙27.8　老乙78.44　星54.32　刑乙74.19　相5.54

相15.34　相15.40　相19.65　相60.74　相61.12　相64.6　相65.50　相65.56

肸

方318.6

博

五 26.8
問 74.21
遣三 298.1
遣三 299.1
遣三 305.3
繆 41.3
繆 45.26
周·殘下 20.6
十 17.3
老乙 31.57
老乙 61.16
相 26.16
相 26.32
相 26.49
相 32.41
相 33.31

廿

陰甲刑日 9.9
陰甲刑日 9.14
陰甲·殘 6.42
方 115.15
方 251.12
方 463.6
去 2.16
養 32.6
養 34.14
養 81.14
戰 230.4
刑丙傳 14.2
陰乙刑德 6.10
陰乙五禁 11.19
出 2.7
出 2.12
出 3.5
出 3.15
出 22.48
出 22.67
出 23.32
出 23.42
合 11.7
遣一 188.10
遣一 191.9
遣一 195.6
遣一 197.9
遣一 301.3
遣一 302.3
遣一 307.4
遣一 308.4
遣一 309.4
遣一 312.11
竹一 1.15
遣三 39.18
遣三 90.2
遣三 91.3
遣三 216.38
遣三 216.53
遣三 253.6
遣三 257.8
遣三 259.6
遣三 261.5
遣三 267.8
遣三 301.5
遣三 396.4
喪 2.1
箭 71.3
老乙 78.47
星 6.2
星 6.17
星 34.18
星 40.15
星 40.25
星 44.52
星 45.16
星 83.8
星 88.13
星 88.50
星 109.7

星120.52　星123.4　星123.17　星124.9　星126.12　星127.4　星128.12　星130.12　星131.4　星132.10

星134.13　星135.4　星136.12　星138.13　星139.4　星140.13　星143.8　星143.14　星144.14　刑乙4.11

卅

刑乙18.15

方68.18　方131.23　方299.11　去2.22　去2.25　去2.27　戰141.26　戰141.29　戰142.20　老甲110.2

氣4.260　刑甲96.14　刑丙地18.15　合11.9　遣一147.5　遣一187.11　遣一214.17　遣三87.5　遣三302.3　箭72.3

世

箭83.3　繆70.44　老乙51.60　刑乙52.2　星5.18　星81.9　星119.7　星120.18　星120.30　星120.46

戰132.5　戰196.9　戰205.30　戰207.19　戰208.39　戰215.11　戰236.4　戰251.29　五126.16　五128.4

明4.5　明11.12　明28.5　二12.16　二15.10　繫36.53　繫37.23　要18.11　繆27.11　繆33.49

冊*

繆35.47　十21.42　十21.46　十44.47　十50.9　十53.26　十54.11　稱7.59

陰甲·殘57.3　養36.1　合11.11　談14.21　遣一214.8　遣一215.6　遣三260.8　箭78.3　箭91.4　要24.25

繆58.64　星99.8

言

陰甲衍2.11　陰甲衍3.12　陰甲衍3.16　陰甲衍4.10　陰甲雜四4.12　陰甲室8.15　陰甲雜五3.27　陰甲宜忌1.7　陰甲·殘179.2　脈12.1

方106.16　方106.19　方109.11　方318.19　養209.5　養218.15　養220.13　春50.6　春71.1　春94.14

戰9.35　戰11.13　戰13.32　戰14.7　戰17.7　戰17.20　戰32.1　戰43.14　戰44.10　戰45.13

戰63.8　戰65.27　戰65.33　戰66.34　戰73.18　戰118.2　戰118.20　戰124.38　戰130.26　戰139.24

戰187.28　戰188.10　戰236.20　戰238.4　戰253.9　戰253.23　戰264.11　戰268.11　戰278.10　戰279.9

戰 298.25	老甲 71.29	老甲 73.24	老甲 74.15	老甲 90.7	老甲 125.3	老甲 127.15	老甲 145.1	老甲 165.20	五 14.36
五 18.22	五 35.14	五 35.26	五 47.19	五 53.4	五 53.28	五 54.7	五 54.26	五 56.8	五 57.15
五 57.21	五 59.14	五 68.18	五 69.24	五 76.28	五 81.27	五 83.5	五 85.16	五 94.14	五 94.19
五 94.25	五 97.16	五 100.3	五 101.17	五 116.15	五 117.14	五 118.21	五 119.16	五 120.13	五 123.5
五 123.17	五 124.16	五 127.15	五 129.28	五 130.27	五 131.17	五 134.1	五 134.11	五 141.19	五 142.15
五 143.11	五 171.15	五 171.28	五 177.18	五 178.20	五 180.17	五 181.23	明 15.18	明 15.23	明 16.6
刑丙地 2.4	出 27.40	出 30.39	木 30.9	木 37.8	木 40.7	木 42.11	問 75.19	問 82.20	談 11.8
談 11.26	談 37.10	談 39.3	談 39.25	物 3.3	物 3.7	物 3.12	物 4.14	周 5.31	周 10.64

周22.32	二7.12	二14.49	二32.53	繫4.69	繫13.3	繫26.61	衷39.59
周31.9	二8.7	二15.18	二34.22	繫5.8	繫13.19	繫30.6	衷40.9
周32.27	二8.20	二18.29	二34.32	繫5.17	繫13.36	繫42.16	衷40.16
周50.53	二8.62	二20.3	二34.42	繫5.26	繫13.50	繫46.23	衷41.15
周51.32	二8.73	二24.26	二34.69	繫9.41	繫13.66	衷8.52	衷41.34
周58.8	二9.13	二25.24	二34.72	繫9.48	繫14.40	衷19.50	衷43.58
周62.11	二12.11	二27.58	二35.4	繫9.56	繫15.59	衷25.38	衷44.25
周86.19	二13.60	二29.50	二36.22	繫12.10	繫15.62	衷27.41	要11.39
二5.67	二13.71	二30.29	二36.57	繫12.21	繫16.42	衷31.51	要13.33
二6.39	二14.9	二31.43	繫4.62	繫12.34	繫18.15	衷39.24	要13.56

語

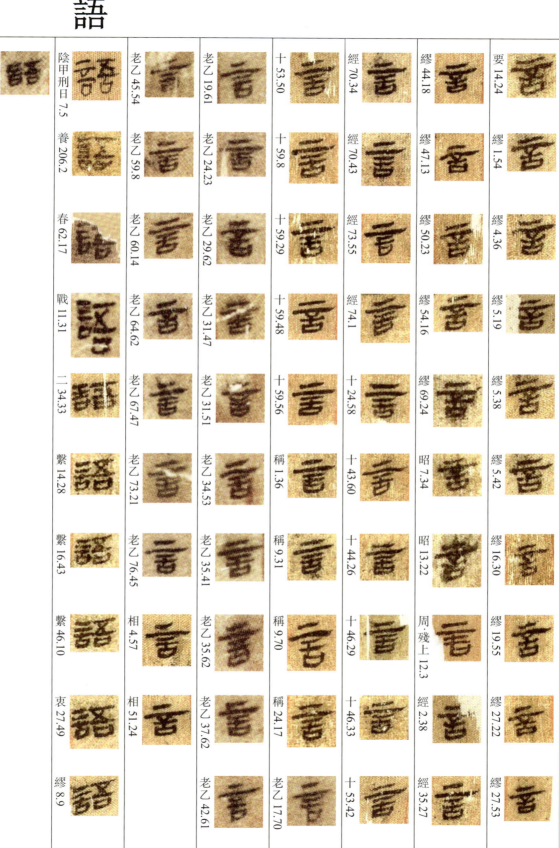

要 14.24　繆 1.54　繆 4.36　繆 5.19　繆 5.38　繆 5.42　繆 16.30　繆 19.55　繆 27.22　繆 27.53

繆 44.18　繆 47.13　繆 50.23　繆 54.16　繆 69.24　昭 7.34　昭 13.22　周·殘上 12.3　經 2.38　經 35.27

經 70.34　經 70.43　經 73.55　經 74.1　十 24.58　十 43.60　十 44.26　十 46.29　十 46.33　十 53.42

十 53.50　十 59.8　十 59.29　十 59.48　十 59.56　稱 1.36　稱 9.31　稱 9.70　稱 24.17　老乙 17.70

老乙 19.61　老乙 24.23　老乙 29.62　老乙 31.47　老乙 31.51　老乙 34.53　老乙 35.41　老乙 35.62　老乙 37.62　老乙 42.61

老乙 45.54　老乙 59.8　老乙 60.14　老乙 64.62　老乙 67.47　老乙 73.21　老乙 76.45　相 4.57　相 51.24

陰甲刑日 7.5　養 206.2　春 62.17　戰 11.31　二 34.33　繫 14.28　繫 16.43　繫 46.10　衷 27.49　繆 8.9

老乙 64.55

談

- 老甲 165.23
- 談 6.6
- 繆 33.52
- 繆 45.25
- 十 17.7

謂

- 脈 5.3
- 胎 3.7
- 胎 6.9
- 戰 10.24
- 戰 16.10
- 戰 34.22
- 戰 43.3
- 戰 46.28
- 戰 48.35
- 戰 56.5
- 戰 67.8
- 戰 70.12
- 戰 71.33
- 戰 77.9
- 戰 83.11
- 戰 89.10
- 戰 114.24
- 戰 147.24
- 戰 272.17
- 老甲 29.16
- 九 12.2
- 九 19.29
- 氣 10.181
- 氣 10.287
- 刑甲 28.25
- 陰乙大游 2.3
- 陰乙大游 2.58
- 陰乙大游 2.107
- 陰乙大游 2.119
- 陰乙文武 14.7
- 陰乙文武 15.7
- 陰乙文武 16.7
- 陰乙文武 17.7
- 陰乙文武 18.7
- 陰乙文武 20.6
- 陰乙文武 21.7
- 陰乙·殘 23.1
- 木 66.10
- 談 25.7
- 談 27.18
- 談 32.13
- 談 34.6
- 談 42.27
- 談 44.3
- 談 44.7
- 太 1.29
- 周 36.37
- 二 9.70

諒

- 戰 149.23

請

- 養 217.9
- 胎 29.12
- 春 78.21
- 戰 16.25
- 戰 18.11
- 戰 18.23
- 戰 21.16
- 戰 34.10
- 戰 48.23
- 戰 59.3

戰 71.36 戰 79.33 戰 80.14 戰 82.25 戰 95.14 戰 99.4 戰 111.13 戰 112.9 戰 119.40 戰 130.27

戰 130.42 戰 140.7 戰 164.19 戰 185.3 戰 252.23 戰 298.21 戰 309.8 戰 315.16 戰 317.20 老甲 18.17

老甲 133.21 老甲 133.25 九 3.13 九 7.7 九 25.3 九 30.22 明 14.7 明 20.3 木 6.29 問 2.4

問 26.17 繫 27.15 繫 28.62 繫 29.38 繫 32.7 繫 33.29 衷 27.43 衷 39.26 要 23.6 繆 1.9

繆 1.29 繆 2.2 繆 36.30 繆 47.14 繆 65.14 繆 65.51 繆 66.14 繆 66.28 繆 67.10 周·殘下 105.3

經 43.55 經 44.32 經 53.37 經 56.28 十 43.7 十 44.5 十 61.43 十 64.10 老乙 62.57 老乙 62.60

相 4.56 相 14.18 相 51.23

謁

戰 10.18 戰 237.8 木 6.30 遺三 4.1

許

戰 59.35 戰 95.23 戰 105.7 戰 158.18 戰 159.10 戰 319.22 戰 322.18 戰 323.36 五 87.21 五 138.28

五 140.5 九 4.13

讎

戰 23.7 戰 150.7 戰 205.13 戰 207.33 戰 208.3 九 2.18 明 17.20 遣三 27.8 遣三 34.13

諸

足 4.13 足 8.22 足 18.4 足 20.16 足 25.30 足 27.24 足 30.6 足 31.23 方目 2.29 方目 2.32

方 37.2 方 300.2 春 62.3 春 65.9 春 81.12 戰 22.21 戰 82.10 戰 134.22 戰 196.37 戰 215.13

戰 221.3 戰 221.15 戰 304.21 戰 307.16 五 44.5 五 172.8 五 172.14 五 172.24 五 176.4 五 176.11

明 10.15 明 39.19 明 41.7 德 4.31 刑甲 31.10 刑甲 40.17 刑甲 42.1 刑丙天 5.47 合 16.5 談 31.36

二 10.25 繫 7.54 繫 33.6 繫 37.11 繫 45.22 衷 5.27 要 2.2 要 14.53 繆 59.42 繆 59.61

諸

昭 11.22 | 經 62.6 | 十 49.61 | 稱 6.16 | 稱 6.31 | 稱 8.54 | 稱 16.59 | 稱 24.25 | 稱 24.40 | 老乙 70.51

星 43.45 | 星 44.14 | 星 44.28 | 星 44.40 | 刑乙 77.52 | 相 51.46 | 相 64.9 | 相 76.44

詩

戰 206.6 | 五 10.6 | 五 36.27 | 五 132.25 | 明 23.20 | 衷 39.60 | 要 23.36 | 繆 3.30 | 繆 8.8 | 繆 24.38

昭 12.19

讀

春 73.25 | 繆 25.68 | 繆 26.24 | 繆 29.7 | 繆 29.18 | 繆 30.22

誨

方 139.5 | 方 250.18 | 養 12.5 | 養 19.12 | 養 33.27 | 要 11.7

〔言毋〕

衷 5.60 | 衷 10.14

〔言母〕

陰甲·殘 27.3

譔 諭 詖 諄 謀

譔：戰287.9　五93.29　五94.20

諭：戰38.19　五42.16　周34.62　周66.14　繆35.14

詖：二28.58

諄：陽乙8.30

謀：養224.4　春33.20　戰6.21　戰7.3　戰17.11　戰18.20　戰21.12　戰22.9　戰29.18　戰31.10　戰37.18　戰37.24　戰42.19　戰44.19　戰56.12　戰56.27　戰61.15　戰64.23　戰69.17　戰78.37　戰79.15　戰92.6　戰92.19　戰101.16　戰131.23　戰232.19　戰268.1　戰268.19　戰269.3　戰291.26　九39.23　氣5.75　問44.10　問46.5　繫5.66　繫14.26　繫17.55　繫30.2　繫45.51　繫45.53

衷 31.23

要 13.18

昭 6.20

昭 8.66

經 23.37

經 25.14

經 61.64

十 30.17

十 57.58

十 62.58

十 62.61

十 62.67

十 63.4

稱 2.54

老乙 38.4

星 41.44

刑乙 87.10

論

九 4.23

明 17.17

明 17.22

周 88.62

繫 6.22

繫 46.9

繆 34.17

經 53.56

經 54.10

經 57.44

經 65.35

經 69.46

經 70.2

稱 5.57

議

老甲 14.9

識

方 367.15

戰 74.32

戰 164.11

繫 46.18

昭 12.39

老乙 2.20

訊

春 87.6

春 87.22

謹

脈 11.12

戰 15.20

戰 15.31

衷 6.35

經 74.59

十 29.43

刑乙 49.2

諶

十9.14 十19.7 十21.32 十21.36 十31.33 十31.37

信

方32.13 陽乙5.13 春34.13 戰3.19 戰4.6 戰7.17 戰17.16 戰28.30 戰32.10 戰41.23

戰43.16 戰43.32 戰44.7 戰49.15 戰51.15 戰52.4 戰83.21 戰93.31 戰116.19 戰116.31

戰118.24 戰118.40 戰184.13 戰217.12 戰218.8 戰226.26 戰260.26 戰261.7 戰264.15 戰275.20

戰278.6 戰309.11 老甲23.18 老甲24.1 老甲106.7 老甲124.24 老甲124.30 五22.22 五83.1 五83.6

五84.5 九21.19 明40.25 明47.21 問71.26 問84.5 合19.10 合20.21 談38.10 談41.10

遣一256.2 遣一268.2 遣一269.3 遣一270.3 遣一271.2 遣三349.2 遣三361.3 導3.24 周58.10 周62.13

繫26.38 衷42.59 衷43.13 要16.52 繆5.44 昭1.67 經2.44 經10.55 經21.17 經49.21

（信）

經 49.46
經 50.40
經 65.23
經 70.36
經 74.8
經 74.17
十 1.9
十 2.51
十 23.8
十 26.10

十 61.26
稱 21.3
稱 23.18
道 5.57
道 5.66
老乙 2.10
老乙 11.8
老乙 11.13
老乙 11.16
老乙 11.19

老乙 31.46
老乙 31.53
老乙 40.8
老乙 50.2
老乙 59.3
老乙 62.66
相 3.30

訦

周 21.26
周 21.39

誠

戰 80.19
戰 208.36
戰 226.6
老甲 138.5
明 46.5
明 47.17
問 12.12
太 1.31
繫 9.1
衷 38.39

經 76.38
老乙 64.57

諱

春 91.27
問 44.14
談 2.31
周 21.74
二 4.20
要 16.18
昭 4.13
經 54.31
老乙 19.28

誥

稱 10.28

詔

戰 19.14
戰 44.31

試

方 21.19
方 65.4
方 136.10
方 299.16
方 372.23
方 387.24
方 429.31
方 440.2
方 463.11
房 39.15
胎 22.21
春 55.6
戰 148.33
戰 150.29
明 6.26
明 13.24
繆 38.40

訢

繆 32.44
繆 32.64

說

春 42.31
春 43.20
春 96.20
春 97.21
戰 2.11
戰 132.32
戰 216.7
戰 222.22
戰 222.36
戰 227.11
戰 291.25
五 5.20
五 6.26
五 11.1
五 19.22
五 44.20
五 64.5
五 64.18
五 64.20
五 64.23
五 66.6
五 80.9
五 81.4
五 81.10
五 82.19
五 148.18
五 148.26
五 149.2
五 149.9
五 149.21
五 179.5
明 34.25
明 42.28
刑丙天 8.31
木 64.11
合 4.21
周 11.25
周 15.32
周 63.17
周 76.11

周 84.32
二 27.40
繫 6.55
繫 45.17
衷 6.29
衷 6.31
衷 29.10
衷 35.50
衷 39.36
衷 40.35

衷 50.20
繆 2.9
繆 33.53
繆 62.58
繆 67.58
老乙 77.47

計

戰 24.8
戰 28.34
戰 99.12
戰 120.5
戰 140.10
戰 173.16
戰 178.29
戰 194.19
戰 195.23
戰 199.21

戰 227.4
戰 227.14
戰 257.19
戰 271.11
戰 271.16
戰 280.9
戰 284.1
戰 284.20
戰 285.17
戰 290.24

戰 292.7
戰 293.28
戰 294.26
戰 295.16
戰 325.23
老甲 116.31
老乙 55.17

調

德 2.31
昭 5.59
昭 6.37
經 75.59

警

譤

戰 257.26
戰 260.10
戰 264.4

誼

氣 10.282

設

五 43.3
問 43.15 
繫 11.9 
繫 27.11 
繫 45.44 
繆 26.12 
繆 36.20 

誧

刑甲 5.12
刑乙 64.29 

託

戰 192.33
戰 199.10 

譽

老甲 124.14
周 68.67 
二 13.54 
二 14.27 
衷 41.47 
繆 22.42 

讞

謝

木 20.4

諍

戰 7.41
戰 37.28 
戰 78.40 
戰 84.5 
戰 95.33 
戰 123.35 
老甲 64.1 
老甲 71.10
九 15.29
九 28.21 
氣 2.370 
經 63.41 

評

要 11.56

謼	講			警	譗	詐	
養190.4	戰18.10	戰138.25	星42.7	譤	戰232.34	要15.64	㑴
養192.3	戰97.30	戰164.10	刑乙67.46	談1.12		經18.35	春70.22
五155.29	戰99.13	戰258.2	刑乙71.5				春71.2
導4.2	戰104.1	氣1.183	刑乙71.44				春91.7
	戰110.26	氣1.188	刑乙72.52				
	戰116.13	氣1.191					
	戰120.32	刑甲10.17					
	戰122.30	刑甲10.24					
	戰137.20	刑甲16.4					
	戰138.20	刑甲17.2					

誣
九 17.7 
經 2.52 
十 59.54 

䜌
足 3.11 
周 84.53 

訾
春 92.21 
老甲 95.14 

譄
周·殘下 103.3 

讙
氣 10.285 
導 4.5 

譌
周 48.39 

謬
謬
老乙 55.28 

⿱差言
⿰言差
方 91.3

訟	謓	訶	譖	譖	讒	諯	讓
 陰甲上朔 3.13	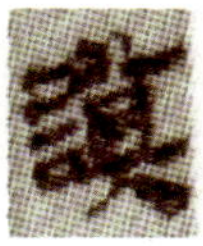 談 7.27	 陰甲上朔 2.11	 問 91.13	 二 18.32	 周 34.46	 刑丙天 4.25	 春 37.21
出 7.29	談 9.33	陰甲衍 4.35					衷 29.4
禁 6.3		老甲 128.4					 衷 35.6
周 5.39							 繆 2.36
周 5.70							 昭 5.74
稱 19.43							 昭 6.22
							 十 48.26

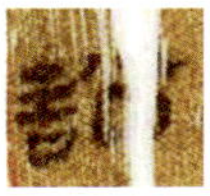

諫	誶	詘	詆	誰			誅
 戰222.25	 衷1.7	 方30.14	 繫3.13	 陰甲徙1.18	譙	繫30.34	春75.22
		方32.12		 陰甲徙2.22	去2.38	衷7.38	春81.18
		方318.8		 陰甲徙4.24	春37.19	十58.27	戰116.29
		問71.28		 老乙47.50	 五137.10	 老乙30.26	戰274.8
					物1.6	秦漢文字从「隹」之字或多从「隼」作。	 戰279.32
					繫19.29		 五24.22
					繫20.10		 五34.14
					繫22.38		 五92.2
					繫28.31		 五92.21
					繫29.58		 五92.27

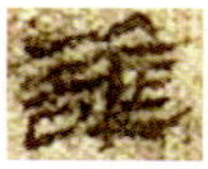

誅

五 129.10

五 130.22

昭 2.28

經 9.46

經 34.46

經 57.52

經 61.47

牫

十 50.46

「誅殺」之「誅」。

討

戰 284.13

詬

周 32.25

詾

老甲 90.14

老乙 42.42

《說文》或體。

訮*

繫 4.46

訏*

戰 191.17

詓*

九 31.4

疑即「法」字異體，與《集韻》訓爲「聲也」讀爲口舉切的「詓」字同形。

詏*

九 30.5

⿰言白*

陰甲室 3.17

⿰言亦*

周 21.49

⿰言余*

養 82.21

⿰言求*

五 133.13

誘

《說文》「㕊」字或體，詳見卷九厶部。

⿰言身*

養·殘 117.7

⿰言乖*

繫 36.43

周·殘下 100.2

⿰言夜*	⿰言兩*	⿰言⿱艹世*	⿰言苟*	⿰言⿱覀大*	⿰言族*	⿰言郎*	⿰言拯*
 德 3.12	 問 34.4	 周 75.44	二 5.31	五 97.2	⿰言族	五 97.12	繫 42.36
		疑爲「詍」字異體。		 五 121.2	 衷 35.22		从言从拯得聲，帛書中用爲「懲」。

譄*

春 85.19

譃*

養 206.17

譋*

談 48.12

譱

善

足 17.23 足 18.1 陽甲 21.6 方 123.17 方 283.12 方 330.5 方 331.11 方 340.8 方 355.2

方 358.10 方 359.8 方 366.20 方 368.5 方 378.12 陽乙 12.18 養 13.8 養 19.4 養 20.2 養 25.3

養 49.6 養 65.18 養 78.25 養 83.5 養 88.12 養 118.26 養 128.2 養 130.16 養 156.8 養 193.5

養 220.11 養·殘 63.11 養·殘 100.2 房 11.11 房 11.20 房 14.18 房 33.10 房 41.31 胎 34.24 戰 11.11

戰 11.26 戰 17.24 戰 23.14 戰 24.12 戰 24.21 戰 25.19 戰 42.3 戰 42.16 戰 47.35 戰 47.40

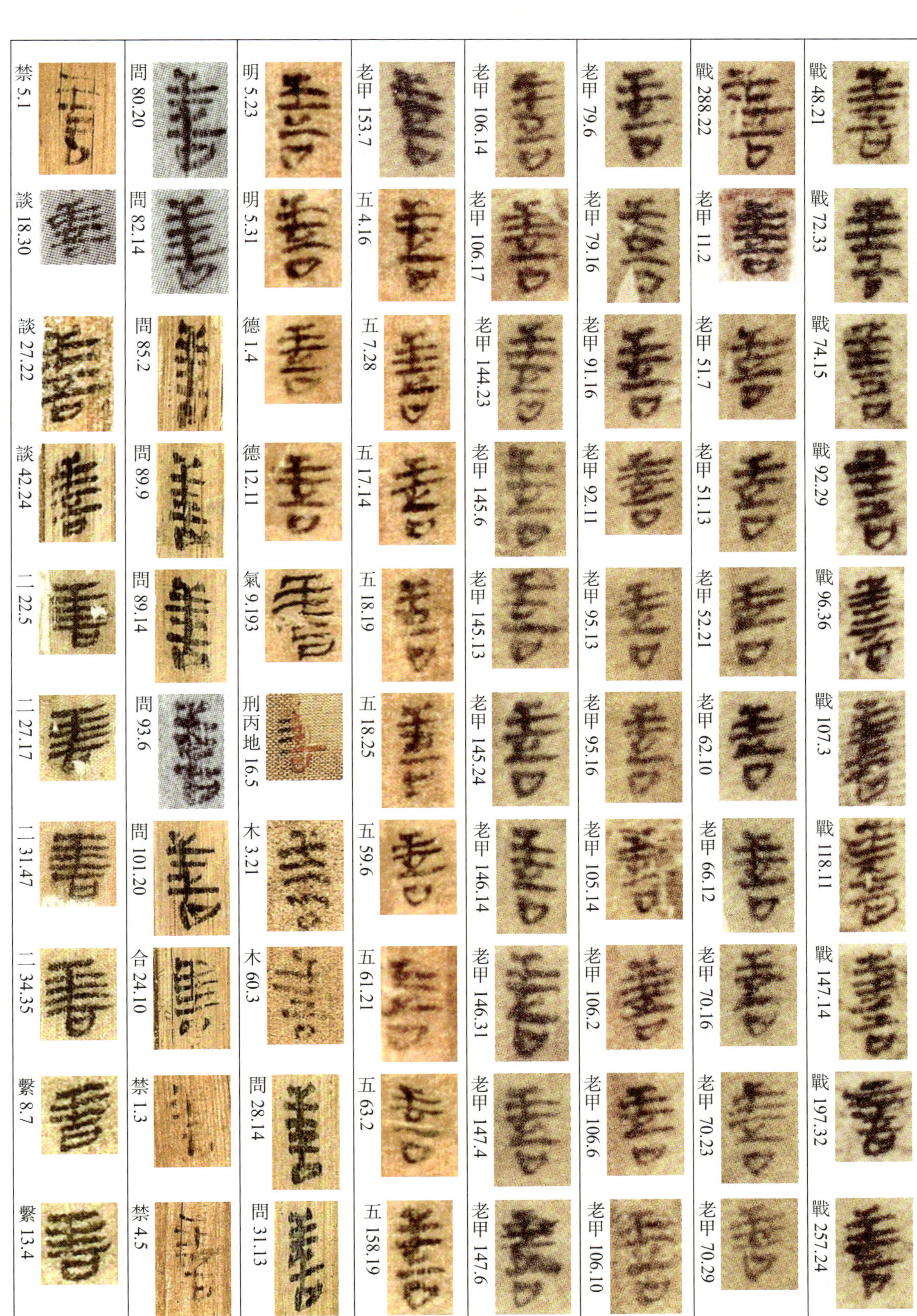
戰 48.21
戰 72.33
戰 74.15
戰 92.29
戰 96.36
戰 107.3
戰 118.11
戰 147.14
戰 197.32
戰 257.24
戰 288.22
老甲 11.2
老甲 51.7
老甲 51.13
老甲 52.21
老甲 62.10
老甲 66.12
老甲 70.16
老甲 70.23
老甲 70.29
老甲 79.6
老甲 79.16
老甲 91.16
老甲 92.11
老甲 95.13
老甲 95.16
老甲 105.14
老甲 106.2
老甲 106.6
老甲 106.10
老甲 106.14
老甲 106.17
老甲 144.23
老甲 145.6
老甲 145.13
老甲 145.24
老甲 146.14
老甲 146.31
老甲 147.4
老甲 147.6
老甲 153.7
五 4.16
五 7.28
五 17.14
五 18.19
五 18.25
五 59.6
五 61.21
五 63.2
五 158.19
明 5.23
明 5.31
德 1.4
德 12.11
氣 9.193
刑丙地 16.5
木 3.21
木 60.3
問 28.14
問 31.13
問 80.20
問 82.14
問 85.2
問 89.9
問 89.14
問 93.6
問 101.20
合 24.10
禁 1.3
禁 4.5
禁 5.1
談 18.30
談 27.22
談 42.24
二 22.5
二 27.17
二 31.47
二 34.35
繫 8.7
繫 13.4

繫13.22
繫25.14
繫42.59
繫43.15
衷35.7
衷35.18
衷36.60
要10.46
要23.64
繆22.20
繆48.14
昭1.53
十3.41
稱19.30
老乙5.63
老乙12.22
老乙24.10
老乙24.16
老乙24.36
老乙31.62
老乙31.69
老乙34.9
老乙34.15
老乙34.20
老乙34.26
老乙37.59
老乙38.3
老乙45.5
老乙45.8
老乙49.48
老乙49.67
老乙50.1
老乙50.4
老乙50.7
老乙50.10
老乙67.40
老乙67.46
老乙67.52
老乙67.59
老乙68.3
老乙68.19
老乙68.35
老乙68.44
老乙71.8
相5.28
相8.1
相15.27
相21.32
相24.30
相32.48
相33.59
相34.8
相35.19
相37.48
相42.53
相45.35
相46.16
相46.41
相47.25
相47.38
相48.38
相49.40
相50.25
相50.47
相51.39
相52.31
相57.27
相57.39
相61.17
相62.34
相62.54
相65.16
相65.43
相66.10
相68.53
相69.28
相70.5
相71.31
相72.59
相72.65

音

相 73.14
相 73.46
相 76.51
《說文》篆文。

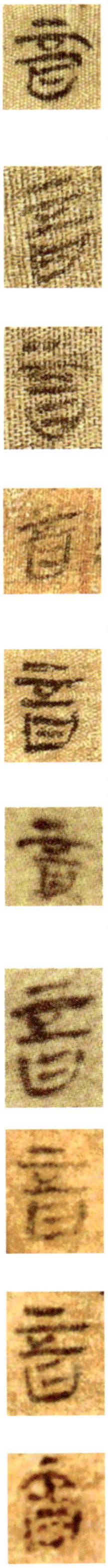

陰甲雜一 8.18
陽甲 11.2
陽甲 31.15
陽乙 5.29
養 223.9
戰 325.8
老甲 112.19
五 50.25
五 154.5
刑甲 109.33

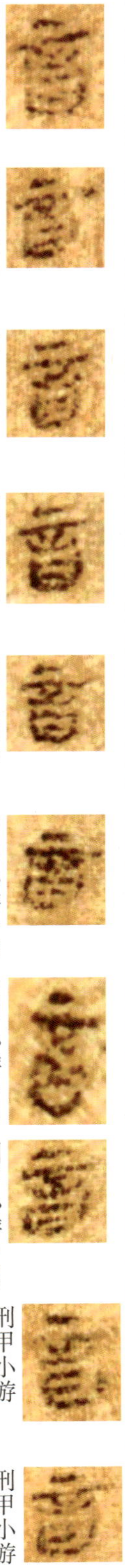

刑甲 132.2
刑甲 133.7
刑甲 136.5
刑甲 138.2
刑甲 139.2
刑甲小游 1.15
刑甲小游 1.38
刑甲小游 1.78
刑甲小游 1.141
刑甲小游 1.182

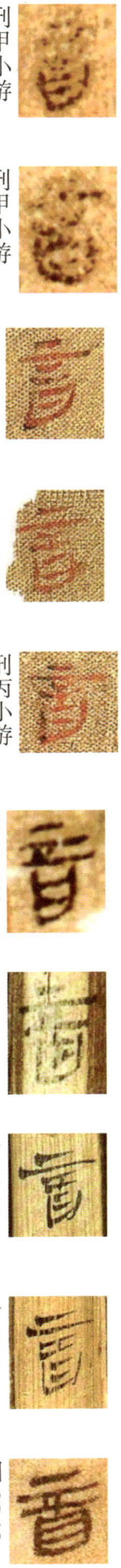

刑甲小游 1.216
刑甲小游 1.234
刑丙小游 1.30
刑丙小游 1.87
刑丙小游 1.149
陰乙小游 1.14
問 20.8
合 10.10
合 12.6
周 35.18

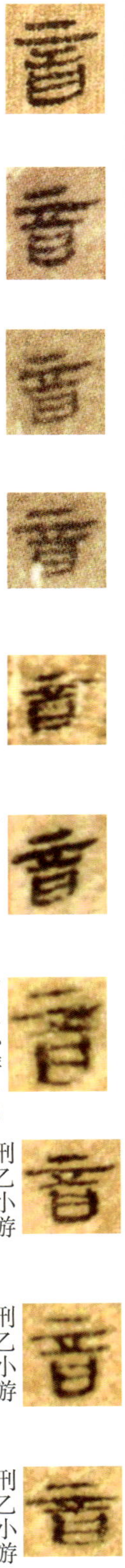

周 89.2
老乙 5.45
老乙 45.30
老乙 53.2
刑乙 31.5
刑乙 37.14
刑乙小游 1.78
刑乙小游 1.129
刑乙小游 1.170
刑乙小游 1.255

音

問 98.12

章

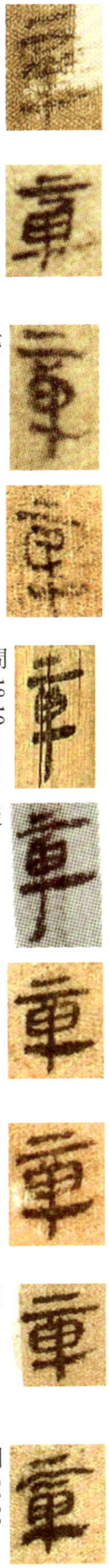

養·殘 84.2
戰 54.35
老甲 137.8
木 60.10
問 18.10
談 11.27
周 9.62
周 42.3
周 44.55
周 56.29

繫 44.20
衷 1.15
衷 21.46
衷 27.38
衷 30.41
衷 34.16
衷 39.20
衷 42.30
十 32.37
十 48.63

十63.70
老乙19.50
老乙63.24
老乙64.19
星35.35
相1.4
相6.21
相23.58
相53.47
相54.40

竟

戰175.26
戰260.12
戰264.6
相38.44

聽*

德3.9

从音从聖（或聽）省聲，疑即「聽」字異體。

童

陰甲堪法7.12
陰甲堪法8.12
陰甲堪法10.25
方71.8
方361.4
春79.20
遣三21.6
遣三39.6
太6.6
府18.2

周11.48
周15.63
周61.41
周73.29
周85.14
繫38.59
繫41.56
衷36.1
繆28.23
繆28.50

繆30.11
繆72.6
十8.23
十18.61
十21.54
十22.21

妾

陰甲雜四6.7
陰甲·殘73.1
陰甲·殘175.7
問65.1
周3.41
周80.10
稱6.53
稱8.72

業

戰130.40
戰131.40
戰243.8
繫8.61
繫8.70
繫10.64
繫11.31
繫12.15
繫12.26
繫24.23

對

繫 28.49
繫 31.74

春 87.17
春 87.26
戰 12.36
戰 51.37
戰 54.24
戰 289.23
九 10.3
九 11.19
九 16.11
九 26.3

九 27.6
九 41.29
九 48.27
問 4.14

對

繆 57.26
十 13.47
十 14.25
十 15.15
十 15.54
十 16.21
十 18.62
十 21.26
十 30.31

《説文》或體。

僕

方 349.3
方 401.8
戰 283.17
戰 284.6
戰 285.12
戰 309.6
遣一 124.9
牌一 39.1
遣三 158.1
牌三 41.1

周 3.40
周 14.18
周 24.27
周 35.48
繆 59.54
刑乙 72.14
相 62.10

僕

遣一 122.1

奉

方149.1
春66.10
春67.11
春76.32
春87.31
戰7.11
戰11.17
戰12.11
戰12.22
戰13.12
戰16.13
戰17.1
戰17.32
戰25.6
戰35.19
戰36.7
戰65.24
戰68.1
戰68.30
戰89.7
戰91.12
戰97.20
戰105.13
戰105.37
戰126.17
戰151.11
戰171.18
戰197.39
戰201.7
戰210.8
老甲87.15
太9.3
二1.69
經12.48
經39.26
老乙41.23

丞 [illegible]

方85.19
方200.10
氣2.272
遣三1.12
遣三2.2
府18.28
星1.9
星23.9
星29.9
星32.9
星39.9

奐

二36.9
二36.17
繫35.44

弇

太2.12
箭95.1

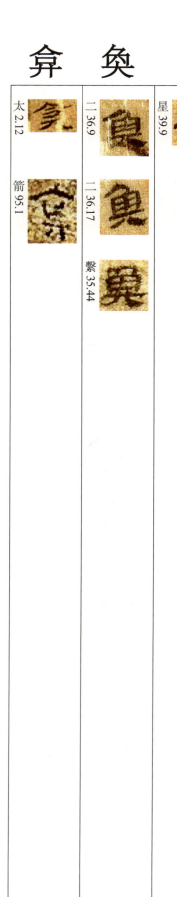

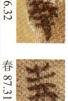

弄

春 58.15
繆 3.34
繆 3.40
繆 17.15
老乙 53.26
老乙 53.37
老乙 53.56

戒

方 331.13
養 39.17
養 53.15
戰 32.7
氣 5.38
出 23.56
木 67.31
周 23.73
周 26.54
二 4.10

二 8.23
二 18.33
繫 23.8
繫 42.39
衷 6.7
衷 13.4
衷 31.29
衷 37.6
要 19.16
繆 59.19

昭 11.21
昭 11.29
昭 11.44
昭 11.55
周·殘下 65.2
周·殘下 74.4
周·殘下 106.3
十 24.42
十 25.54
十 36.40

兵

陰甲雜六 2.6
陰甲·殘 276.3
方 391.7
方 392.10
春 16.21
春 80.10
春 80.24
春 81.7
戰 30.17
戰 37.12

戰 57.18
戰 57.27
戰 91.22
戰 96.2
戰 98.11
戰 98.26
戰 123.7
戰 123.15
戰 123.28
戰 134.17

戰 136.14
戰 137.25
戰 138.2
戰 140.4
戰 142.13
戰 143.11
戰 144.5
戰 145.29
戰 146.23
戰 147.29

戰 150.13
戰 152.2
戰 153.12
戰 153.20
戰 156.8
戰 156.10
戰 156.26
戰 156.33
戰 164.4
戰 165.9

戰 166.30
戰 176.29
戰 177.23
戰 177.32
戰 184.2
戰 187.8
戰 200.19
戰 208.18
戰 226.9
戰 226.29

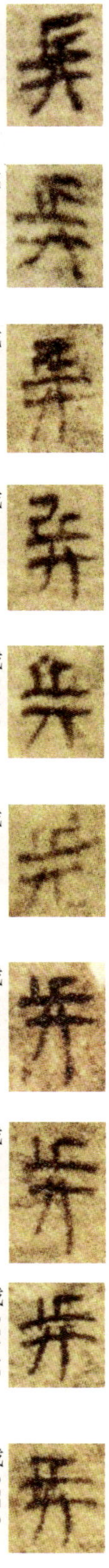

戰 229.15
戰 233.1
戰 236.14
戰 238.18
戰 239.9
戰 241.2
戰 246.18
戰 247.10
戰 251.15
戰 257.8

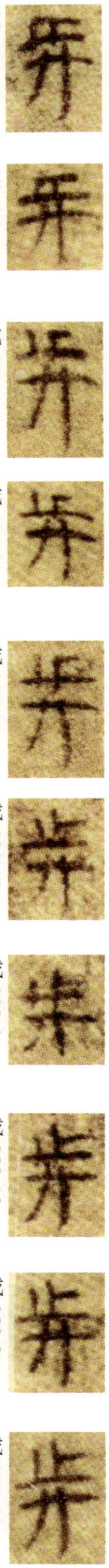

戰 259.11
戰 269.24
戰 270.15
戰 270.25
戰 272.14
戰 280.18
戰 282.4
戰 282.13
戰 283.8
戰 293.14

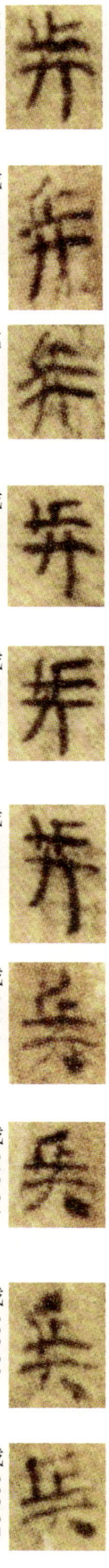

戰 297.10
戰 300.17
戰 301.2
戰 302.16
戰 303.14
戰 303.18
戰 319.5
戰 319.24
戰 322.20
戰 322.37

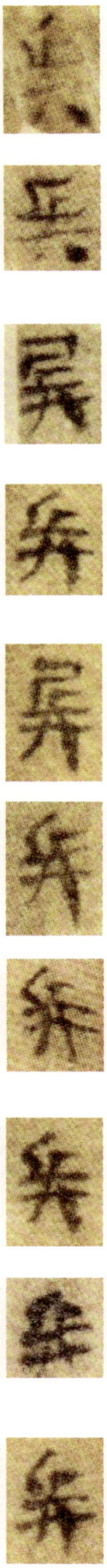

戰 323.38
戰 324.15
老甲 26.14
老甲 26.27
老甲 40.22
老甲 71.27
老甲 72.25
老甲 85.11
老甲 154.26
老甲 155.19

老甲 155.25
九 40.15
明 4.2
明 17.11
明 22.10
明 26.6
明 33.14
明 33.17
明 33.19
明 34.30

明 35.12
明 44.17
明 46.15
氣 1.53
氣 1.88
氣 1.147
氣 1.153
氣 1.165
氣 1.218
氣 1.221

氣 1.236
氣 1.246
氣 1.255
氣 1.270
氣 2.63
氣 2.77
氣 2.95
氣 2.109
氣 2.172
氣 2.276

氣 2.284
氣 3.78
氣 3.91
氣 3.127
氣 4.36
氣 4.85
氣 5.104
氣 5.157
氣 5.171
氣 5.176

氣 5.203
氣 5.212
氣 6.95
氣 6.112
氣 6.117
氣 6.165
氣 6.212
氣 6.228
氣 6.236
氣 6.261

氣 6.279
氣 6.289
氣 6.302
氣 6.308
氣 6.327
氣 6.349
氣 7.27
氣 8.87
氣 9.76
氣 9.109

氣 9.114
氣 9.167
氣 10.86
氣 10.93
氣 10.103
氣 10.130
氣 10.191
氣 10.213
氣 10.234
氣 10.242

氣 10.292
氣 10.309
刑甲 9.7
刑甲 15.30
刑甲 18.35
刑甲 19.19
刑甲 21.5
刑甲 22.4
刑甲 22.15
刑甲 23.11

刑甲 23.25
刑甲 24.11
刑甲 30.15
刑甲 34.24
刑甲 39.4
刑甲 43.1
刑甲 43.12
刑甲 43.30
刑甲 44.5
刑甲 44.14

刑甲 48.23
刑甲 49.3
刑甲 49.21
刑甲 52.17
刑甲 52.28
刑甲 53.10
刑甲 53.21
刑甲 54.3
刑甲 101.25
刑甲 136.14

刑甲 138.7
刑甲 139.7
刑丙地 2.6
刑丙地 4.14
刑丙地 6.1
刑丙地 8.6
刑丙地 17.14
刑丙·殘 1.3
陰乙大游 3.54
陰乙五禁 12.5

陰乙上朔 21.1 陰乙上朔 27.1 陰乙上朔 33.15 陰乙上朔 34.26 陰乙上朔 36.9 出 30.52 木 52.9 木 57.17 太 1.24 太 6.4

繆 70.9 繆 71.56 昭 1.73 昭 3.41 昭 4.41 昭 5.54 昭 6.12 經 13.17 經 24.41 經 30.14

經 31.17 經 35.11 經 59.33 經 60.60 十 10.6 十 17.53 十 27.21 十 29.20 十 39.28 十 39.32

十 39.39 十 39.47 十 41.22 十 41.30 十 42.35 十 50.2 十 50.10 十 50.44 十 62.49 稱 14.35

稱 14.42 老乙 12.36 老乙 19.8 老乙 31.5 老乙 35.13 老乙 35.33 老乙 40.38 老乙 70.59 老乙 71.54 老乙 72.10

星 8.5 星 9.33 星 10.11 星 18.32 星 23.26 星 29.42 星 35.32 星 39.27 星 41.29 星 42.3

星 42.6 星 44.5 星 45.38 星 45.47 星 48.5 星 50.31 星 51.11 星 51.22 星 51.38 星 54.3

星 57.18 星 57.22 星 57.41 星 58.7 星 58.19 星 59.17 星 64.20 星 65.19 星 67.22 星 67.44

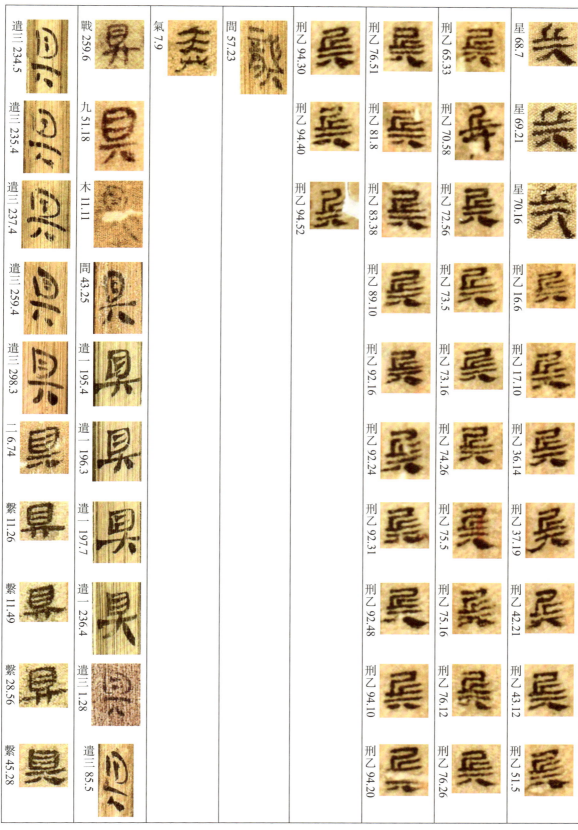

具　弈　龏

星 68.7
星 69.21
星 70.16
刑乙 16.6
刑乙 17.10
刑乙 36.14
刑乙 37.19
刑乙 42.21
刑乙 43.12
刑乙 51.5

刑乙 65.33
刑乙 70.58
刑乙 72.56
刑乙 73.5
刑乙 73.16
刑乙 74.26
刑乙 75.5
刑乙 75.16
刑乙 76.12
刑乙 76.26

刑乙 76.51
刑乙 81.8
刑乙 83.38
刑乙 89.10
刑乙 92.16
刑乙 92.24
刑乙 92.31
刑乙 92.48
刑乙 94.10
刑乙 94.20

刑乙 94.30
刑乙 94.40
刑乙 94.52

問 57.23

氣 7.9

戰 259.6
九 51.18
木 11.11
問 43.25
遺一 195.4
遺一 196.3
遺一 197.7
遺一 236.4
遺三 1.28
遺三 85.5

遺三 234.5
遺三 235.4
遺三 237.4
遺三 259.4
遺三 298.3
二 6.74
繫 11.26
繫 11.49
繫 28.56
繫 45.28

弁　⿱夂⿱丰廾*　⿱其廾*　𠬞　共

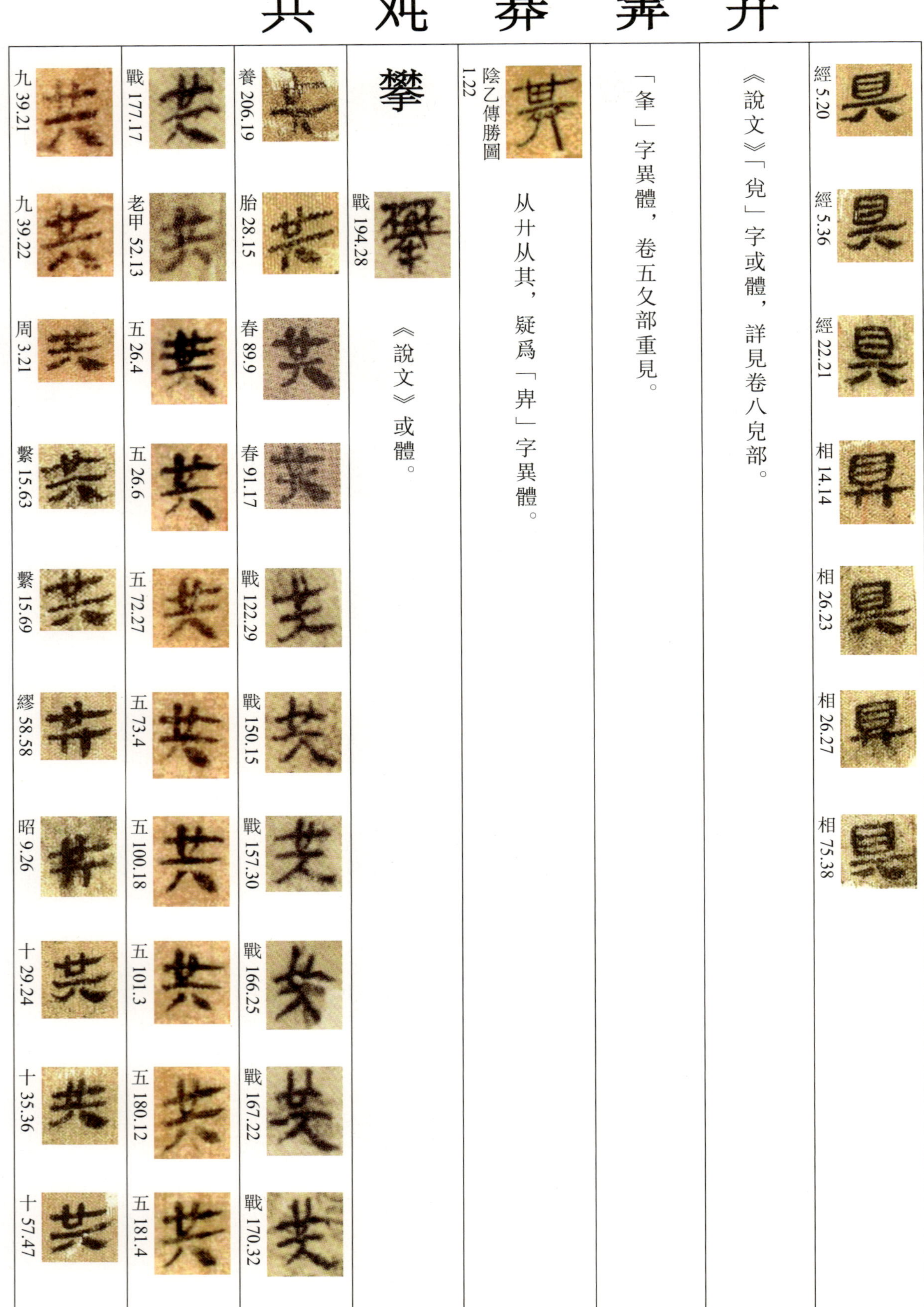

弁：經 5.20　經 5.36　經 22.21　相 14.14　相 26.23　相 26.27　相 75.38

《說文》「覍」字或體，詳見卷八皃部。

⿱夂⿱丰廾*：「夆」字異體，卷五夊部重見。

⿱其廾*：陰乙傳勝圖 1.22

从廾从其，疑爲「𢍏」字異體。

𠬞：攀

戰 194.28

《說文》或體。

共：養 206.19　胎 28.15　春 89.9　春 91.17　戰 122.29　戰 150.15　戰 157.30　戰 166.25　戰 167.22　戰 170.32

戰 177.17　老甲 52.13　五 26.4　五 26.6　五 72.27　五 73.4　五 100.18　五 101.3　五 180.12　五 181.4

九 39.21　九 39.22　周 3.21　繫 15.63　繫 15.69　繆 58.58　昭 9.26　十 29.24　十 35.36　十 57.47

共　龔　異　戴　畀（畁）　與

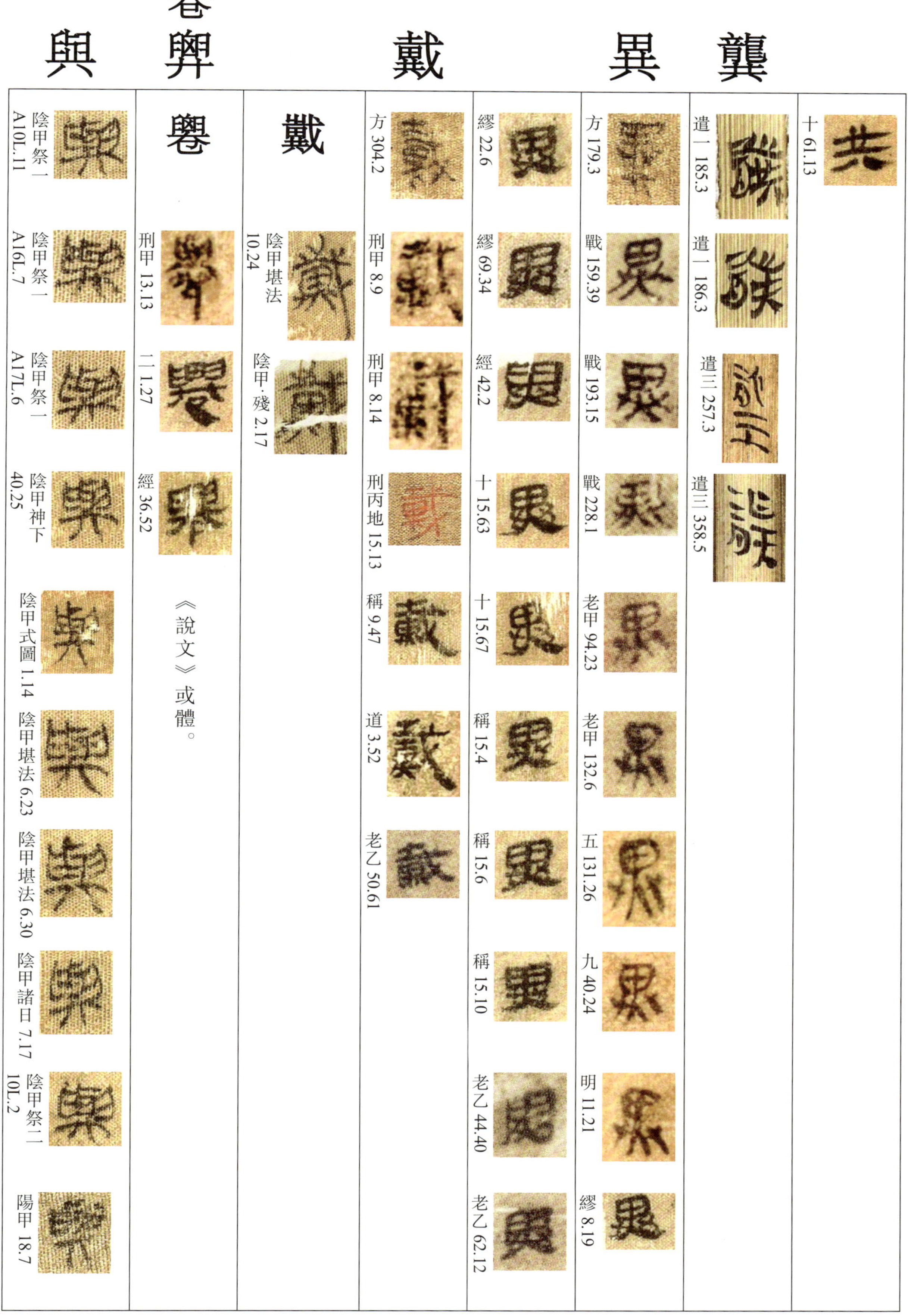

十 61.13

遺一 185.3　遺一 186.3　遺三 257.3　遺三 358.5

方 179.3　戰 159.39　戰 193.15　戰 228.1　老甲 94.23　老甲 132.6　五 131.26　九 40.24　明 11.21　繆 8.19

繆 22.6　繆 69.34　經 42.2　十 15.63　十 15.67　稱 15.4　稱 15.6　稱 15.10　老乙 44.40　老乙 62.12

方 304.2　刑甲 8.9　刑甲 8.14　刑丙地 15.13　稱 9.47　道 3.52　老乙 50.61

戴

陰甲堪法 10.24　陰甲·殘 2.17

畁

刑甲 13.13　二 1.27　經 36.52

《説文》或體。

陰甲祭一 A10L.11　陰甲祭一 A16L.7　陰甲祭一 A17L.6　陰甲神下 40.25　陰甲式圖 1.14　陰甲堪法 6.23　陰甲堪法 6.30　陰甲諸日 7.17　陰甲祭二 10L.2　陽甲 18.7

陽甲 21.13
陽甲 22.8
陽甲 27.12
脈 3.25
方 23.30
方 60.8
方 61.20
方 130.13
方 132.6
方 152.9

方 205.9
方 212.15
方 212.20
方 212.32
方 220.3
方 230.14
方 259.27
方 318.18
去 1.30
去 2.6

陽乙 5.25
養 48.6
養 60.4
養 64.5
房 13.22
房 22.6
春 29.23
春 42.5
春 47.16
春 92.4

戰 2.13
戰 2.26
戰 3.13
戰 5.13
戰 9.33
戰 11.7
戰 12.18
戰 23.3
戰 23.20
戰 25.34

戰 30.4
戰 31.8
戰 33.20
戰 35.14
戰 42.25
戰 43.12
戰 44.9
戰 44.18
戰 45.11
戰 51.17

戰 51.23
戰 51.36
戰 179.18
戰 182.27
戰 300.1
老甲 8.22
老甲 16.8
老甲 16.13
老甲 16.18
老甲 61.26

老甲 92.10
老甲 128.11
老甲 137.30
老甲 161.3
老甲 165.11
老甲 167.9
五 17.17
五 17.21
五 18.3
五 22.6

五 25.7
五 56.6
五 59.9
五 59.12
五 59.15
五 59.19
五 59.31
五 60.9
五 76.29
五 96.6

五 100.12
五 118.18
五 118.25
五 124.10
五 158.3
五 167.27
九 6.20
九 29.25
九 44.15
明 35.27

明 42.2
明 47.14
氣 2.314
氣 2.324
氣 2.338
氣 2.350
氣 5.10
刑甲 27.7
刑甲 36.3
刑甲 88.16

刑甲 88.22
刑甲 93.13
刑甲 102.5
刑甲 106.5
刑丙傳勝圖 1.13
陰乙刑德 9.10
陰乙刑德 32.3
陰乙傳勝圖 1.41
木 34.15
木 62.2

問 43.23
問 51.7
問 61.14
問 83.8
問 83.12
問 84.14
合 3.17
禁 1.7
禁 6.1
談 3.14

遣一 63.5
遣一 65.5
竹二 1.4
周 50.34
二 19.2
二 29.22
二 29.58
二 30.20
繫 6.15
繫 6.71

繫 8.53
繫 12.61
繫 19.31
繫 22.25
繫 27.42
繫 32.74
繫 44.27
繫 45.56
衷 1.9
衷 21.6

衷 21.14
衷 21.22
衷 31.28
衷 31.34
衷 35.38
衷 43.37
衷 44.54
衷 46.26
衷 46.69
衷 50.27

要 12.11
要 18.28
要 21.34
繆 1.52
繆 19.44
繆 21.48
繆 30.60
繆 31.12
繆 32.23
繆 33.26

繆 45.2
繆 56.52
繆 60.59
繆 62.43
繆 64.53
繆 67.11
昭 1.19
昭 8.7
經 10.49
經 25.51

經 31.13
經 32.35
經 33.2
經 37.2
經 37.5
經 48.15
經 52.54
經 72.33
經 75.44
十 7.48

十 7.55
十 7.63
十 8.46
十 9.19
十 12.53
十 13.17
十 20.22
十 31.42
十 33.8
十 33.39

十 40.50
十 47.21
十 57.45
十 57.49
稱 1.72
稱 4.66
稱 17.45
稱 22.27
老乙 4.18
老乙 25.10

老乙 30.36
老乙 30.42
老乙 34.25
老乙 56.45
老乙 60.41
老乙 60.49
老乙 64.44
老乙 74.44
老乙 76.37
老乙 77.27

星 2.3
星 2.21
星 3.11
星 3.28
星 3.43
星 4.17
星 4.36
星 19.23
星 25.25
星 40.6

星 40.54
星 42.21
星 42.35
星 46.15
星 46.19
星 46.28
星 59.4
星 62.13
星 64.6
星 64.12

星 65.6
星 76.2
星 77.1
星 78.1
星 79.1
星 82.1
星 83.1
星 84.1
星 85.1
星 86.1

星87.1　星88.54　星91.1　星92.1　星93.1　星94.1　星95.1　星96.1　星97.1　星99.1

星100.1　星103.1　星104.1　星105.1　星106.1　星107.1　星108.1　星109.1　星115.1　星116.1

星117.1　星118.1　星119.1　星121.2　星122.17　星123.10　星124.1　星124.15　星125.9　星126.4

星126.18　星128.4　星128.18　星129.12　星130.4　星130.19　星131.9　星132.2　星132.16　星133.12

星134.5　星135.9　星136.4　星136.18　星137.12　星138.4　星139.9　星140.4　星140.20　刑乙6.9

刑乙7.9　刑乙16.1　刑乙67.18　刑乙79.8　相3.24　相4.42　相4.45　相9.39　相43.2　相43.28

相48.3　相49.56　相50.51　相50.61　相51.2　相51.5　相51.12　相51.20　相58.27

⿱訒廾

方307.4

「與」字之訛寫。

興

方 437.18　去 2.8　戰 260.15　戰 264.9　戰 268.9　氣 1.217　氣 2.116　氣 6.118　氣 9.110　氣 10.87

氣 10.92　氣 10.104　氣 10.233　問 12.4　問 45.6　問 70.25　周 7.44　要 16.26　經 52.4　經 54.25

經 59.32　經 69.11　經 69.34　十 3.23　十 29.19　稱 12.59　星 29.39　星 41.28　星 45.46　星 65.35

要

𡡔

足 3.16　陽乙 2.2　陽乙 2.32　陽乙 15.25　養 45.7　戰 131.7　老甲 147.28　德 1.25　問 75.13

談 55.10　遣三 115.1　遣三 323.3　周 62.24　繫 44.37　衷 38.38　衷 40.42　衷 47.60　衷 50.55　要 9.2

要 14.3　要 24.21　繆 48.40　繆 61.38　十 46.35　道 6.58　老乙 68.65

《說文》古文。

農

䢉

方 157.3　經 7.14

爨

[illegible]

養 4.3　養 4.11　養 66.24　問 97.2　經 22.14

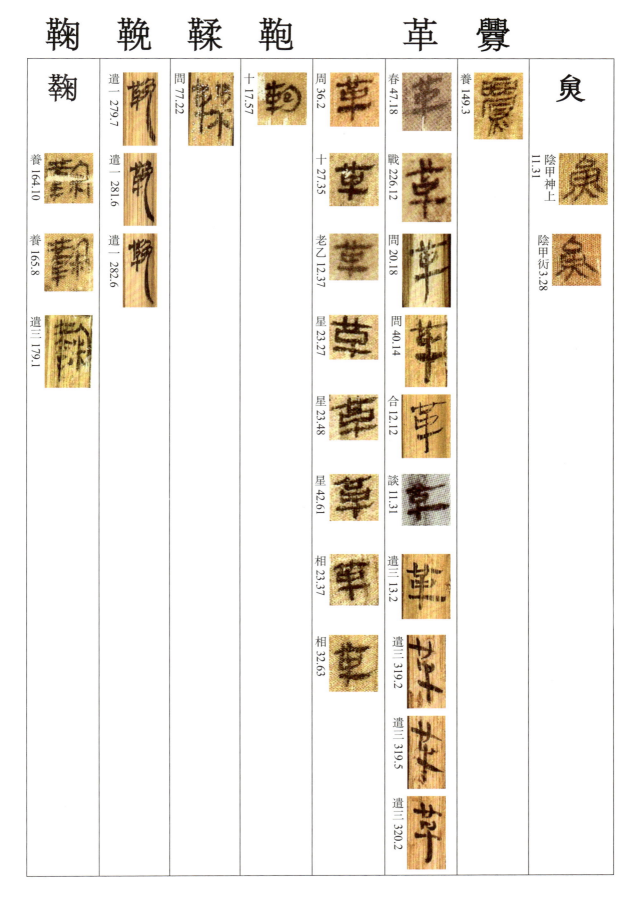

臭

陰甲神上11.31

陰甲衍3.28

釁

養149.3

革

春47.18

戰226.12

問20.18

問40.14

合12.12

談11.31

遺三13.2

遺三319.2

遺三319.5

遺三320.2

周36.2

十27.35

老乙12.37

星23.27

星23.48

星42.61

相23.37

相32.63

鞄

十17.57

鞣

問77.22

鞔

遺一279.7

遺一281.6

遺一282.6

鞠

鞠

養164.10

養165.8

遺三179.1

鞞	鞌 鞍	勒	鞅	鬲	鬵
遣一 234.5 遣一 235.6 遣三 231.5	 相 22.5 相 76.21	 春 59.3 春 94.26 周 3.27 周 21.80 十 5.22	 戰 184.23 戰 184.31 戰 249.21	鬴 胎 15.22 《説文》或體。	 方 5.13 養 66.14 養 141.19 鬵 養 142.15 「鬲」旁頭部與「朁」形下半共用「曰」旁。 鐕 方 481.14 遣三 87.20

䰞*

「𩱦/煮」字異體，本卷䰞部重見。

𩰲

戰 190.6

𩱦

方 92.7　方 92.15　方 449.24　養 13.10　房 33.11　戰 35.22　戰 63.16　戰 190.7　老甲 131.3　老乙 61.45

老乙 61.54

鬻

鬻

養 221.5

《說文》或體。

羹

方 205.23　胎 2.35　胎 8.3　遣一 1.4　遣一 2.3　遣一 4.3　遣一 5.3　遣一 6.3　遣一 7.3

遣一 8.3　遣一 9.3　遣一 10.5　遣一 11.3　遣一 12.7　遣一 13.5　遣一 14.6　遣一 15.3　遣一 16.3　遣一 17.6

遣一 18.5　遣一 19.3　遣一 20.3　遣一 21.5　遣一 22.5　遣一 23.3　遣一 24.3　遣一 25.3　遣一 26.5　遣一 27.3

遺一28.3 遺一29.5 遺一165.10 遺一221.11 竹一2.3 竹一3.3 竹一4.5 遺三54.5 遺三55.10 遺三56.7

遺三57.3 遺三58.3 遺三59.8 遺三60.7 遺三61.3 遺三62.3 遺三63.3 遺三64.7 遺三65.3 遺三66.6

遺三67.3 遺三68.3 遺三69.3 遺三70.3 遺三71.3 遺三72.3 遺三73.3 遺三74.6 遺三75.3 遺三76.3

遺三77.3 遺三78.3 遺三79.3 遺三80.2 遺三83.8 遺三87.3

《說文》小篆。

䰯

粖

方388.20

《說文》或體。

⿱⿲弓耳弓鬲

餌

戰176.9 戰225.34 戰297.4 老甲165.12 木67.26

《說文》或體。

⿱⿲弓者弓鬲

煮

方34.10 方36.1 方63.2 方63.10 方68.29 方73.14 方75.2 方77.7 方99.2

方100.18 方133.4 方175.1 方181.6 方181.18 方187.6 方189.23 方194.6 方195.13 方197.4

方198.6 方201.5 方202.7 方205.11 方261.31 方274.6 方277.6 方286.4 方307.18 方314.2

方319.2 方342.17 方357.25 方375.15 方409.19 方420.14 方457.3 方475.4 方481.15 養54.16

養55.10 養66.16 養67.8 養86.11 養110.8 養·殘13.8 養·殘163.4 房50.28 胎27.8 戰238.13

《說文》或體。

䰞

方461.23 養180.3

爲

陰甲天一2.13 陰甲天一3.13 陰甲天一13.24 陰甲上朔1.56 陰甲上朔2.4 陰甲上朔3.1 陰甲上朔5.8 陰甲雜三5.7 陰甲室3.27 陰甲室3.38

陰甲室6.9 陰甲室8.34 陰甲室8.38 陰甲室9.3 陰甲室10.9 陰甲室10.15 陰甲堪法12.6 陰甲堪法13.4 陰甲堪法13.9 陰甲堪法13.11

陰甲堪法14.10
陰甲刑日3.8
陰甲刑日4.4
陰甲諸日3.2
陰甲·殘24.11
陰甲·殘34.8
陰甲·殘129.4
陽甲8.2
陽甲19.28
陽甲30.14

陽甲37.23
脈11.16
方47.6
方53.16
方84.6
方92.6
方96.20
方103.13
方138.2
方188.6

方189.14
方193.18
方213.26
方227.4
方227.9
方231.9
方232.27
方233.1
方238.17
方241.11

方243.9
方244.9
方262.27
方264.10
方273.1
方273.5
方274.14
方279.14
方319.15
方390.19

方391.14
方421.21
方427.8
方447.26
方454.22
方484.14
去1.34
去1.57
去8.14
陽乙4.22

陽乙6.8
陽乙8.51
陽乙11.29
陽乙17.13
陽乙17.38
陽乙18.44
養3.4
養13.2
養13.7
養13.13

養50.18
養65.2
養80.3
養86.24
養99.4
養105.10
養112.19
養123.22
養125.36
養131.19

養133.3
養140.3
養目1.4
養·殘86.4
房16.25
房21.7
射12.5
射13.11
射13.17
射13.22

射 14.6
射 19.25
胎 2.22
胎 20.5
胎 28.17
胎 30.11
胎 33.26
春 11.17
春 17.3
春 19.12

春 45.9
春 45.12
春 55.23
春 56.12
春 72.11
春 74.7
春 79.28
春 82.19
春 83.12
春 90.19

春 90.24
春 96.19
戰 7.15
戰 8.25
戰 9.7
戰 9.31
戰 10.35
戰 11.21
戰 13.17
戰 15.28

戰 18.14
戰 20.14
戰 21.17
戰 23.5
戰 26.10
戰 29.2
戰 34.14
戰 35.13
戰 38.7
戰 38.28

戰 42.17
戰 44.2
戰 46.7
戰 46.31
戰 47.22
戰 48.7
戰 51.35
戰 51.40
戰 52.19
戰 52.24

戰 53.13
戰 53.40
戰 55.27
戰 63.5
戰 64.7
戰 64.13
戰 66.22
戰 71.28
戰 72.12
戰 72.32

戰 75.9
戰 75.18
戰 75.28
戰 77.22
戰 77.30
戰 77.32
戰 79.22
戰 79.40
戰 85.12
戰 87.21

戰 90.17
戰 90.23
戰 91.3
戰 93.39
戰 94.2
戰 94.36
戰 96.24
戰 96.37
戰 97.38
戰 98.3

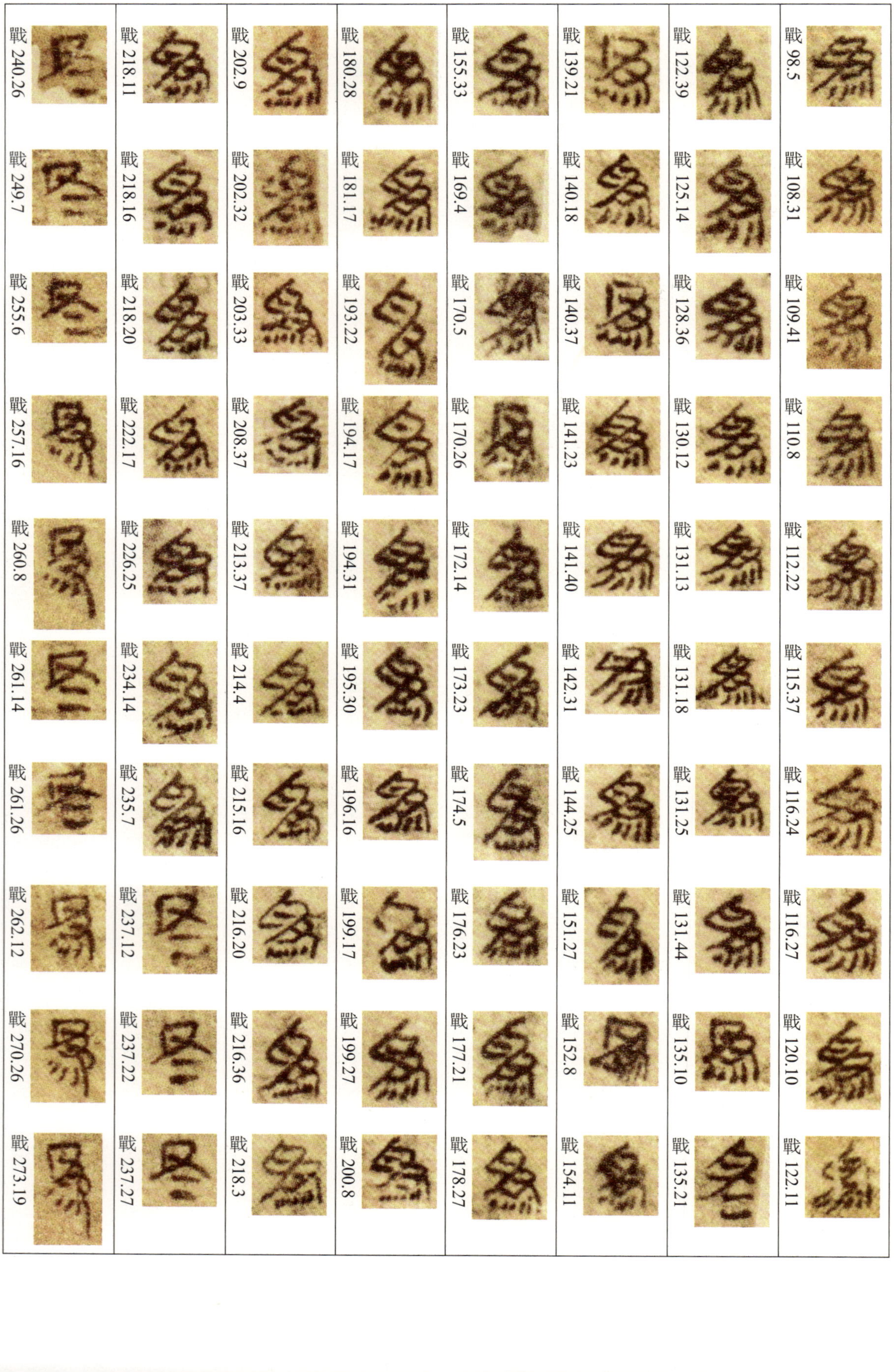

戰 98.5
戰 108.31
戰 109.41
戰 110.8
戰 112.22
戰 115.37
戰 116.24
戰 116.27
戰 120.10
戰 122.11

戰 122.39
戰 125.14
戰 128.36
戰 130.12
戰 131.13
戰 131.18
戰 131.25
戰 131.44
戰 135.10
戰 135.21

戰 139.21
戰 140.18
戰 140.37
戰 141.23
戰 141.40
戰 142.31
戰 144.25
戰 151.27
戰 152.8
戰 154.11

戰 155.33
戰 169.4
戰 170.5
戰 170.26
戰 172.14
戰 173.23
戰 174.5
戰 176.23
戰 177.21
戰 178.27

戰 180.28
戰 181.17
戰 193.22
戰 194.17
戰 194.31
戰 195.30
戰 196.16
戰 199.17
戰 199.27
戰 200.8

戰 202.9
戰 202.32
戰 203.33
戰 208.37
戰 213.37
戰 214.4
戰 215.16
戰 216.20
戰 216.36
戰 218.3

戰 218.11
戰 218.16
戰 218.20
戰 222.17
戰 226.25
戰 234.14
戰 235.7
戰 237.12
戰 237.22
戰 237.27

戰 240.26
戰 249.7
戰 255.6
戰 257.16
戰 260.8
戰 261.14
戰 261.26
戰 262.12
戰 270.26
戰 273.19

戰 274.18
戰 278.21
戰 280.5
戰 285.14
戰 288.23
戰 291.28
戰 293.20
戰 293.24
戰 295.12
戰 297.11

戰 297.14
戰 298.4
戰 298.22
戰 304.7
戰 304.13
戰 304.19
戰 304.24
戰 316.24
戰 323.7
戰 323.17

老甲 1.11
老甲 2.2
老甲 5.33
老甲 13.4
老甲 14.23
老甲 18.21
老甲 24.12
老甲 29.4
老甲 29.25
老甲 42.5

老甲 48.30
老甲 49.2
老甲 53.8
老甲 53.13
老甲 53.15
老甲 54.29
老甲 60.7
老甲 62.3
老甲 69.6
老甲 69.12

老甲 70.17
老甲 71.5
老甲 72.3
老甲 72.6
老甲 80.15
老甲 82.33
老甲 83.26
老甲 91.15
老甲 95.6
老甲 96.30

老甲 101.22
老甲 111.12
老甲 111.17
老甲 112.33
老甲 113.24
老甲 114.25
老甲 115.6
老甲 115.9
老甲 115.24
老甲 127.18

老甲 136.33
老甲 138.25
老甲 141.3
老甲 143.1
老甲 143.5
老甲 148.29
老甲 150.18
老甲 156.14
老甲 163.14
老甲 164.1

老甲 164.19
五 7.30
五 15.20
五 15.25
五 17.13
五 17.27
五 35.13
五 35.25
五 37.20
五 44.12

五 53.16
五 53.21
五 53.25
五 54.3
五 54.12
五 59.5
五 59.27
五 61.17
五 62.6
五 75.13

五 75.17
五 83.20
五 92.14
五 105.24
五 129.27
五 130.26
五 136.27
五 136.30
五 137.12
五 138.2

五 149.27
五 151.20
五 172.13
五 172.19
五 172.31
五 173.7
五 177.15
五 182.7
九 1.16
九 6.23

九 10.26
九 16.16
九 16.25
九 23.16
九 27.23
九 35.22
九 36.2
九 39.24
九 49.12
明 1.23

明 8.6
明 8.26
明 9.16
明 11.30
明 17.10
明 20.22
明 25.11
明 35.4
明 36.24
明 38.26

明 43.14
德 9.2
德 10.5
德 12.14
氣 2.268
氣 4.237
氣 6.239
氣 9.102
氣 9.115
氣 9.189

氣 10.211
氣 10.215
氣 10.219
氣 10.241
刑甲 13.35
刑甲 16.9
刑甲 16.13
刑甲 47.21
刑甲 89.9
刑甲 91.7

刑甲 91.12
刑甲 91.20
刑甲 91.24
刑甲 108.6
刑丙地 12.7
刑丙地 13.2
刑丙地 13.6
刑丙天 7.30
刑丙天 8.24
刑丙天 9.3

刑丙天9.13	陰乙文武12.25	陰乙天一19.8	木20.16	木39.8	問29.8	問94.19	談27.11
刑丙天11.5	陰乙五禁14.3	陰乙女發4.10	木24.20	木39.17	問29.16	問95.2	談54.4
刑丙天11.9	陰乙五禁14.15	陰乙·殘1.3	木26.16	木40.10	問31.6	問97.16	物3.6
陰乙刑德29.4	陰乙上朔18.10	出23.54	木28.25	木42.17	問31.10	問101.13	太1.34
陰乙刑德30.6	陰乙上朔19.16	木3.1	木29.17	木55.5	問33.12	合4.10	周3.34
陰乙大游3.64	陰乙上朔20.7	木3.22	木30.17	木64.12	問34.27	合5.6	周29.56
陰乙大游3.70	陰乙上朔22.2	木4.10	木32.8	木66.13	問37.25	合14.1	周57.34
陰乙大游3.77	陰乙上朔28.15	木11.1	木32.16	問2.7	問39.26	合31.16	周87.18
陰乙大游3.91	陰乙上朔31.10	木13.5	木35.12	問10.23	問55.11	談9.2	周92.16
陰乙三合5.19	陰乙上朔31.34	木18.2	木38.11	問28.23	問59.1	談23.9	二5.68

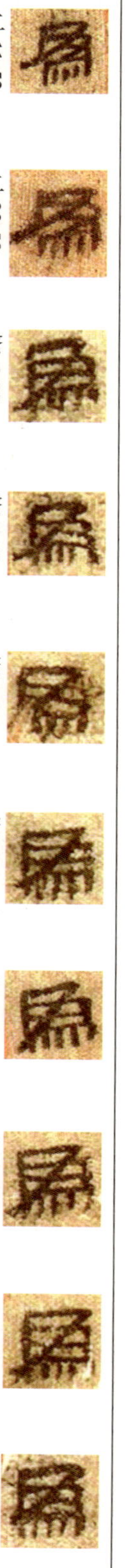

二11.53	繫28.24	繫36.31	衷47.34	要22.66	繆34.57	繆64.20	昭1.54
二33.59	繫33.34	繫43.22	衷48.54	繆2.69	繆35.68	繆65.15	昭2.33
繫6.58	繫33.55	繫45.29	衷50.48	繆6.52	繆36.5	繆65.31	昭2.43
繫6.62	繫33.59	衷17.10	要13.28	繆16.40	繆36.12	繆65.52	昭2.55
繫15.6	繫34.6	衷21.45	要13.40	繆21.54	繆37.67	繆65.64	昭6.5
繫16.45	繫35.25	衷30.12	要15.55	繆23.47	繆43.1	繆66.29	昭9.49
繫17.9	繫35.30	衷30.25	要15.61	繆23.56	繆43.22	繆66.51	昭11.1
繫18.32	繫36.5	衷30.44	要17.52	繆26.10	繆44.68	繆67.18	昭11.9
繫19.37	繫36.9	衷30.48	要17.63	繆31.28	繆60.43	繆70.55	昭11.47
繫21.25	繫36.27	衷47.29	要22.58	繆34.9	繆63.3	繆71.7	周·殘下60.7

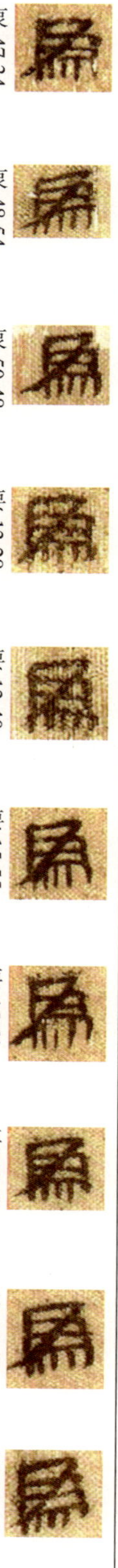

經 2.33
經 2.59
經 3.65
經 4.9
經 4.54
經 5.61
經 8.11
經 8.19
經 8.27
經 8.59

經 9.13
經 16.39
經 23.5
經 23.9
經 23.12
經 23.16
經 29.38
經 30.5
經 36.56
經 39.5

經 39.53
經 40.19
經 40.42
經 51.10
經 53.6
經 53.29
經 58.66
經 59.3
經 61.7
經 61.18

經 64.5
經 67.59
經 73.35
經 73.41
經 74.43
經 74.47
經 74.63
經 77.49
十 1.12
十 1.39

十 5.12
十 5.24
十 5.63
十 6.1
十 6.17
十 6.23
十 8.50
十 8.54
十 10.9
十 16.41

十 18.56
十 21.5
十 21.9
十 23.36
十 23.40
十 23.48
十 23.57
十 24.48
十 24.61
十 27.37

十 28.2
十 29.38
十 30.25
十 32.42
十 32.56
十 32.64
十 33.31
十 36.1
十 40.28
十 45.33

十 50.14
十 50.27
十 50.59
十 51.1
十 52.5
十 60.56
十 62.48
十 62.52
十 62.56
十 64.32

稱2.47
稱2.56
稱10.43
稱10.54
稱10.59
稱11.6
稱12.7
稱13.37
稱15.1
稱15.9
稱15.12
稱15.44
稱15.48
稱19.31
道1.12
道2.62
道3.19
道3.25
道3.61
道3.69
道5.62
道6.21
道6.25
老乙1.22
老乙1.26
老乙1.30
老乙1.35
老乙1.44
老乙1.48
老乙3.13
老乙3.70
老乙4.63
老乙10.7
老乙10.10
老乙11.2
老乙13.66
老乙18.61
老乙19.65
老乙23.6
老乙23.12
老乙24.1
老乙27.15
老乙28.27
老乙29.46
老乙32.7
老乙32.31
老乙33.11
老乙33.32
老乙34.10
老乙34.30
老乙34.58
老乙34.61
老乙38.35
老乙39.38
老乙41.45
老乙46.31
老乙47.5
老乙47.65
老乙48.3
老乙51.31
老乙52.7
老乙52.33
老乙53.14
老乙54.10
老乙54.24
老乙54.27
老乙54.39
老乙56.23
老乙60.17
老乙64.11
老乙65.4
老乙66.2
老乙66.18
老乙66.65
老乙66.69
老乙69.21
老乙69.48
老乙69.72
老乙69.78
老乙70.15

老乙70.18
老乙75.47
老乙75.64
老乙76.16
老乙·殘6.3
星1.15
星2.11
星3.1
星4.25
星4.45

星6.35
星23.15
星32.14
星32.55
星33.8
星34.50
星36.8
星36.49
星39.15
星40.48

星41.10
星41.17
星42.19
星44.57
星45.1
星45.20
星45.24
星53.24
星56.33
星57.4

星58.2
星61.6
星61.9
星69.6
星69.12
星70.12
星121.6
星144.25
星144.37
刑乙14.8

刑乙15.6
刑乙15.9
刑乙19.14
刑乙19.20
刑乙19.26
刑乙20.6
刑乙20.12
刑乙69.50
刑乙69.54
刑乙71.10

刑乙71.14
刑乙91.18
相3.62
相3.65
相5.9
相8.36
相9.12
相9.16
相10.41
相10.44

相12.29
相12.39
相14.35
相14.39
相20.8
相20.16
相20.18
相20.21
相20.24
相24.33

相31.56
相38.63
相42.48
相45.70
相52.2
相53.26
相53.31
相57.43
相57.47
相59.30

埶

相 59.51
相 59.58
相 59.76
相 61.53
相 62.57
相 64.42
相 65.27
相 73.53
相 73.55
相 73.62

春 44.16
春 49.8
戰 176.16
戰 216.35
問 12.23
問 13.12
問 37.17
合 5.23
談 32.15
談 36.7

繆 16.48
繆 17.7
繆 23.55
繆 39.45
繆 44.70
經 12.61
經 13.19
十 9.45
十 10.3
十 62.12

相 41.63
相 71.20

孰

陰甲雜三 1.23
脈 11.6
方 18.8
方 25.9
方 57.6
方 58.10
方 113.15
方 131.16
方 187.2
方 189.25

方 194.13
方 206.21
方 254.23
方 257.24
方 277.5
方 283.9
方 300.15
方 314.5
方 319.9
方 348.26

方 398.9
方 438.8
方·殘 26.2
養 5.12
養 12.3
養 86.10
養 167.7
養·殘 34.1
房 41.13
房 41.18

射 16.25
胎 15.5
戰 114.19
戰 147.4
戰 175.13
戰 219.11
戰 255.19
老甲 16.10
老甲 16.15
老甲 80.25

閧　　鬭

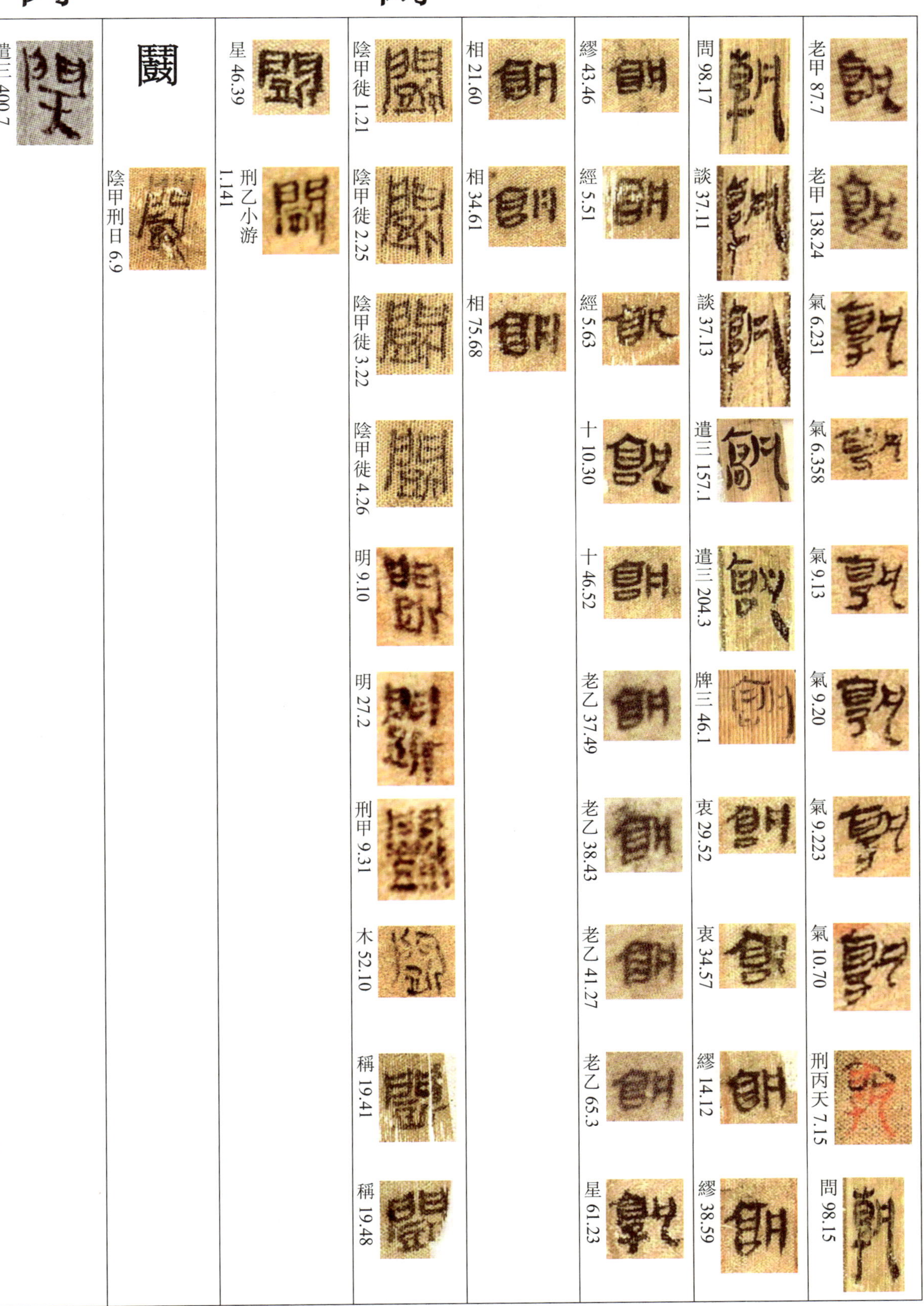

老甲 87.7　老甲 138.24　氣 6.231　氣 6.358　氣 9.13　氣 9.20　氣 9.223　氣 10.70　刑丙天 7.15　問 98.15

問 98.17　談 37.11　談 37.13　遣三 157.1　遣三 204.3　牌三 46.1　衷 29.52　衷 34.57　繆 14.12　繆 38.59

繆 43.46　經 5.51　經 5.63　十 10.30　十 46.52　老乙 37.49　老乙 38.43　老乙 41.27　老乙 65.3　星 61.23

相 21.60　相 34.61　相 75.68

陰甲徙 1.21　陰甲徙 2.25　陰甲徙 3.22　陰甲徙 4.26　明 9.10　明 27.2　刑甲 9.31　木 52.10　稱 19.41　稱 19.48

星 46.39　刑乙小游 1.141

鬬

陰甲刑日 6.9

遣三 400.7

闟

談 22.11

又

方 108.14
方 108.18
方 109.8
氣 1.85
氣 3.15
氣 4.4
氣 4.7
氣 4.23
氣 4.26
氣 4.34

氣 5.17
氣 5.36
氣 5.45
氣 5.59
氣 5.69
氣 5.74
氣 5.81
氣 5.103
氣 5.106
氣 5.114

氣 5.141
氣 6.29
氣 6.84
氣 6.347
禁 1.1
繫 18.48
繫 42.4
繫 42.13
繫 45.32
衷 29.58

衷 34.19
衷 35.55
衷 36.30
衷 36.35
衷 37.31
衷 38.46
衷 38.62
衷 39.55
衷 40.18
衷 41.7

衷 41.43
衷 42.36
衷 44.51
衷 47.67
衷 48.4
衷 48.9
衷 48.26
要 10.44
要 14.20
要 21.48

要 21.69
要 22.19
要 22.43
要 23.13
繆 3.11
繆 4.10
繆 4.24
繆 5.18
繆 5.41
繆 14.21

繆 14.29
繆 15.1
繆 15.10
繆 16.67
繆 17.4
繆 17.26
繆 19.39
繆 20.15
繆 23.4
繆 23.13

繆 25.41	繆 35.62	繆 46.66	繆 58.65	昭 4.57	昭 13.52	老乙 34.52	老乙 61.34
繆 26.37	繆 35.66	繆 47.4	繆 62.2	昭 5.7	周·殘下 30.17	老乙 35.63	老乙 62.39
繆 26.47	繆 36.3	繆 48.6	繆 62.10	昭 7.63	經 12.2	老乙 35.66	刑乙 35.16
繆 28.4	繆 36.10	繆 48.27	繆 66.16	昭 10.28	經 26.55	老乙 38.55	刑乙 67.63
繆 28.30	繆 37.59	繆 48.51	繆 67.5	昭 11.5	經 40.21	老乙 41.24	刑乙 69.25
繆 30.56	繆 39.22	繆 49.18	繆 69.53	昭 11.15	十 20.46	老乙 41.29	刑乙 72.59
繆 31.19	繆 40.37	繆 55.13	繆 70.56	昭 11.62	十 21.39	老乙 41.37	刑乙 83.37
繆 32.19	繆 45.29	繆 55.38	繆 71.50	昭 13.16	道 1.71	老乙 41.48	刑乙 89.32
繆 33.22	繆 45.64	繆 57.17	昭 1.6	昭 13.26	老乙 11.52	老乙 43.21	刑乙 93.41
繆 35.25	繆 46.32	繆 57.24	昭 3.17	昭 13.39	老乙 30.64	老乙 44.46	相 1.24

父 右

相 2.54
相 3.11
相 3.15
相 3.19
相 4.16
相 5.60
相 9.53
相 14.58
相 19.55
相 20.10

相 20.62
相 27.43
相 27.62
相 28.49
相 44.52
相 44.62
相 50.3
相 53.39
相 53.45
相 54.33

相 54.35
相 54.66
相 55.24
相 55.34
相 55.37
相 57.60
相 58.65
相 61.66
相 65.18
相 66.39

相 66.67
相 67.47
相 71.66
相 72.26
相 73.48
相 74.60

《說文》：「右，手口相助也。从又、从口。」「右」字《說文》卷二口部重出，字形詳見卷二口部。

陰甲神上 24.2
陰甲衍 5.1
陰甲室 3.44
陰甲室 3.46
陰甲築一 2.9
方 82.6
方 84.2
方 96.7
方 212.27
方 220.2

方 220.11
方 453.7
房 4.12
春 87.20
春 88.10
戰 194.12
戰 208.32
戰 288.21
戰 294.24
戰 295.6

戰 296.2
戰 296.18
戰 303.6
老甲 14.25
五 23.4
五 85.9
五 85.18
五 85.25
五 155.28
五 172.9

五173.10
九49.26
明27.18
陰乙文武20.10
問48.5
喪3.5
喪4.2
喪4.5
宅1.1
周20.21

周20.44
周20.67
衷48.15
要22.26
昭3.70
經21.35
經23.3
經23.17
經23.26
經24.48

經61.56
經62.23
經65.10
十21.6
稱12.42
老乙63.4

仪

老甲134.12
老甲134.19

曼

胎16.27
氣5.1
氣5.9
氣5.15
問8.28
問11.15
問96.15
談16.25
繫17.46
繫17.53

相19.1
相71.44
相72.62

夬

戰125.8
戰156.11
戰186.9
老甲43.8
陰乙上朔34.6
談8.27
談9.1
周57.2
相7.66
相8.6

相8.15
相36.39
相42.16
相46.26
相49.23
相50.32
相52.7
相52.26
相52.41
相52.57

相52.63 相54.25 相54.58 相55.54 相55.59 相56.30 相58.19 相59.36 相59.55 相59.72

相62.46 相65.2 相65.5 相65.10 相68.49 相69.18 相69.25 相76.5 相76.42 相76.48

相77.5

尹

陰甲堪表7.8 五145.4 九1.5 九1.15 九1.31 九2.5 九4.16 九7.18 九10.2 九11.18

九25.1 九26.2 九27.5 九41.28 九48.26 繆68.9 繆68.15 繆69.16

及

陰甲堪法6.15 方8.6 方32.17 方64.8 方114.8 方123.2 方165.7 方171.3 方174.6 方182.15

方185.9 方224.3 方234.18 方346.14 方385.4 方·殘2.43 去4.25 養62.10 養110.3 養169.2

房4.4 房6.11 房21.6 射7.10 射8.9 射10.8 射11.13 胎31.20 春37.4 春62.18

春74.28
春78.30
戰192.27
戰197.15
戰197.20
戰227.32
老甲16.4
老甲114.30
老甲134.3
五16.19

五85.21
明25.3
氣6.420
氣8.33
氣9.48
氣9.201
氣10.3
刑甲22.12
刑甲34.30
出5.20

出24.12
木52.7
合21.15
談36.20
談42.6
周35.43
衷34.59
衷39.14
要10.13
繆14.33

繆27.18
繆27.27
繆46.45
繆58.51
周·殘下140.2
經45.28
經59.13
經60.40
經67.5
經72.10

十13.58
十49.8
道6.32
老乙54.15
老乙62.69
星41.20
刑乙75.13
相26.3
相26.10
相42.17

相64.12

秉

遣一279.8
十40.33

反

陰甲徙1.8
陰甲徙2.12
陰甲徙3.10
陰甲徙4.16
陰甲徙7.7
陽甲6.4
候2.18
陽乙3.28
養128.16
養142.13

胎 18.28
胎·殘 1.2
春 12.7
春 59.6
戰 13.34
戰 14.5
戰 101.8
戰 106.8
戰 107.18
戰 107.32
戰 109.16
戰 111.35
戰 116.26
戰 119.29
戰 129.43
戰 134.9
戰 166.17
戰 168.27
戰 175.3
戰 195.20
戰 233.22
戰 233.29
老甲 91.2
五 171.26
九 21.16
九 27.22
九 35.19
氣 2.361
氣 4.198
氣 5.116
氣 6.131
刑丙傳 7.8
刑丙傳 10.9
刑丙傳 16.14
出 10.24
出 21.30
出 23.31
木 1.34
合 8.21
談 48.32
遣三 358.4
箭 87.8
箭 88.8
箭 90.7
周 53.12
周 84.36
二 10.24
繫 6.48
繫 47.4
衷 28.59
衷 37.1
繆 29.13
繆 68.17
繆 70.49
周·殘下 60.6
經 6.3
經 8.39
經 9.50
經 10.45
經 18.63
經 37.6
經 41.48
經 56.7
經 58.34
經 59.11
經 60.38
經 61.17
經 65.3
經 72.58
經 73.32
十 12.46
十 13.25
十 18.11
十 18.20
十 28.55
十 32.54
十 32.63
十 33.30
十 40.58
十 41.14

十51.52 十63.55 稱7.54 稱14.58 稱17.7 稱17.30 稱17.54 稱21.20 稱24.39 道3.65

老乙29.23 老乙66.31 星12.26 星24.5 星33.23 星33.27 星33.30 星35.44 星36.38 星57.25

星58.1 相38.3 相38.12

叔

村

方74.6 方85.13 方174.20 方272.26 方307.5 方336.9 方351.10 方360.12 方461.24

方463.4 方466.11 養38.4 養·殘61.5 房20.6 春20.5 明28.13 遣一14.2 遣一296.5 遣三56.2

遣三157.2 遣三377.5 牌三46.2

《説文》或體。

取

陰甲天一5.19 陰甲天一7.24 陰甲天一8.22 陰甲天一9.14 陰甲女發2.25 陰甲刑日8.6 陰甲諸日7.29 陰甲宜忌4.4 陰甲·殘4.36 陰甲·殘33.3

脈2.12 方14.6 方23.8 方23.14 方24.6 方25.7 方30.21 方34.18 方44.26 方48.6

方 54.25
方 56.5
方 56.13
方 57.19
方 61.7
方 67.2
方 76.6
方 101.1
方 102.2
方 105.10

方 106.14
方 114.5
方 115.3
方 115.11
方 125.22
方 127.9
方 130.10
方 169.7
方 175.15
方 176.1

方 178.5
方 178.15
方 178.19
方 181.12
方 186.10
方 187.16
方 189.3
方 189.27
方 195.2
方 200.5

方 200.12
方 204.13
方 206.14
方 207.3
方 222.2
方 224.5
方 228.25
方 238.10
方 249.6
方 250.2

方 250.22
方 252.33
方 254.8
方 255.4
方 261.26
方 263.21
方 263.28
方 268.27
方 275.8
方 280.14

方 283.2
方 283.21
方 286.7
方 287.5
方 300.9
方 317.8
方 335.2
方 336.6
方 337.2
方 339.9

方 340.3
方 357.2
方 365.2
方 369.4
方 369.16
方 375.6
方 376.5
方 378.4
方 380.10
方 383.21

方 386.10
方 387.7
方 399.3
方 409.2
方 411.4
方 421.7
方 452.5
方 461.25
方 468.6
方 471.6

方 480.5
方 486.5
養 11.4
養 18.6
養 21.6
養 23.4
養 32.2
養 33.2
養 37.3
養 37.11

養 44.6
養 47.4
養 49.14
養 51.20
養 55.3
養 61.1
養 65.22
養 75.16
養 77.2
養 89.7

養 98.7
養 106.4
養 106.10
養 116.3
養 137.5
養 144.11
養 148.1
養 155.10
養 193.8
養 195.3

養 196.27
養 221.8
養·殘 41.3
房 3.6
房 4.7
房 5.5
房 7.5
房 8.5
房 9.4
房 11.5

房 12.5
房 13.11
房 16.4
房 18.3
房 20.4
房 22.2
房 43.6
房 52.2
射 22.4
射 23.4

射 24.4
胎 23.3
胎 26.4
胎 29.8
春 8.11
戰 15.17
戰 27.17
戰 53.27
戰 53.33
戰 62.11

戰 62.21
戰 63.19
戰 67.29
戰 68.12
戰 69.18
戰 93.11
戰 99.34
戰 102.18
戰 107.12
戰 108.2

戰 108.9
戰 112.7
戰 112.25
戰 112.37
戰 113.6
戰 113.12
戰 113.18
戰 113.36
戰 129.9
戰 177.8

戰 222.11	戰 223.11	戰 234.21	老甲 49.21	老甲 49.29	老甲 49.34	老甲 82.13	老甲 153.15	五 38.7	五 38.15
五 132.18	五 132.22	五 141.11	五 141.24	五 142.7	五 142.20	明 33.2	德 4.30	氣 7.61	刑甲 108.33
刑甲 118.7	刑甲 121.8	刑甲 122.8	刑丙地 16.4	陰乙刑德 22.5	陰乙刑德 22.15	陰乙刑德 23.13	陰乙大游 2.26	陰乙大游 2.95	陰乙大游 3.103
陰乙三合 1.15	陰乙玄戈 8.25	陰乙文武 12.32	陰乙五禁 14.11	陰乙天一 9.1	陰乙天一 15.6	陰乙天一 18.12	陰乙天一 21.9	陰乙天一 24.9	陰乙天一 27.5
陰乙天一 30.2	陰乙天一 32.2	陰乙天一 34.10	陰乙天一 36.14	陰乙女發 1.49	陰乙女發 4.8	問 16.2	問 26.4	禁 7.1	禁 8.1
禁 9.1	禁 11.1	遣一 87.1	遣一 88.9	遣三 208.1	周 9.6	周 36.20	周 61.6	周 73.17	二 30.47
繫 33.5	繫 33.9	繫 33.41	繫 33.71	繫 34.28	繫 35.18	繫 35.42	繫 35.58	繫 35.71	繫 36.20

繫36.41　繫36.70　繫46.41　衷1.54　衷44.14　要13.34　繆2.31　繆13.10　繆38.20　繆60.50

繆60.55　昭2.48　十63.52　稱7.33　稱7.42　稱16.26　稱23.53　道3.57　老乙2.55　老乙10.48

老乙19.12　老乙23.22　老乙23.32　老乙23.43　老乙37.26　老乙39.18　老乙53.24　老乙71.16　星56.24　星133.18

刑乙17.3　刑乙20.21　刑乙23.16　刑乙23.25　刑乙24.6　刑乙24.16　刑乙24.26　刑乙40.3　刑乙45.21　相21.1

彗

氣6.194　氣6.199　氣6.211　氣6.219　氣6.225　氣6.233　氣6.245　氣6.252　氣6.260　氣6.266

氣6.276　氣6.286　氣6.301　氣6.338　氣10.235　氣10.247

叚

戰49.9　戰298.3　問75.6　周41.5　周59.4　周90.5　周91.54　二1.28　周·殘上17.2　十50.38

星61.35

字頭	出處
友 叐	戰176.26、周13.61、要11.38、稱3.71
度	德10.4、德10.8、刑丙天10.25、遣一252.9、遣一286.2、遣三382.2、二15.60、衷47.68、衷48.22、繆25.17
	經6.56、經7.44、經7.53、經20.21、經20.60、經20.69、經21.4、經28.5、經38.24、經42.56
	經43.19、經50.14、經50.38、經65.52、經70.17、經70.23、經70.30、經70.39、經70.51、經73.17
	經74.21、十13.56、稱11.1、稱24.63、道2.5、道7.1、星6.13、星6.25、星56.41、星57.11
	星88.21、星120.23、星142.32、相13.25、相63.22
叏*	「寺」字異體，本卷寸部重見。
俢*	方303.6

㞋* 㝮* 𠬝* 𠬑* 變* 㕽

「辱」字異體，卷十四辰部重見。

「㒹/弁」字異體，卷八皃部重見。

「爯」字異體，卷四冓部重見。

「喬」字異體，卷十夭部重見。

「變」字異體，本卷攴部重見。

胎 22.11	遣一 55.16	遣三 402.1
戰 169.32	遣一 60.5	地 28.1
戰 174.8	遣一 68.22	地 52.2
戰 210.4	遣一 88.14	二 15.43
戰 221.25	遣一 124.18	繫 10.69
戰 222.6	遣一 214.3	繫 11.4
戰 222.12	遣一 215.4	衷 9.41
刑甲 28.13	遣三 9.7	繆 19.16
刑甲 46.1	遣三 22.4	繆 38.49
遣一 46.17	遣三 260.3	繆 40.19

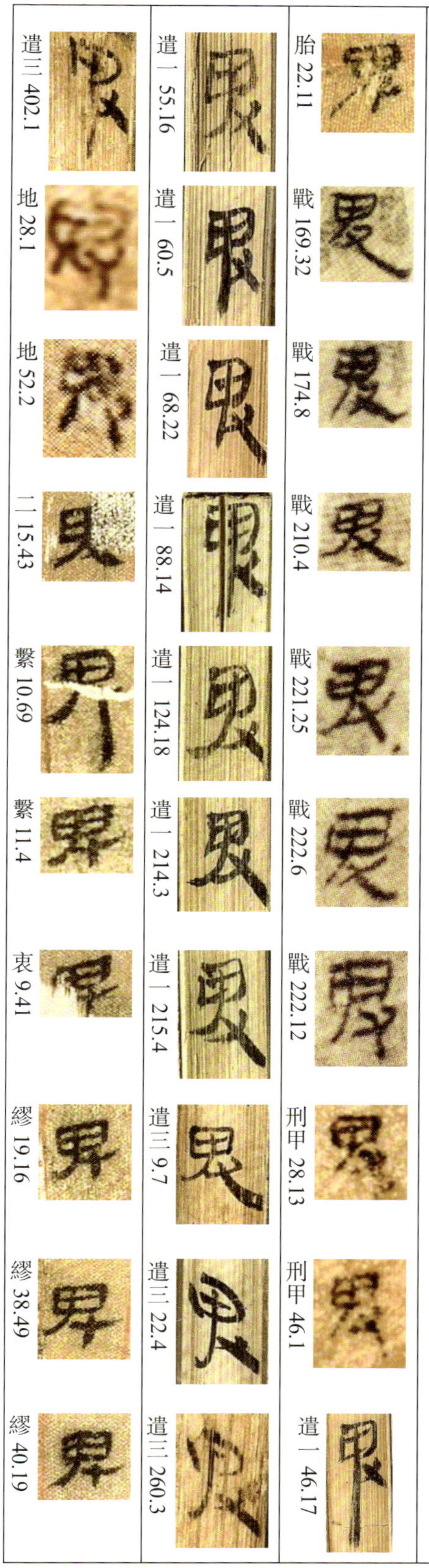

史

繆 41.8
昭 2.19
十 53.62
十 61.15
老乙 74.35
星 56.36
星 57.7
星 57.39
刑乙 79.58
刑乙 90.16

戰 175.11
戰 233.14
戰 240.6
府 10.22
周 4.63
衷 29.47
要 17.65
要 18.29
繆 64.13
繆 65.10

繆 70.40
繆 70.60
繆 71.13

事

陰甲天一 2.14
陰甲天一 3.15
陰甲上朔 2.15
陰甲上朔 2.24
陰甲上朔 2.30
陰甲上朔 3.9
陰甲上朔 4.6
陰甲築一 6.10
陰甲堪法 12.2
陰甲刑日 8.2

陰甲諸日 1.20
陰甲宜忌 3.2
陰甲·殘 8.13
陰甲·殘 276.4
方 245.4
春 25.13
春 33.18
春 34.4
春 43.11
春 69.26

春 90.17
戰 1.12
戰 4.2
戰 4.12
戰 6.1
戰 7.37
戰 16.31
戰 17.31
戰 32.16
戰 33.3

戰 34.12
戰 37.7
戰 44.25
戰 48.9
戰 48.26
戰 50.3
戰 50.16
戰 53.38
戰 60.17
戰 65.28

戰 65.37
戰 69.8
戰 70.7
戰 72.8
戰 73.13
戰 73.38
戰 74.41
戰 75.15
戰 76.3
戰 77.6

戰77.38　戰85.31　戰86.19　戰89.15　戰92.31　戰93.36　戰111.6　戰111.39　戰116.40　戰117.15

戰118.8　戰118.35　戰119.42　戰120.12　戰120.17　戰120.27　戰121.31　戰125.6　戰126.3　戰126.26

戰126.37　戰128.3　戰129.36　戰130.23　戰131.8　戰132.9　戰139.13　戰145.10　戰152.31　戰153.5

戰154.6　戰165.23　戰177.2　戰181.24　戰182.24　戰183.25　戰185.24　戰186.23　戰202.6　戰207.25

戰226.2　戰234.10　戰234.26　戰235.14　戰237.13　戰239.27　戰239.31　戰246.4　老甲30.26　老甲42.20

老甲50.17　老甲53.17　老甲53.19　老甲58.14　老甲69.14　老甲74.19　老甲106.13　老甲125.8　老甲139.9　老甲157.13

老甲163.2　五39.14　五61.8　五100.10　九12.22　九21.7　九21.12　九23.3　九36.16　德4.22

刑甲13.12　刑甲13.17　刑甲25.28　刑甲51.24　刑甲52.1　刑甲52.9　刑甲109.10　刑甲110.28　刑甲110.31　刑丙地16.8

陰乙大游 2.17
陰乙大游 2.83
陰乙三合 2.12
陰乙三合 3.14
陰乙三合 5.22
陰乙玄戈 8.28
陰乙上朔 18.18
陰乙上朔 30.14
陰乙上朔 32.19
陰乙上朔 34.15

陰乙上朔 35.2
陰乙上朔 36.2
陰乙刑日 4.11
陰乙天一 3.4
陰乙天一 12.3
陰乙天一 20.10
木 1.13
木 2.21
木 5.27
木 7.3

木 34.21
木 53.7
木 60.12
木 62.4
木 62.12
木 66.14
木 67.12
問 46.19
問 54.6
問 70.3

問 85.21
問 91.6
談 1.28
談 3.8
談 7.32
周 5.28
周 5.62
周 13.26
周 13.68
周 20.76

周 32.1
周 35.9
周 35.13
周 92.52
二 4.11
二 13.77
二 21.16
二 24.43
二 33.31
二 33.45

繫 9.28
繫 16.60
繫 17.23
繫 28.48
繫 45.31
繫 45.35
繫 45.39
衷 18.6
衷 28.13
衷 29.34

衷 31.40
衷 39.34
衷 39.52
衷 43.40
衷 44.30
要 16.43
要 20.67
要 23.29
繆 32.53
繆 46.62

繆53.11	經5.9	經55.52	十9.47	十25.57	十63.22	道2.31	老乙45.51
昭3.8	經6.41	經56.46	十11.4	十26.11	十64.25	道5.68	老乙50.6
昭6.48	經7.12	經56.56	十11.37	十26.24	稱9.26	道6.56	老乙59.13
昭7.55	經8.5	經57.21	十11.45	十34.24	稱9.34	老乙10.42	老乙65.19
昭13.8	經21.23	經66.51	十12.21	十34.31	稱15.19	老乙19.11	老乙73.7
周·殘下11.4	經22.5	經67.20	十12.40	十38.3	稱16.31	老乙20.13	星42.22
經2.21	經39.40	經68.57	十14.5	十42.20	稱16.56	老乙23.59	星42.36
經2.35	經40.22	經72.48	十15.60	十47.46	稱17.49	老乙27.34	刑乙30.9
經4.5	經47.23	經77.14	十15.66	十52.58	稱23.12	老乙27.52	刑乙39.20
經5.4	經53.8	經77.23	十25.2	十57.48	稱23.16	老乙35.65	刑乙41.12

文 隸 肅 書

刑乙42.3 刑乙42.17 刑乙45.12 刑乙47.12 刑乙69.26 刑乙69.31 刑乙93.54 刑乙94.3

方17.13 方49.20 方121.17 方238.12 養56.11 養123.28 戰151.20 戰160.41 戰212.5 氣7.58

刑丙天5.27 陰乙傳勝圖1.7 問71.9 遣三219.2 遣三220.2 遣三407.12 遣三407.19 相26.4

肄

戰265.15

《說文》篆文。

經29.46

脈11.4 戰1.4 戰9.20 戰14.22 戰28.6 戰41.10 戰55.34 戰60.34 戰87.28 戰97.11

戰110.38 戰139.16 戰223.34 氣10.313 木14.13 木17.1 禁6.4 遣三1.24 繫25.51 繫26.58

繫37.48 衷29.51 衷39.61 衷47.30 要14.10 要19.13 要22.67 要23.37 繆8.5 昭12.20

畫

相58.7 相66.22 相72.52

方13.17 養61.23 養192.14 問35.5 遣一165.2 遣一166.2 遣一167.5 遣一168.2 遣一169.2 遣一170.2

遣一171.5 遣一172.2 遣一173.2 遣一174.2 遣一175.5 遣一176.2 遣一177.2 遣一178.5 遣一179.2 遣一180.2

遣一182.2 遣一183.5 遣一184.2 遣一185.2 遣一186.2 遣一187.5 遣一188.2 遣一189.2 遣一190.2 遣一191.5

遣一195.2 遣一196.2 遣一197.5 遣一198.2 遣一199.2 遣一200.5 遣一201.2 遣一202.2 遣一203.2 遣一205.2

遣一206.2 遣一207.2 遣一208.2 遣一209.2 遣一210.2 遣一214.2 遣一216.2 遣一217.4 遣一218.3 遣一219.5

遣一220.5 遣一223.5 遣三12.8 遣三14.7 遣三15.8 遣三246.2 遣三247.2 遣三248.2 遣三249.2 遣三250.2

遣三251.2 遣三252.2 遣三253.2 遣三254.2 遣三257.2 遣三259.2 遣三260.2 遣三261.2 遣三262.2 遣三263.2

晝　緊　堅

晝：遣三264.2　遣三265.2　遣三266.2　遣三268.2　遣三269.2　遣三274.2　遣三277.6　遣三278.2　遣三280.4　遣三281.2　遣三282.2　遣三283.2　遣三368.11　衷1.12　衷21.30　衷21.43　相28.28　相28.50　相29.3　相31.46　相34.47　相34.56　陰甲衍4.20　養48.11　養130.21　養188.3　養191.6　刑甲11.19　出24.41　周71.10　二12.2　二13.36　繫7.55　稱22.61　刑乙68.13

緊：陰甲祭一A16L.26　陰甲神上13.11　陰甲神上15.9　陰甲神上22.12　陰甲神上28.8　陰甲堪表9L.28　陰甲祭二10L.5

堅：方238.8　方258.14　方459.24　養50.3　養66.20　養115.13　養199.15　養216.2　胎22.32　戰125.12　戰303.25　問6.17　問18.14　問46.15　問92.8　合6.3　合13.11　談12.18　二4.55　二18.22

豎

衷 27.25 衷 37.51 十 62.19 道 4.2 老乙 40.9 老乙 40.25 相 45.20 相 49.13 相 55.9 相 55.52

相 56.68 相 58.48 相 58.62 相 59.2 相 60.29 相 60.62 相 61.23 相 63.17 相 67.15 相 67.31

相 68.42 相 69.67 相 71.6 相 71.41 相 72.23 相 74.56 相 75.52

堅

周 44.37 周 84.26

「土」旁訛作「壬」形，「望」字或誤作與之同形，卷八壬部重見。

堅

老甲 15.7 談 43.10 談 45.14

堅

老甲 84.27 談 10.29

「土」旁訛作「壬」形，「望」字或誤作與之同形，卷八壬部重見。

堅

養 67.24

「堅」字之訛寫，與《説文》土部訓爲「土積也」的「堅」字同形。

戰 114.34 戰 115.17 戰 115.41 戰 117.6 戰 117.23 戰 127.2 戰 128.43 遣三 20.2 遣三 51.8 遣三 52.7

臣

豎

遣三 53.29

臣

陰甲衍4.7 陰甲衍6.9 陰甲雜四6.6 春17.5 春74.4 春87.28 戰1.9 戰2.1 戰5.14 戰8.5

戰8.12 戰8.26 戰9.1 戰9.5 戰9.24 戰9.34 戰10.10 戰10.15 戰10.25 戰10.34

戰11.14 戰11.24 戰11.29 戰12.7 戰12.34 戰13.18 戰13.33 戰14.8 戰14.12 戰15.8

戰16.11 戰19.15 戰21.15 戰22.16 戰23.19 戰25.10 戰25.16 戰27.9 戰27.13 戰27.23

戰27.32 戰28.18 戰28.32 戰29.6 戰30.5 戰30.8 戰32.12 戰33.5 戰33.19 戰34.2

戰34.9 戰34.15 戰34.23 戰34.29 戰35.23 戰36.17 戰37.3 戰37.33 戰38.29 戰38.31

戰39.23 戰39.31 戰40.18 戰40.30 戰40.35 戰41.14 戰41.24 戰41.29 戰42.8 戰42.29

戰 43.4
戰 44.28
戰 45.15
戰 45.22
戰 45.32
戰 46.8
戰 46.12
戰 46.17
戰 46.22
戰 47.2
戰 47.5
戰 47.13
戰 47.29
戰 48.5
戰 48.16
戰 48.22
戰 49.10
戰 49.26
戰 49.36
戰 50.14
戰 51.13
戰 53.31
戰 53.35
戰 56.6
戰 56.26
戰 57.42
戰 58.31
戰 58.35
戰 59.2
戰 59.30
戰 59.34
戰 60.20
戰 61.19
戰 65.21
戰 66.13
戰 66.37
戰 70.3
戰 70.13
戰 71.32
戰 72.34
戰 73.10
戰 73.16
戰 74.11
戰 74.37
戰 75.26
戰 76.1
戰 76.33
戰 77.2
戰 77.17
戰 77.21
戰 78.9
戰 78.39
戰 79.8
戰 79.21
戰 80.4
戰 80.10
戰 84.1
戰 84.26
戰 84.35
戰 85.38
戰 86.9
戰 86.15
戰 86.31
戰 87.33
戰 88.1
戰 88.22
戰 89.11
戰 91.16
戰 91.23
戰 91.29
戰 92.2
戰 92.9
戰 92.15
戰 96.25
戰 97.16
戰 105.41
戰 109.26
戰 110.2
戰 110.6
戰 114.28

戰 115.9
戰 118.9
戰 119.16
戰 119.35
戰 119.39
戰 121.38
戰 125.27
戰 127.36
戰 129.12
戰 129.34

戰 130.1
戰 130.13
戰 130.41
戰 131.2
戰 131.26
戰 131.28
戰 131.43
戰 131.47
戰 132.12
戰 132.36

戰 135.8
戰 138.37
戰 141.5
戰 141.21
戰 141.38
戰 142.29
戰 150.22
戰 150.34
戰 165.11
戰 165.19

戰 170.6
戰 187.16
戰 188.30
戰 190.11
戰 191.14
戰 193.19
戰 199.14
戰 201.18
戰 223.37
戰 225.10

戰 232.2
戰 236.11
戰 248.11
戰 250.3
戰 260.6
戰 264.16
戰 269.4
戰 273.3
戰 280.3
戰 289.4

戰 298.20
戰 302.12
戰 304.4
戰 310.2
戰 319.37
戰 320.10
戰 321.7
老甲 126.19
九 3.11
九 3.15

九 3.20
九 3.27
九 7.28
九 11.29
九 12.26
九 17.19
九 19.9
九 23.14
九 24.21
九 29.17

九 31.5
九 31.24
九 31.28
九 33.23
九 34.15
九 36.6
九 36.29
九 37.20
九 38.11
九 41.22

	1	2	3	4	5	6	7	8
1	九 42.2	九 52.19	繫 16.52	繆 45.60	經 6.48	經 25.42	經 43.61	稱 4.5
2	九 44.1	明 1.2	衷 12.8	繆 46.55	經 7.29	經 26.8	經 55.37	稱 4.11
3	九 44.21	明 15.27	要 22.29	繆 46.60	經 8.44	經 26.37	經 61.60	稱 4.19
4	九 45.13	明 32.27	繆 16.62	繆 48.48	經 23.28	經 27.46	經 61.65	稱 4.21
5	九 46.20	氣 4.46	繆 17.39	繆 49.31	經 23.38	經 27.54	十 10.35	稱 4.60
6	九 47.19	氣 6.1	繆 23.66	昭 3.51	經 23.63	經 28.6	稱 3.57	稱 12.54
7	九 48.18	氣 6.5	繆 32.51	昭 3.66	經 24.16	經 28.17	稱 3.59	稱 17.60
8	九 49.29	氣殘 5.2	繆 36.33	昭 5.68	經 24.54	經 29.45	稱 3.66	稱 18.15
9	九 50.20	問 75.27	繆 44.20	昭 8.62	經 24.58	經 35.49	稱 3.68	稱 23.27
10	九 50.30	二 8.3	繆 45.6	昭 8.68	經 25.15	經 37.8	稱 4.3	老乙 73.51

臧

陰甲堪法15.12 陰甲諸日4.16 陰甲·殘4.25 陰甲·殘278.3 候2.9 方29.2 方178.13 方387.4 養83.6 養110.1

養130.17 房10.1 房11.21 房40.2 胎4.2 五48.18 五73.23 五74.4 五110.25 五113.25

九12.14 九52.14 明4.22 問3.7 問5.19 問34.6 問99.9 問99.13 問101.2 合32.10

周12.22 周35.60 周50.14 繫41.49 衷36.20 衷36.36 十50.1 十65.9 相3.20 相17.10

相17.54 相22.26 相48.58 相68.22 相68.60

殳

胎24.12

祋

祋

五10.14

古文字「殳」、「攴」二旁常通用無別，此字應即「祋」字異體。

轂

陰甲天地 4.30　陰甲祭二 11L.7　足 13.28　陽甲 5.4　陽甲 24.4　陽甲 28.4　方 213.10　陽乙 3.3　養·殘 128.7　刑甲 32.3

陰乙天地 8.3　木 4.6　繫 3.17　繫 25.65　繫 27.17　繫 29.21　繫 30.40　要 9.47　繆 63.8　相 41.54

⿰軎支

陽乙 1.26　陽乙 14.19　戰 116.17　刑丙傳勝圖 1.23

毀

談 49.10

毆

戰 161.18　繆 59.13　昭 8.6　昭 11.37　昭 11.50

殹

陽甲 20.7　陽甲 27.8　脈 1.14　脈 1.16　候 1.24　方 100.14　方 122.15　方 126.2　方 126.11　方 173.4

方 344.12　方 345.21　養 20.11　養 50.16　養 94.16　養 94.23　養 110.29　胎 2.6　胎 9.9　胎 21.15

段

段：胎·殘 1.1、陰乙刑德 3.4、出 14.26、經 1.16、經 1.27、經 3.57、經 3.60、經 3.66、經 3.69、經 16.19、經 16.34、經 16.49、經 17.2、經 17.5、經 17.13

⿰医攴

陽甲 27.18、五 36.21

方 114.15、方 171.19、方 213.8、方 213.19、方 268.8、養 26.5、養 129.21、養 148.8、房 4.14、衷 29.18、繆 59.46、繆 60.19、老乙 5.53、星 61.44

殺

⿰杀攴

方 67.11、方 348.10、方 365.13、養 53.7、養 62.6

役

五 148.12、出 25.35、出 25.44、稱 11.24、稱 24.15

伇

戰 128.17、五 100.22、五 149.29

《說文》古文。

殸 㲄* 殺

《說文》「磬」字籀文，詳見卷九石部。

「㪚」字異體，卷七𣏟部重見。

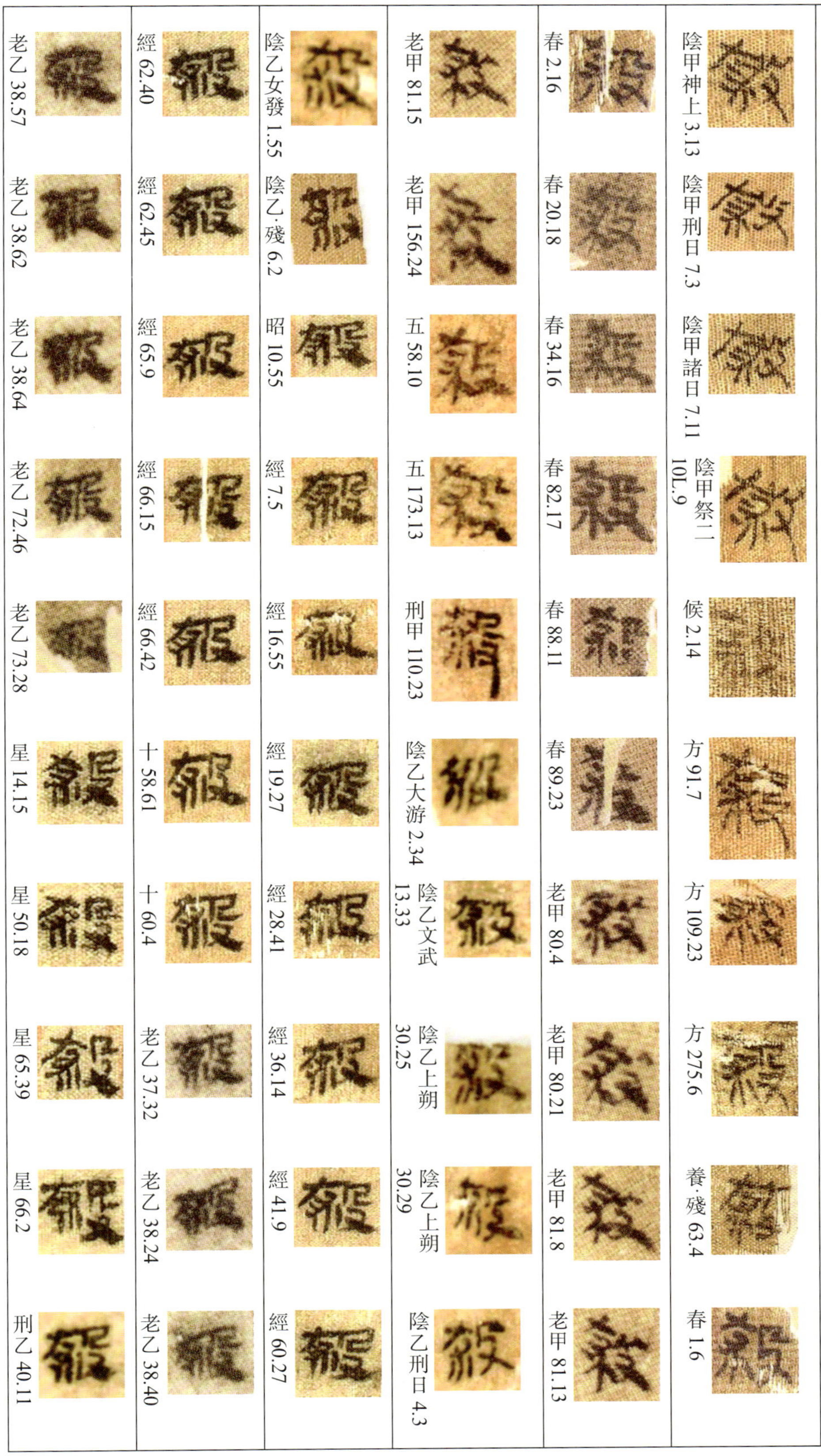

陰甲神上3.13
陰甲刑日7.3
陰甲諸日7.11
陰甲祭二10L.9
候2.14
方91.7
方109.23
方275.6
養·殘63.4
春1.6

春2.16
春20.18
春34.16
春82.17
春88.11
春89.23
老甲80.4
老甲80.21
老甲81.8
老甲81.13

老甲81.15
老甲156.24
五58.10
五173.13
刑甲110.23
陰乙大游2.34
陰乙文武13.33
陰乙上朔30.25
陰乙上朔30.29
陰乙刑日4.3

陰乙女發1.55
陰乙·殘6.2
昭10.55
經7.5
經16.55
經19.27
經28.41
經36.14
經41.9
經60.27

經62.40
經62.45
經65.9
經66.15
經66.42
十58.61
十60.4
老乙37.32
老乙38.24
老乙38.40

老乙38.57
老乙38.62
老乙38.64
老乙72.46
老乙73.28
星14.15
星50.18
星65.39
星66.2
刑乙40.11

刑乙 50.10 相 23.19 相 23.22 相 23.26 相 23.29 相 23.35 相 23.41 相 25.32 相 28.37 相 28.44

相 43.35

敍

春 86.30 春 97.17 戰 34.6 戰 40.4 戰 115.31 戰 133.36 戰 249.22 老甲 158.9 五 85.11

五 85.27 九 43.24 問 54.8 周 26.60 刑乙 21.14

鳧

鳧

問 85.24 竹一 1.1 遣三 290.2 牌三 15.2

「鳧」字異體，「鳧」字本从象俯身之形的「勹」得聲，隸書階段「勹」旁訛作「力」形。

鳨

遣一 7.1 遣一 73.2 牌一 21.2 遣三 73.1 遣三 121.2

寸

足 19.18 陽甲 24.22 脈 3.16 方 68.9 方 93.6 方 231.11 方 261.6 方 262.13 方 268.2 方 280.23

方 487.10 陽乙 14.36 養 3.11 養 31.16 養 48.2 養 65.14 養 109.12 養 131.6 養 171.4 養 174.4

寺

養174.15　養191.4　養·殘91.2　房36.2　胎29.23　老甲72.11　木11.18　木15.21　遣一188.9　遣一189.9

遣一205.8　遣一207.9　遣一208.10　遣一208.14　遣一209.10　遣一209.14　遣一210.15　遣一214.7　遣三260.7　遣三263.9

遣三264.9　遣三266.8　遣三267.7　遣三269.10　遣三273.8　遣三277.10　遣三278.6　遣三281.12　遣三282.9　遣三282.14

府5.40　府6.13　府10.12　府13.13　府23.45　經5.22　經42.54　老乙34.66　星43.42　星43.55

星44.25　相4.20　相4.24　相4.28　相4.34　相5.61　相10.43　相20.15　相50.18　相50.35

相50.37　相50.40　相59.50　相66.28　相73.52

足3.15　老甲29.7　明46.18　明48.5　談2.20　談20.30　繫36.66　十7.11　十15.2　十25.5

十26.30　十47.12　十48.46　十54.15　十59.57　十63.24

將

[之/又]

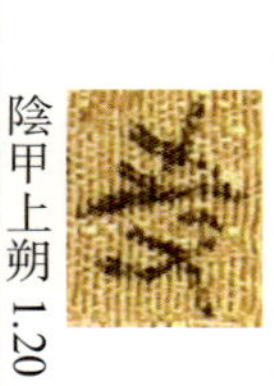
陰甲上朔 1.20

陰甲上朔 4.19

从又之聲，楚文字寫法的「寺」字。

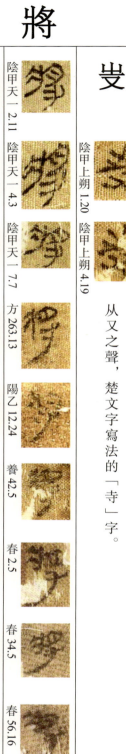

陰甲天一 2.11

陰甲天一 4.3

陰甲天一 7.7

方 263.13

陽乙 12.24

養 42.5

春 2.5

春 34.5

春 56.16

春 58.16

春 67.23

春殘 51.1

戰 22.18

戰 25.12

戰 28.28

戰 41.4

戰 41.21

戰 41.27

戰 41.32

戰 42.4

戰 42.14

戰 42.24

戰 54.31

戰 54.37

戰 55.9

戰 55.15

戰 58.37

戰 59.31

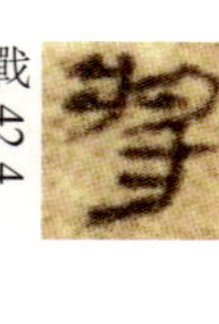
戰 65.16

戰 72.5

戰 79.28

戰 100.10

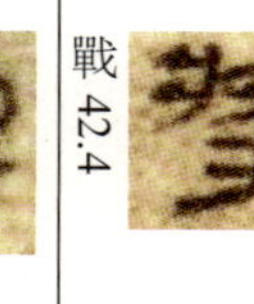
戰 102.38

戰 103.13

戰 153.2

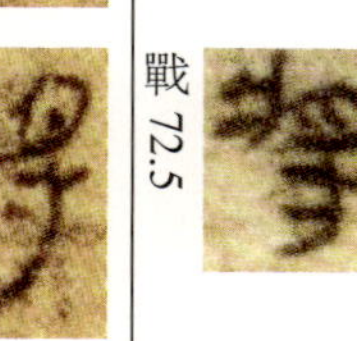
戰 238.15

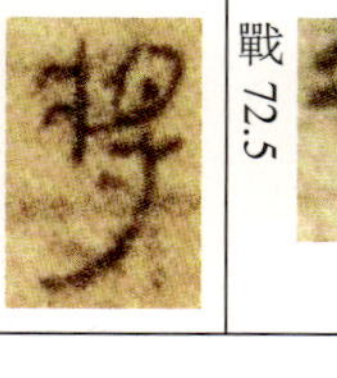
戰 240.29

戰 240.32

戰 252.17

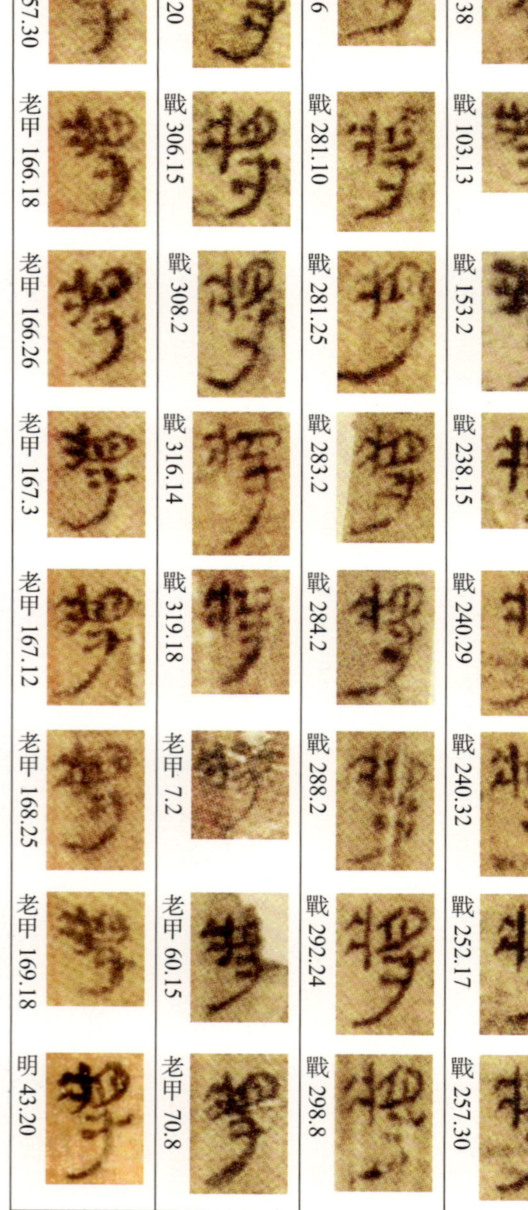
戰 257.30

戰 265.21

戰 274.11

戰 280.6

戰 281.10

戰 281.25

戰 283.2

戰 284.2

戰 288.2

戰 292.24

戰 298.8

戰 298.23

戰 299.6

戰 305.20

戰 306.15

戰 308.2

戰 316.14

戰 319.18

老甲 7.2

老甲 60.15

老甲 70.8

老甲 80.18

老甲 157.25

老甲 157.30

老甲 166.18

老甲 166.26

老甲 167.3

老甲 167.12

老甲 168.25

老甲 169.18

明 43.20

氣 1.117
氣 2.385
氣 4.88
氣 4.129
氣 4.211
氣 5.236
氣 5.244
氣 6.119
氣 6.188
氣 6.380
氣 6.384
氣 10.274
刑甲 1.20
刑甲 6.10
刑甲 20.13
刑甲 28.26
刑甲 30.3
刑甲 107.23
刑甲 109.15
刑甲 124.8
刑甲 126.3
刑甲 126.20
刑甲 128.5
刑甲 129.8
刑甲 139.14
刑丙刑 3.10
刑丙刑 5.3
刑丙刑 10.4
刑丙刑 12.6
刑丙刑 21.6
刑丙地 4.18
刑丙天 6.26
刑丙天 7.25
陰乙刑德 21.9
陰乙刑德 25.11
陰乙刑德 28.7
陰乙上朔 36.18
陰乙天一 17.4
陰乙天一 20.8
陰乙天一 23.8
陰乙天一 26.6
陰乙天一 29.5
陰乙天一 31.5
木 61.6
木 65.18
問 11.21
問 37.27
問 47.6
問 99.5
合 1.3
合 26.7
談 8.11
談 9.22
太 4.3
二 11.51
繫 18.30
繫 18.33
繫 22.35
繫 41.19
繫 44.43
繫 47.3
繆 3.6
繆 17.47
繆 18.67
繆 22.63
繆 24.20
繆 35.10
繆 44.8
繆 47.31
繆 61.18
昭 2.37
昭 2.47
昭 9.28
昭 9.42
昭 9.57
昭 11.20
昭 12.41
周·殘下 115.3
經 10.33
經 25.24

㝵

經25.50 經26.20 經26.48 經57.38 經59.57 十11.38 十12.22 十24.7 十24.65 十25.61

十26.20 十36.45 十42.53 十58.16 十58.52 十58.60 十59.2 稱1.21 稱8.12 稱9.22

稱12.58 稱12.66 稱14.57 老乙3.25 老乙3.32 老乙3.54 老乙33.66 老乙70.2 老乙73.11 老乙73.17

老乙74.26 老乙77.4 老乙77.12 老乙77.21 老乙77.29 老乙78.6 老乙78.14 老乙78.30 老乙78.39 星46.1

星46.36 星47.44 星49.44 星50.9 星50.19 星61.12 星65.41 星66.4 星69.45 星70.17

星70.41 星71.21 刑乙25.19 刑乙26.7 刑乙26.24 刑乙27.16 刑乙30.14 刑乙38.15 刑乙43.10 刑乙43.23

刑乙62.29 刑乙62.62 刑乙64.67 刑乙73.28 刑乙73.35 刑乙73.41 刑乙73.55 刑乙80.5

[illegible]

老甲117.12 老乙55.33

尋 方83.1  方84.14  方278.34

專 十49.6  相16.18

尃 陰甲雜四3.8

肘* 「爵」字省體，卷五皀部重見。

尉* 「爵」字省體，卷五皀部重見。

村 《說文》「叔」字或體，詳見本卷又部。

射 《說文》「䠶」字篆文，詳見卷五矢部。

尋* 「擣」字異體，卷十二手部重見。

皮

方 25.21
方 68.20
方 100.4
方 234.9
方 358.3
方 417.7
養 122.4
養·殘 35.9
戰 319.35
戰 325.21

合 12.11
合 27.1
談 11.30
談 16.23
周 36.21
周 88.39
二 30.48
繆 58.59
經 68.38

皰

靤

方 465.14

啟

方 35.12
方 269.7
養·殘 5.6
脈 4.3
春 88.18
戰 146.11
戰 180.32
老甲 30.21
老甲 145.22
周 50.74

十 23.13
老乙 14.32
老乙 51.28
老乙 68.1
相 33.15

徹

方 455.7
戰 51.20
戰 52.7

散

陰甲室 7.27

敄

養 204.10

效

胎 4.12
戰 68.8
戰 146.3
戰 146.19
戰 166.6
繫 11.2
繫 25.33
繫 31.52
繫 31.63
星 32.23
星 32.28
星 32.32
星 33.18
星 51.25

故

陰甲室 7.23
陰甲·殘 189.2
方 12.11
方 28.13
方 35.1
方 125.5
方 184.14
方 330.3
方 333.11
方 397.3
方 405.22
方 423.26
養 4.22
養 66.12
養 217.10
養 223.16
房 41.24
射 19.26
胎 2.7
胎 4.26
胎 25.11
春 62.20
春 74.20
春 75.8
戰 2.6
戰 8.27
戰 10.14
戰 15.33
戰 25.29
戰 36.15
戰 36.37
戰 40.16
戰 41.7
戰 44.33
戰 61.20
戰 64.20
戰 70.2
戰 75.21
戰 78.2
戰 83.5
戰 111.38
戰 115.6
戰 121.37
戰 129.33
戰 132.8
戰 133.34
戰 146.15
戰 149.5
戰 152.14
戰 156.19
戰 165.18
戰 166.2
戰 166.14
戰 174.16
戰 175.4
戰 189.19
戰 199.25
戰 206.25
戰 206.33
戰 226.7

戰 226.21
戰 241.12
戰 250.15
戰 270.11
戰 271.14
戰 322.16
戰 323.22
戰 324.38
老甲 7.12
老甲 8.24

老甲 14.13
老甲 25.22
老甲 27.2
老甲 39.7
老甲 49.25
老甲 52.3
老甲 53.7
老甲 54.31
老甲 60.5
老甲 60.28

老甲 63.7
老甲 68.3
老甲 69.10
老甲 73.13
老甲 86.24
老甲 90.3
老甲 91.28
老甲 104.10
老甲 105.3
老甲 106.25

老甲 115.4
老甲 119.10
老甲 125.18
老甲 127.23
老甲 135.28
老甲 137.7
老甲 137.13
老甲 137.19
老甲 137.27
老甲 139.7

老甲 146.30
老甲 155.6
老甲 155.24
老甲 164.22
老甲 165.16
五 61.19
五 74.19
五 93.2
五 100.20
五 102.22

五 103.18
五 105.26
五 132.16
五 152.12
五 155.27
五 162.25
五 165.12
五 165.25
五 166.8
五 179.3

五 180.1
五 181.2
九 12.20
九 12.29
九 16.13
九 17.1
九 19.5
九 20.17
九 21.26
九 22.11

九 26.21
九 27.15
九 32.18
九 33.19
九 33.26
九 39.18
九 40.14
九 42.20
九 43.9
九 43.19

九 44.20	明 17.15	陰乙三合 5.14	問 45.5	談 16.5	二 5.49	二 13.21	繫 3.33
九 45.21	明 20.21	問 19.2	問 49.16	談 18.29	二 6.18	二 14.22	繫 4.8
九 50.18	明 23.19	問 19.19	問 71.15	談 27.21	二 7.54	二 16.46	繫 5.31
明 3.25	明 24.22	問 24.20	問 78.22	談 30.8	二 7.75	二 16.66	繫 5.68
明 5.12	明 26.9	問 25.16	問 82.5	遣三 325.6	二 8.18	二 24.44	繫 6.19
明 5.22	明 26.27	問 26.5	問 84.18	遣三 365.9	二 8.48	二 28.47	繫 6.45
明 6.21	明 38.21	問 28.13	問 87.23	物 3.30	二 8.70	二 30.43	繫 6.64
明 9.24	明 44.19	問 35.1	合 27.7	箭 53.1	二 10.50	二 31.18	繫 7.3
明 13.5	刑丙天 9.45	問 35.25	談 2.28	箭 54.1	二 11.58	二 32.69	繫 7.16
明 13.28	陰乙刑德 11.6	問 41.12	談 3.13	箭 65.1	二 12.46	二 34.1	繫 7.27

繫 7.35 繫 8.35 繫 11.43 繫 18.27 繫 20.3 繫 21.46 繫 22.65 繫 23.16 繫 23.69 繫 24.25

繫 25.19 繫 28.9 繫 28.76 繫 29.30 繫 37.65 衷 2.26 衷 2.54 衷 3.12 衷 3.23 衷 4.61

衷 8.41 衷 9.20 衷 21.40 衷 22.8 衷 22.63 衷 23.63 衷 24.21 衷 24.52 衷 24.57 衷 25.7

衷 35.62 衷 36.9 衷 36.50 衷 42.26 衷 44.45 衷 45.63 衷 46.41 衷 48.7 衷 48.65 要 8.16

要 12.2 要 18.45 要 18.56 要 19.68 要 20.24 要 21.16 要 21.46 要 21.63 要 22.13 要 22.37

要 22.57 要 22.63 要 23.9 繆 2.52 繆 3.27 繆 4.6 繆 4.26 繆 5.67 繆 13.5 繆 14.15

繆 15.12 繆 16.54 繆 21.10 繆 25.40 繆 27.21 繆 28.16 繆 29.22 繆 29.35 繆 30.3 繆 32.12

繆 33.11 繆 36.55 繆 37.69 繆 38.52 繆 40.63 繆 41.9 繆 41.35 繆 42.62 繆 45.48 繆 49.42

繆 50.2
繆 51.20
繆 51.33
繆 53.1
繆 54.40
繆 55.22
繆 55.63
繆 56.70
繆 58.57
繆 70.1

昭 3.64
昭 4.24
昭 6.28
昭 9.16
昭 9.62
周·殘下 11.11
經 2.62
經 3.48
經 4.1
經 6.8

經 8.29
經 8.61
經 10.27
經 11.39
經 12.4
經 12.60
經 14.12
經 29.9
經 33.56
經 34.11

經 34.23
經 66.63
經 68.44
經 69.40
經 71.22
經 71.63
經 72.5
經 75.24
經 75.47
經 76.20

十 9.40
十 10.8
十 34.40
十 39.8
十 43.55
十 44.52
十 49.29
十 51.24
十 52.37
十 53.59

十 59.28
十 59.55
十 65.10
十 65.23
稱 3.24
稱 3.37
稱 5.1
稱 6.26
稱 17.22
稱 18.16

稱 18.41
道 2.71
道 4.27
老乙 1.61
老乙 2.51
老乙 4.21
老乙 4.28
老乙 18.27
老乙 18.60
老乙 22.47

老乙 23.15
老乙 23.44
老乙 25.11
老乙 27.43
老乙 28.49
老乙 30.8
老乙 30.37
老乙 32.20
老乙 33.17
老乙 33.30

政 數

老乙 34.8
老乙 35.31
老乙 37.22
老乙 37.52
老乙 40.23
老乙 40.47
老乙 44.22
老乙 49.6
老乙 49.38
老乙 52.29
老乙 53.20
老乙 54.22
老乙 55.18
老乙 60.21
老乙 63.53
老乙 64.18
老乙 64.24
老乙 64.29
老乙 64.41
老乙 65.17
老乙 68.34
老乙 72.14
老乙 76.19
星 64.10
星 64.24
刑乙 1.18
刑乙 7.14
相 5.41
相 23.17
相 26.48
相 27.48
相 30.21
相 33.34
相 40.71
刑甲 39.28
刑甲 40.8
道 6.62
陰甲上朔 1.41
足 4.9
方 27.6
方 36.9
方 50.10
方 55.11
方 131.22
方 151.4
方 251.8
方 260.22
方 267.6
方 302.6
方 319.19
去 2.37
陽乙 5.14
養·殘 155.3
房 40.22
戰 98.14
戰 98.32
戰 134.38
戰 139.29
戰 162.6
戰 162.10
戰 224.24
老甲 102.21
老甲 145.7
五 149.16
五 174.12
九 8.27
九 9.16

改　變

改

氣 9.16　刑甲 97.12　陰乙大游 3.174　陰乙大游 3.178　陰乙大游 3.182　陰乙上朔 22.5　陰乙天地 2.5　問 51.23　合 18.9　談 23.26

箭 62.1　繫 9.18　繫 37.21　繫 45.21　衷 20.15　衷 21.66　衷 22.11　衷 29.50　衷 39.43　要 17.29

要 17.31　要 17.49　要 17.55　經 43.17　經 49.40　經 66.2　十 2.7　十 24.23　十 36.16　十 36.33

十 60.39　稱 1.52　老乙 4.23　老乙 48.25　老乙 67.53　星 14.8　星 49.18　星 53.46　刑乙 53.7　刑乙 59.14

相 39.59　相 53.30　相 72.56

《説文》:「改，更也。从攴、己聲。」「改」、「攺」本爲一字，《説文》誤分爲二。字形詳見本卷「攺」字下。

變

養 206.21　戰 61.13　戰 63.12　戰 73.37　戰 75.6　戰 75.14　戰 88.13　戰 108.26　戰 119.34

戰 128.9　戰 217.33　五 64.3　五 64.6　五 64.14　五 66.1　五 79.20　五 80.10　五 157.20　九 25.9

問10.14 問37.11 遣一216.4 遣三283.4 二2.43 二2.47 繫3.30 繫3.53 繫4.44 繫5.1

繫6.63 繫9.25 繫10.29 繫12.45 繫19.15 繫19.17 繫19.28 繫23.33 繫24.33 繫25.29

繫29.57 繫30.35 繫30.69 繫32.3 繫34.45 繫34.61 衷20.18 衷43.3 要20.62 要21.8

要22.47 要23.2 經7.50 經14.11 經53.65 經54.34 十20.30 十34.39 稱2.6 稱2.18

稱14.54 道2.7 相38.64

更

陰甲室7.1 陰甲室7.9 方31.19 方31.24 方47.5 方54.24 方94.17 方188.5 方221.24 方255.29

方462.20 方469.9 方·殘1.15 方·殘2.44 方·殘3.20 養12.10 養35.22 戰153.3 戰307.11 氣2.157

氣2.163 陰乙大游3.173 陰乙大游3.177 陰乙大游3.181 陰乙上朔16.17 經14.17 經58.24 經64.9 經67.65 十29.6

斂

胎33.30
春55.28
繫10.14
衷41.10
繆46.10
經15.30
經20.19
經21.26
星21.22

敵

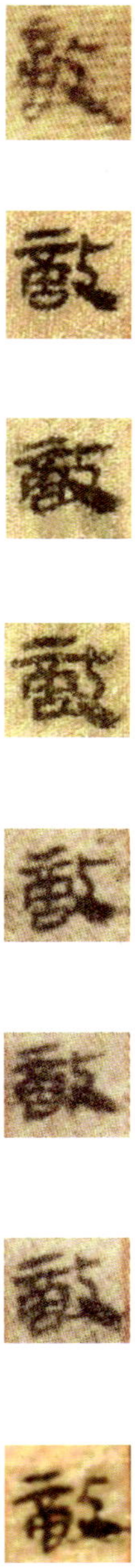

老甲70.31
十21.23
十31.27
稱12.30
老乙34.22
老乙35.16
老乙35.23
刑乙40.17

敵

明15.13

救

戰13.27
戰124.39
戰186.29
戰238.23
戰238.28
戰240.14
戰241.19
戰260.17
戰261.10
戰264.12
戰266.23 
戰268.12
戰270.3
戰284.11
戰285.5
戰287.19
戰308.13
戰316.18
戰316.32
戰317.36
五37.2 
氣1.262
衷46.39
衷47.23
經61.11
十24.5

[illegible]

周80.23
衷3.51
衷24.11
稱19.65

赦

[illegible]

戰40.29
戰90.4
五34.21
五35.7
五129.20
陰乙上朔35.11
經17.1

《說文》或體。

攸

箭25.2
周3.16
周8.15
周8.77
周9.18
周11.43
周12.6
周13.12
周14.15
周17.2
周18.39
周27.10
周33.82
周37.7
周38.17
周39.15
周43.10
周43.20
周44.13
周49.31
周51.27
周53.22
周57.21
周59.20
周59.65
周68.8
周70.25
周77.13
周82.4
周91.19
周92.5
繆44.6
繆44.60
繆47.47
昭4.58
相1.39

敦

方43.10
方447.18
氣6.53
周10.72
周49.51
周53.57
星4.27

敗

春80.6
戰65.20
戰117.10
戰121.22
戰212.33
戰213.26
戰236.36
戰270.10
老甲58.22
老甲151.11
氣1.126
氣2.118
氣3.171
氣6.312
刑甲28.27
刑甲117.13
刑甲118.14
刑甲123.6
刑甲125.3
刑甲127.8
刑甲129.7
刑丙刑1.5
刑丙刑17.3
陰乙刑德26.13
陰乙天地9.1
陰乙天一23.9
木52.3
問55.13
周54.2
繆22.51

敗（續）

繆63.12　昭3.59　經3.6　老乙27.18　老乙27.41　老乙27.51　老乙70.21　星34.12　星52.2　星60.33

星65.33　刑乙25.6　刑乙26.1　刑乙27.8　刑乙28.11　刑乙28.20　刑乙45.15　刑乙80.6　相9.17　相57.48

股

陰乙大游2.19

「敗」字誤寫。

寇

春12.12　九51.22　氣1.95　氣8.127　木52.6　太2.16　周16.3　周17.34　周22.40　周27.37

周39.35　周76.15　周86.49　周86.60

收

戰89.27　戰103.22　戰109.14　戰111.22　戰128.26　戰129.18　戰143.33　戰144.15　戰172.32　戰217.15

戰220.34　戰221.28　戰221.37　戰234.36　戰301.6　九12.13　周30.17　二9.56　經22.9　十11.13

十23.55　星39.11

鼓

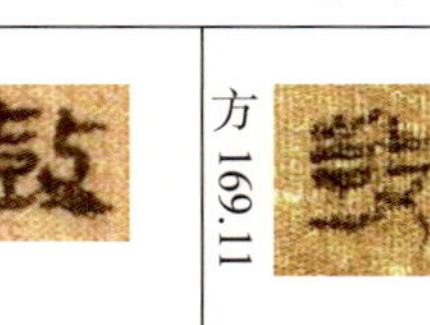 方169.11
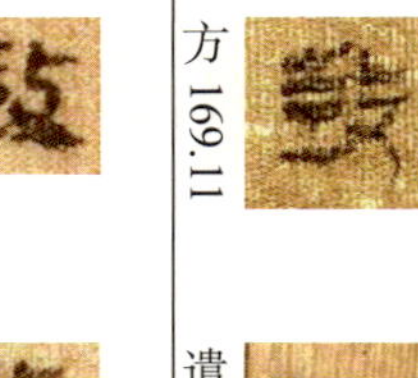 遣三9.2
 遣三9.9
 遣三21.29
 遣三22.2
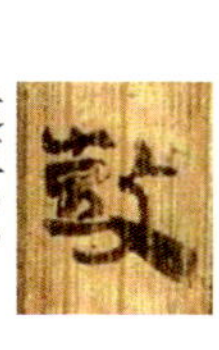 遣三23.1
 遣三32.5
 遣三33.7
 遣三34.8
 周69.34

 周88.37
 一27.59
 繫8.48
 繫27.30
 繫29.42
 經11.20
 十17.56

《說文》：「鼓，擊鼓也。从支、从壴，壴亦聲。」《說文》卷五壴部有「鼓」字，「鼓」、「鼓」本爲一字分化，馬王堆簡帛中「鼓」字皆从支作。

皷

 經12.21

攻

 陰甲雜三1.34
 陰甲築一6.6
 陰甲·殘8.5
 陰甲·殘8.12
 方349.6
 戰132.27
 戰133.31
 戰138.5
 戰140.13
 戰140.29

 戰142.5
 戰143.6
 戰153.32
 戰155.17
 戰155.27
戰156.31
戰157.8
戰160.31
戰179.20
戰182.4

戰186.26
戰203.3
戰204.36
戰209.9
戰236.29
戰252.2
戰252.15
戰272.8
戰274.23
戰279.11

戰283.23
戰293.9
戰294.22
戰295.4
戰295.29
戰296.4
戰300.13
戰301.19
戰303.20
戰305.16

攺　敼　鈙

攻（續）

戰 311.7　戰 312.5　戰 312.14　氣 1.258　氣 2.70　氣 2.133　氣 2.251　氣 4.135　氣 4.137　氣 4.145

氣 6.6　氣 7.127　氣 7.140　氣 9.71　刑甲 9.9　刑甲 18.23　刑甲 93.9　刑甲 107.13　刑甲大游 1.32　陰乙文武 13.25

陰乙五禁 12.2　陰乙五禁 15.7　陰乙刑日 4.1　周 7.48　繆 62.21　星 30.30　星 30.35　刑乙 34.13　刑乙 43.19　刑乙 65.51

刑乙 71.17　刑乙 72.40　刑乙 79.2

戉

陰甲刑日 7.1　陰甲刑日 8.1　春 71.7　氣 4.159　十 51.28

鈙

陰甲上朔 3.23

敼

⿰壴戈

周 69.81

攺

方 210.1　方 213.18　方 218.8　戰 39.17

牧

足 15.9　老甲 136.36　老乙 64.14

⿰土支*

「仕」字異體，卷八人部重見。

⿰衤支*

「祋」字異體，本卷殳部重見。

⿰杀支*

「殺」字異體，本卷殺部重見。

⿰區支*

「毆」字異體，本卷殳部重見。

⿰叀支*

《説文》「斷」字古文「⿰叀刂」的異體，卷十四斤部重見。

⿰肴支*

「殽」字異體，本卷殳部重見。

⿰高支*

「毃」字異體，本卷殳部重見。

敗*

「損」字異體，卷十二手部重見。

教

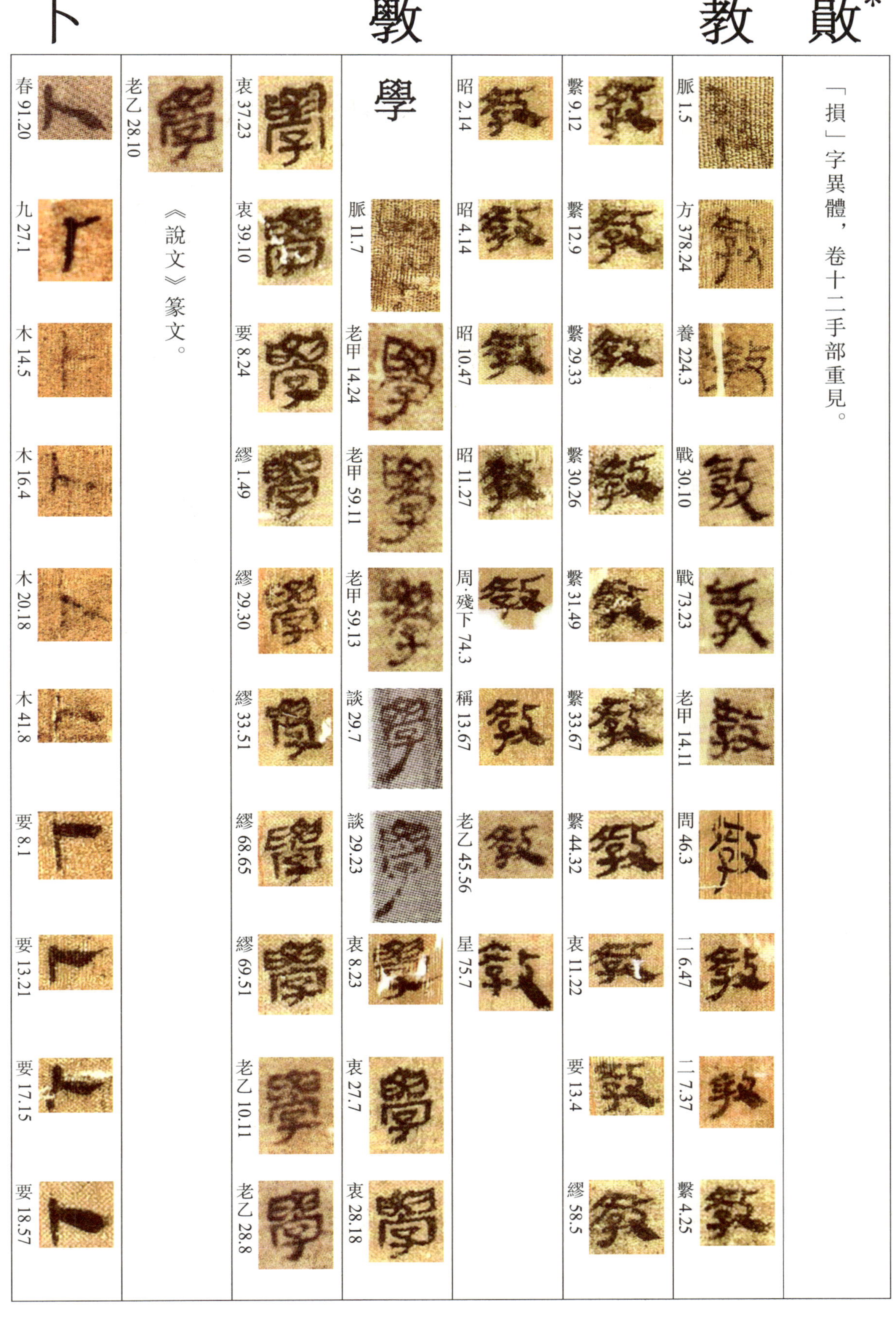

脈1.5　方378.24　養224.3　戰30.10　戰73.23　老甲14.11　問46.3　二6.47　二7.37　繫4.25

繫9.12　繫12.9　繫29.33　繫30.26　繫31.49　繫33.67　繫44.32　衷11.22　要13.4　繆58.5

昭2.14　昭4.14　昭10.47　昭11.27　周·殘下74.3　稱13.67　老乙45.56　星75.7

斆

學

脈11.7　老甲14.24　老甲59.11　老甲59.13　談29.7　談29.23　衷8.23　衷27.7　衷28.18

衷37.23　衷39.10　要8.24　繆1.49　繆29.30　繆33.51　繆68.65　繆69.51　老乙10.11　老乙28.8

老乙28.10

《說文》篆文。

卜

春91.20　九27.1　木14.5　木16.4　木20.18　木41.8　要8.1　要13.21　要17.15　要18.57

卦

貞

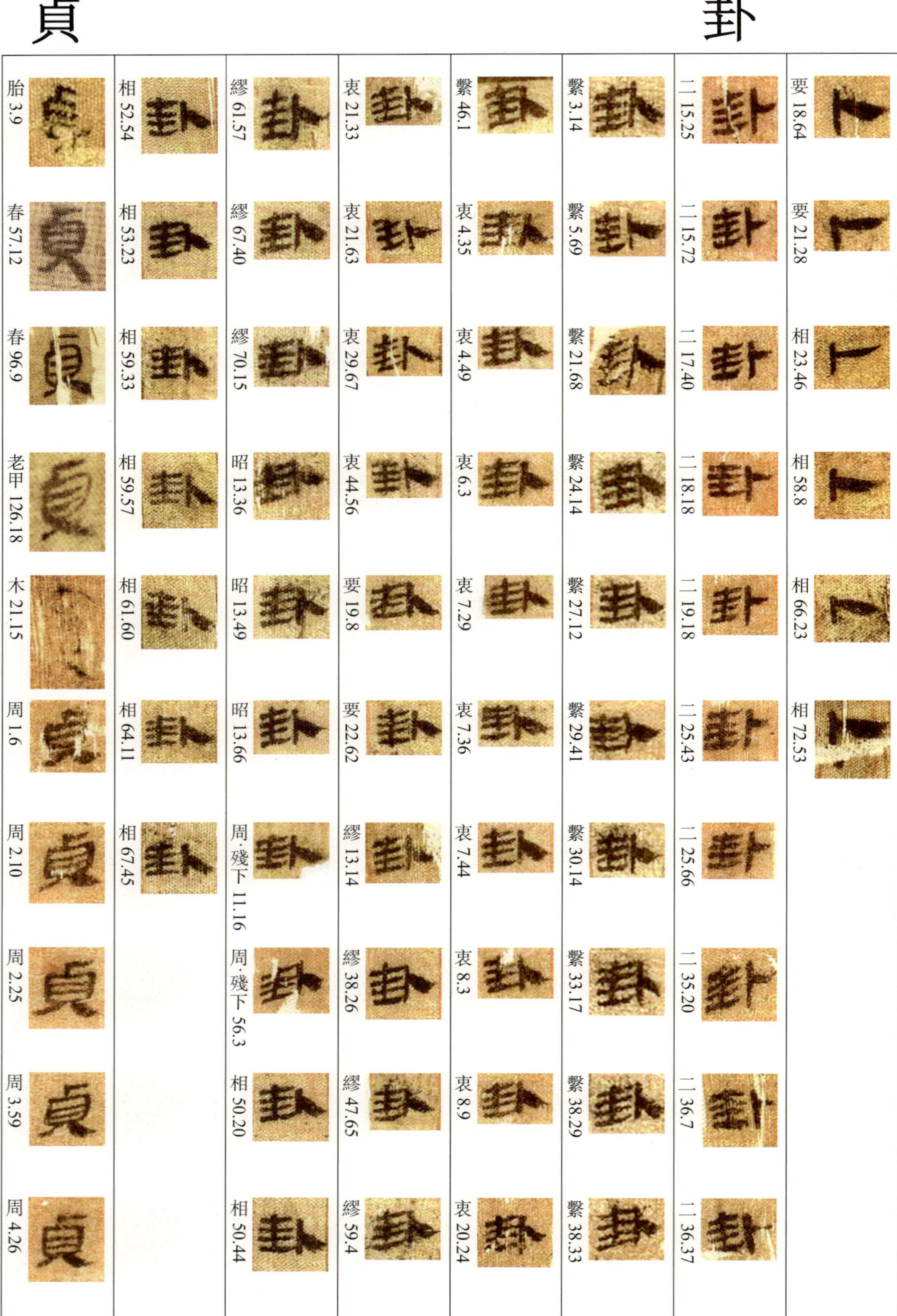

要18.64 要21.28 相23.46 相58.8 相66.23 相72.53

二15.25 二15.72 二17.40 二18.18 二19.18 二25.43 二25.66 二35.20 二36.7 二36.37

繫3.14 繫5.69 繫21.68 繫24.14 繫27.12 繫29.41 繫30.14 繫33.17 繫38.29 繫38.33

繫46.1 衷4.35 衷4.49 衷6.3 衷7.29 衷7.36 衷7.44 衷8.3 衷8.9 衷20.24

衷21.33 衷21.63 衷29.67 衷44.56 要19.8 要22.62 繆13.14 繆38.26 繆47.65 繆59.4

繆61.57 繆67.40 繆70.15 昭13.36 昭13.49 昭13.66 周·殘下11.16 周·殘下56.3 相50.20 相50.44

相52.54 相53.23 相59.33 相59.57 相61.60 相64.11 相67.45

胎3.9 春57.12 春96.9 老甲126.18 木21.15 周1.6 周2.10 周2.25 周3.59 周4.26

周 4.65
周 5.57
周 5.76
周 7.14
周 8.7
周 8.53
周 9.15
周 10.29
周 11.5
周 11.36

周 12.16
周 12.26
周 13.10
周 15.20
周 17.20
周 18.32
周 20.39
周 22.7
周 22.58
周 23.8

周 23.56
周 24.14
周 25.8
周 25.48
周 27.6
周 27.21
周 27.41
周 28.20
周 28.23
周 33.5

周 33.19
周 33.32
周 33.44
周 34.23
周 34.50
周 35.6
周 36.6
周 37.30
周 39.37
周 43.7

周 43.17
周 43.38
周 43.52
周 44.9
周 44.30
周 45.23
周 48.22
周 49.3
周 49.14
周 50.64

周 51.6
周 51.63
周 52.11
周 55.46
周 55.60
周 56.6
周 59.13
周 60.16
周 61.5
周 61.37

周 62.4
周 63.37
周 66.15
周 66.46
周 66.53
周 69.4
周 71.21
周 71.35
周 71.55
周 72.20

周 73.6
周 73.31
周 77.27
周 77.42
周 77.58
周 79.43
周 82.17
周 82.51
周 83.5
周 84.70

周 85.29　周 86.7　周 88.12　周 89.6　周 91.6　周 91.25　周 92.37　二 11.26　二 15.58　二 21.4

二 22.23　二 23.26　二 25.18　二 25.40　二 31.21　二 31.37　衷 35.67　衷 39.22　衷 40.30　繆 7.7

繆 18.62　繆 18.65　繆 21.17　繆 21.20　繆 26.4　繆 30.28　繆 53.24　繆 54.8　繆 54.55　繆 55.27

繆 55.68　稱 12.72

占

氣 2.320　氣 2.329　氣 2.341　氣 2.353　氣 2.409　氣 3.12　氣 3.27　氣 4.208　氣 5.14　氣 6.217

氣 6.254　氣 9.192　刑甲 16.1　刑甲 47.1　刑甲 109.6　刑甲 111.6　刑丙地 17.4　刑丙·殘 12.2　木 10.3　二 31.23

繫 4.48　繫 9.23　繫 18.25　衷 20.7　衷 44.63　衷 45.64　衷 48.40　衷 50.4　要 16.60　要 16.69

星 9.16　星 9.22　星 19.2　星 69.18　星 74.19　刑乙 30.5　刑乙 54.3　刑乙 71.2　刑乙 91.2

𠧞

繆 18.6　繆 20.62　老乙 61.19

兆

老甲 129.19　陰乙大游 2.45　衷 30.18

《說文》古文。

用

方 126.10　方 178.14　方 207.8　方 207.13　方 429.8　方 466.9　方 469.13　方 483.17　養 34.15　養 34.20

養 65.7　養 73.3　養 83.9　養 93.19　養 124.7　養 132.5　養 141.3　養 200.14　養目 3.9　養·殘 2.2

房 11.23　春 15.11　春 30.18　春 80.13　春 82.28　戰 15.24　戰 26.4　戰 29.8　戰 41.31　戰 43.25

戰 45.4　戰 47.33　戰 48.3　戰 85.37　戰 92.11　戰 186.22　老甲 17.20　老甲 31.6　老甲 40.21　老甲 64.14

老甲 71.15　老甲 71.26　老甲 103.21　老甲 111.6　老甲 111.18　老甲 150.2　老甲 155.18　老甲 156.10　五 82.18　五 131.21

九 1.3　九 28.10　九 32.31　九 33.2　九 33.14　九 40.17　九 43.20　明 4.12　明 5.1　明 26.7

明45.5　明47.23　德9.17　氣4.103　氣9.169　刑甲23.16　刑甲23.26　刑甲28.16　刑甲97.11　刑甲101.24

刑丙地13.9　陰乙大游2.134　陰乙上朔28.7　陰乙上朔35.15　出23.58　問17.24　問67.13　談2.18　談4.34　談9.34

談14.12　談15.31　談18.25　談18.31　遣三216.4　周1.13　周3.14　周3.23　周5.12　周9.5

周13.16　周13.20　周15.27　周15.31　周18.37　周20.70　周21.50　周22.20　周23.64　周27.8

周29.61　周33.26　周33.30　周36.4　周40.6　周46.14　周48.12　周48.57　周51.42　周53.70

周55.27　周59.14　周59.55　周62.43　周63.19　周68.15　周70.33　周72.13　周79.3　周82.25

周87.17　周92.4　周92.15　周92.40　周92.50　周92.61　二5.1　二5.54　二9.33　二11.67

二14.69　二15.11　二32.41　二35.41　二35.50　繫8.30　繫14.48　繫14.64　繫15.10　繫23.2

繫 23.52
繫 23.58
繫 23.63
繫 40.13
衷 2.43
衷 2.47
衷 25.65
衷 26.15
衷 29.16
衷 31.5

衷 32.63
衷 33.4
衷 33.43
衷 50.9
衷 50.58
要 14.30
要 15.6
繆 2.59
繆 2.71
繆 37.13

繆 37.71
繆 59.11
繆 66.66
繆 71.71
昭 5.37
昭 5.57
昭 6.9
昭 7.49
經 2.34
經 11.48

經 14.42
經 15.22
經 19.60
經 19.65
經 19.70
經 21.42
經 29.30
經 30.9
經 31.16
經 38.39

經 38.51
經 43.21
經 44.67
經 59.24
十 37.46
十 38.24
十 42.57
十 43.1
十 44.31
十 53.18

十 56.45
十 56.49
十 63.64
稱 7.66
稱 18.46
道 2.46
道 2.68
道 5.30
道 5.40
老乙 6.12

老乙 19.7
老乙 31.16
老乙 34.27
老乙 34.40
老乙 34.50
老乙 47.16
老乙 48.56
老乙 52.2
老乙 52.16
老乙 52.27

老乙 67.56
老乙 72.9
老乙 72.32
老乙 76.66
星 29.41
星 36.15
星 51.10
星 51.21
星 51.40
星 57.40

甫

星 65.18

星 65.42

刑乙 16.5

刑乙 53.6

刑乙 65.45

刑乙 76.17

刑乙 76.27

刑乙 79.61

相 5.32

養 165.28

庸

養·殘 51.2

胎 29.31

戰 85.5

戰 280.16

氣 7.120

遣一 239.3

遣三 375.3

周 7.45

周 40.11

繆 31.11

稱 4.15

星 15.12

星 23.11

爾

五 43.11

爽

方 391.15

戰 118.14

經 14.18

經 43.8

經 66.27

十 34.57

十 47.45

十 49.46

相 1.38

相 45.39

卷四

夐

周40.8　周43.15　周43.60　繆38.32　繆41.21　繆53.22

目

足2.13　足4.5　足6.13　足8.14　陽甲19.22　陽甲29.9　候3.6　方51.8　陽乙1.27　陽乙5.5

陽乙9.46　陽乙12.5　胎7.5　春21.5　春50.21　老甲111.23　五40.8　五74.6　五113.27　五148.3

五148.15　五159.2　五159.12　五159.14　五159.26　五162.21　五162.26　五163.26　五166.6　五166.9

明20.11　明39.23　明40.15　德9.1　氣2.198　氣8.58　木11.8　木46.4　問19.26　問35.14

問40.9　問66.10　問79.5　合12.1　談11.20　談15.1　談27.30　周84.37　昭3.60　十59.5

老乙52.45 老乙53.19 相8.21 相25.31 相25.33 相25.38 相33.18 相34.27 相35.10 相36.10

相36.21 相36.24 相44.33 相44.44 相45.30 相46.13 相47.2 相47.44 相48.23 相48.36

相51.11 相51.57 相53.20 相55.65 相56.38 相58.69 相60.41 相63.15 相63.25 相63.68

相64.10 相66.46 相67.42 相70.1 相70.70 相71.14 相71.19 相71.27 相71.47 相71.64

相72.16 相74.44 相75.35 相75.59 相76.26

眩

繆15.58

眹

養216.18

睫

相38.7 相38.16 相45.15 相52.17 相52.51 相53.4 相55.5 相56.40 相56.59

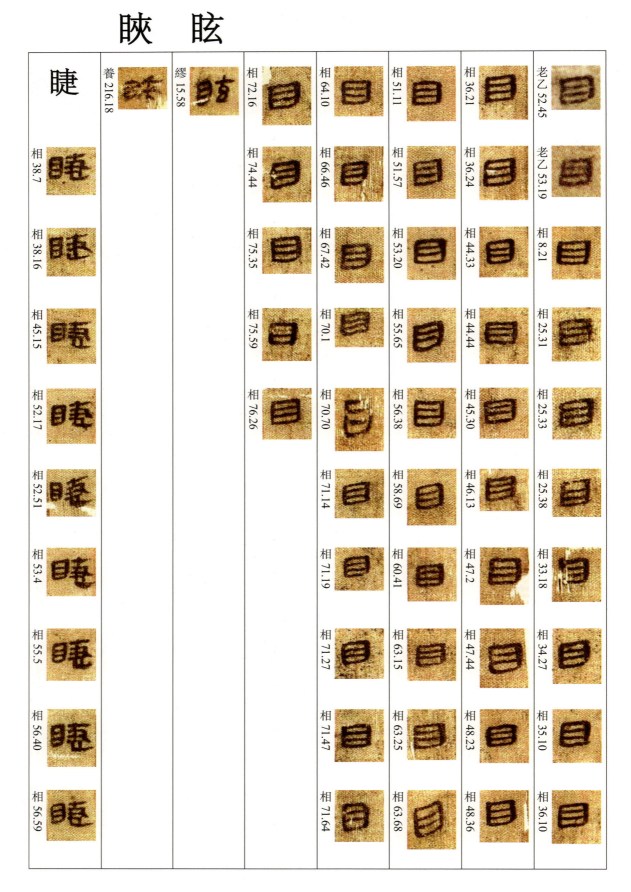

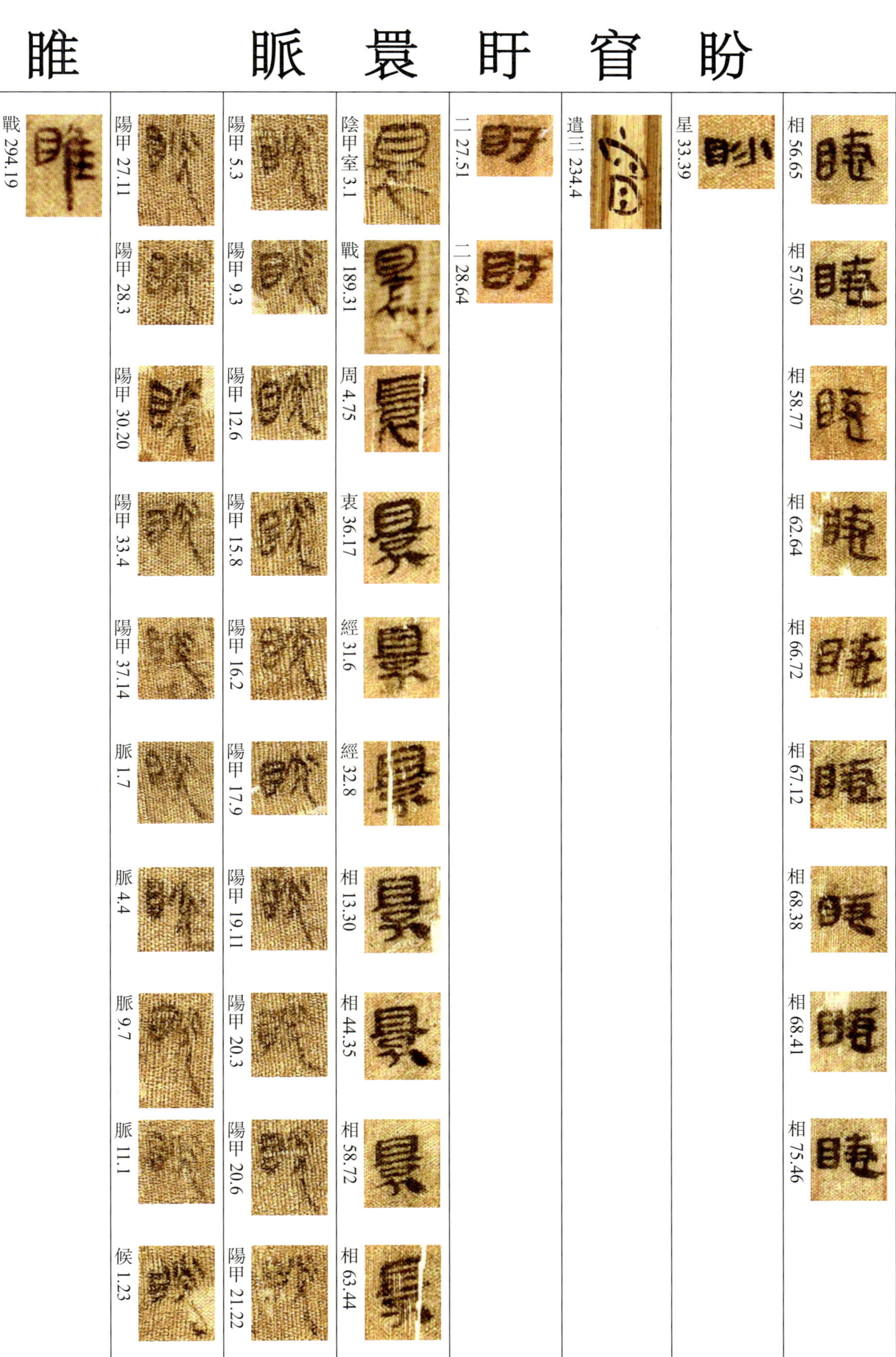

盼
窅
盱
睘
脈
睢
相 56.65
相 57.50
相 58.77
相 62.64
相 66.72
相 67.12
相 68.38
相 68.41
相 75.46
星 33.39
遣三 234.4
二 27.51
二 28.64
陰甲室 3.1
戰 189.31
周 4.75
衷 36.17
經 31.6
經 32.8
相 13.30
相 44.35
相 58.72
相 63.44
陽甲 5.3
陽甲 9.3
陽甲 12.6
陽甲 15.8
陽甲 16.2
陽甲 17.9
陽甲 19.11
陽甲 20.3
陽甲 20.6
陽甲 21.22
陽甲 27.11
陽甲 28.3
陽甲 30.20
陽甲 33.4
陽甲 37.14
脈 1.7
脈 4.4
脈 9.7
脈 11.1
候 1.23
戰 294.19

瞻

養202.23
五16.16
合16.4
談31.35
十59.7
相18.38
相70.27

相

陰甲雜二2.7
方16.11
方44.7
方56.10
方66.9
方212.17
方212.22
方259.31
方481.3
養15.22

養64.8
養201.12
春41.5
戰12.14
戰16.1
戰49.21
戰51.3
戰52.42
戰67.14
戰87.2

戰104.5
戰107.2
戰127.1
戰128.42
戰170.40
戰171.7
戰173.18
戰177.18
戰195.28
戰203.25

戰275.17
老甲65.17
老甲65.23
老甲95.23
老甲95.29
老甲96.7
老甲96.14
老甲96.20
老甲128.6
老甲128.14

老甲159.15
五56.10
五82.6
五82.12
五84.14
五85.4
九29.13
九52.23
氣2.384
氣2.395

氣5.115
氣6.109
刑甲27.10
刑甲27.19
木61.9
問19.17
問26.3
問86.3
合5.8
合5.10

禁2.2
禁8.12
談52.17
周7.63
二13.16
繫3.26
繫7.1
繫30.33
繫46.40
繫46.48

繫46.61	繆22.41	經57.2	十31.50	稱19.22	星59.6	星64.14	相6.42
衷1.49	繆64.15	經67.49	十32.17	老乙31.32	星61.8	星66.45	相8.20
衷1.53	繆65.12	經77.45	十34.10	老乙31.43	星61.13	星76.1	相9.40
衷6.4	繆71.4	十6.47	十34.13	老乙35.34	星61.37	刑乙79.11	相10.38
衷21.56	昭8.70	十9.27	十46.21	老乙45.15	星61.42	刑乙79.20	相13.45
衷21.60	周·殘上16.2	十12.35	稱6.58	老乙45.21	星62.14	相2.22	相17.18
衷26.60	經7.26	十20.11	稱7.1	老乙45.27	星63.29	相2.27	相20.54
衷35.40	經7.56	十20.15	稱13.43	老乙60.52	星63.44	相2.62	相25.71
衷48.58	經13.29	十20.21	稱13.47	老乙74.5	星64.8	相4.52	相35.7
繆21.50	經18.25	十30.18	稱13.66	星48.44	星64.11	相6.4	相46.64

眇	眺	眯	眛	瞢	眚	督	
老甲 94.8	老乙 21.17	粗	五 171.1	方 13.14	老乙 10.59	老乙 57.50	相 54.3
老甲 94.33		老甲 147.24	五 171.12				相 63.67
老甲 147.27							相 67.39
周 37.24							相 74.37
老乙 56.27							
老乙 68.64							

盲 眃* 晉* 睥* 睛* 睌* 瞙*

眇	盲	眃*	晉*	睥*	睛*	睌*	瞙*
周 4.31	老乙 52.46	相 8.29	經 23.50	問 21.9	五 8.12 五 9.13 五 12.14	方 51.10 从目、弓、色或邑，音義待考。	陽甲 29.10

瞢*

「覺」字異體，卷八見部重見。

矅*

老乙 38.25

䀠

五 97.11

省

老甲 125.12
周 5.50
周 8.11
周 8.75
周 53.69
繆 14.46
昭 11.51

盾

氣·殘 6.3
遣三 13.3
遣三 14.2
遣三 16.7
遣三 17.8
遣三 235.10
遣三 237.10

自

陰甲雜三 4.16
方 124.12
方 173.2
方 269.6
方 271.11
方 338.11
方 344.10
方 346.4
方 375.3
方 409.17

養 53.11
養 105.16
養 190.3
胎 34.5
春 36.13
春 74.12
戰 1.1
戰 5.9
戰 28.3
戰 38.5

戰 44.6
戰 52.18
戰 52.27
戰 53.20
戰 54.19
戰 54.26
戰 55.31
戰 60.31
戰 79.39
戰 87.25

戰 94.12
戰 94.20
戰 97.8
戰 131.17
戰 140.36
戰 142.32
戰 189.7
戰 190.19
戰 199.9
戰 234.31

戰 284.24
戰 284.28
戰 285.15
戰 290.13
戰 306.10
老甲 28.13
老甲 42.9
老甲 59.27
老甲 104.7
老甲 107.24

老甲 125.15
老甲 134.1
老甲 134.29
老甲 135.5
老甲 135.10
老甲 137.5
老甲 137.11
老甲 138.11
老甲 161.13
老甲 168.26

老甲 169.19
五 170.19
九 1.26
九 16.21
九 17.30
九 18.5
九 18.12
九 19.6
九 35.21
九 37.17

九 39.27
明 2.3
刑丙地 4.17
陰乙·殘 17.2
出 33.8
出 33.35
出 34.8
出 35.8
問 57.16
問 68.5

禁 7.8
談 14.25
周 9.65
周 21.54
周 22.49
周 36.14
周 47.16
周 57.12
周 70.61
周 75.15

周 84.9
周 84.17
二 11.17
繫 4.51
繫 26.8
繫 34.67
衷 7.37
衷 32.59
衷 33.67
衷 33.71

衷 41.55
衷 46.54
繆 19.56
繆 19.65
繆 19.69
繆 20.23
繆 35.41
繆 39.4
繆 72.44
昭 8.10

鼻

昭8.55 昭11.69 昭12.52 昭12.57 經1.35 經2.51 經4.8 經8.10 經8.18 經8.26

經18.64 經35.7 經51.62 經57.14 經57.18 經57.22 經59.12 經60.39 經68.40 十1.11

十1.22 十15.11 十15.20 十17.12 十26.17 十26.54 十26.61 十49.43 十51.38 十64.18

十64.27 十64.41 十64.54 稱4.28 稱15.14 道6.18 老乙4.7 老乙13.31 老乙20.2 老乙20.9

老乙20.16 老乙28.22 老乙37.8 老乙37.12 老乙37.15 老乙37.19 老乙37.69 老乙50.49 老乙59.19 老乙62.67

老乙63.20 老乙63.25 老乙63.30 老乙63.35 老乙64.16 老乙64.21 老乙64.27 老乙64.63 老乙66.62 老乙74.1

老乙74.13 老乙74.53 老乙74.63 老乙78.7 老乙78.40

鼻

相16.68

皆 䏚*

「䏚」字異體，本卷肉部重見。

陰甲雜四 4.4
陰甲堪法 9.25
陰甲堪法 10.11
陰甲堪法 17.3
陰甲堪表 9.17
陰甲祭三 6.21
陰甲·殘 95.8
足 4.18
足 12.14
足 18.9

足 26.4
足 27.28
足 30.11
足 34.5
方 4.8
方 15.8
方 16.10
方 24.3
方 50.26
方 202.14

方 220.5
方 237.6
方 253.13
方 304.8
方 338.21
方 339.12
方 377.6
方·殘 2.31
方·殘 3.9
養 51.33

養 113.22
養 127.20
養·殘 32.6
養·殘 97.2
房 9.13
房 16.21
房 18.18
房 20.22
房 22.21
房 24.19

胎 3.28
春 40.16
戰 17.26
戰 37.16
戰 51.25
戰 53.2
戰 55.21
戰 68.7
戰 96.3
戰 118.19

戰 123.29
戰 173.13
戰 204.25
戰 213.20
戰 227.15
戰 250.10
戰 288.11
戰 289.5
老甲 24.19
老甲 25.12

老甲 50.21
老甲 95.3
老甲 95.11
老甲 130.4
五 7.4
五 149.19
五 154.9
九 15.31
九 21.15
九 22.23

明 12.29	明 15.14	氣 9.66	氣 9.119	氣 9.210	氣 10.197	刑甲 8.2	刑甲 25.15	刑丙地 6.9	陰乙刑德 14.1
陰乙刑德 16.15	陰乙大游 3.59	陰乙大游 3.187	陰乙玄戈 7.18	陰乙玄戈 9.20	陰乙上朔 16.19	陰乙·殘 17.1	出 8.47	出 21.22	出 31.32
木 17.19	問 30.15	問 37.21	問 43.14	問 64.13	合 4.17	合 26.22	合 27.5	合 31.5	遣一 165.6
遣一 169.5	遣一 170.5	遣一 180.7	遣一 220.4	遣一 223.4	遣三 11.7	遣三 12.6	遣三 13.6	遣三 14.5	遣三 15.6
遣三 37.6	遣三 246.6	遣三 247.5	遣三 248.5	遣三 249.5	遣三 252.7	喪 5.10	喪 6.5	喪 6.12	二 34.30
衷 48.2	繆 33.60	繆 34.39	繆 39.10	繆 45.63	繆 57.64	昭 4.47	經 38.60	經 39.13	經 59.10
經 60.37	經 63.5	經 73.14	經 77.52	十 13.19	十 40.52	十 44.55	十 46.43	十 50.5	道 2.45
道 3.56	道 3.64	老乙 12.4	老乙 30.24	老乙 45.3	老乙 61.33	星 21.2	星 25.38	刑乙 9.4	刑乙 9.26

者　　　魯

刑乙11.2
刑乙13.4
刑乙66.6
刑乙77.27
相6.62
相17.64
相23.62
相34.11
相34.35
相40.56
相43.36
相52.27
相52.42
相53.19
相53.25
相54.21
相55.19
相59.69
相62.49
相64.64
相65.65
相72.46
春66.2
春72.14
春73.6
春79.29
春87.1
春96.21
春97.22
戰71.4
戰85.10
戰178.9
戰211.15
刑甲56.13
繆64.51
刑乙95.14
刑乙96.39
陰甲雜一8.20
陰甲天一2.7
陰甲天一2.16
陰甲天一2.20
陰甲天一2.42
陰甲天一3.16
陰甲天一3.20
陰甲天一3.27
陰甲天一4.17
陰甲天一4.21
陰甲天一5.12
陰甲天一5.16
陰甲天一5.21
陰甲天一6.12
陰甲天一6.17
陰甲天一6.28
陰甲天一7.11
陰甲天一7.17
陰甲天一7.26
陰甲天一8.10
陰甲天一8.17
陰甲天一8.24
陰甲天一9.8
陰甲天一9.16
陰甲天一10.4
陰甲天一12.12
陰甲天一13.7
陰甲天一13.12
陰甲雜二3.10
陰甲上朔4.10

陰甲衍6.19
陰甲室4.22
陰甲刑日3.7
陰甲刑日4.3
陰甲·殘176.4
足1.23
足2.11
足6.3
足8.25
足12.13

足18.8
足20.20
足21.6
足26.3
足27.27
足30.10
脈1.17
脈2.11
脈4.5
候4.4

方目1.25
方目2.8
方6.15
方7.6
方11.5
方12.4
方13.3
方16.4
方17.3
方21.4

方30.4
方34.5
方34.26
方35.10
方41.8
方42.10
方43.4
方43.14
方45.7
方48.25

方50.6
方51.7
方52.18
方56.18
方56.24
方57.5
方58.6
方61.5
方64.15
方66.2

方71.4
方76.5
方85.9
方103.4
方105.16
方113.8
方114.4
方127.15
方130.6
方132.3

方134.5
方146.18
方148.3
方149.8
方153.5
方155.5
方167.13
方171.7
方179.11
方186.8

方193.11
方206.5
方208.11
方208.23
方209.5
方209.24
方211.5
方213.30
方219.8
方221.18

方223.4
方224.7
方230.12
方236.11
方238.15
方242.5
方250.1
方250.7
方252.28
方254.4

方257.8
方257.12
方257.16
方258.21
方259.16
方261.24
方262.8
方264.27
方266.10
方271.3

方274.5
方275.5
方276.14
方278.6
方281.22
方297.4
方298.6
方300.7
方316.3
方317.3

方318.3
方326.5
方327.6
方328.3
方330.9
方335.5
方342.8
方345.1
方345.10
方375.5

方376.4
方377.5
方379.5
方386.7
方387.13
方388.4
方421.9
方444.5
方445.3
方445.14

方447.5
方447.23
方447.28
方448.4
方451.10
方459.13
方461.1
方462.6
方464.4
方465.7

方466.4
方480.4
去1.4
去1.56
去2.23
去4.7
去4.12
去4.38
去5.9
去6.12

陽乙11.16
養4.2
養13.5
養21.10
養26.4
養57.6
養64.14
養65.15
養67.16
養74.3

養74.11	養77.7	養78.4	養80.7	養94.15	養104.2	養114.20	養161.1	養170.20	養186.2
養193.7	養193.15	養196.6	養199.5	養201.25	養202.24	養·殘56.11	養·殘102.4	房40.24	房41.2
房41.12	房41.29	射12.11	射12.19	射13.10	射13.16	射13.21	射14.5	胎14.5	胎20.4
胎20.27	胎21.7	胎24.20	胎29.3	胎31.3	胎31.27	胎33.6	春8.6	春25.4	春56.14
春57.6	春57.10	春58.12	春63.27	春64.4	春67.16	春74.3	春74.23	春82.18	春93.14
戰9.14	戰15.3	戰29.12	戰40.22	戰42.34	戰44.17	戰49.27	戰55.29	戰57.35	戰58.28
戰58.36	戰66.35	戰70.17	戰71.18	戰74.14	戰76.4	戰78.21	戰79.17	戰84.24	戰88.30
戰95.3	戰98.2	戰106.15	戰126.38	戰130.7	戰130.24	戰134.24	戰141.2	戰158.5	戰158.32

戰 159.41
戰 161.31
戰 173.25
戰 173.32
戰 174.7
戰 174.14
戰 178.30
戰 185.17
戰 190.13
戰 196.23

戰 196.28
戰 197.2
戰 197.13
戰 197.19
戰 204.24
戰 206.10
戰 206.16
戰 216.23
戰 216.37
戰 217.13

戰 222.15
戰 228.5
戰 228.7
戰 229.1
戰 229.21
戰 231.23
戰 234.28
戰 237.30
戰 253.31
戰 266.17

戰 271.4
戰 281.20
戰 281.22
戰 286.23
戰 291.27
戰 299.13
戰 302.17
戰 321.25
戰 322.21
老甲 5.10

老甲 14.16
老甲 26.3
老甲 48.10
老甲 50.3
老甲 50.12
老甲 60.9
老甲 61.7
老甲 62.7
老甲 70.19
老甲 70.25

老甲 70.32
老甲 80.16
老甲 81.9
老甲 81.14
老甲 81.27
老甲 83.27
老甲 84.29
老甲 86.4
老甲 86.9
老甲 86.14

老甲 86.20
老甲 94.20
老甲 104.3
老甲 114.24
老甲 116.27
老甲 134.26
老甲 135.2
老甲 135.7
老甲 135.12
老甲 139.12

老甲 139.17
老甲 139.22
老甲 144.25
老甲 145.2
老甲 145.15
老甲 151.7
老甲 151.10
老甲 151.14
老甲 153.8
老甲 154.27

老甲 155.9
老甲 155.26
老甲 162.5
老甲 162.13
五 18.15
五 19.7
五 35.21
五 36.6
五 38.4
五 38.12
五 40.14
五 44.23
五 45.2
五 45.17
五 46.9
五 46.14
五 46.22
五 47.31
五 48.8
五 48.15
五 48.21
五 48.29
五 49.12
五 50.8
五 50.11
五 53.1
五 53.27
五 54.6
五 54.25
五 55.6
五 57.20
五 58.15
五 58.27
五 61.6
五 61.10
五 62.2
五 62.9
五 62.14
五 62.30
五 63.7
五 64.8
五 66.2
五 67.8
五 67.25
五 67.28
五 68.17
五 69.23
五 72.12
五 73.20
五 73.26
五 74.1
五 76.27
五 77.6
五 77.20
五 79.6
五 81.14
五 82.14
五 84.26
五 88.20
五 88.24
五 89.11
五 89.14
五 90.23
五 92.23
五 93.16
五 94.1
五 94.13
五 94.17
五 94.22
五 96.13
五 97.4
五 97.8
五 97.14
五 97.21
五 98.4
五 98.9
五 98.13
五 100.15
五 101.7
五 101.13

五 108.19
五 110.22
五 110.28
五 111.25
五 112.25
五 112.30
五 113.22
五 113.28
五 115.4
五 117.13
五 121.7
五 122.13
五 123.27
五 124.6
五 124.23
五 126.7
五 127.14
五 127.21
五 128.20
五 128.25
五 130.2
五 130.10
五 131.2
五 132.9
五 132.15
五 133.10
五 133.14
五 134.10
五 135.13
五 141.18
五 141.27
五 142.3
五 142.13
五 142.22
五 143.10
五 144.23
五 145.9
五 146.14
五 147.3
五 148.17
五 148.21
五 148.25
五 148.29
五 149.1
五 149.5
五 149.8
五 149.12
五 149.18
五 149.26
五 151.15
五 153.4
五 153.14
五 155.13
五 155.18
五 157.17
五 158.2
五 159.29
五 168.3
五 170.18
五 174.10
五 174.18
五 176.15
五 176.19
五 176.24
五 176.27
五 176.34
五 177.22
五 177.31
五 178.15
五 178.23
五 179.8
五 179.22
五 180.6
五 180.15
五 180.20
五 181.6
五 181.15
五 181.19
五 181.26
五 182.15

五 182.18
九 3.8
九 5.11
九 6.31
九 6.33
九 7.32
九 8.3
九 16.27
九 17.4
九 17.32

九 18.4
九 18.11
九 18.20
九 19.19
九 20.14
九 24.5
九 26.6
九 28.6
九 31.20
九 31.25

九 31.32
九 32.25
九 33.5
九 34.16
九 35.6
九 35.13
九 35.25
九 37.21
九 43.3
九 43.7

九 46.10
九 46.16
九 48.8
九 51.23
明 1.6
明 6.1
明 7.29
明 10.20
明 11.22
明 11.29

明 12.28
明 14.28
明 15.2
明 15.25
明 16.16
明 22.4
明 27.14
明 27.22
明 31.24
明 33.15

明 35.24
明 41.14
明 41.17
明 41.28
明 42.23
明 44.2
明 44.10
明 45.24
明 45.29
明 46.9

明 46.14
明 46.19
明 46.24
德 2.5
德 2.13
德 2.19
德 2.25
德 3.14
德 3.21
德 4.14

德 4.29
德 5.5
德 6.3
德 6.5
德 8.3
德 10.6
德 12.2
氣 1.66
氣 1.93
氣 1.181

氣1.196
氣1.208
氣2.139
氣3.14
氣3.19
氣4.6
氣4.9
氣5.117
氣6.132
氣6.168

氣6.182
氣6.192
氣6.205
氣6.250
氣6.410
氣9.87
氣9.258
氣10.51
氣10.319
氣·殘4.6

刑甲7.18
刑甲7.21
刑甲9.13
刑甲11.36
刑甲14.31
刑甲18.25
刑甲20.28
刑甲20.33
刑甲20.39
刑甲30.35

刑甲36.28
刑甲37.3
刑甲37.13
刑甲37.18
刑甲38.17
刑甲39.12
刑甲45.9
刑甲49.26
刑甲52.6
刑甲102.2

刑甲106.16
刑甲106.22
刑甲131.10
刑甲大游1.4
刑丙傳7.14
刑丙傳8.18
刑丙傳9.18
刑丙傳11.10
刑丙傳15.14
刑丙傳17.1

刑丙傳20.3
刑丙刑2.6
刑丙刑3.6
刑丙刑4.6
刑丙刑7.6
刑丙刑8.4
刑丙刑19.3
刑丙刑21.4
刑丙地2.7
刑丙地16.6

刑丙地18.14
刑丙天8.16
刑丙天8.45
刑丙天10.450
陰乙大游2.64
陰乙大游2.136
陰乙大游3.97
陰乙大游3.126
陰乙上朔17.6
陰乙刑日2.4

陰乙天一 8.3
陰乙天一 9.3
陰乙天一 12.4
陰乙天一 12.8
陰乙天一 14.11
陰乙天一 15.4
陰乙天一 15.8
陰乙天一 17.12
陰乙天一 18.5
陰乙天一 19.2
陰乙天一 20.11
陰乙天一 21.3
陰乙天一 21.11
陰乙天一 23.11
陰乙天一 24.5
陰乙天一 24.11
陰乙天一 26.9
陰乙天一 26.12
陰乙天一 27.7
陰乙天一 29.8
陰乙天一 29.12
陰乙天一 30.4
陰乙天一 31.8
陰乙天一 31.12
陰乙天一 32.4
陰乙天一 33.11
陰乙天一 34.3
陰乙天一 36.11
陰乙天一 36.16
陰乙女發 1.54
出 20.4
木 4.7
木 13.14
木 16.5
木 23.2
木 25.2
木 28.4
問 17.2
問 17.8
問 17.14
問 27.10
問 28.6
問 28.10
問 28.19
問 31.16
問 47.19
問 56.27
問 57.9
問 61.22
問 61.24
問 62.3
問 62.7
問 78.1
問 81.6
問 82.21
問 83.4
問 84.9
問 84.20
問 86.16
問 86.19
問 86.24
問 87.13
問 90.21
問 90.26
問 91.3
合 4.3
合 20.15
合 21.2
合 21.12
合 21.19

合 22.6
合 22.13
合 22.20
合 23.5
合 25.5
合 25.11
合 26.3
合 26.9
談 4.25
談 16.7

談 19.3
談 41.4
談 41.12
談 41.22
談 41.29
談 42.3
談 42.9
談 42.17
談 42.22
遣一 296.6

遣三 4.2
遣三 5.2
遣三 6.4
遣三 9.10
遣三 10.6
遣三 16.8
遣三 17.9
遣三 21.21
遣三 23.2
遣三 29.4

遣三 31.3
遣三 32.6
遣三 33.8
遣三 34.9
遣三 35.8
遣三 36.4
喪 3.4
喪 6.4
太 2.8
二 5.78

二 6.60
二 6.75
二 7.10
二 7.28
二 8.6
二 8.56
二 8.71
二 10.6
二 12.17
二 13.44

二 17.26
二 19.39
二 20.2
二 22.2
二 24.38
二 27.25
二 27.69
二 28.44
二 29.49
二 31.10

二 32.28
二 32.61
二 33.28
二 33.37
二 35.69
繫 3.37
繫 3.46
繫 3.56
繫 4.16
繫 4.61

繫 4.65
繫 4.68
繫 5.2
繫 5.7
繫 5.16
繫 5.25
繫 5.49
繫 5.57
繫 6.7
繫 8.6

繫 8.11　繫 8.15　繫 8.22　繫 8.43　繫 11.34　繫 13.16　繫 13.34　繫 14.57　繫 15.56　繫 15.67

繫 15.74　繫 17.19　繫 18.18　繫 18.36　繫 21.26　繫 21.43　繫 22.54　繫 25.12　繫 26.18　繫 26.26

繫 26.34　繫 28.13　繫 28.20　繫 28.66　繫 29.47　繫 30.55　繫 30.59　繫 30.64　繫 30.67　繫 31.2

繫 31.4　繫 31.8　繫 31.11　繫 31.19　繫 31.26　繫 31.34　繫 31.51　繫 31.54　繫 31.58　繫 31.61

繫 32.49　繫 33.10　繫 33.42　繫 34.1　繫 34.29　繫 35.19　繫 35.43　繫 35.59　繫 36.42　繫 36.71

繫 37.4　繫 37.33　繫 37.68　繫 37.72　繫 38.5　繫 41.39　繫 41.44　繫 41.54　繫 42.22　繫 42.54

衷 2.16　衷 3.25　衷 3.42　衷 3.48　衷 3.54　衷 4.5　衷 4.12　衷 6.36　衷 6.49　衷 7.3

衷 7.7　衷 7.12　衷 19.36　衷 22.2　衷 22.6　衷 23.15　衷 23.25　衷 23.50　衷 23.60　衷 24.19

衷 24.50
衷 25.66
衷 26.6
衷 28.34
衷 29.65
衷 30.6
衷 30.36
衷 30.56
衷 31.31
衷 31.62

衷 40.51
衷 43.43
衷 44.49
衷 44.58
衷 44.66
衷 45.4
衷 45.11
衷 45.18
衷 45.25
衷 45.32

衷 45.45
衷 45.51
衷 45.58
衷 50.14
要 6.4
要 9.11
要 9.15
要 9.18
要 12.28
要 13.12

要 13.65
要 14.4
要 15.44
要 17.4
要 17.38
要 18.16
要 18.36
要 20.3
要 20.65
要 21.9

要 23.7
要 23.66
要 24.6
繆 2.13
繆 3.13
繆 3.21
繆 3.25
繆 4.59
繆 9.8
繆 15.7

繆 15.55
繆 16.22
繆 16.26
繆 17.23
繆 17.34
繆 17.38
繆 17.63
繆 18.2
繆 18.11
繆 19.58

繆 20.67
繆 22.16
繆 22.19
繆 22.25
繆 23.31
繆 26.50
繆 27.3
繆 27.10
繆 28.29
繆 28.33

繆 28.59
繆 29.12
繆 32.27
繆 34.3
繆 34.21
繆 34.30
繆 34.53
繆 35.22
繆 35.28
繆 36.40

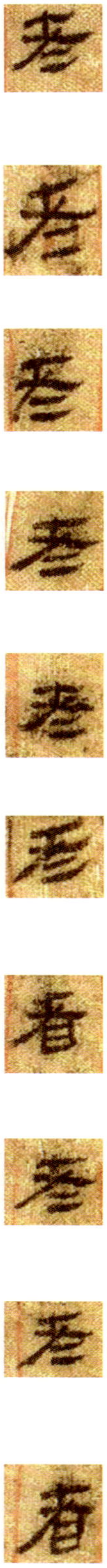

繆 37.18
繆 37.28
繆 37.64
繆 41.53
繆 41.60
繆 42.1
繆 42.45
繆 42.51
繆 42.54
繆 42.60

繆 44.25
繆 44.28
繆 44.32
繆 44.40
繆 44.46
繆 44.53
繆 44.57
繆 44.61
繆 48.7
繆 48.50

繆 49.17
繆 49.32
繆 49.50
繆 56.25
繆 56.36
繆 56.42
繆 57.29
繆 57.52
繆 57.54
繆 57.58

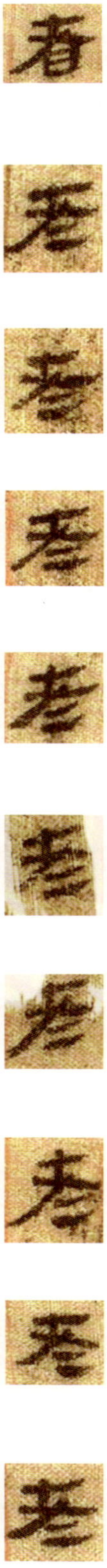

繆 57.63
繆 58.11
繆 58.21
繆 58.25
繆 58.29
繆 58.33
繆 58.38
繆 58.63
繆 60.44
繆 60.51

繆 60.60
繆 61.2
繆 65.50
繆 66.59
繆 71.53
昭 1.30
昭 1.57
昭 2.67
昭 3.2
昭 3.46

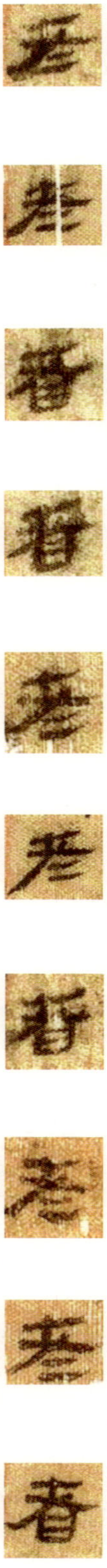

昭 5.23
昭 5.58
昭 8.14
昭 8.16
昭 8.35
昭 8.60
昭 9.13
周·殘下 52.5
周·殘下 79.4
經 1.15

經 1.20
經 3.51
經 4.32
經 4.36
經 4.41
經 4.45
經 4.49
經 4.53
經 8.32
經 9.43

經 12.37
經 13.3
經 13.6
經 13.12
經 13.20
經 13.38
經 13.42
經 16.21
經 16.26
經 16.37

經16.53 經17.9 經20.61 經20.71 經21.5 經22.2 經22.58 經23.42 經25.18 經26.56

經27.48 經27.60 經28.9 經28.20 經28.35 經29.15 經29.28 經33.25 經35.34 經39.39

經43.20 經44.72 經45.22 經50.30 經50.36 經50.41 經50.49 經51.5 經51.46 經52.42

經56.33 經56.38 經57.61 經58.7 經58.11 經58.21 經58.32 經58.43 經58.50 經58.58

經59.8 經59.22 經59.30 經61.9 經64.48 經70.6 經70.26 經70.32 經70.42 經70.54

經71.4 經71.27 經73.6 經73.13 經73.24 經73.37 經73.43 經73.47 經73.51 經73.54

經73.60 經75.27 經76.24 經76.48 經76.60 經77.7 十1.3 十6.21 十7.19 十8.13

十9.6 十9.58 十9.63 十10.4 十10.12 十11.35 十12.19 十15.58 十15.64 十16.29

十16.48	十17.30	十27.46	十28.10	十30.51	十30.62	十31.4	十31.28	十32.40	十35.45
十35.52	十36.53	十36.57	十36.64	十38.30	十39.14	十41.47	十43.18	十44.18	十45.13
十45.27	十47.41	十47.52	十47.57	十48.52	十48.59	十49.4	十49.14	十50.16	十50.20
十50.24	十50.29	十51.3	十51.17	十51.58	十52.45	十53.46	十53.54	十55.44	十57.2
十57.29	十59.30	十59.41	十62.31	十63.47	十65.15	十65.19	稱1.55	稱2.19	稱2.69
稱2.74	稱3.27	稱3.32	稱3.50	稱3.56	稱3.65	稱4.2	稱4.18	稱4.30	稱4.56
稱4.64	稱5.38	稱6.49	稱9.3	稱9.49	稱11.7	稱13.25	稱14.47	稱14.50	稱15.61
稱16.4	稱17.1	稱17.47	稱17.64	稱18.14	稱18.23	稱19.33	稱23.19	稱23.21	稱23.23

稱23.63
稱24.2
稱24.6
稱24.27
道2.53
道4.65
道5.1
老乙2.8
老乙2.21
老乙2.60

老乙9.50
老乙10.12
老乙10.17
老乙11.14
老乙12.25
老乙16.58
老乙17.68
老乙18.1
老乙23.47
老乙24.4

老乙27.17
老乙29.3
老乙31.55
老乙31.59
老乙31.63
老乙31.67
老乙34.12
老乙34.17
老乙34.23
老乙34.29

老乙35.38
老乙36.8
老乙37.40
老乙38.37
老乙38.58
老乙38.63
老乙39.65
老乙40.64
老乙40.68
老乙41.3

老乙41.35
老乙41.39
老乙48.73
老乙56.25
老乙63.17
老乙63.22
老乙63.27
老乙63.32
老乙63.37
老乙63.56

老乙64.53
老乙65.22
老乙65.27
老乙65.32
老乙65.39
老乙65.47
老乙67.48
老乙67.54
老乙67.62
老乙68.5

老乙70.16
老乙70.20
老乙70.25
老乙71.9
老乙71.55
老乙72.23
老乙74.50
老乙74.59
老乙74.65
老乙75.7

老乙75.15
老乙75.22
星7.12
星7.28
星13.21
星14.18
星21.45
星24.12
星24.36
星30.34

星30.40 星34.3 星37.51 星43.50 星45.40 星45.43 星45.48 星45.51 星47.28 星47.38

星50.38 星50.48 星51.12 星51.23 星52.1 星52.14 星58.38 星58.40 星61.27 星61.33

星63.45 星64.3 星67.12 星67.42 星73.36 星73.44 星74.2 星74.9 刑乙18.22 刑乙33.9

刑乙42.18 刑乙43.14 刑乙43.17 刑乙65.47 刑乙65.50 刑乙68.30 刑乙70.18 刑乙72.42 刑乙73.31 刑乙74.5

刑乙74.10 刑乙74.18 刑乙76.32 刑乙80.11 刑乙81.27 刑乙84.34 刑乙93.59 相7.36 相7.40 相9.35

相13.47 相13.51 相17.68 相17.71 相18.19 相19.47 相21.17 相23.47 相23.50 相23.52

相23.55 相24.4 相24.19 相24.48 相24.54 相24.61 相25.5 相25.19 相25.39 相25.47

相25.55 相25.61 相26.34 相26.38 相26.44 相27.13 相27.21 相27.29 相28.16 相28.32

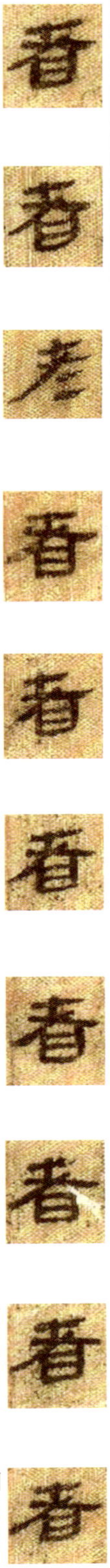

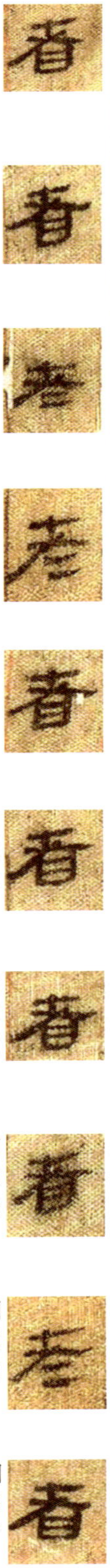

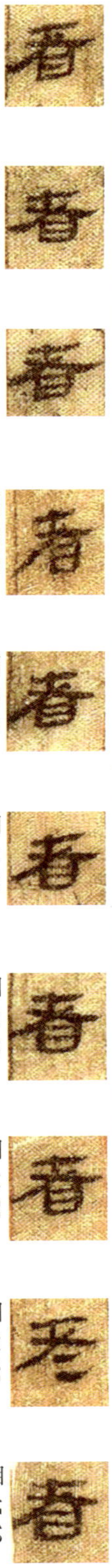

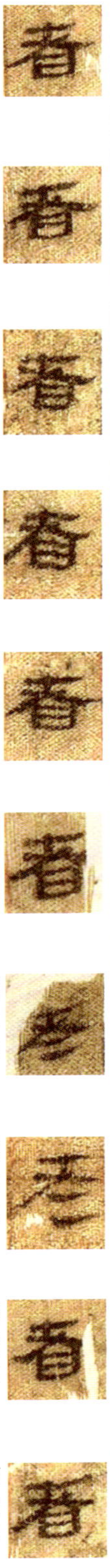

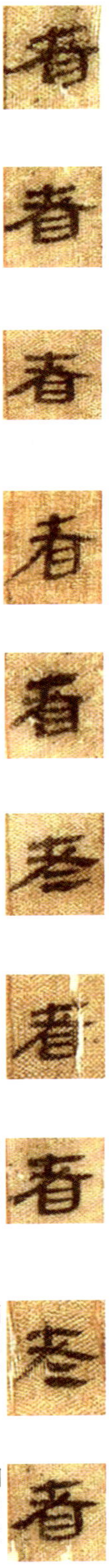

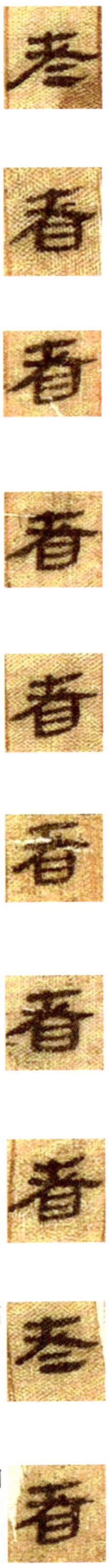

相 28.57	相 33.8	相 37.21	相 39.13	相 40.47	相 45.25	相 47.42	相 51.44
相 29.5	相 33.19	相 37.33	相 39.21	相 40.55	相 45.34	相 48.21	相 51.55
相 29.9	相 33.55	相 37.53	相 39.29	相 40.61	相 45.40	相 48.42	相 52.4
相 29.13	相 34.3	相 37.64	相 39.36	相 40.70	相 45.45	相 48.60	相 52.15
相 30.67	相 34.14	相 38.9	相 39.44	相 42.45	相 45.55	相 49.20	相 52.48
相 31.8	相 34.24	相 38.22	相 39.51	相 44.31	相 46.22	相 49.36	相 53.1
相 32.11	相 35.12	相 38.36	相 39.62	相 44.42	相 46.40	相 49.43	相 53.18
相 32.35	相 35.18	相 38.57	相 40.6	相 44.55	相 46.66	相 50.30	相 54.41
相 32.58	相 35.27	相 38.65	相 40.26	相 44.65	相 47.15	相 50.56	相 54.55
相 32.66	相 37.12	相 39.6	相 40.36	相 45.13	相 47.31	相 51.31	相 55.4

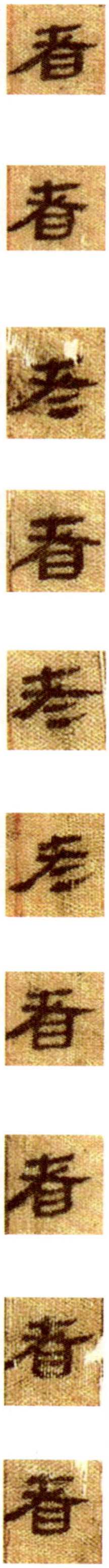

相 55.18
相 55.27
相 55.40
相 55.47
相 55.58
相 55.63
相 56.14
相 56.26
相 56.37
相 56.46

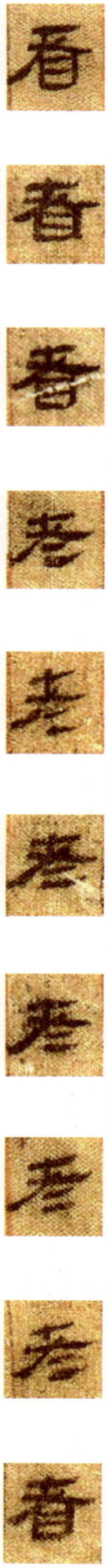

相 56.63
相 57.18
相 57.34
相 57.49
相 57.72
相 58.17
相 58.39
相 58.68
相 58.75
相 59.15

相 59.32
相 59.53
相 59.68
相 60.6
相 60.40
相 60.57
相 61.6
相 61.57
相 61.65
相 62.63

相 63.7
相 63.23
相 63.38
相 63.56
相 63.64
相 64.8
相 66.5
相 66.18
相 66.45
相 67.10

相 67.25
相 67.37
相 67.40
相 67.58
相 68.10
相 68.23
相 68.36
相 68.47
相 68.67
相 69.11

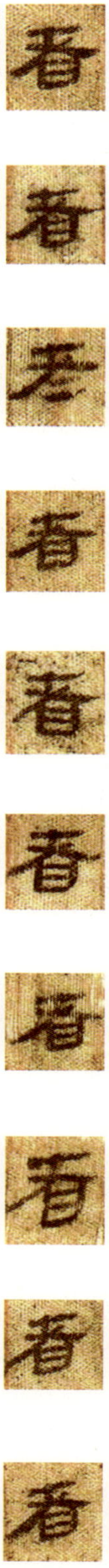

相 69.14
相 69.36
相 69.61
相 70.13
相 70.29
相 70.40
相 70.53
相 70.68
相 71.12
相 71.25

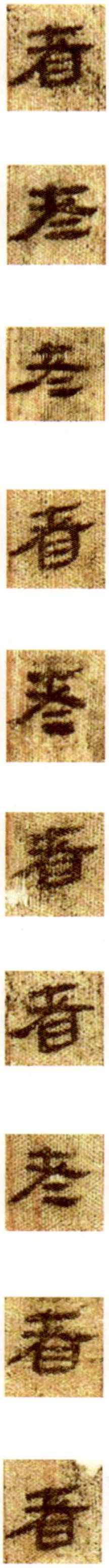

相 71.36
相 71.45
相 71.62
相 72.14
相 72.64
相 73.7
相 73.28
相 73.57
相 74.1
相 74.28

相 74.62
相 75.19
相 75.30
相 75.57
相 76.3
相 76.24
相 76.40

智 𥏼

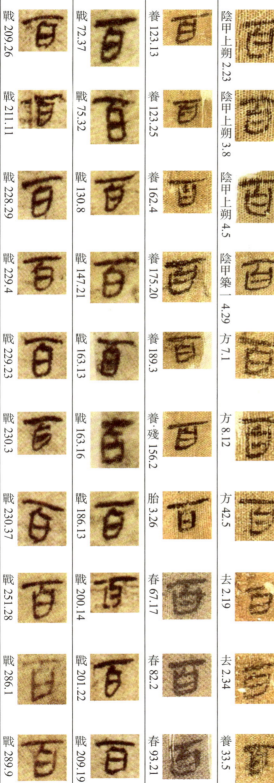

方 207.9
方 223.25
方 272.34
養 62.7
房 18.32
房 21.15
房 42.25
射 13.4
戰 129.15
戰 292.21

九 5.5
九 30.7
刑甲 27.5
刑甲 50.2
刑甲 115.7
問 26.27
問 27.11
問 66.12
問 70.21
談 20.14

談 23.7
談 37.8
談 39.27
談 40.3
物 4.39
箭 40.1
箭 79.1
二 8.14
二 8.28
星 52.9

[illegible]

戰 190.30

字形上部類化訛變爲二「矢」形。

百

陰甲上朔 2.23
陰甲上朔 3.8
陰甲上朔 4.5
陰甲築一 4.29
方 7.1
方 8.12
方 42.5
去 2.19
去 2.34
養 33.5

養 123.13
養 123.25
養 162.4
養 175.20
養 189.3
養·殘 156.2
胎 3.26
春 67.17
春 82.2
春 93.21

戰 72.37
戰 75.32
戰 130.8
戰 147.21
戰 163.13
戰 163.16
戰 186.13
戰 200.14
戰 201.22
戰 209.19

戰 209.26
戰 211.11
戰 228.29
戰 229.4
戰 229.23
戰 230.3
戰 230.37
戰 251.28
戰 286.1
戰 289.9

戰296.24	戰302.10	戰302.30	戰310.15	老甲24.17	老甲57.11	老甲62.4	老甲62.17	老甲64.9	老甲82.22
老甲125.11	老甲126.26	九20.10	九49.18	明6.32	明8.20	氣6.55	刑甲20.34	刑甲21.10	刑甲39.17
刑甲40.6	刑甲40.11	刑甲43.10	陰乙大游3.6	問18.25	問40.17	問49.3	問52.27	問82.8	問88.4
合11.23	遣一194.10	遣一300.3	遣三16.9	遣三17.10	遣三18.8	遣三19.3	遣三21.9	遣三21.32	遣三21.39
遣三21.42	遣三39.8	遣三160.5	遣三256.6	遣三284.3	遣三376.3	遣三377.7	遣三403.7	太1.23	太6.3
箭90.3	府1.5	周5.47	周31.14	繫8.27	繫37.50	繫45.54	要15.35	要16.59	要23.41
要24.24	繆3.51	繆22.26	繆65.19	昭1.61	昭4.7	昭5.62	昭8.46	經55.47	十20.38
十46.28	十53.30	稱6.18	稱16.42	稱25.6	道2.30	道7.26	老乙10.58	老乙27.7	老乙29.47

老乙30.51　老乙39.26　老乙59.15　老乙78.46　星5.7　星5.32　星40.14　星40.24　星44.51　星68.9

星88.26　星88.35　星120.36　星123.3　星124.8　星127.3　星130.11　星131.3　星132.9　星134.12

星135.3　星136.11　星138.12　星139.3　星140.12　星142.15　星142.33　星143.7　星143.13　星144.13

刑乙40.9　刑乙74.11　刑乙74.31　刑乙86.23　相3.34　相10.50　相20.41　相74.13

百

戰141.11　談50.10

《說文》古文。

鼻

足2.17　足10.30　陽甲18.28　方134.20　方412.5　陽乙6.18　陽乙9.24　養17.10　養49.19　五40.9

五148.4　五148.23　五154.1　五164.6　木49.17　合6.4　合30.21　談43.11　周79.18

鼽

⿰九生

足4.7　足11.23

奭

戰 250.24

習

周 21.15
周 44.47
二 4.64
衷 3.9
衷 38.69
繆 56.17
繆 56.31
繆 56.64
繆 57.6

羽

方 54.17
方 227.17
方 271.25
方 338.10
方 412.25
戰 27.7
五 16.7
五 16.28
五 56.3
五 56.20
五 57.9
出 31.20
問 84.7
遣三 9.4
周 87.15
相 17.2
相 18.58
相 70.67

翟

方 289.12
戰 147.31
德 4.24
遣三 141.1
遣三 142.1
經 45.30
稱 2.76
星 74.10

翡

周 35.14

翡

五 55.36
周 1.52
周 35.29
周 36.31
衷 26.33
衷 34.23

翦

戰 59.36

翁	羿（羿）	翕		翏	翔	翳	翯*
戰 236.33	羿	養 172.12	談 22.13	繆 15.24	𦏸	十 64.34	胎 26.16
問 94.23	射 4.17	問 4.16	談 22.27	繆 18.16	周 4.73	稱 4.43	
		問 29.4	談 23.13	十 65.25			
		問 29.26	談 24.17				
		問 50.25	談 36.26				
		問 60.17					
		問 63.20					
		問 64.15					
		問 95.22					
		問 98.19					

⿱羽青*

「旌」字異體，卷七㫃部重見。

翼

《說文》「飛」字篆文，詳見卷十一飛部。

隹

戰265.24

雅

相31.54

雒

養175.17

繫25.49

閵

周7.31

周9.73

周39.38

周43.39

周59.71

周61.33

周68.50

周72.21

周77.20

周79.30

周82.38

周85.22

繫3.44

繫5.14

繫5.56

繫30.53

經25.53

巂

⿱隹冏

周21.6

巂

遺一 47.3

遺一 48.3

遺三 88.3

遺三 89.3

雉

方 338.3

方 382.14

胎 5.21

氣 10.121

遺一 8.1

遺一 75.2

牌一 23.2

遺三 72.1

遺三 118.2

牌三 1.2

周 73.50

雞

雉

明 22.24

方 8.4

方 94.6

方 105.14

方 112.6

方 112.28

方 113.18

方 130.19

方 130.23

方 149.5

方 271.9

方 271.23

方 320.3

方 338.9

方 448.8

方 448.29

養 30.3

養 30.18

養 35.7

養 65.26

養 66.2

養 77.3

養 77.22

養 179.25

房 43.16

胎 27.7

老甲 65.19

刑甲 112.2

刑甲 113.10

問 83.22

遺一 9.1

遺一 15.1

遺一 45.2

遺一 46.11

遺一 54.2

遺一 55.10

遺一 78.2

遺一 311.2

牌一 26.2

遺三 58.1

遺三 71.1

離

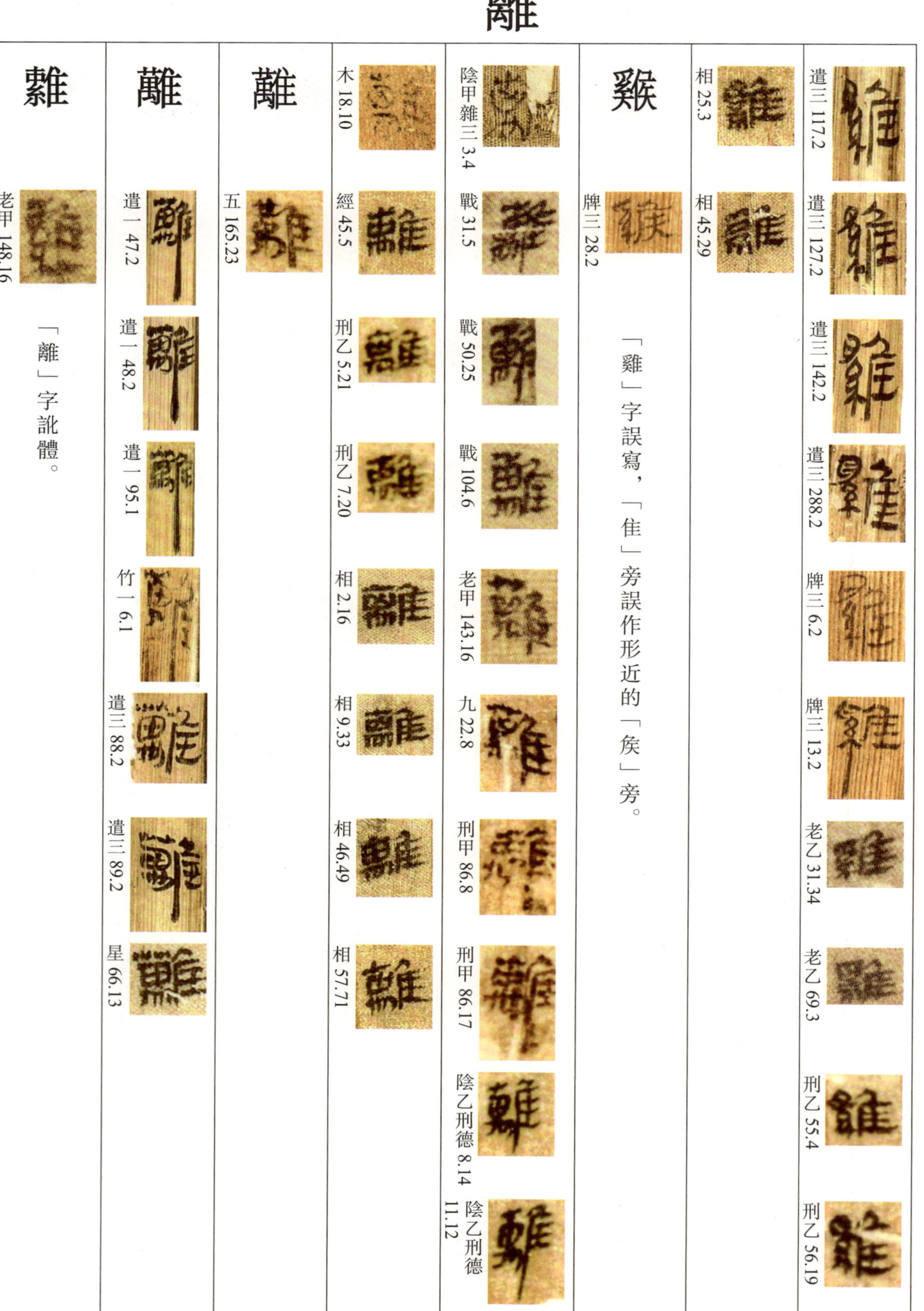

遺三 117.2　遺三 127.2　遺三 142.2　遺三 288.2　牌三 6.2　牌三 13.2　老乙 31.34　老乙 69.3　刑乙 55.4　刑乙 56.19

相 25.3　相 45.29

⿰奚矦

牌三 28.2

「雞」字誤寫，「隹」旁誤作形近的「矦」旁。

陰甲雜三 3.4　戰 31.5　戰 50.25　戰 104.6　老甲 143.16　九 22.8　刑甲 86.8　刑甲 86.17　陰乙刑德 8.14　陰乙刑德 11.12

木 18.10　經 45.5　刑乙 5.21　刑乙 7.20　相 2.16　相 9.33　相 46.49　相 57.71

蘺

五 165.23

⿰萬隹

遺一 47.2　遺一 48.2　遺一 95.1　竹一 6.1　遺三 88.2　遺三 89.2　星 66.13

⿰束隹

老甲 148.16

「離」字訛體。

雕

鵰

氣 7.10

《説文》籀文。

雝

刑甲 27.17

遣三 85.2

遣三 87.18

刑乙 79.18

經 24.62

經 62.19

經 62.58

經 63.24

經 63.49

相 7.31

相 7.63

相 8.3

相 8.48

相 22.18

相 55.43

相 56.23

相 76.38

雜

䳘

遣一 77.4

牌一 25.3

遣三 122.3

牌三 3.3

隹

鳿

氣 9.52

周 86.11

周 86.25

周 86.37

周 86.53

周 86.67

周 87.10

《説文》或體。

方 94.5

方 348.3

方 418.6

方 419.1

方 448.7

養 30.2

養 65.25

養 113.27

養 132.11

養 206.24

雄

老甲 147.31

問 12.8

禁 9.2

談 53.22

府 17.2

經 22.15

十 35.17

十 35.32

十 35.43

十 35.58

十 37.9

十 37.39

十 37.47

十 39.25

十 57.63

十 62.22

老乙 68.68

雎

方271.8 　胎27.6 　刑丙傳21.4 　禁7.3 　衷35.59 　十35.16 　十35.40 　十35.50 　十36.3 　十36.30

十37.2 　十37.24 　十39.24 　稱24.65 　老乙51.32 　老乙68.71

𨾴

談54.1

「雎」字省體。

雋

雋

遣一3.2 　遣三81.2

睢*

「鴡」字異體，本卷鳥部重見。

雥*

「舊」字異體，本卷雈部重見。

雔

《說文》「舄」字篆文，詳見本卷烏部。

難

《說文》「鶵」字或體，詳見本卷鳥部。

奪
戰 174.25
老甲 167.14
刑甲 139.5
刑丙天 3.8
周 3.31
周 56.2
周 56.11
周 56.24
周 56.30
周 56.41
繫 17.42
繫 17.58
繆 22.44
經 13.5
經 21.28
十 9.64
十 33.47
十 41.2
十 58.3
十 63.31
老乙 77.31
奮
方 58.11
明 27.5
德 7.5
刑甲 18.9
刑甲 28.34
遺三 1.13
繆 34.45
經 75.22
十 17.50
星 47.29
刑乙 72.29
刑乙 80.18
藋
十 56.51
舊
周 29.35
繆 52.12
售
陰甲堪表 9.29
周 5.55

乖

方212.28 方213.5 氣7.149 周75.79

羊

方10.6 方100.19 方347.9 方447.13 養175.7 房26.4 胎8.5 春20.21 春28.19 戰229.30

戰236.17 遣一2.1 遣一57.1 遣一67.1 遣一68.10 遣一82.1 遣一84.6 遣一300.2 遣一312.9 牌一17.1

牌一29.1 遣三5.10 遣三6.1 遣三67.1 遣三124.1 遣三191.1 遣三200.1 遣三295.2 牌三19.2 牌三53.1

周33.35 周33.63 周33.72 周38.13 周58.4 繫45.33 衷35.49 衷40.34 要13.62 要13.67

繆43.51 繆44.2 繆44.52 繆47.43 十52.67 十57.60 星6.1 星19.10 星19.17 星23.35

星36.9 星36.50

羝

周33.34 周33.71

羭

方 254.7

羖

方 347.8
方 364.6

羸

老甲 57.9
談 8.22
周 9.22
周 33.38
周 33.52
周 88.35
二 29.24
繫 12.63
繆 32.25
繆 33.28 
繆 56.49

群 羣

養 206.31
戰 34.1
戰 56.25
戰 58.30
戰 66.12
戰 150.33
戰 289.3
戰 289.27
明 26.14
問 64.11 
周 1.71
二 17.43
二 18.2
繫 1.32
衷 3.16
衷 26.49
衷 34.64
衷 35.13
衷 36.45
繆 21.67 
繆 22.32
繆 23.53
繆 23.65
繆 36.32
繆 45.5
繆 45.59
經 24.53
經 72.63
十 64.70

羣

周 90.44

从「君」省聲。

美

陰甲祭一 A10L.14
方 61.27
方 127.18
方 174.24
方 182.6
方 191.28
方 249.11
方 254.12
方 417.10
方 475.5

養 33.7
養 36.9
養 47.20
養 81.16
養 92.5
養 127.25
養 155.11
養 206.26
房 4.21
房 12.29

胎 11.1
胎 20.17
戰 8.3
戰 24.30
戰 30.29
老甲 65.6
老甲 95.5
老甲 95.7
老甲 128.10
老甲 156.17

老甲 156.20
五 62.8
五 87.16
五 150.9
五 150.26
明 20.4
明 20.28
明 21.1
明 21.19
遣三 27.1

遣三 28.1
遣三 39.16
二 21.3
二 34.47
二 35.13
二 36.19
二 36.28
衷 27.42
衷 36.31
衷 39.25

衷 41.50
繆 8.12
經 43.50
經 44.24
十 19.56
十 56.57
老乙 24.22
老乙 31.21
老乙 31.49
老乙 60.48

老乙 72.39
老乙 72.42
星 61.22
星 67.11
相 18.10
相 20.36
相 22.22
相 69.55
相 74.8

美

星 63.16

「美」字訛體。

羌	羚*	瞿	矍	靃		雙	鳥
春 92.13	養 176.25	氣 6.353	刑甲 39.16	方 200.9	霍	遣一 238.5	方 125.23
春 92.24		周 11.68			方 74.3	遣三 319.9	方 126.1
		衷 7.16			「靃」字省體。	遣三 321.4	養 37.22
		衷 7.41				遣三 322.5	房 8.7
		衷 48.3				遣三 391.4	胎 21.20
		衷 50.34					老甲 36.15
		要 15.47					氣 9.41
		相 6.25					氣 9.45
							刑甲 115.22
							問 14.6

鳳

遺一 305.2

遺一 312.10

周 35.15

周 35.30

周 36.32

二 2.30

二 2.53

繫 32.70

道 2.12

老乙 17.4

刑乙 60.10

相 4.44

相 15.63

相 50.53

相 51.10

方 82.19

朋

周 44.24

周 44.28

《說文》古文。

鵻

二 32.43

二 32.72

隼

老甲 63.25

繆 49.11

《說文》或體。

⿰鳥复

繫 41.33

从鳥复聲，「隼」字異體。

鶾

⿰龺鳥

氣 1.62

氣 1.278

「鶾」字異體，帛書中用爲「鵲」。

鴿

相 75.33

鷬

難

方 45.23
春 55.1
春 56.7
春 65.11
戰 10.12
戰 124.3
戰 175.31
戰 177.3
戰 215.28

老甲 53.34
老甲 59.7
老甲 95.26
老甲 112.1
木 1.16
木 1.36
二 8.9
二 8.16
二 8.29
二 33.76

二 36.62
衷 18.20
衷 46.18
衷 47.32
衷 49.1
衷 49.9
要 23.43
繆 4.17
昭 5.29
周·殘下 12.4

周·殘下 60.14
十 36.50
稱 4.68
老乙 28.4
老乙 28.42
老乙 45.12
老乙 46.24
老乙 52.56
相 5.5

《説文》或體。

鶴

導 3.7
周 88.25
二 29.11

鷮

遣一 72.2
遣一 307.3
遣一 308.3
遣一 309.3
牌一 20.2
遣三 65.1
遣三 119.2
遣三 292.3
遣三 293.3

遣三 294.3
牌三 21.2

鴶

氣 9.53

問 86.1

相 68.14

鮚

遣一 71.2

遣一 306.2

牌一 19.2

遣三 120.2

遣三 291.2

牌三 18.2

相 49.57

相 61.71

鳫

瘍

刑乙 79.19

問 85.25

遣一 20.1

遣一 310.2

竹一 3.1

牌一 22.2

遣三 155.2

遣三 289.2

牌三 52.2

瘍

刑甲 27.18

遣一 74.2

遣三 62.1

鴡

雎

方 284.1

方 287.2

方 293.5

方 294.2

方 297.3

方 303.3

方 303.17

方 306.3

方 306.17

戰 54.34

談 18.28

鷐

導 4.25

鶾

鶾

周 89.1

从鳥韓省聲，應即「鶾」字異體，帛書中用爲「翰」。

鷇

養 57.5

鳴

老甲 133.17　刑甲 112.3　刑甲 113.11　陰乙大游 3.17　問 12.6　問 90.9　周 34.11　周 48.20　周 88.24　二 29.10

繫 12.48　衷 28.31　繆 30.47　繆 33.14　刑乙 55.5　刑乙 56.20

䳡

《說文》「琟」字或體，詳見本卷隹部。

⿱飛鳥*

「飛」字異體，卷十一飛部重見。

鵰

《說文》「雕」字籀文，詳見本卷隹部。

⿰鳥享*

「雜」字異體，本卷隹部重見。

烏

方 16.8　方 17.25　方 67.5　方 71.2　方 272.10　方 357.12　方 360.5　方 363.3　方 364.3　方 376.6

方423.7 方448.6 方·殘25.1 養9.2 養122.18 養125.12 養125.26 養149.24 養155.12 養173.19

養176.1 胎27.5 相22.20

於

陰甲神下38.6 陰甲室1.27 陰甲室2.33 陰甲室2.39 陰甲室4.9 陰甲室6.11 陰甲室6.25 陰甲室10.17 陰甲築二6.11

陰甲堪法3.2 陰甲堪法3.7 陰甲堪法7.13 陰甲堪法13.13 陰甲堪法13.16 陰甲·殘6.25 陰甲·殘280.3 足1.15 足2.2 足5.7

足5.11 足5.20 足6.7 陽甲5.5 陽甲14.4 陽甲16.4 陽甲18.4 陽甲24.5 陽甲28.5 陽甲28.23

陽甲33.6 脈3.13 脈11.15 方54.22 方121.12 方128.12 方174.4 方230.25 方231.2 方400.3

養200.27 養201.1 養201.16 養206.16 胎2.17 春19.3 春49.4 春75.6 春90.33 春91.3

戰3.9 戰9.4 戰10.6 戰10.28 戰12.3 戰12.16 戰12.27 戰14.14 戰20.5 戰21.19

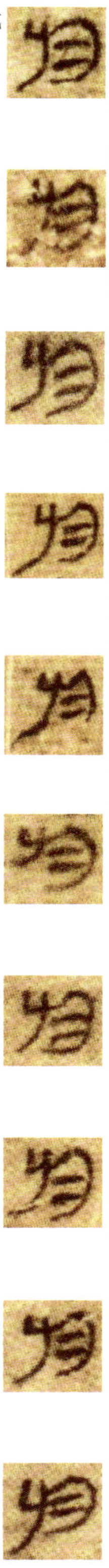

戰23.17
戰24.35
戰26.8
戰27.21
戰27.25
戰27.36
戰28.7
戰28.20
戰29.9
戰33.14

戰33.21
戰34.16
戰35.26
戰35.32
戰37.30
戰38.9
戰41.16
戰42.7
戰43.26
戰44.23

戰45.21
戰46.24
戰47.10
戰49.6
戰55.35
戰56.30
戰57.11
戰60.10
戰60.35
戰65.8

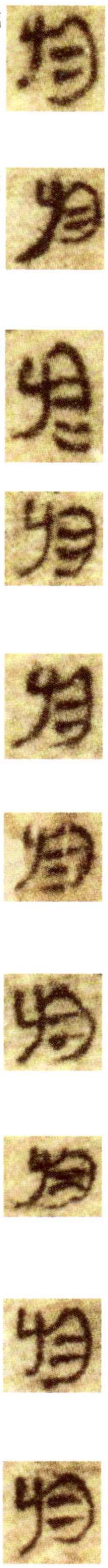

戰65.30
戰67.4
戰68.33
戰73.5
戰76.40
戰78.42
戰85.8
戰88.6
戰88.26
戰91.33

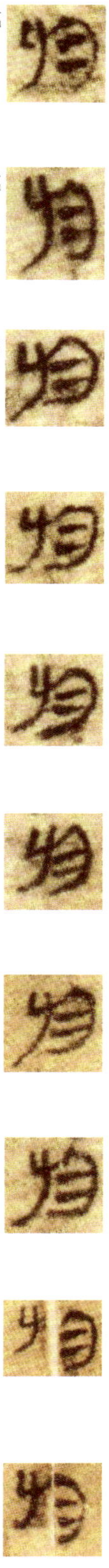

戰92.12
戰92.26
戰94.31
戰95.15
戰95.19
戰97.12
戰98.12
戰98.27
戰100.21
戰100.25

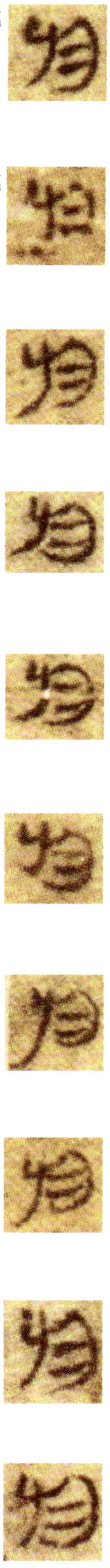

戰101.25
戰101.34
戰103.19
戰107.24
戰108.21
戰109.37
戰110.11
戰110.39
戰112.18
戰116.36

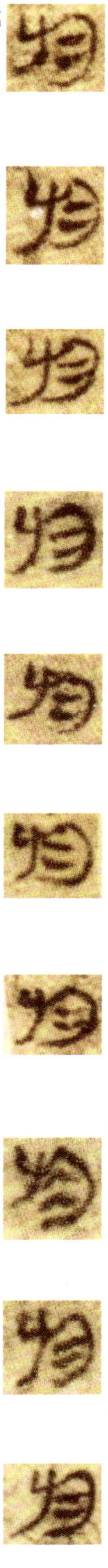

戰117.22
戰118.34
戰120.24
戰126.14
戰132.4
戰139.4
戰144.8
戰156.12
戰158.13
戰166.22

戰167.21
戰175.1
戰178.8
戰178.13
戰178.18
戰178.23
戰180.10
戰181.27
戰182.15
戰185.1

戰 186.30 戰 190.31 戰 193.9 戰 196.13 戰 198.37 戰 199.11 戰 200.6 戰 200.17 戰 203.6 戰 206.38

戰 208.5 戰 208.27 戰 209.8 戰 217.27 戰 218.28 戰 224.26 戰 224.35 戰 227.7 戰 227.33 戰 232.7

戰 233.27 戰 233.34 戰 236.8 戰 237.9 戰 237.33 戰 241.10 戰 247.3 戰 248.14 戰 250.26 戰 254.24

戰 255.17 戰 255.25 戰 256.29 戰 258.3 戰 262.18 戰 265.17 戰 269.16 戰 269.28 戰 273.2 戰 274.5

戰 274.9 戰 278.29 戰 280.23 戰 281.4 戰 282.22 戰 283.18 戰 292.20 戰 298.16 戰 310.19 戰 317.25

戰 318.31 戰 322.9 戰 323.32 戰 325.17 老甲 19.9 老甲 19.15 老甲 19.21 老甲 20.6 老甲 36.5 老甲 54.20

老甲 57.8 老甲 58.17 老甲 73.2 老甲 77.14 老甲 91.26 老甲 102.26 老甲 115.8 老甲 117.21 老甲 122.27 老甲 129.7

老甲 132.7 老甲 139.14 老甲 139.19 老甲 139.24 老甲 140.6 老甲 144.12 老甲 149.23 老甲 157.5 老甲 163.23 老甲 164.5

五2.3
五3.4
五3.13
五7.19
五34.7
五37.28
五38.21
五48.6
五48.19
五63.3

五66.15
五68.25
五73.24
五74.5
五81.17
五81.22
五82.1
五82.25
五87.19
五101.5

五102.18
五110.17
五110.26
五113.15
五113.26
五116.20
五119.8
五123.8
五124.25
五127.11

五129.23
五130.13
五137.20
五138.13
五139.13
五143.14
五156.26
五157.25
五157.30
五158.11

五163.13
五165.29
五166.17
五173.21
九4.20
九34.21
九35.9
九36.17
九36.24
九37.6

九44.13
九49.16
九49.22
明4.13
明4.23
明14.13
明27.6
明33.3
明34.29
明35.31

明36.28
明42.21
明44.16
氣8.25
刑甲4.27
刑甲84.7
刑甲84.14
刑甲115.17
刑甲115.23
刑丙傳4.9

刑丙傳5.2
刑丙傳5.23
刑丙傳15.2
刑丙傳16.15
刑丙地3.12
陰乙刑德8.9
陰乙刑德9.13
陰乙刑德11.1
陰乙刑德11.4
陰乙文武20.22

出25.6 木49.9 木51.8 木52.4 木57.12 問1.5 問2.27 問7.5 問8.5 問9.27

問15.5 問22.16 問23.4 問27.19 問27.23 問28.2 問33.24 問34.7 問39.24 問42.4

問47.17 問56.7 問56.18 問56.23 問60.6 問69.14 問69.19 問72.23 問74.22 問87.17

問87.21 問89.19 禁1.5 談1.5 談8.2 物1.2 箭32.2 二1.10 二6.48 二9.82

二14.38 二18.50 二34.31 繫6.30 繫6.36 繫13.41 繫19.32 繫32.61 繫32.67 繫33.12

繫41.51 衷20.2 衷20.19 衷20.28 衷20.34 衷20.39 衷20.48 衷25.42 衷28.60 衷31.22

衷32.14 衷32.19 衷32.23 衷32.28 衷38.2 衷38.6 衷40.10 衷40.17 衷43.30 衷44.43

衷46.9 要11.65 要14.39 要15.15 要17.48 要17.59 要19.4 要21.4 要21.37 要23.49

繆1.5
繆2.62
繆3.63
繆4.37
繆4.50
繆4.56
繆5.27
繆6.6
繆6.13
繆6.21

繆7.21
繆15.4
繆15.43
繆24.10
繆24.23
繆25.14
繆25.18
繆26.66
繆29.40
繆33.39

繆34.50
繆39.30
繆44.49
繆45.17
繆45.20
繆46.5
繆47.7
繆48.4
繆49.21
繆55.46

繆60.27
繆64.56
繆65.24
繆67.14
繆67.21
繆67.25
繆71.21
昭9.11
昭13.32
周·殘下35.3

經3.54
經8.36
經8.50
經22.38
經30.23
經37.25
經38.9
經38.40
經41.10
經41.15

經47.25
經48.2
經48.8
經51.44
經53.31
經66.61
經67.13
經68.50
經69.19
經70.16

經70.22
經70.29
經70.38
經70.50
經70.62
經71.37
經71.41
經72.41
經74.20
經75.30

經76.53
經76.58
十1.46
十1.50
十1.54
十6.55
十6.59
十10.59
十13.51
十14.52

十 15.25
十 16.57
十 17.2
十 17.44
十 19.14
十 19.18
十 21.55
十 27.12
十 32.61
十 36.27

十 45.48
十 45.55
十 52.61
十 52.65
十 52.68
十 53.14
十 53.38
十 54.38
十 56.56
十 57.62

十 57.66
十 61.51
十 61.68
十 62.4
十 63.58
十 63.62
稱 8.27
稱 12.62
稱 12.70
稱 19.57

稱 19.61
稱 24.4
老乙 9.11
老乙 10.26
老乙 15.2
老乙 16.60
老乙 23.33
老乙 27.4
老乙 27.12
老乙 27.37

老乙 35.20
老乙 37.29
老乙 37.34
老乙 42.3
老乙 48.30
老乙 49.63
老乙 54.26
老乙 55.42
老乙 58.6
老乙 62.13

老乙 65.14
老乙 65.24
老乙 65.29
老乙 65.34
老乙 65.37
老乙 65.45
老乙 67.29
老乙 69.40
老乙 69.66
老乙 71.1

老乙 72.58
老乙 75.56
老乙 76.2
老乙 77.48
星 8.33
星 20.38
星 21.8
星 32.53
星 33.6
星 35.46

星 36.22
星 69.30
星 71.31
星 72.16
星 120.50
星 123.19
刑乙 5.16
刑乙 6.12
刑乙 7.5
刑乙 7.12

舄

刑乙60.5　刑乙60.11　刑乙64.3　相1.53　相6.34　相6.37　相6.64　相18.6　相28.30　相28.55

相53.60　相53.63　相54.53　相54.69　相60.34　相69.50

《說文》古文。

養104.13　戰275.1

䧿

方204.14

《說文》篆文。

焉

方52.2　春72.21　春93.24　春94.5　春95.14　戰5.35　戰25.15　戰25.23　戰45.5　戰109.7

戰111.25　戰145.19　戰148.18　戰149.21　老甲24.11　老甲27.9　老甲48.7　老甲91.12　老甲129.17　老甲142.17

老甲153.17　老甲163.11　五23.15　五38.8　五38.16　五87.5　五93.1　五94.4　五101.2　五137.4

五141.12　五141.25　五142.21　五160.15　五160.26　五161.9　五161.15　五166.5　明6.20　明12.20

德 9.7	德 9.18	刑甲 35.27	陰乙上朔 22.3	出 21.27	問 74.12	問 94.10	談 22.31	二 7.64	二 8.65
二 15.23	二 26.41	繫 10.8	繫 10.23	繫 11.68	繫 25.67	繫 27.19	繫 29.23	繫 40.43	繫 41.9
衷 1.18	衷 29.55	衷 29.60	要 14.25	要 18.42	要 18.53	要 20.29	要 20.34	要 21.51	要 22.1
要 22.22	要 22.48	要 23.16	繆 1.28	繆 2.43	繆 3.67	繆 14.14	繆 15.48	繆 15.59	繆 23.14
繆 25.39	繆 26.25	繆 31.13	繆 32.45	繆 33.62	繆 35.35	繆 36.17	繆 36.69	繆 40.68	繆 41.14
繆 45.34	繆 55.21	繆 70.48	繆 71.12	繆 71.16	昭 4.29	昭 4.35	昭 4.49	昭 6.53	昭 6.57
昭 6.61	昭 6.65	昭 13.53	經 29.20	經 29.23	經 29.26	十 13.43	十 13.45	十 26.29	十 26.38
十 50.56	稱 6.34	稱 6.45	稱 6.55	稱 15.60	稱 16.28	稱 16.32	稱 16.52	稱 16.57	稱 17.9

畢　糞　棄

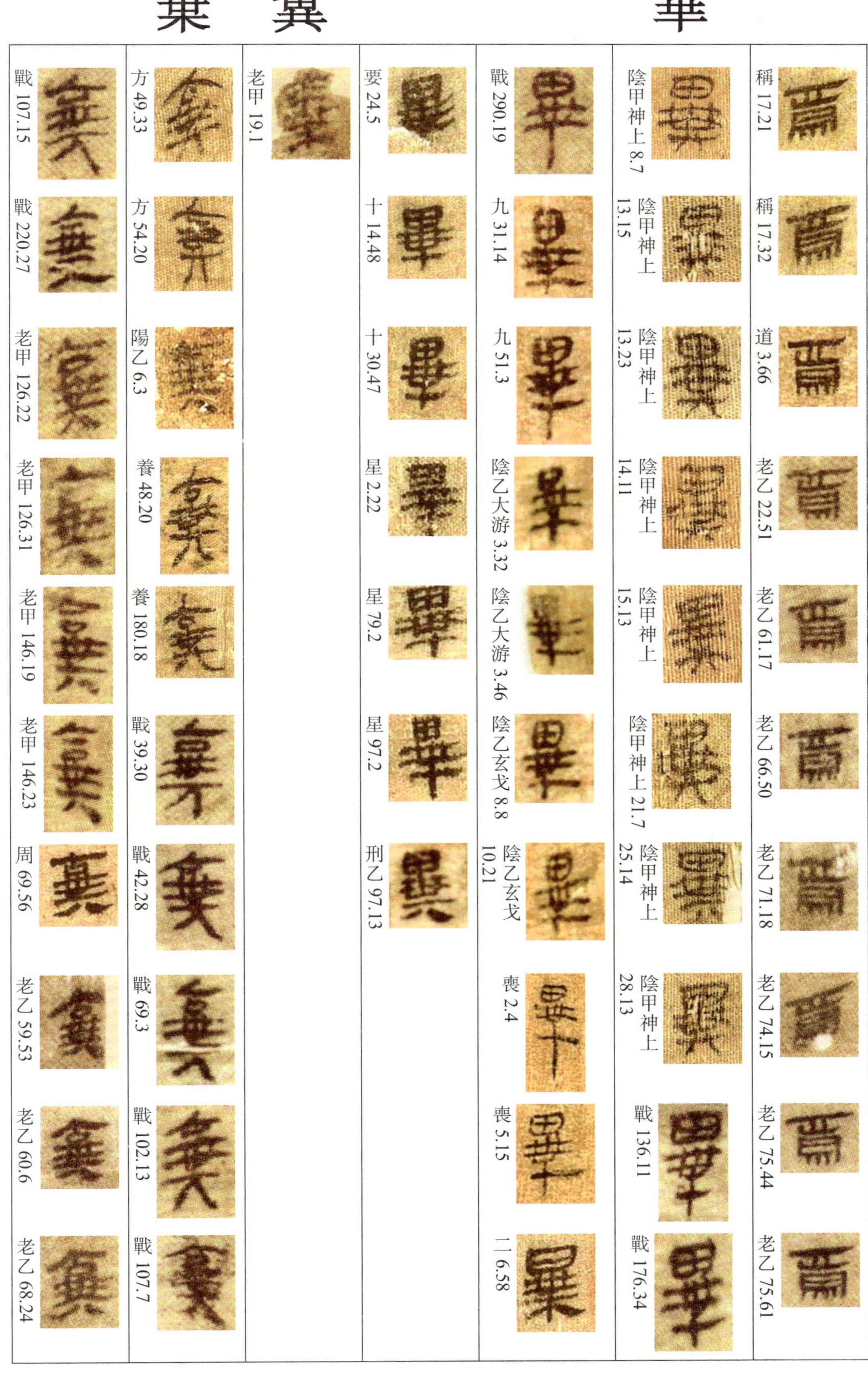
稱17.21 稱17.32 道3.66 老乙22.51 老乙61.17 老乙66.50 老乙71.18 老乙74.15 老乙75.44 老乙75.61
陰甲神上8.7 陰甲神上13.15 陰甲神上13.23 陰甲神上14.11 陰甲神上15.13 陰甲神上21.7 陰甲神上25.14 陰甲神上28.13 戰136.11 戰176.34
戰290.19 九31.14 九51.3 陰乙大游3.32 陰乙大游3.46 陰乙玄戈8.8 陰乙玄戈10.21 喪2.4 喪5.15 二6.58
要24.5 十14.48 十30.47 星2.22 星79.2 星97.2 刑乙97.13
老甲19.1
方49.33 方54.20 陽乙6.3 養48.20 養180.18 戰39.30 戰42.28 戰69.3 戰102.13 戰107.7
戰107.15 戰220.27 老甲126.22 老甲126.31 老甲146.19 老甲146.23 周69.56 老乙59.53 老乙60.6 老乙68.24

再

老乙 68.28　相 16.31　相 20.4　相 67.8

陰甲天一 5.13　陰甲雜三 7.7　陰甲 6.3　方 57.16　方 116.16　方 140.4　方 232.26　方 458.3　方 462.22　養 15.7

房 3.25　房 13.28　戰 95.5　戰 149.31　刑甲 22.25　陰乙天一 15.1　問 20.4　合 12.4　合 28.12　談 11.23

談 46.5　周 15.12　二 27.39　繆 25.66　繆 29.5　繆 30.20　刑乙 75.25　相 15.36　相 15.38　相 24.52

相 65.54

爯

⿱爯又

陰甲祭一 A06L.14

幼

务

養 218.1　胎 1.4　胎 1.18　老乙 62.50

幽

周 4.24　周 37.28　繫 18.51　要 17.24

幾

陽甲32.10 方261.10 戰146.13 戰192.16 戰203.12 戰254.26 戰283.26 氣6.264 氣6.304 氣6.343

氣10.78 氣10.239 刑丙刑4.11 刑丙刑12.2 刑丙天7.11 談24.11 周27.62 二8.39 二8.55 二36.45

繫8.64 繫28.4 要10.40 要10.43 繆2.18 昭5.53 昭14.12 星19.15

㡬

春3.10 春4.13 春74.17 春75.30 老甲128.8 五151.27 牌一47.2 遣三235.6 遣三237.6

繫13.57 繫16.59 繫20.20 繫43.47 繆17.56 經45.26 十36.26 十47.62 老乙49.62 老乙64.54

相10.53

惠

方378.25 春20.7 戰133.9 戰205.18 遣三165.1 牌三31.1 周93.9 周93.17 繆24.40 繆62.4

繆62.12 經52.12 十61.30 星112.9 刑乙大游1.92

玄

予

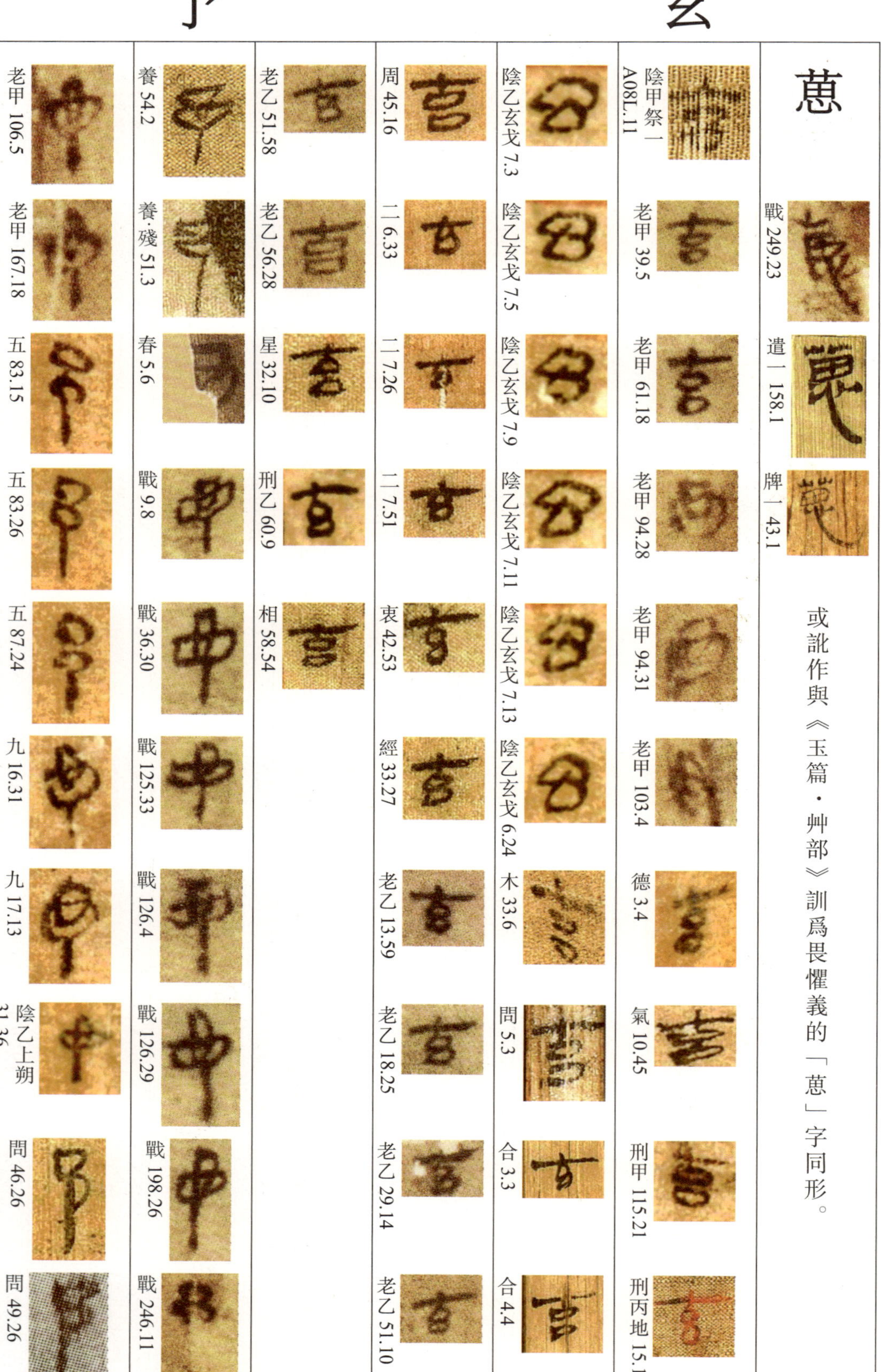
葸
戰249.23
遣一158.1
牌一43.1
陰甲祭一A08L.11
老甲39.5
老甲61.18
老甲94.28
老甲94.31
老甲103.4
德3.4
氣10.45
刑甲115.21
刑丙地15.1
陰乙玄戈7.3
陰乙玄戈7.5
陰乙玄戈7.9
陰乙玄戈7.11
陰乙玄戈7.13
陰乙玄戈6.24
木33.6
問5.3
合3.3
合4.4
周45.16
二6.33
二7.26
二7.51
衷42.53
經33.27
老乙13.59
老乙18.25
老乙29.14
老乙51.10
老乙51.58
老乙56.28
星32.10
刑乙60.9
相58.54
養54.2
養·殘51.3
春5.6
戰9.8
戰36.30
戰125.33
戰126.4
戰126.29
戰198.26
戰246.11
老甲106.5
老甲167.18
五83.15
五83.26
五87.24
九16.31
九17.13
陰乙上朔31.36
問46.26
問49.26

或訛作與《玉篇·艸部》訓爲畏懼義的「葸」字同形。

談 51.20　二 27.52　二 28.65　衷 31.39　要 12.20　要 12.24　要 14.26　要 14.32　要 16.28　要 16.39

繆 64.10　經 9.33　十 23.38　十 41.4　十 58.7　稱 7.35　稱 7.43　稱 24.21　稱 24.57　老乙 32.14

老乙 49.72　老乙 77.35

放

九 1.7　談 10.16　經 7.27

敖

十 35.27

「敖」字《說文》卷六出部重出。

爰

養 202.15　合 15.26　談 31.29

筊

導 4.19

「爰」字訛體。

受

陰甲上朔 2.17　陰甲·殘 10.2　方 480.11　胎 7.11　胎 11.8　春 52.12　戰 30.9　戰 36.10　戰 37.11　戰 40.32

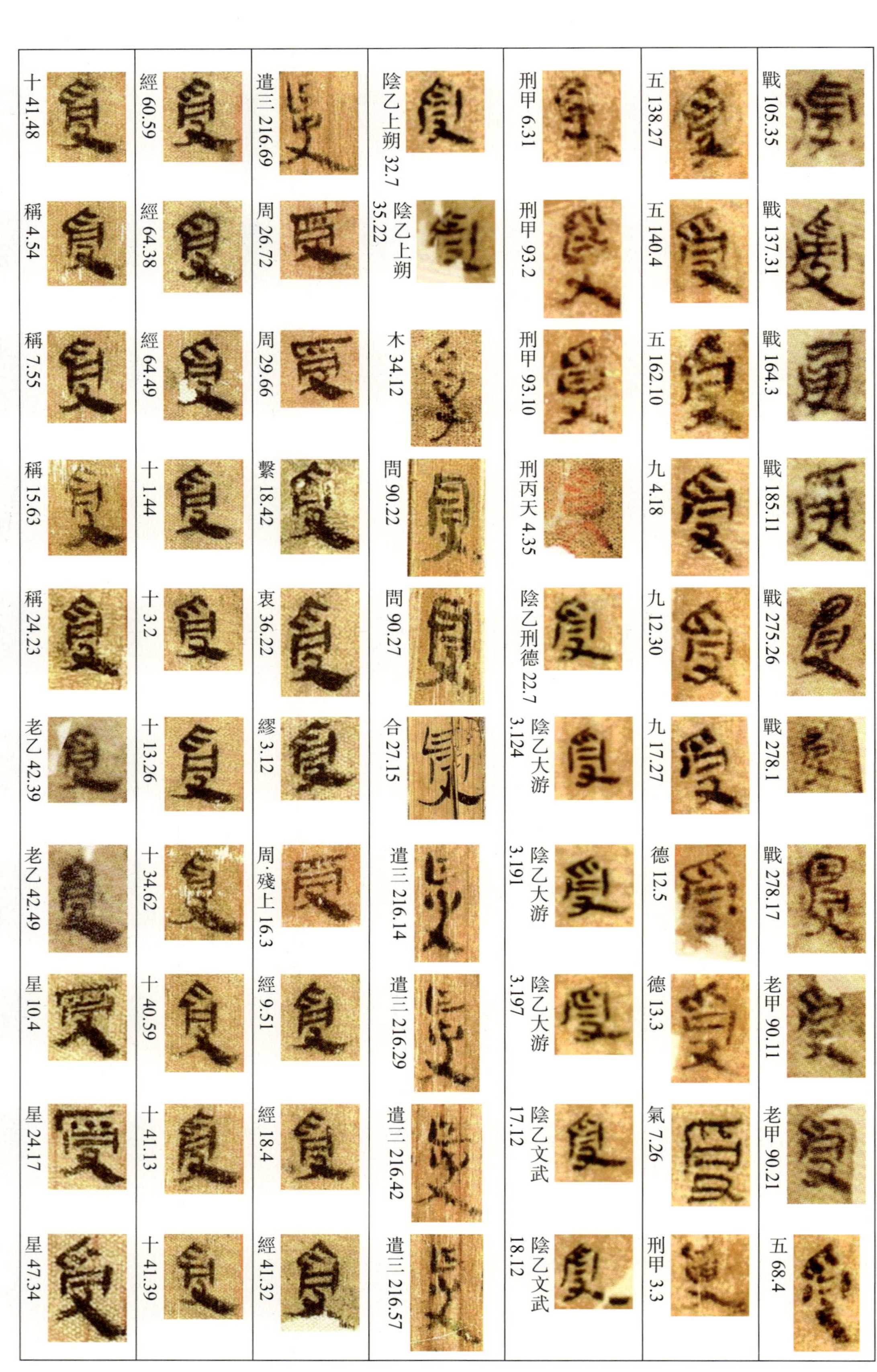
戰 105.35 戰 137.31 戰 164.3 戰 185.11 戰 275.26 戰 278.1 戰 278.17 老甲 90.11 老甲 90.21 五 68.4
五 138.27 五 140.4 五 162.10 九 4.18 九 12.30 九 17.27 德 12.5 德 13.3 氣 7.26 刑甲 3.3
刑甲 6.31 刑甲 93.2 刑甲 93.10 刑丙天 4.35 陰乙刑德 22.7 陰乙大游 3.124 陰乙大游 3.191 陰乙大游 3.197 陰乙文武 17.12 陰乙文武 18.12
陰乙上朔 32.7 陰乙上朔 35.22 木 34.12 問 90.22 問 90.27 合 27.15 遣三 216.14 遣三 216.29 遣三 216.42 遣三 216.57
遣三 216.69 周 26.72 周 29.66 繫 18.42 衷 36.22 繆 3.12 周·殘上 16.3 經 9.51 經 18.4 經 41.32
經 60.59 經 64.38 經 64.49 十 1.44 十 3.2 十 13.26 十 34.62 十 40.59 十 41.13 十 41.39
十 41.48 稱 4.54 稱 7.55 稱 15.63 稱 24.23 老乙 42.39 老乙 42.49 星 10.4 星 24.17 星 47.34

星 59.16
星 59.24
刑乙 18.20
刑乙 63.1
刑乙 63.8
刑乙 65.19
相 2.34
相 8.56
相 56.35

爭

戰 145.9
戰 246.3
老甲 137.26
九 28.27
衷 6.21
衷 26.47
繆 64.55
昭 5.70
十 9.8
十 16.4

十 16.12
十 16.18
十 16.28
十 16.53
十 17.29
十 17.33
十 30.50
十 30.54
十 31.31
十 33.2

十 33.10
十 35.4
十 57.56
十 61.66
稱 12.35
稱 19.56
稱 19.60
稱 24.59
道 6.9
老乙 30.35

老乙 30.43
老乙 32.34
老乙 46.21
老乙 49.54
老乙 50.15
老乙 64.40
老乙 64.46
星 55.38
相 40.22

𠭥

敢

方 84.11
方 379.8
養 192.4
養 192.12
房殘 19.3
射 11.18
春 19.8
戰 10.38
戰 32.22

戰 33.7
戰 59.23
戰 70.26
戰 74.21
戰 74.27
戰 75.5
戰 80.12
戰 83.6
戰 86.25
戰 89.17

戰 112.14
戰 119.28
戰 124.37
戰 128.35
戰 129.42
戰 136.35
戰 155.6
戰 156.18
戰 168.26
戰 172.22

叡

戰172.29 戰180.15 戰219.12 戰234.30 戰245.5 戰317.19 老甲60.2 老甲72.2 老甲80.26 五41.8

五41.15 五153.25 五154.13 五155.1 五156.22 五157.7 九17.6 明13.13 明13.23 刑甲大游1.31

木19.2 太1.20 太1.26 太5.7 衷35.16 繆5.21 繆7.38 繆24.13 繆33.43 繆35.61

繆36.19 繆36.65 繆39.24 周·殘下52.3 經1.25 經29.49 經35.4 十61.38 十62.2 十62.10

稱20.21 老乙28.26 老乙33.10 老乙33.21 老乙34.57 老乙34.64 老乙37.30 老乙37.36 老乙38.44 老乙47.3

星42.52

《說文》籀文。

戰192.30

壡

五28.23 五28.30

《說文》或體。

𣨛	殊	殤	殆	殘	殖	死	
方 309.9	戰 190.14	殤	老甲 17.10	戰 67.27	方 45.28	陰甲雜一 7.7	陰甲天一 7.22
	要 18.34	陰甲神上 25.1	老甲 30.8	戰 67.34	十 38.12	陰甲雜一 7.14	陰甲天一 7.32
			繆 15.8	戰 69.24		陰甲天一 2.8	陰甲天一 8.20
			繆 34.54	戰 213.13		陰甲天一 2.12	陰甲天一 9.22
			繆 70.65	經 23.54		陰甲天一 2.23	陰甲徙 1.5
			老乙 74.34	星 45.49		陰甲天一 2.26	陰甲徙 2.9
						陰甲天一 2.29	陰甲徙 3.7
						陰甲天一 2.39	陰甲徙 4.13
						陰甲天一 2.41	陰甲天地 2.28
						陰甲天一 7.19	陰甲祭一 A05L.14

陰甲祭一A06L.17	陰甲雜五3.17	陰甲·殘6.14	足24.2	方224.6	養61.19	戰38.36
陰甲祭一A07L.25	陰甲雜五4.33	陰甲·殘201.14	陽甲22.11	方253.10	養78.16	戰43.37
陰甲祭一A08L.16	陰甲雜六3.6	足21.10	陽甲22.24	方367.6	養198.14	戰47.4
陰甲祭一A09L.26	陰甲五禁3L.20	足21.19	陽甲27.5	方409.18	春21.13	戰47.15
陰甲祭一A12L.13	陰甲堪法2.6	足22.4	候1.15	陽乙11.2	春87.30	戰84.4
陰甲神上13.43	陰甲堪法6.13	足22.14	候2.5	陽乙11.8	春93.15	戰86.12
陰甲室4.21	陰甲刑日5.7	足22.20	候2.16	陽乙11.19	戰9.38	戰114.36
陰甲築一1.11	陰甲諸日4.17	足22.27	候3.3	陽乙11.22	戰10.9	戰115.19
陰甲築一4.26	陰甲祭二13L.10	足23.3	候3.13	陽乙11.28	戰34.31	戰116.6
陰甲築一4.35	陰甲祭三3.10	足23.19	候4.2	陽乙16.6	戰37.5	戰131.1

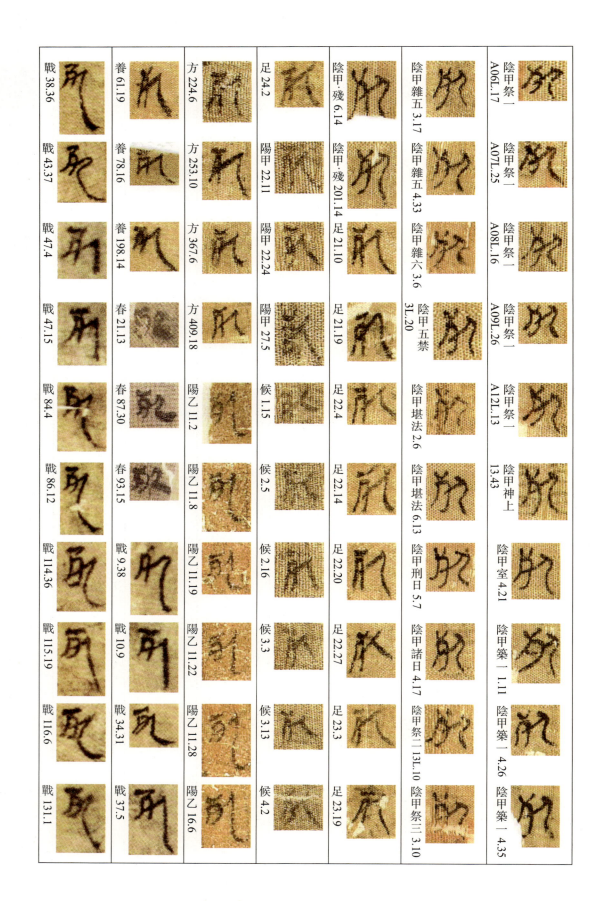

戰 131.5　戰 132.14　戰 149.13　戰 176.24　戰 192.6　戰 249.18　戰 249.25　戰 281.19　戰 297.20　戰 304.14

戰 307.9　戰 308.4　戰 308.12　老甲 14.19　老甲 25.14　老甲 27.7　老甲 64.18　老甲 69.31　老甲 80.12　老甲 81.3

老甲 83.9　老甲 83.20　老甲 84.4　老甲 84.21　五 91.17　五 92.12　五 172.17　氣 1.118　氣 2.91　氣 4.212

氣 4.215　氣 5.221　氣 5.230　氣 5.238　氣 6.23　氣 6.48　氣 6.57　氣 6.69　氣 6.77　氣 6.121

氣 6.191　氣 6.204　氣 6.249　氣 8.70　氣 9.262　氣 10.17　氣 10.43　氣 10.50　刑甲 5.6　刑甲 5.19

刑甲 5.24　刑甲 20.5　刑甲 20.14　刑甲 30.27　刑甲 107.25　刑甲 124.9　刑甲 127.10　刑甲 129.9　刑甲 131.9　刑甲 139.11

刑丙刑 3.11　刑丙刑 5.4　刑丙刑 10.5　刑丙刑 12.7　刑丙天 5.39　刑丙天 11.47　陰乙刑德 21.10　陰乙刑德 25.2　陰乙刑德 27.8　陰乙大游 2.139

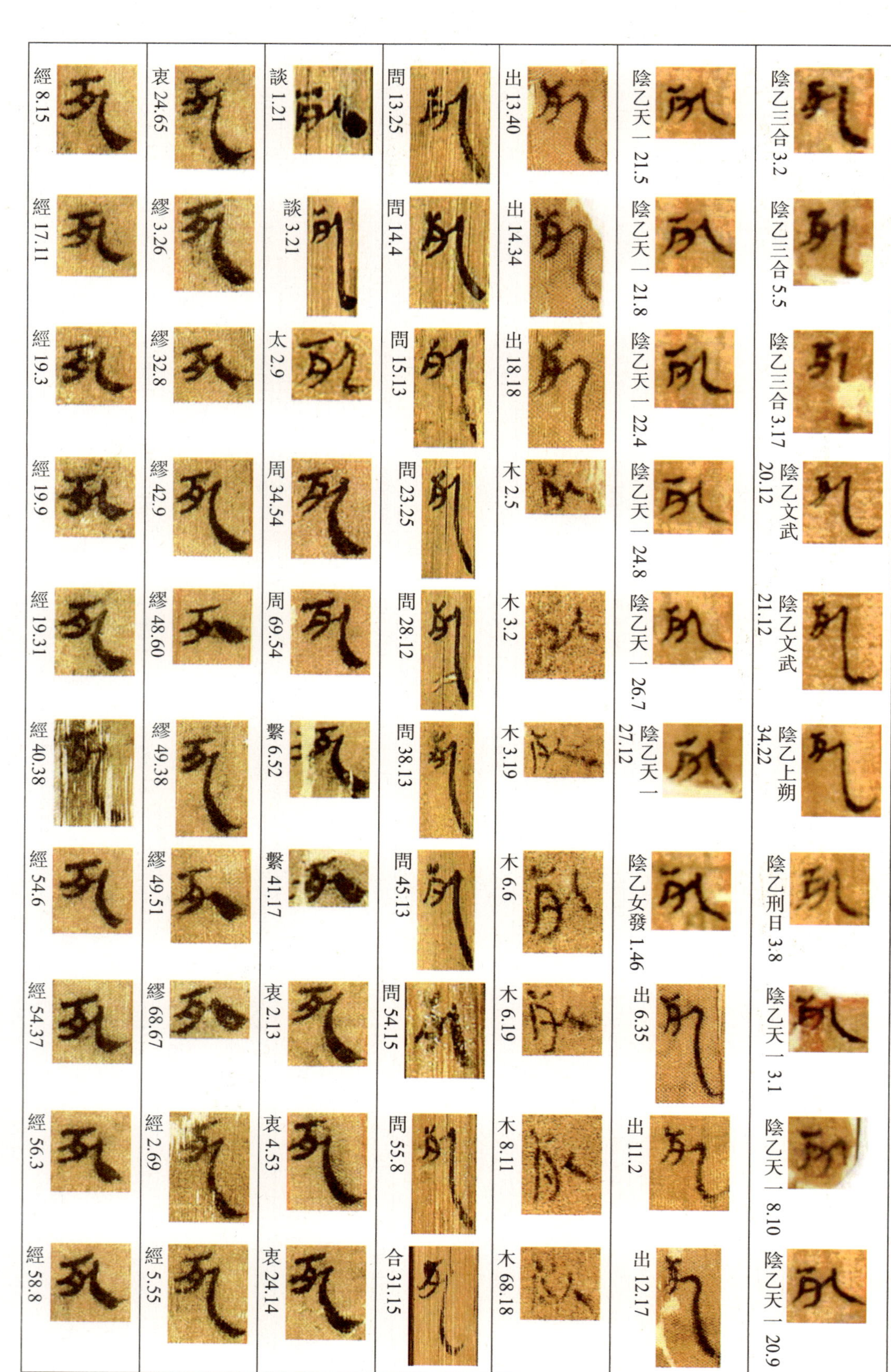
陰乙三合3.2
陰乙三合5.5
陰乙三合3.17
陰乙文武20.12
陰乙文武21.12
陰乙上朔34.22
陰乙刑日3.8
陰乙天一3.1
陰乙天一8.10
陰乙天一20.9
陰乙天一21.5
陰乙天一21.8
陰乙天一22.4
陰乙天一24.8
陰乙天一26.7
陰乙天一27.12
陰乙女發1.46
出6.35
出11.2
出12.17
出13.40
出14.34
出18.18
木2.5
木3.2
木3.19
木6.6
木6.19
木8.11
木68.18
問13.25
問14.4
問15.13
問23.25
問28.12
問38.13
問45.13
問54.15
問55.8
合31.15
談1.21
談3.21
太2.9
周34.54
周69.54
繫6.52
繫41.17
衷2.13
衷4.53
衷24.14
衷24.65
繆3.26
繆32.8
繆42.9
繆48.60
繆49.38
繆49.51
繆68.67
經2.69
經5.55
經8.15
經17.11
經19.3
經19.9
經19.31
經40.38
經54.6
經54.37
經56.3
經58.8

薨

經58.40	十24.10	稱14.20	老乙39.58	星67.45	刑乙64.41	相41.31	春88.2
經58.59	十29.34	稱14.25	老乙40.5	星68.8	刑乙65.44	相73.56	春93.4
經67.1	十36.28	稱14.30	老乙40.19	刑乙25.20	刑乙73.42	相73.65	九29.4
經67.32	十49.5	老乙30.60	老乙40.27	刑乙27.10	刑乙73.47		禁3.10
經68.15	十51.21	老乙31.41	老乙48.35	刑乙33.8	刑乙73.56		
經69.5	十58.1	老乙33.53	星25.40	刑乙38.12	刑乙81.20		
經69.30	十62.40	老乙38.20	星39.30	刑乙62.30	相20.19		
經72.17	稱2.70	老乙38.33	星49.26	刑乙62.63	相26.45		
經73.8	稱2.75	老乙38.52	星50.11	刑乙64.22	相39.60		
十18.26	稱14.15	老乙39.46	星54.23	刑乙64.36	相39.65		

薧

薧

老甲 84.24

从死高聲，「薧」字異體。帛書中用爲「枯槁」之「槁」。

別 剐

方 452.11

九 15.22

九 23.11

箭 2.4

箭 5.3

經 13.51

經 16.48

經 18.16

相 7.33

相 55.45

骨

足 5.12

足 23.23

足 29.10

足 31.12

足 33.11

陽甲 9.7

陽甲 16.11

陽甲 30.15

陽甲 33.18

陽甲 36.9

陽甲 36.16

候 1.11

候 3.1

方 284.25

方 288.28

方 293.4

方 367.9

方 461.18

去 4.43

陽乙 4.33

陽乙 16.32

陽乙 17.49

陽乙 18.4

養 179.9

房 22.4

戰 47.11

老甲 36.20

老甲 99.3

刑甲 39.25

問 72.4

問 80.8

合 28.18

談 10.6

十 16.50

十 28.14

十 58.28

老乙 17.9

老乙 46.59

相 2.61

相 17.25

相 19.52

相 48.2

相 48.26

髕

臏

陽甲 9.15

骭

陽甲 9.6
陽甲 9.11
陽甲 12.1
陽乙 4.32
陽乙 6.9

⿰干骨

陽乙 4.37

體

方 386.4

體

繫 7.67

⿰月豊

方 387.11
方 453.26
方 474.6
去 1.39
養 168.10
戰 189.13
五 58.29
五 59.17
五 59.21
五 60.5 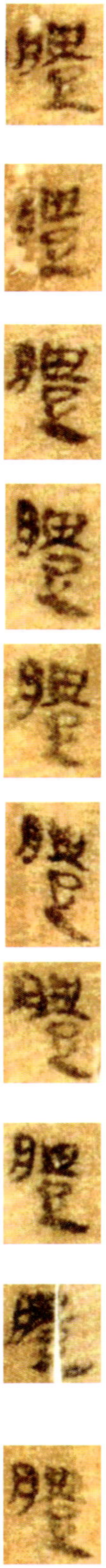
五 60.15
五 73.11
五 77.2
五 77.22
五 83.14
五 117.17
五 149.17
五 153.11
五 157.19
五 166.11 
問 6.24
問 23.21
問 28.4
問 44.20
合 4.16
談 3.4
談 16.32
繫 10.68
繫 11.65
繫 15.61 
繫 26.37
繫 29.20
衷 40.73
衷 41.2
繆 16.47
繆 40.20
十 61.24

⿰骨台*	髀*	⿰骨亟*	⿰骨曷*	⿰骨賁*	肉		
⿰骨台	髀	老乙 40.7	陽乙 1.25	方 258.11	陰甲衍 4.26	方 214.9	養 103.3
相 2.41	相 73.43				陰甲堪法 6.17	方 250.5	養 109.4
相 73.58					脈 6.15	方 251.26	養 109.16
					候 2.22	方 252.4	養 109.29
					方 27.25	方 269.1	養 110.9
					方 27.27	方 352.21	養 123.1
					方 95.1	方 385.2	養 127.36
					方 99.4	方 403.14	養 170.18
					方 100.20	方 404.1	射 21.11
					方 121.3	方 405.4	胎 20.33

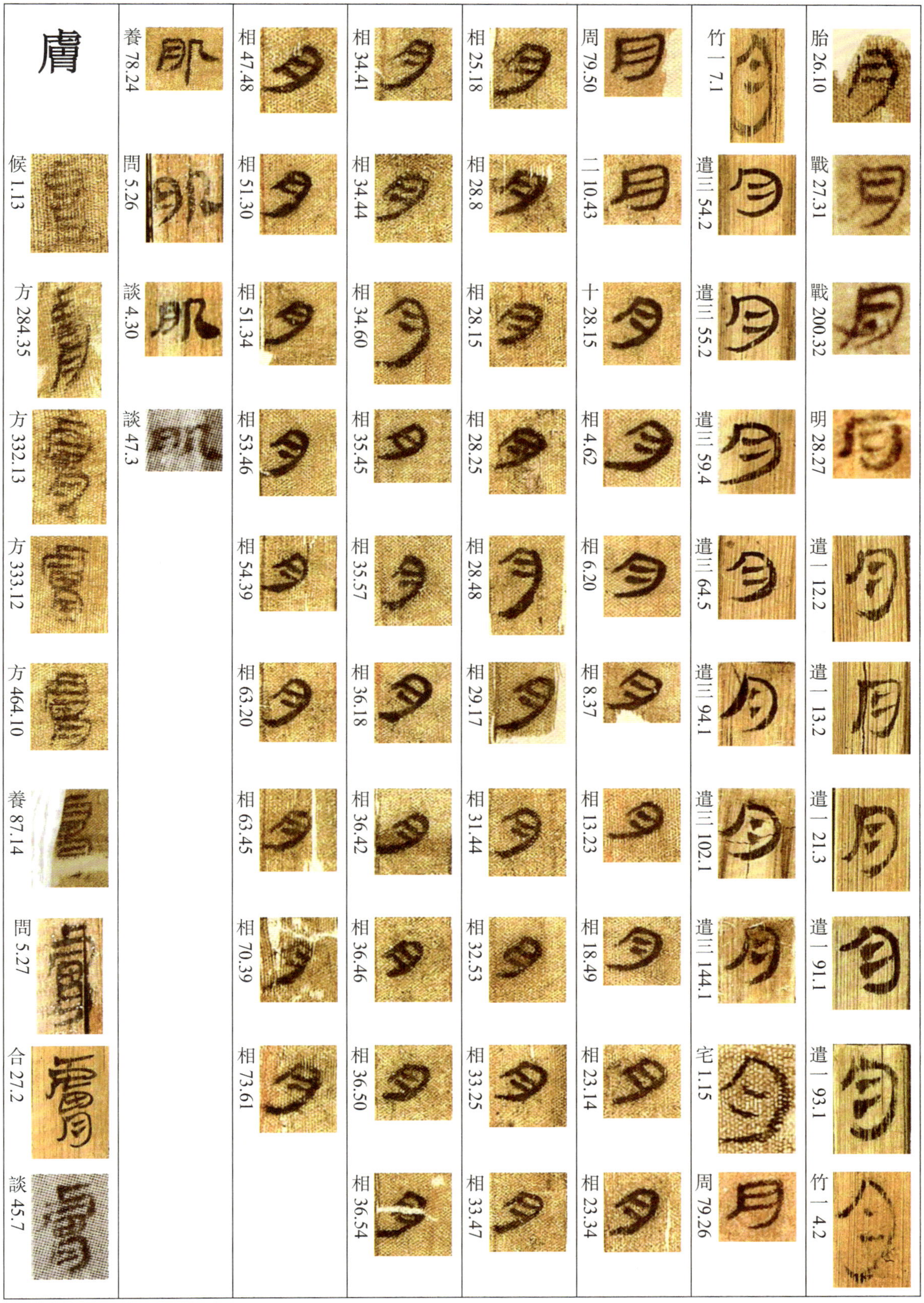

肌

胎26.10　戰27.31　戰200.32　明28.27　遣一12.2　遣一13.2　遣一21.3　遣一91.1　遣一93.1　竹一4.2

竹一7.1　遣三54.2　遣三55.2　遣三59.4　遣三64.5　遣三94.1　遣三102.1　遣三144.1　宅1.15　周79.26

周79.50　二10.43　十28.15　相4.62　相6.20　相8.37　相13.23　相18.49　相23.14　相23.34

相25.18　相28.8　相28.15　相28.25　相28.48　相29.17　相31.44　相32.53　相33.25　相33.47

相34.41　相34.44　相34.60　相35.45　相35.57　相36.18　相36.42　相36.46　相36.50　相36.54

相47.48　相51.30　相51.34　相53.46　相54.39　相63.20　相63.45　相70.39　相73.61

養78.24　問5.26　談4.30　談47.3

臚

膚

候1.13　方284.35　方332.13　方333.12　方464.10　養87.14　問5.27　合27.2　談45.7

臀 脰 脣 肫

周 12.40
周 57.73 
周 75.72 
十 16.32 
稱 15.29 
稱 15.42 
稱 15.45 
《說文》籀文。

肤
遣一 30.2 
遣一 33.4 

衷 3.33
衷 23.44 
周·殘下 99.2 
相 51.7 

候 2.17
房 46.29 
合 31.1 
談 49.32 
遣一 89.2 
遣三 198.2 

脤
周 57.71 

頭
木 52.2 

方 230.13
方 230.32 
養 89.5 

臀
陽甲 28.24

肺　脾　肝　膽　胃

肺
養 67.19
遣一 52.6
脾
足 7.23
陽甲 7.11
陽乙 2.5
合 12.24
遣一 52.3
遣三 197.3
肝
足 13.25
足 14.18
養·殘 105.2
房 12.7
房 13.23
遣一 42.2
周 90.57
二 36.21
膽
方 239.15
方 259.29
方 336.13
方 429.16
胃
陰甲天一 13.23
陰甲神上 11.23
陰甲衍 2.23
陰甲衍 3.31
陰甲衍 5.5
陰甲衍 6.31
陰甲堪法 3.10
陰甲堪法 7.6
陰甲堪法 7.20
陰甲·殘 2.14
陽甲 20.5
陽甲 20.9
脈 5.14
脈 6.7
方 205.4
陽乙 10.7
胎 3.31
春 53.22
春 66.15
戰 6.32
戰 133.2
戰 170.17
戰 187.22
戰 201.27
戰 203.23
戰 209.29
戰 237.2
戰 238.8
戰 240.20
戰 248.6
戰 253.12
戰 253.17
戰 254.10
戰 256.4
戰 264.25
老甲 6.28
老甲 31.18
老甲 38.3
老甲 39.4
老甲 46.15

老甲 61.17
老甲 71.8
老甲 71.14
老甲 71.18
老甲 72.16
老甲 94.26
老甲 103.3
老甲 113.17
老甲 114.5
老甲 114.11

老甲 117.26
老甲 118.22
老甲 123.3
老甲 125.13
老甲 146.27
老甲 147.26
老甲 154.8
老甲 154.17
老甲 167.21
五 2.5

五 3.6
五 4.8
五 4.14
五 7.12
五 7.23
五 26.19
五 27.1
五 27.17
五 28.2
五 37.9

五 38.25
五 39.6
五 39.16
五 43.15
五 54.35
五 58.23
五 86.4
五 89.15
五 93.3
五 95.21

五 96.26
五 96.32
五 100.17
五 102.23
五 103.5
五 103.19
五 104.5
五 104.7
五 104.28
五 105.27

五 119.14
五 134.9
五 145.20
五 146.26
五 159.6
五 163.19
五 167.6
五 169.28
九 14.7
九 14.24

九 23.29
九 51.14
九 51.26
明 39.11
德 1.21
德 1.26
德 1.31
德 2.7
德 2.9
德 3.2

德 4.26
德 6.12
德 12.3
氣 2.189
氣 6.184
氣 6.209
氣 10.59
陰乙大游 2.77
陰乙上朔 29.21
陰乙上朔 30.7

陰乙上朔33.18
陰乙上朔36.13
陰乙天一19.7
陰乙·殘3.2
出27.11
問6.26
問38.25
問68.17
問80.12
合7.11

合14.5
合30.14
談5.14
遣一51.3
遣一55.6
遣三195.3
周46.7
二5.20
二7.50
二9.46

二9.57
二10.64
二32.29
二32.36
二34.53
二35.15
繫8.2
繫8.18
繫8.25
繫8.68

繫8.74
繫9.5
繫9.10
繫9.15
繫9.22
繫9.27
繫9.32
繫11.44
繫12.7
繫23.19

繫23.24
繫23.31
繫23.38
繫23.43
繫23.47
繫23.54
繫23.65
繫28.14
繫28.28
繫28.77

繫29.31
繫42.57
衷1.29
衷18.35
衷19.22
衷27.10
衷31.13
衷32.34
衷35.9
衷37.3

衷37.25
衷37.59
衷38.43
衷39.28
衷39.63
衷40.23
衷41.36
衷42.8
衷42.68
衷50.42

要12.47
要21.43
要23.10
要23.72
要24.9
繆7.15
繆14.8
繆15.21
繆16.17
繆18.43

繆 19.1	繆 21.24	繆 22.2	繆 24.63	繆 30.31	繆 33.33	繆 47.51	繆 48.16	繆 56.28	繆 56.46
繆 59.23	繆 66.34	繆 67.63	昭 5.15	昭 7.43	昭 8.50	昭 12.2	昭 12.62	經 6.29	經 10.11
經 12.39	經 19.21	經 19.32	經 24.25	經 24.43	經 35.52	經 36.10	經 36.17	經 37.11	經 37.19
經 37.28	經 38.63	經 41.1	經 42.9	經 45.32	經 51.16	經 51.25	經 51.30	經 51.47	經 51.56
經 56.1	經 56.10	經 56.15	經 59.49	經 60.14	經 60.23	經 61.22	經 62.62	經 62.68	經 63.22
經 63.36	經 63.47	經 63.64	經 64.11	經 64.58	經 65.4	經 65.16	經 65.24	經 69.67	經 75.9
經 77.19	十 27.63	十 35.31	十 35.39	十 36.19	十 36.36	十 37.50	十 38.18	十 38.26	十 39.5
十 48.32	十 50.26	十 51.14	十 51.55	十 53.9	十 59.52	稱 1.37	稱 15.26	稱 19.4	道 4.67

道 5.22
老乙 3.20
老乙 4.8
老乙 13.58
老乙 21.35
老乙 32.37
老乙 34.34
老乙 34.39
老乙 34.43
老乙 35.3

老乙 42.44
老乙 42.55
老乙 48.45
老乙 51.57
老乙 53.55
老乙 53.61
老乙 55.56
老乙 56.17
老乙 58.13
老乙 59.17

老乙 64.50
老乙 68.63
老乙 71.36
老乙 71.44
老乙 77.37
星 2.4
星 8.21
星 10.13
星 52.29
星 70.2

星 95.2
刑乙 42.12
刑乙 47.18
刑乙 80.4
刑乙 95.21
相 6.30
相 15.18
相 15.26
相 17.28
相 41.5

相 44.2
相 49.25
相 53.56
相 61.36
相 63.70
相 64.15
相 65.34
相 65.42
相 66.2
相 66.13

相 67.5

[illegible]

陰甲徙 5.43
陰甲祭一 A14L.4
陰甲祭一 A16L.17
陰甲祭一 A17L.11
陰甲祭一 B03L.9
陰甲祭一 B11L.11
陰甲祭一 B12L.1
陰甲神上 14.23
陽乙 10.3

刑甲 56.19

脬

方174.5
方186.6
方275.10

腸

陽甲11.8
陽甲29.25
候2.11
方目3.1
陽乙6.32
養122.6
養162.8
戰229.31

腸

周31.19
相70.25

「腸」字訛體。

膏

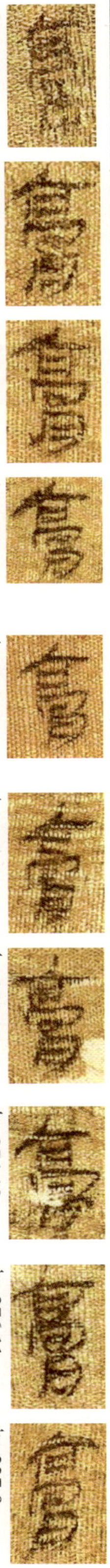

陽甲6.9
方16.7
方44.12
方48.15
方132.8
方199.2
方253.17
方274.12
方276.11
方337.9
方337.13 
方338.28
方348.7
方351.18
方362.11
方365.12
方366.14
方366.18
方367.16
方368.12
方369.9 
方370.11
方408.10
方462.3
方462.7
方462.17
方462.23
方465.1
方488.5
陽乙3.33
養64.7 
養103.5
養118.3
養179.22
養221.16
房20.30
戰198.21
合29.2
談46.19
遣三272.7
周28.18 
周80.42
繆18.60
繆19.53
繆21.15

膌 瘠

相 51.14

脅

足 5.25　足 7.27　足 8.18　足 27.17　足 27.21　陽甲 7.3　方 51.12　陽乙 3.23　陽乙 4.4　陽乙 18.42

合 12.18　遣三 56.5　遣三 187.2

肩

肩

足 5.28　足 29.18　陽甲 14.1　陽甲 14.8　陽甲 15.7　陽乙 7.1　木 11.9　木 53.2　遣一 61.2

遣一 63.2　遣一 65.2　遣一 67.2　遣一 68.12　遣一 201.11　牌一 15.2　牌一 17.2　遣三 191.2　遣三 192.2　遣三 193.2

遣三 194.2　相 50.63　相 66.53

《說文》俗體。

胷

陽甲 35.8

「肩」字異體，與《說文》新附字中訓爲「肥腸」的「胷」字同形。

胠

足 13.27　陽甲 12.24　戰 275.4　問 78.26　導 3.5

臂

胡

問 20.26

足 25.2
足 26.6
足 27.2
足 28.1
足 29.2
足 30.1
足 30.13
足 31.2
足 31.10
足 32.2

足 34.7
陽甲 16.8
陽甲 18.12
陽甲 37.8
陽甲 37.11
脈 10.4
陽乙 9.10
陽乙 16.19
陽乙 16.39
陽乙 17.14

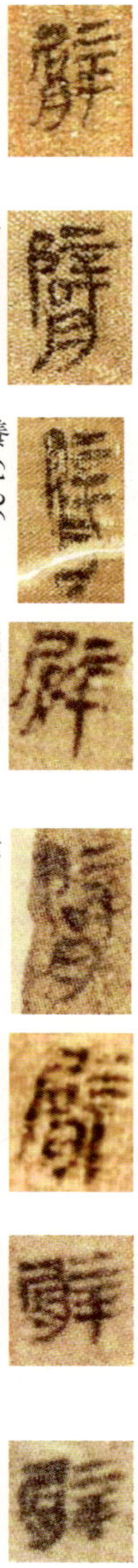

陽乙 17.17
養 49.28
養 61.26
戰 239.25
老甲 2.18
刑甲 5.22
老乙 1.57
老乙 35.9

譬

老甲 72.22

臑

足 25.12
足 27.10
足 29.14
足 33.15
陽甲 18.19
陽甲 19.26
陽乙 9.17
陽乙 18.11

肘

足 18.2
陽甲 18.16
脈 3.26
方 191.10
陽乙 8.17
陽乙 9.14

腹

足 10.17
足 11.13
足 13.19
足 14.12
足 17.15
足 17.17
足 22.18
陽甲 13.1
陽甲 25.9
方 276.26

（腹）

方483.4　陽乙10.32　陽乙11.6　陽乙15.6　陽乙15.23　春83.23　老甲112.34　木54.10　問50.15　合20.17

談41.6　周51.72　繆33.71　繆70.22　老乙53.15

腴

戰198.22

脽

䐁

足3.12

《說文》「屍」字或體「䐁」乃「脽」字的重出字，卷八尸部重見。

股

足5.21　足7.19　足10.14　足13.17　足14.9　足16.25　足17.12　足19.23　陽甲20.13　方85.5

方226.5　陽乙4.11　陽乙10.10　戰275.2　問63.8　合6.20　合20.4　談38.23　談41.28　周51.41

周61.54

脛

方43.3　遣一85.1　遣一88.4　遣三207.1

胻

足 7.13
足 10.7
足 11.8
足 16.19
足 17.8
足 19.13
方 85.4
方 248.4
方 336.1
方 336.4
方 340.1
方 342.2
方 367.8

腨

陽甲 20.17
陽甲 28.11
陽乙 2.37
陽乙 10.14

肖

陰甲神下 38.4
春 15.19

脫

陽甲 15.2
養 148.4
木 64.14

腄

養 200.2

胝

繆 13.29

腫

膧

陽乙 5.19
陽乙 8.33
陽乙 9.32
陽乙 9.45
陽乙 15.24
衷 5.33
衷 5.48

臘

老甲 111.29
陰乙上朔 35.25
老乙 52.50

隋

方 165.6
方 241.9
方 260.8
方 338.13
養 200.16
胎 4.9
春 29.24
春·殘 10.1
戰 47.12
戰 135.5

老甲 96.21
氣 9.24
周 10.39
周 66.50
二 2.16
繫 35.60
衷 3.36
衷 6.1
經 12.14
經 58.51

經 76.5
經 76.10
十 25.40
十 41.15
十 63.14
稱 1.49
稱 11.38
老乙 55.59
老乙 70.33
刑乙 76.52

刑乙 79.21

膳

饍

方 349.8
方 351.21
方 356.5
方 359.10
方 370.12

肴

繫 3.72
繫 4.67
繫 22.7
繫 38.8
衷 30.8
衷 48.57

胡

方 103.12
方 208.14
方 208.20
方 208.26
方 220.15
春 47.10
春 66.19
春 77.8
戰 51.39
戰 231.10

木 41.14

遣三 47.1

遣三 48.1

遣三 221.2

遣三 407.26

地 37.1

箭 92.1

十 45.32

稱 13.63

膫

方 336.5

脯

養 31.10

養 31.14

養 128.3

遣一 34.2

遣一 35.2

遣一 36.2

遣一 37.4

遣一 86.2

遣一 136.1

遣一 137.10

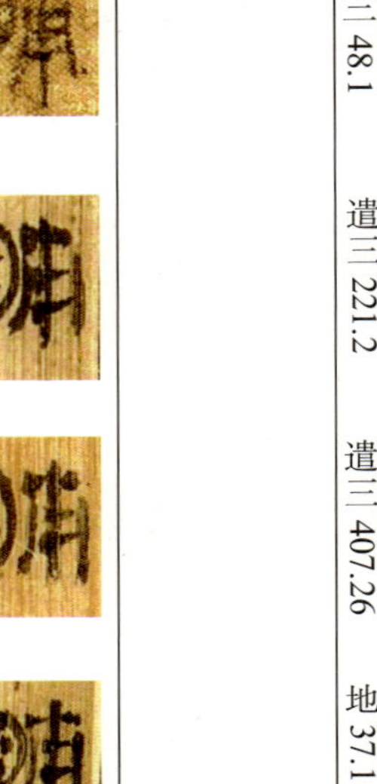

牌一 8.2

牌一 9.2

牌一 10.2

牌一 30.2

牌一 42.1

遣三 133.4

遣三 138.2

遣三 139.2

遣三 152.2

遣三 153.2

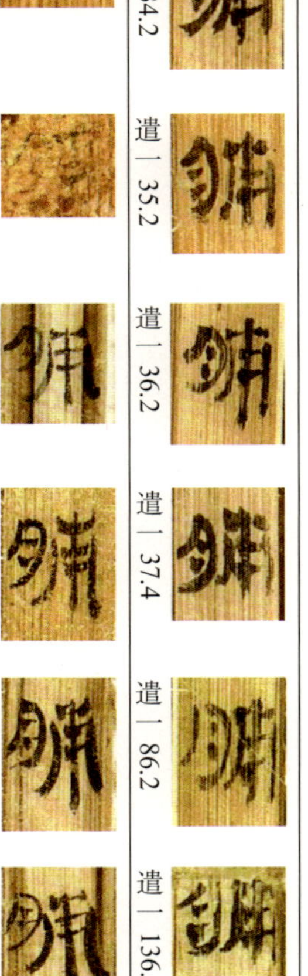

遣三 197.9

遣三 275.3

牌三 9.2

牌三 12.4

牌三 49.2

牌三 50.3

胥

陰甲雜四 2.15

肞

周 10.63

周 61.62

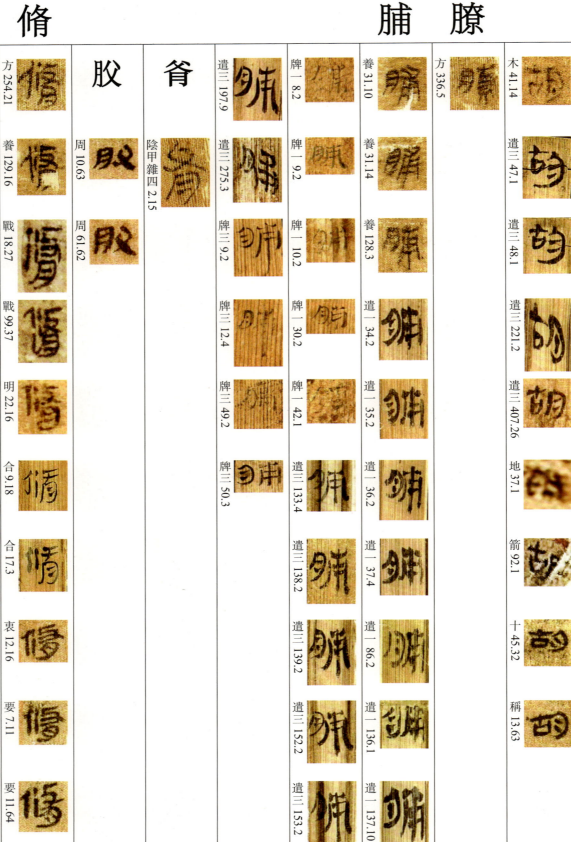

脩

方 254.21

養 129.16

戰 18.27

戰 99.37

明 22.16

合 9.18

合 17.3

衷 12.16

要 7.11

要 11.64

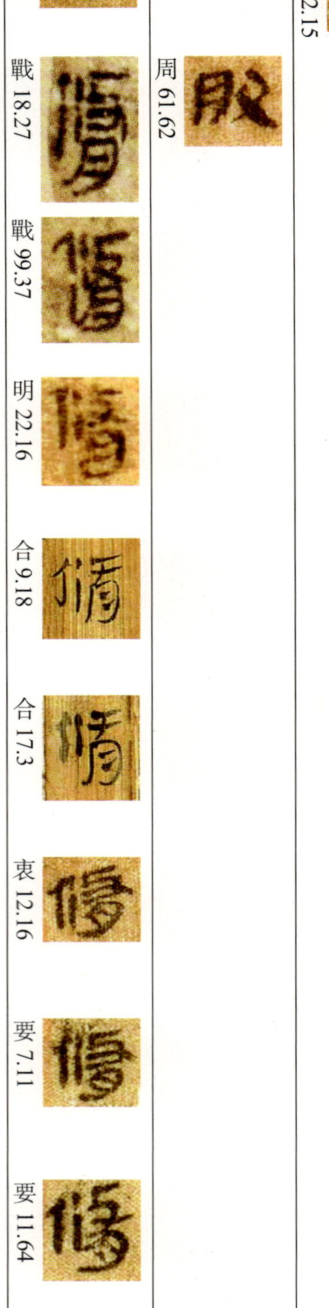

腤　肒　胥　朐　脘

脩：繆 68.24　繆 68.48　繆 69.37　昭 1.71　昭 6.11　昭 7.36　周·殘下 78.1　經 11.9　十 8.21　十 11.16

十 47.59　稱 8.60　老乙 16.1　老乙 16.8　老乙 16.15　老乙 16.22　老乙 51.8

脩

老甲 34.3　老甲 108.8　五 58.6　問 52.4　談 34.8　談 36.3

脘

遣一 86.1　遣一 88.7　牌一 30.1　遣三 139.1　牌三 50.2

朐：方目 3.9　方 3.3　方 278.1

胥：戰 188.18　問 86.12　問 86.20　周 58.2　十 26.15　十 62.21　稱 22.18

肒：陽甲 12.16　陽乙 6.19

腤：方 53.6

胜

十 31.23

《說文》：「胜，犬膏臭也。从肉生聲。一曰不孰也。」與「勝」的簡化字「胜」無涉。

臊

胎 3.17

此字據反印文切圖。

脂

方 352.24　方 360.24　方 364.7　方 388.11　方 418.17　方 421.17　方 423.27　方 424.19　方 477.6　養 18.18

養 45.23　養 79.10　養 105.7　養 152.7　養 175.3　房殘 4.5　胎 4.7　合 29.18　談 5.16　遣一 89.4

遣一 92.2　遣一 227.8　遣三 271.6　十 16.31

⿰月⿱匕甘

遣一 96.2　遣一 102.6

「脂」字異體，改換意符爲「甘」。

⿰自旨

遣三 105.2　遣三 106.2

「甘」、「自」形體相近，「自」、「脂」二者又音近，此字从「自」或是「䏿」字變形音化的結果。

膩

五 43.10

散

戰 121.27

戰 145.14

老甲 149.28

五 176.37

問 31.21

問 81.16

問 87.8

十 12.33

老乙 69.70

㪚

繆 2.14

繆 22.17

繆 23.51

經 12.26

十 38.19

相 4.63

相 30.13

相 30.56

相 32.20

相 32.34

相 51.42

⿱艹⿰月刂

五 177.26

膞

足 1.13

足 3.8

足 13.13

足 14.6

腏

膋

方 253.8

膠

方 133.5

方 181.19

方 194.7

方 317.14

合 29.22

腐

問 35.24

十 28.12

道 1.78

⿸厂⿱子月

問 26.10

「腐」字或改从「孜」省聲。

⿱付月

候 2.8

陽乙 14.29

胕

方 369.13

肎

戰 187.14

稱 13.52

相 5.4

相 6.16

相 13.27

相 13.31

相 20.11

相 28.12

相 28.19

相 34.23

相 53.9

相 53.42

相 54.36

相 54.44

相 55.30

相 58.23

相 63.35

相 73.17

相 73.49

相 76.53

肎

方 45.16

方 46.12

肥

方 254.6

方 366.10

養 51.8

養 179.24

戰 216.16

九 8.23

周 3.64

周 10.35

周 41.17

繫 10.26

繫 10.31

繫 10.38

繫 10.45

十 1.62

老乙 34.44

相 6.22

相 53.48

䏿

《說文》:「䏿,肥腸也。从肉、啓省聲。」帛書中「䏿」用爲「肩」字異體,字形詳見本卷「肩」字下。

朘

老乙 17.24

𦙶*

「衇」字異體,卷十一𠂢部重見。

財*

養 177.14

肥*

周 10.48

脑

《說文》「匈」字或體,詳見卷九勹部。

肣*

《說文》「圅」字俗體作「肣」,詳見卷七马部。

胆*

方 455.8

胐*

「頔」字異體，卷九頁部重見。

𦙶*

方 484.5

胸*

「匈」字異體，卷九勹部重見。

脈

《說文》「𧖴」字或體，詳見卷十一𠂢部。

䏦*

相 32.6

𦙽*

「痔」字異體，卷七疒部重見。

𦛝*

《說文》「圅」字俗體作「肣」，「𦛝」、「肣」應爲一字異體，詳見卷七马部。

脞*

足 12.4　足 19.27　足 20.4

䏖*

「𨚫」字異體，卷九卩部重見。

㕁*

「𨚫」字異體，卷九卩部重見。

腁*

「𤺥」字異體，卷七疒部重見。

脝*

陽甲 17.3

腂*

「踝」字異體，卷二足部重見。

腊

《説文》「昔」字籀文，詳見卷七日部。

腋*

「亦」字的後起本字，卷十亦部重見。

腂*

「喉」字異體，卷二口部重見。

⿰月甚*

足 6.11 
足 8.9 
足 33.18

⿰月曷*

足 15.8

膉*

「嗌」字異體，卷二口部重見。

⿰月留*

問 63.24 
問 69.15

膂

《說文》「呂」字篆文，詳見卷七呂部。

⿱般月*

五 19.19

膝*

方 376.21 
方 431.12

⿰月甹*

足 1.20

⿰月責*

「脊」字異體，卷十二𠂹部重見。

膱*

方 253.16

⿰月最*

⿱最月

方 231.1

⿰月⿱夆虫*

陰甲堪表 9.19

⿰月爲*

老甲 59.10

从肉爲聲，帛書中用爲「貨」。或以爲是「⿰貝爲」字之訛。

⿰月豊*

「體」字異體，本卷骨部重見。

⿰月養*

遣一 31.2　遣一 32.2　遣一 33.6　牌一 6.2　牌一 7.2　遣三 129.2　遣三 130.2　遣三 132.4　牌三 10.2　牌三 23.4

臏*

「髕」字異體，本卷骨部重見。

⿰月盥*

「盥/膿」字異體，卷五血部重見。

筋

箭

足 23.25　足 25.7　足 27.6　陽甲 36.19　方 45.21　方 46.14　陽乙 16.35　陽乙 18.7　養 200.3

胎 8.24　老甲 36.22　問 69.4　問 71.24　問 80.7　合 3.7　合 4.2　合 26.20　談 10.5　談 36.33

老乙 17.10　相 1.32　相 4.64　相 5.3　相 14.41　相 38.48　相 45.23　相 51.43　相 51.47　相 64.44

「筋」字異體，「箭」字或訛作與之同形，卷五竹部重見。

刀

陰甲室 2.21　方 112.12　方 258.4　方 275.23　方 380.12　方 391.13　遣一 234.2　遣一 235.4　遣三 231.2　遣三 303.3

削

方 73.9　方 330.6　明 32.6　氣·殘 4.8　陰乙大游 2.66　木 11.13　遣三 304.2　經 25.5　經 25.34　經 26.4

經 59.23　十 49.9　十 62.68　刑乙 42.20　相 2.48　相 17.37　相 68.33

剴

戰 195.21
戰 197.23
明 37.17
明 38.7
明 41.12
明 41.19
繆 3.1
繆 27.15

利

陰甲天一 4.4
陰甲天一 4.9
陰甲天一 5.17
陰甲天一 6.19
陰甲天一 9.18
陰甲神上 22.18
陰甲室 6.24
陰甲堪法 12.8
陰甲·殘 4.44
方 186.5
去 1.46
養目 4.2
養·殘 64.3
房 46.32
戰 10.27
戰 23.16
戰 25.27
戰 27.35
戰 106.19
戰 106.32
戰 109.6
戰 110.10
戰 120.31
戰 120.36
戰 121.4
戰 121.17
戰 148.6
戰 148.17
戰 153.14
戰 167.7
戰 173.24
戰 174.1
戰 174.6
戰 174.9
戰 174.21
戰 176.10
戰 181.6
戰 205.36
戰 216.27
戰 216.33
戰 220.3
戰 220.19
戰 223.19
戰 223.26
戰 237.18
戰 280.8
戰 318.9
戰 322.14
老甲 41.14
老甲 105.15
老甲 111.13
老甲 126.25
九 44.7
明 4.29
明 9.25
明 28.2
明 43.27
明 48.18
氣 1.215
氣 2.131
氣 3.130
氣 6.15
氣 8.80
氣 10.246
陰乙大游 2.88
陰乙三合 1.7
陰乙三合 4.13
陰乙三合 5.11
陰乙玄戈 9.24
陰乙文武 12.23

陰乙文武 13.21	陰乙五禁 12.7	陰乙五禁 14.18	陰乙五禁 14.21	陰乙上朔 31.26	陰乙上朔 33.25	陰乙上朔 36.15	陰乙天一 11.4	陰乙天一 11.9	陰乙天一 15.5
陰乙天一 20.6	陰乙天一 27.9	陰乙天一 29.6	陰乙天一 30.1	陰乙天一 31.6	陰乙天一 32.1	陰乙天一 34.5	出 22.52	木 4.5	木 6.24
木 7.9	木 28.9	木 29.6	木 31.9	木 34.7	木 60.13	談 17.2	談 27.36	談 36.32	遣一 308.2
遣三 293.2	箭 63.1	周 1.21	周 1.56	周 2.7	周 3.68	周 4.36	周 5.11	周 5.18	周 7.7
周 7.11	周 8.6	周 8.78	周 10.27	周 11.4	周 11.10	周 11.19	周 11.34	周 13.37	周 15.19
周 15.26	周 18.40	周 22.9	周 22.19	周 24.3	周 24.7	周 24.10	周 24.51	周 26.6	周 27.5
周 27.12	周 27.19	周 27.22	周 28.13	周 33.83	周 34.3	周 35.5	周 37.8	周 37.18	周 37.27
周 38.18	周 39.3	周 40.18	周 43.6	周 43.8	周 43.21	周 44.5	周 44.20	周 44.50	周 45.21

周48.38
周49.24
周50.51
周51.4
周52.10
周53.20
周55.5
周55.26
周55.55
周56.5

周57.16
周57.19
周59.7
周59.12
周59.18
周59.54
周59.66
周61.4
周62.42
周63.18

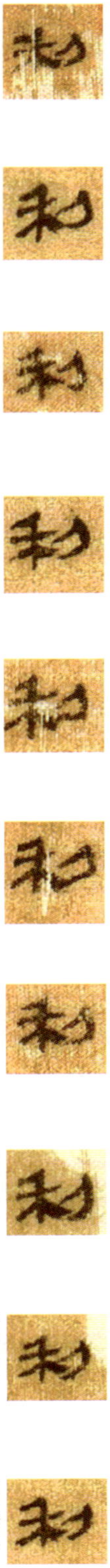

周66.5
周66.44
周68.35
周70.68
周72.5
周77.14
周77.35
周81.3
周82.2
周82.6

周82.13
周85.27
周86.6
周86.47
周88.11
周90.8
周90.13
周91.4
周92.3
周92.7

周92.14
周92.71
二11.3
二11.57
二15.31
二15.66
二17.4
二17.24
二17.35
二19.27

二31.20
二32.48
二34.40
二36.52
繫4.58
繫14.34
繫24.66
繫26.15
繫26.54
繫27.29

繫33.65
繫35.4
繫35.38
繫35.54
繫36.14
繫36.36
繫40.25
繫42.2
繫46.22
繫46.51

衷34.27
衷40.28
衷50.52
繆5.2
繆8.17
繆9.9
繆19.41
繆26.3
繆26.34
繆29.37

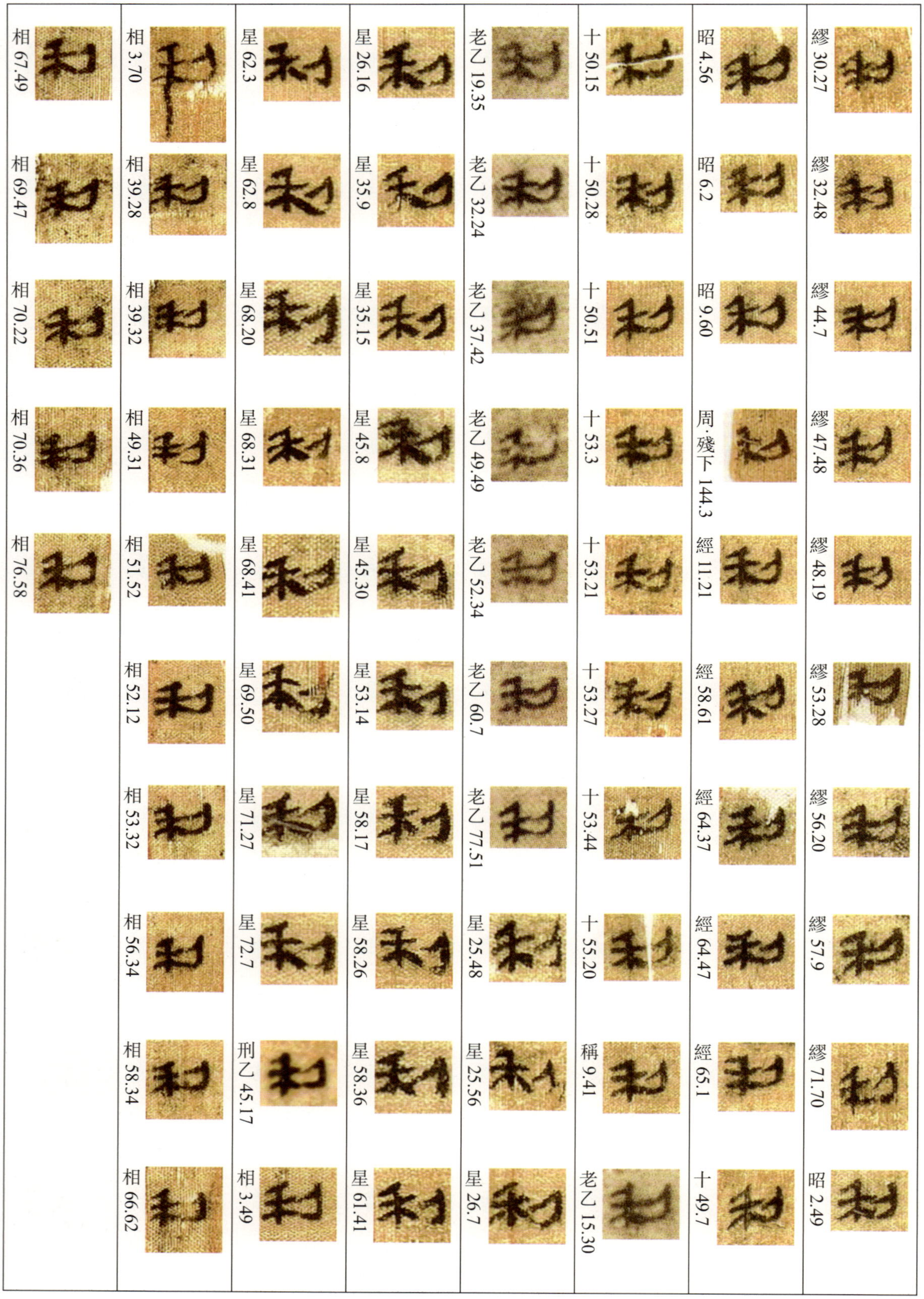

繆 30.27	繆 32.48	繆 44.7	繆 47.48	繆 48.19	繆 53.28	繆 56.20	繆 57.9	繆 71.70	昭 2.49
昭 4.56	昭 6.2	昭 9.60	周·殘下 144.3	經 11.21	經 58.61	經 64.37	經 64.47	經 65.1	十 49.7
十 50.15	十 50.28	十 50.51	十 53.3	十 53.21	十 53.27	十 53.44	十 55.20	稱 9.41	老乙 15.30
老乙 19.35	老乙 32.24	老乙 37.42	老乙 49.49	老乙 52.34	老乙 60.7	老乙 77.51	星 25.48	星 25.56	星 26.7
星 26.16	星 35.9	星 35.15	星 45.8	星 45.30	星 53.14	星 58.17	星 58.26	星 58.36	星 61.41
星 62.3	星 62.8	星 68.20	星 68.31	星 68.41	星 69.50	星 71.27	星 72.7	刑乙 45.17	相 3.49
相 3.70	相 39.28	相 39.32	相 49.31	相 51.52	相 52.12	相 53.32	相 56.34	相 58.34	相 66.62
相 67.49	相 69.47	相 70.22	相 70.36	相 76.58					

剫

方366.12　方471.5　繫35.27

初

方147.18　方236.4　方300.5　春24.18　春25.20　陰乙刑德13.7　周1.8　周2.17　周4.10　周5.23

周8.18　周9.9　周11.15　周12.9　周13.23　周15.22　周18.4　周22.14　周23.19　周24.17

周25.10　周26.8　周26.13　周27.15　周29.29　周31.21　周33.7　周34.9　周35.27　周37.10

周39.20　周41.13　周43.13　周44.33　周48.6　周49.10　周50.7　周51.8　周52.18　周53.25

周55.15　周56.8　周57.24　周59.23　周61.10　周62.15　周66.10　周68.12　周69.10　周70.6

周71.15　周73.9　周75.7　周75.49　周77.15　周79.6　周82.9　周84.14　周85.12　周86.9

周88.13　周90.16　周91.8　周92.12　繫14.45　繫44.35　衷49.19　繆25.63　繆28.56　繆29.2

繆30.17 繆34.63 繆35.51 繆53.19 道1.5 刑乙5.10 刑乙8.19

初

周·殘下86.3

「初」字訛體，「刀」旁訛作「力」形。

則

陰甲天一2.10 陰甲·殘36.3 陽甲6.7 陽甲10.6 陽甲11.3 陽甲16.25 陽甲20.28 陽甲21.15 陽甲22.23 陽甲26.6

陽甲29.8 陽甲32.12 脈4.13 脈9.3 候3.10 候4.7 方31.12 方282.9 方282.13 方344.3

方406.4 去1.41 去2.2 陽乙1.32 陽乙3.19 陽乙3.29 陽乙3.31 陽乙5.22 陽乙5.30 陽乙11.18

陽乙11.27 陽乙12.4 陽乙13.29 陽乙15.12 陽乙15.16 陽乙15.32 陽乙17.6 陽乙18.19 養198.9 養198.13

養200.1 養200.8 養200.15 養·殘77.3 春7.26 春11.9 春54.6 春90.14 春90.22 戰21.14

戰51.30 戰52.5 戰52.11 戰64.17 戰69.26 戰72.21 戰72.25 戰73.20 戰79.11 戰83.24

戰 85.16
戰 122.22
戰 122.26
戰 125.4
戰 126.31
戰 129.11
戰 138.6
戰 143.17
戰 144.30
戰 177.28

戰 183.28
戰 194.16
戰 195.13
戰 197.29
戰 214.6
戰 215.34
戰 217.6
戰 218.5
戰 218.35
戰 219.5

戰 229.13
戰 229.34
戰 230.19
戰 235.22
戰 237.21
戰 237.26
戰 252.6
戰 253.21
戰 253.28
戰 254.14

戰 285.6
戰 291.19
戰 291.22
戰 292.17
戰 293.15
戰 295.7
戰 304.11
戰 306.7
戰 306.16
戰 306.27

戰 307.8
戰 307.18
戰 308.3
老甲 69.29
老甲 73.18
老甲 80.13
老甲 81.4
老甲 81.28
老甲 85.13
老甲 85.18

老甲 136.4
老甲 136.8
老甲 136.12
老甲 136.15
老甲 136.19
老甲 136.23
老甲 144.16
老甲 144.20
老甲 150.3
老甲 155.15

老甲 155.20
老甲 163.16
五 5.2
五 5.22
五 5.27
五 5.32
五 6.6
五 6.17
五 6.27
五 6.32

五 8.27
五 12.19
五 12.25
五 13.3
五 13.8
五 13.11
五 14.2
五 14.5
五 14.14
五 14.17

五14.22	五14.25	五14.33	五31.5	五31.10	五46.19	五47.26	五48.12	五49.6	五50.26
五74.24	五75.28	五113.30	五123.23	五138.1	五139.10	五150.16	五151.3	五151.18	五156.2
五156.28	五157.13	五158.18	五159.15	五159.22	五161.5	五162.16	五165.3	五167.14	五167.20
五170.6	五170.12	五172.15	五177.33	九8.2	九8.20	九8.29	九9.24	九14.30	九20.24
九23.4	九27.20	九29.12	九45.6	九47.3	明1.21	明1.27	明2.20	明5.17	明19.3
明19.9	明24.15	明26.18	明28.7	明34.23	明40.12	明48.7	氣9.195	刑甲89.6	刑甲98.29
刑甲112.8	刑甲112.33	刑甲113.12	刑甲113.28	刑甲114.15	刑丙天6.20	刑丙天6.33	刑丙天7.17	刑丙天7.41	木14.3
木23.1	木29.3	木32.4	木38.4	木42.4	問18.24	問25.3	問34.10	問34.20	問97.4

談 4.35
物 4.2
物 4.7
物 4.16
周 13.51
周 13.58
周 25.33
周 33.85
周 70.14
二 1.66

二 1.74
二 2.4
二 2.21
二 32.64
繫 2.25
繫 2.34
繫 2.39
繫 2.49
繫 2.55
繫 4.32

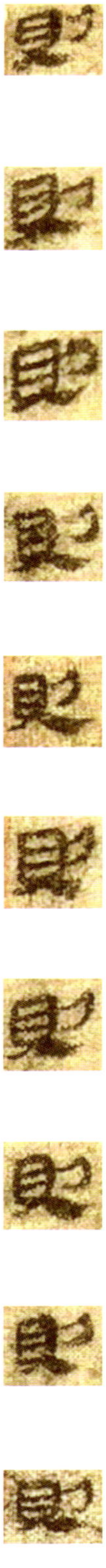

繫 4.41
繫 9.44
繫 9.51
繫 9.62
繫 13.5
繫 13.23
繫 16.50
繫 16.56
繫 16.63
繫 25.26

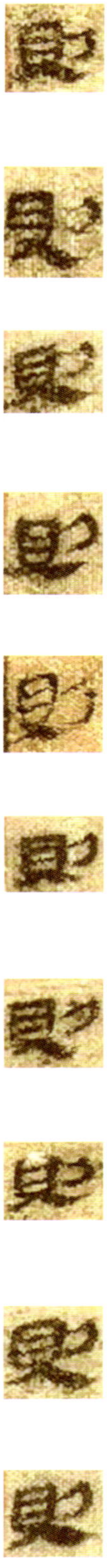

繫 25.55
繫 26.67
繫 27.55
繫 27.66
繫 27.77
繫 32.58
繫 32.64
繫 34.60
繫 34.63
繫 44.42

繫 46.63
繫 47.5
衷 19.14
衷 19.18
衷 22.21
衷 22.27
衷 22.35
衷 22.43
衷 22.48
衷 22.55

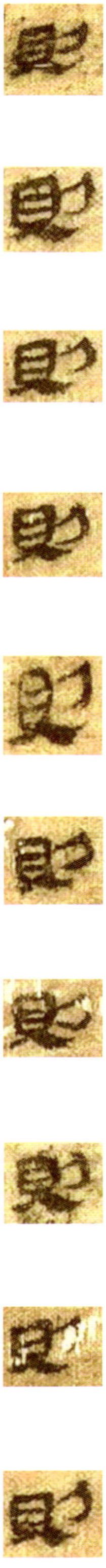

衷 24.43
衷 31.18
衷 31.25
衷 32.25
衷 32.67
衷 33.5
衷 33.36
衷 33.61
衷 36.33
衷 41.20

衷 43.10
衷 47.24
衷 48.33
衷 48.41
衷 49.46
衷 50.6
要 8.11
要 11.28
要 12.8
要 12.17

要 12.25
要 12.57
要 12.61
要 14.44
要 14.62
要 15.11
要 17.50
繆 2.29
繆 2.34
繆 6.46

繆 7.35
繆 16.66
繆 17.3
繆 25.70
繆 26.26
繆 27.54
繆 29.9
繆 30.24
繆 48.61
繆 54.28

繆 55.61
繆 56.55
繆 56.66
繆 63.27
繆 65.7
繆 68.49
繆 68.57
繆 69.25
繆 69.52
繆 69.61

昭 9.1
昭 9.23
昭 9.37
昭 9.51
昭 12.37
周·殘下 20.3
經 4.23
經 5.25
經 5.37
經 9.25

經 15.19
經 15.24
經 15.31
經 15.40
經 15.49
經 16.10
經 19.38
經 20.15
經 20.22
經 20.27

經 20.32
經 20.51
經 21.58
經 22.4
經 22.16
經 22.30
經 22.41
經 22.49
經 23.7
經 23.14

經 23.51
經 23.59
經 24.3
經 24.13
經 24.19
經 24.30
經 27.31
經 27.36
經 31.40
經 32.3

經 32.10
經 32.37
經 33.15
經 36.21
經 36.29
經 36.49
經 37.44
經 37.46
經 37.52
經 37.56

經 38.1
經 40.9
經 40.13
經 41.26
經 41.30
經 44.62
經 46.64
經 47.1
經 47.22
經 48.14

1	2	3	4	5	6	7	8
經49.56	經54.21	經57.11	十3.51	十20.23	十38.39	稱3.20	稱13.54
經50.10	經54.28	經57.28	十3.55	十20.39	十38.44	稱3.41	稱19.9
經52.1	經54.35	經63.7	十4.15	十31.10	十38.52	稱3.45	道3.13
經52.19	經54.41	經67.25	十4.20	十34.16	十49.44	稱6.57	道5.69
經52.22	經54.50	經67.28	十4.24	十34.32	十49.47	稱11.63	老乙1.55
經52.25	經55.17	經67.31	十7.32	十34.52	十52.34	稱11.69	老乙17.57
經52.28	經55.53	經74.9	十7.36	十37.55	十58.15	稱12.25	老乙23.31
經52.31	經56.27	經74.18	十10.26	十37.59	稱2.26	稱12.28	老乙23.66
經54.4	經56.49	經76.63	十19.2	十38.31	稱2.33	稱12.31	老乙27.49
經54.11	經56.59	十3.44	十19.8	十38.35	稱3.10	稱13.50	老乙33.52

剛

老乙33.59
老乙33.63
老乙36.10
老乙36.54
老乙37.31
老乙37.37
老乙38.53
老乙39.6
老乙40.40
老乙40.45

老乙47.8
老乙63.60
老乙63.63
老乙63.66
老乙63.69
老乙63.72
老乙64.2
老乙67.16
老乙67.33
老乙67.37

老乙69.71
老乙69.77
老乙72.11
老乙75.49
星17.14
星48.42
星55.7
星55.16
星55.23
星55.35

星55.42
星56.7
星56.14
星63.17
星63.26
刑乙22.5
刑乙55.10
刑乙56.9
刑乙56.21
刑乙57.12

刑乙58.13
相10.6
相16.30
相24.28
相67.7

養5.2
五36.17
五37.4
五61.13
五133.2
氣9.173
刑丙地12.5
陰乙上朔34.10
問99.21
繫1.22

繫3.24
繫3.62
繫30.31
繫30.61
繫46.11
衷1.25
衷1.41
衷1.59
衷2.53
衷21.15

衷21.39
衷22.20
衷23.16
衷23.67
衷25.19
衷25.54
衷28.27
衷29.1
衷44.3
要22.18

辨	剖	副	刻	刌	切		
戰 320.12	方 258.2	遺一 225.7	相 2.50	方 425.8	方 309.18	十 48.39	昭 12.32
五 113.14	周 41.31		相 7.17	養 65.11		十 48.47	經 7.7
五 127.10	周 41.64		相 55.25	養 101.7		老乙 42.15	經 14.10
五 129.22	周 42.14					相 1.30	經 73.34
五 130.12	繆 16.6					相 17.24	經 73.42
九 28.24	繆 16.25						經 73.50
刑丙天 12.5							十 6.42
竹一 10.1							十 6.46
衷 4.30							十 34.1
衷 46.8							十 48.37

列

繆23.20　繆54.35　十60.35　相19.48

候1.12　戰209.33　九20.9　氣7.62　繫5.32　繫30.16　衷9.9　繆17.6　繆23.60　繆39.46

繆44.69　繆45.9　經12.30　經49.37　星7.1　星9.7

刊

刋

繆43.18

剝

剝

方112.13　方112.27　方259.19　方259.23　周12.11　周12.21　周12.31　周12.67　周73.30

衷8.7

⿰彔力

十27.32

「剝」字訛體，「刀」旁訛作「力」形。

割

方380.14　戰133.23　戰135.2　戰136.5　戰137.8　戰138.28　戰139.36　戰143.31　戰144.14　戰144.24

制 刖 封 剽

戰180.24
戰226.11
戰241.9
戰273.9
戰279.21
五138.20
五139.23
刑甲9.24
遣三303.2
老乙21.5
老乙70.1
刑甲45.19
刑甲46.3
刑甲47.10
刑乙90.7
刑乙90.18
周38.12
繆44.1
相36.16
方380.18
春43.3
戰4.1
戰87.22
戰146.28
戰175.6
戰236.7
戰243.14
九15.15
九33.20
九34.13
九37.18
明5.18
明41.22
明41.26
繫29.53
繫38.6
衷44.6
衷45.60
衷46.49
經5.40
經14.16
十4.30
十29.5
十30.38
稱7.24
稱7.28
稱7.32
稱17.24
稱17.31
稱19.26

罰

稱 23.65
稱 24.3
老乙 74.17
刑甲 58.3
繆 22.61
經 21.16
刑乙 97.23

⿰臬刂

劓

問 88.23

《說文》或體。

刑

方 350.2
養 127.33
養 148.2
射 21.4

《說文》：「刑，剄也。从刀幵聲。」「刑」與「㓝」蓋本同字。馬王堆帛書中「刑」、「㓝」二字用法似已分化，表割、殺義作「刑」，表罰辠義作「㓝」。

⿰尊刂

方 41.10

⿰酋刂

方 378.9

「⿰尊刂」字省體。

券

戰 247.19

刺

刾

方 265.10
氣 8.136
氣 9.182
木 10.4
談 41.30
相 9.11
相 9.15
相 15.7
相 57.42

相 57.46 相 65.26

刺

氣 9.255

刵*

氣 7.138

剕*

「刈」字變體，卷十二丿部重見。

剌*

老乙 21.9

从刀未聲，用爲「劌」。與「制」字小篆的隸定形「剌」無涉。

男*

「勇」字訛體，卷十三力部重見。

勇*

「勇」字訛體，卷十三力部重見。

剋*

「克」字訛體，卷七克部重見。

剢*

十61.45

⿰叀刂

《說文》「斷」字古文，詳見卷十四斤部。

⿰𠁧刂*

「斲」字異體，卷十四斤部重見。

剸

《說文》「䭫」字或體，詳見卷九首部。

制*

十27.48

劍

《說文》「劒」字籀文，詳見本卷刃部。

⿱衡刀*

「⿱衡力」字異體，卷十三力部重見。

刃

方10.3　戰142.16　陰乙上朔34.27　談2.24　太5.5　經44.55

劍

釰

明17.13

劍

戰276.6

戰276.9

遣三232.1

遣三234.2

遣三321.1

遣三322.2

老乙15.31

相64.2

《說文》籀文。

鐱

明27.13

刋*

「刊」字異體，本卷刀部重見。

刱*

「刑」字異體，卷五井部重見。

耒

繫33.60

繫33.63

耕

刑丙傳勝圖1.9

陰乙傳勝圖1.37

周8.28

昭14.2

星53.9

所从「耒」旁或省作與「丯」旁近同。

⿰東井

星52.33

帛書辭例爲「~星」，或是五星中辰星的異稱。此字从東从井，疑是「耕星」之「耕」的專字，也有可能是「耕」字之寫誤。或以爲是「東井」二字合文，似不可信。

耤

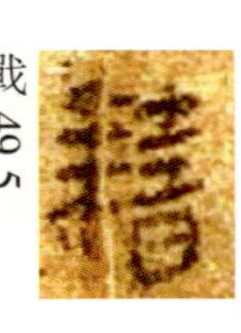
戰 49.5

角

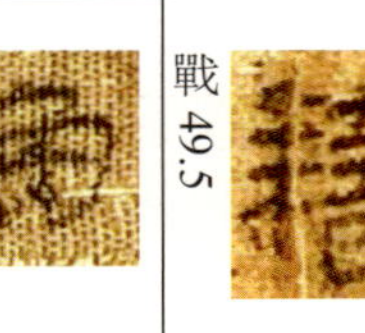
陰甲祭一 A11L.8

陰甲祭一 A12L.7

陰甲祭一 A17L.3

陰甲祭一 B02L.4

陰甲祭一 B04L.9

陰甲神上 6.6

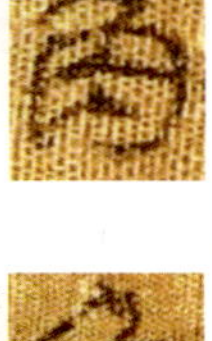
陰甲神上 13.7

陰甲神上 14.7

陰甲神上 22.9

陰甲神上 25.11

陰甲神上 26.21

陰甲神下 40.15

陰甲雜五 5.30

陰甲祭二 11L.2

陰甲祭二 12L.5

陰甲祭二 13L.3

陰甲祭三 2.22

方 90.12

方 257.20

方 257.31

陽乙 1.21

養 172.15

養目 4.6

春 46.3

氣 10.268

陰乙玄戈 8.12

出 5.5

出 17.4

出 29.20

遣一 292.4

脾一 48.3

遣三 235.1

遣三 369.4

周 9.72

周 72.11

衷 23.4

稱 9.48

星 18.35

星 20.23

星 25.10

星 53.13

星 55.34

星 55.41

星 56.6

星 56.13

星 56.19

星 56.23

星 56.27

星 108.2

相 2.53

相 23.1

相 23.44

相 23.66

相 25.24

相 25.44

相 25.68

相 47.28

相 47.33

相 57.73

相 58.3

相 58.29
相 59.16
相 59.19
相 65.66
相 72.47
相 72.49
相 73.9

䚡

養 51.22

⿰爿角

方 206.17

觸

戰 188.8
戰 191.10
戰 194.9
戰 196.4
周 33.36
周 33.73
衷 22.70

⿰蜀角

陽乙 15.4
出 26.9

衡

陰甲祭一 A16L.42
陰甲·殘 2.19
方 382.6
戰 232.18
五 129.30
五 143.6
氣 5.206
刑甲 2.28
刑丙地 13.7
木 2.23
木 24.13
遺一 160.5
經 4.62
經 6.21
經 76.13
星 44.42
刑乙 63.2

解

觿

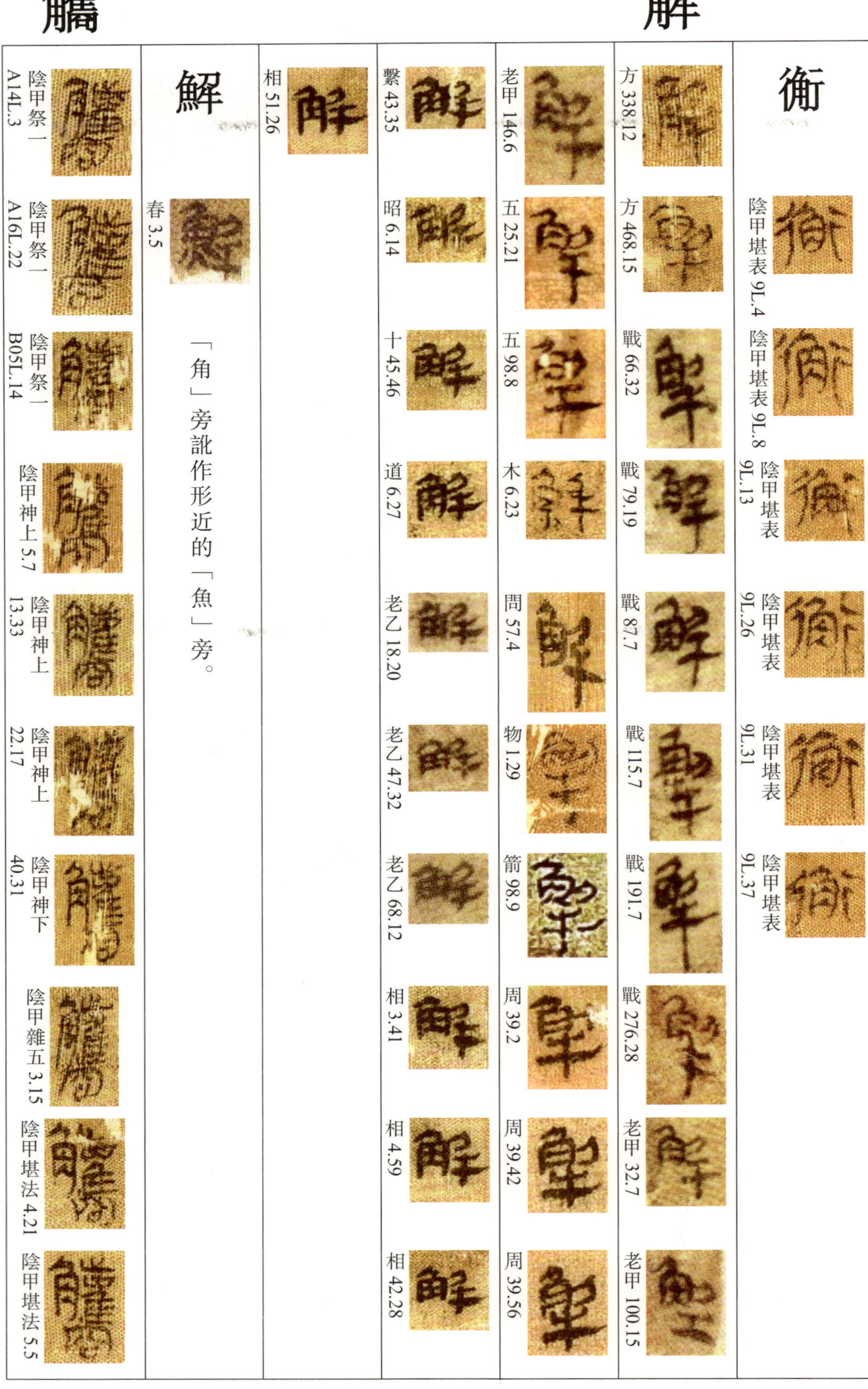
衜
陰甲堪表9L.4
陰甲堪表9L.8
陰甲堪表9L.13
陰甲堪表9L.26
陰甲堪表9L.31
陰甲堪表9L.37
方338.12
方468.15
戰66.32
戰79.19
戰87.7
戰115.7
戰191.7
戰276.28
老甲32.7
老甲100.15
老甲146.6
五25.21
五98.8
木6.23
問57.4
物1.29
箭98.9
周39.2
周39.42
周39.56
繫43.35
昭6.14
十45.46
道6.27
老乙18.20
老乙47.32
老乙68.12
相3.41
相4.59
相42.28
相51.26
解
春3.5
「角」旁訛作形近的「魚」旁。
陰甲祭一A14L.3
陰甲祭一A16L.22
陰甲祭一B05L.14
陰甲神上5.7
陰甲神上13.33
陰甲神上22.17
陰甲神下40.31
陰甲雜五3.15
陰甲堪法4.21
陰甲堪法5.5

⿰角至*

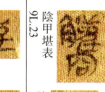

陰甲堪表9L.23

陰甲祭二9L.6

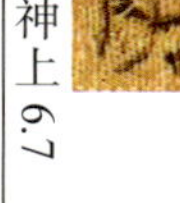
陰甲神上6.7

陰甲神上12.5

陰甲神上13.9

陰甲神上14.9

陰甲神上20.9

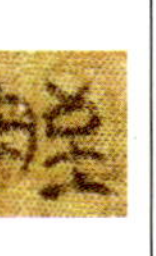
陰甲式圖1.2

用作「氐宿」之「氐」，應即「觗」字異體。